四维管理

组织四维管理体系全面一体化通用模型创建方法

何 政 著

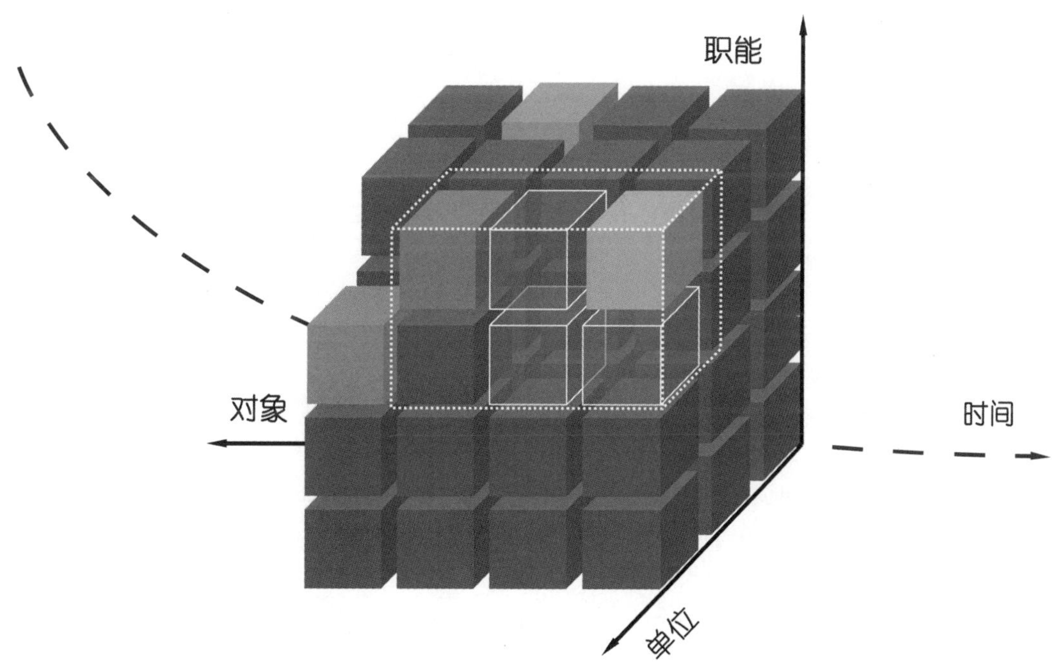

企业管理出版社
ENTERPRISE MANAGEMENT PUBLISHING HOUSE

图书在版编目（CIP）数据

四维管理：组织四维管理体系全面一体化通用模型创建方法 / 何政著. —北京：企业管理出版社，2024.1

ISBN 978-7-5164-2718-7

Ⅰ. ①四… Ⅱ. ①何… Ⅲ. ①企业管理 Ⅳ. ① F272

中国版本图书馆 CIP 数据核字（2022）第 173622 号

书　　名：四维管理——组织四维管理体系全面一体化通用模型创建方法
书　　号：ISBN 978-7-5164-2718-7
作　　者：何　政
责任编辑：陈　戈　　田　天
出版发行：企业管理出版社
经　　销：新华书店
地　　址：北京市海淀区紫竹院南路 17 号　　**邮　　编：**100048
网　　址：http://www.emph.cn　　**电子信箱：**emph001 @163.com
电　　话：编辑部（010）68701638　　发行部（010）68701816
印　　刷：北京联兴盛业印刷股份有限公司
版　　次：2024 年 1 月第 1 版
印　　次：2024 年 1 月第 1 次印刷
开　　本：787mm × 1092mm　1/16
印　　张：24.75
字　　数：455 千字
定　　价：98.00 元

作者序

—PREFACE—

笔者自大学毕业分配到央企从事经营管理工作数十载，作为企业管理专业毕业的管理者，有机会体验过不同行业、不同角色的工作。品尝过下海创业的举步维艰，经受过资金链断裂的杯水车薪，经历过内外投资的暗藏风险，感受过国际贸易的步步博弈，历经过国际合作的静水流深，对丰富的过往有抹不去的记忆。与本书讨论主题相关性最强的工作经历，是在中车集团公司工作初期从事计划统计管理兼主管信息化建设和首席程序员工作，借此工作实践过程，在企业管理与计算机应用两方面相得益彰，加深了对两者一体化融合的认识和理解，对相关边缘科学的知识和经验有所积累，在收获的同时，也积存了未解问题和未尽愿望。

早期开展组织管理信息系统建设，完全是摸着石头过河，一些整体性管理问题虽然并非疑难杂症，却是我多年的未解问题。一是公司经营管理指标统一分类编码仅限于统计报表所需的范围，与其他管理指标没有完整的统一分类编码标准。二是由于各部门计算机应用各自为政，因而部门之间应用系统结构不统一、数据文件结构不统一、数据指标代码不统一。虽然用计算机程序解决因一些不统一所带来的麻烦并非难事，但这属于利用程序技术越过组织管理体系设计的权宜之计。三是由于公司的职能管理达不到统一详细分类的程度，统计指标分类也就不会依从职能分类，因而自成分类体系，本来具有同源共流关系的职能管理系统与管理信息系统却人为变成无亲无故的两套体系。四是对于计算机应用项目，管理人员一般只提出信息处理结果要求，因此只要计算机应用系统能满足信息输入输出要求就可以。在管理人员无法提供组织管理体系模型的情况下，计算机应用系统往往主要是以信息处理服务为中心，而非主要以职能管理服务为中心。上述这些问题只是本人过去工作中所遇问题的冰山一角，但它们的共性与一般管理问题相比非同一般，属于管理学与计算机科学的交叉科学范畴，涉及管理与计算机管理一体化融合。

笔者作为普通管理者，源自曾经的工作经历所萌生的需要，一直有个未尽愿望，渴望拥有管理人员实用的专业工具书，其功用一是可以提供现成的适用于任何组织创建管理体系的总体架构标准；二是可以提供适合于任何组织的管理体系通用模型，作为可视化语言，使得在组织管理体系设计或其他管理过程中，便于跨专业交流时对方“懂你”；三是可以提供通用的模型方法，让管理者了解和掌握任何一个组织管理与运行的机理，使得做任何管理工作都能有条有理、井然有序。但一直没有找到这样的工具书。

由于笔者存有未解问题和未尽愿望，如同得了强迫症，整体性问题未解决焦思苦虑，专业化工具未寻到寝不安席，需要迎着问题解决掉它。实际上，解决上述交叉科学管理问题和拥有通用管理工具，所要做的是同一件事：建立组织管理体系全面一体化通用模型。因此，撰写组织管理体系通用模型创建方法工具书，就成为本人多年念兹在兹的事情。

研究组织管理体系创建方法，最主要的工作是组织管理体系设计。由于该类课题的特殊性，对相关的人和事有一定的要求和约束条件：一是，每个组织都是一个个性的存在，其现有体系五花八门，需要全部适用。二是，组织管理体系涉及全面应用计算机辅助管理，组织管理体系总体架构是管理系统和计算机应用系统的共同基础结构，做出的设计需要符合管理和计算机应用两个专业的原理和需要，属于交叉科学、边缘科学、系统科学的范畴。虽然从编程技术的角度，即使应用项目没有现成的管理模型也能完成管理软件开发，“没有什么能够阻挡”，但这属于玩技术，不是从根本上解决跨专业的系统结构一体化融合。三是，组织管理体系设计不但应满足组织现实需要，也应适合于组织跨界转型的需要。四是，由于组织管理体系设计实践性、落地性太强，学院派专家学者不太选择这样的课题研究，因此其他人员研究该类课题虽然有捡漏的成分，也意味着可参阅的书籍甚少。依上述，组织管理体系设计需能够解决交叉科学的相关问题，因此对设计者有双专业要求：除熟悉管理专业外，至少还做过管理软件设计或垒代码。幸好本人做过多年程序设计，又好在本书所研究的东西属于落地实战，并非探讨高深莫测的理论，这才有了点研究该课题的底气，不过总的说来还是所学有限，心余力绌，只能困知勉行，钝学累功。

《四维管理》从解决普遍存在的整体性管理问题出发，以创建组织四维管理体系全面一体化通用模型为目标，提供完整的构建过程、方法。其中，包含29个重叠概念一体化、79个图、173个表、102个例子，虽然每一个元素并非别具一格，都是素

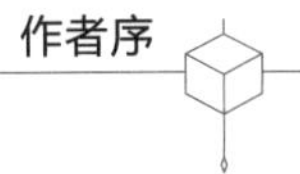

颜展示，但组织管理体系全面一体化通用模型使这些大大小小的元素都不是孤独的存在，而是各部分之间全息关联的统一整体，每个元素都可以在模型中找到其连根共树关系的位置。

一旦解决组织管理体系通用模型设计问题，相关管理问题将迎刃而解。组织管理体系全面一体化通用模型创建方法，对于管理人员，可以直接吸收、运用现成的成果，事半功倍，在组织管理体系建设或对其升级改造过程中展现专家本色；对于信息化人员，无论面对多么复杂的管理状况，都可以利用通用管理模型，有条不紊地实现管理与计算机融合，建立高等级组织管理体系总体架构标准；对于管理软件开发人员，不需要浪费大量的时间去理解任何一个纷繁复杂的组织管理体系特殊结构，只需在组织管理体系共性总体架构方面照本宣科，而在满足个性化要求方面独具匠心。

《四维管理》属于专业管理的实用性工具书，其服务对象主要是管理人员、信息化人员、管理软件开发人员。读者无论是科班出身于管理专业，还是其他专业；无论是从事企业管理工作，还是从事其他性质组织的管理工作；无论是创建组织管理体系，还是日常管理；无论是管理如奥运会一般的大型活动，还是管理如抗击新冠疫情应急组织一般的临时机构，如需要快速建立管理体系或需要专业化管理，完全可以利用该工具书提供的通用模型方法得到专业性支持，使自己在管理方面成为达地知根、技高一筹的行家里手，有勇气和底气在复杂的管理场景和烦琐的业务环境里应对各种管理问题的挑战而不丢定力，高光展现管理专家本色。

在《四维管理》撰写过程中，为了书稿的完整性和系统性，笔者引用了参考文献中一些相关的概念及描述，在此对相关的作者表示衷心的感谢。由于笔者专业水平有限，本书必然有不足和缺憾之处，期在抛砖引玉，翘首跂踵老师和专家们批评指正。组织四维管理体系通用模型如同统一户型的新建住宅，一旦有越来越多业主进入使用和体验，就会有更多质量问题反馈，需要不断完善和更新。

笔者服从内心愿望，做一个组织管理体系全面一体化通用模型的探索者和推广者，从而撰写了《四维管理》。对于四维管理模型方法，希望它能成为热衷于组织管理现代化研究者共同探讨的课题；希望它能成为管理沙龙津津乐道各抒己见的话题；希望它能成为不同行业的管理者进行管理技术交流的可视化语言；希望它能成为管理人员、信息化人员和软件开发人员傍身的看家工具。

何 政

2022 年 10 月于北京

目录

— CONTENTS —

第一篇　导　论

第二篇　组织系统管理效能之认识论

第三篇　组织四维管理系统模型之系统论

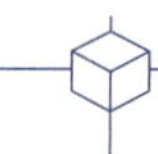

第五篇　组织四维管理体系模型之控制论

第六篇　组织四维管理体系模型之功用论

第一篇

导　论

第一章 组织四维管理体系概论

一、关于组织四维管理体系全面一体化通用模型

（一）组织管理体系结构

每个组织都希望其管理体系能够科学地建立、稳定地运行、健康地生存和良性地发展，而建立先进有效的组织管理体系首先需要构建先进的组织管理体系结构。

组织管理体系结构是由组织系统的各个组成部分、各个组成部分之间的相互关系、各个组成部分与环境之间的关系以及指导系统设计和演进的原则所体现出来的一个系统的个性化基本结构。按照系统质（System Nature）的原理，组织整体结构的属性比松散结构集合的属性具有完全不同的、更多的优异性能。

（二）组织管理体系模型化

使组织管理体系构建达到更高水准，是将组织管理体系结构模型化。组织结构与组织模型，前者是组织完整的个性化结构，后者是各组织完整的通用共性结构。按照模型与模拟化原理，由于系统之间的相似性，从某个系统上总结出的通用规律也适用于相似的系统，因而用模型的方式构建组织管理体系结构会更加具有适应性和稳定性。

管理模型化（Management Mold）是组织管理领域（特定的范围或区域）系统结构、业务流程、控制点和任务分配与授权的一体化实现。管理模型化的核心在于其解决业务复杂性的适应能力和对业务类型的多样化支持程度。

组织管理体系模型，除具有一般共性的系统基础结构外，还要深化成为各类组织通用的系统结构。因而，需从根本入手，研究、归纳、抽象和提炼各类组织存在的根本属性结构及通性规律，从千差万别的组织中洞悉一个从人类有组织活动开始就蕴藏的各类组织共性结构，使其标准通用范围达到最高等级，如同数学的一元二次方程式，不因参数的繁杂多样掩盖共性的本质结构，不因繁杂多样的表面隐藏其存在的本质规律。

从所有组织中抽象、归纳出“单位”“职能”“对象”和“时间”四个根本属性，作为通用组织系统结构的根本维，形成动态立体直角坐标系，依此开展管理活动，称为四维管理。

（三）组织管理体系架构

组织管理体系是组织为实现组织方针目标，获得良好管理效能而创建的制度化、规范化、标准化的内部环境（Internal Environment），包含硬性结构和软性规定。硬性结构部分是组织管理体系模型总体架构，包括组织系统模型（组织管理体系模型基础架构）、组织信息模型、组织控制模型，以及软性规定部分的硬性结构规定；软性规定部分是组织管理体系基础信息，如组织管理体系手册、管理制度、管理程序和组织管理体系指标等，并可引入相关国际标准、国家标准和行业标准，见表1-1组织管理体系架构。

表 1-1　组织管理体系架构

组织管理体系总体模型		
硬性结构（组织管理体系模型总体架构）		软性规定
组织系统模型（组织管理体系模型基础架构）	组织信息模型、组织控制模型及软性规定部分中的硬性结构规定	组织管理体系基础信息

组织管理体系模型总体架构如同大厦的梁、柱、墙等不可动部分构成的整体架构，软性规定如同在整体架构上添加的可移动物品、装修和装饰等功能性部分。组织管理体系模型总体架构需要专业性设计，如同大厦前期的设计和建设，如果达不到一定标准，后期的装修无论怎样精工细作整体上也不会成为优质的建筑。组织管理体系模型总体架构做不好，后面接续完成软性规定的管理制度、引入国际标准等，即便再健全也不会有良好的整体效应。如果硬性结构和软性规定任何一部分没达到设计标准，都会使整个组织管理体系构建标准产生水桶效应。

（四）组织管理体系优异性的衡量

组织管理体系的优异性一般从三个方面考察和衡量：一是从宏观整体规定到微观

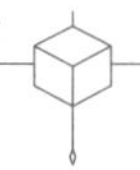

具体规定的全面性，面面俱全；二是从硬性结构标准到软性规定标准的完整性，相辅相成；三是硬性结构标准和软性规定标准通用范围的等级性，三等九格。一个组织管理体系总体模型标准的先进和有效程度，在于它在硬性结构设计方面能否将组织个性化特征的影响降到最低，在于它在软性规定方面能否将管理者个人特征的影响降到最低。而如果使个性化特征的影响降到最低，标准通用范围等级就要达到最高级。

对组织管理体系优异性衡量的重要指标，是其相关标准通用范围的等级。例如，人们洞彻事理隐含不同等级，即听明白、看明白、想明白、说明白、干明白和写明白；宇宙文明根据掌握不同能量控制技术的实力划分为七个等级，即行星文明、恒星文明、星系文明、星际文明、维度文明、平行宇宙文明和创世者文明，目前地球上的人类只达到母星 0.7 级文明。组织管理体系标准化通用范围的等级可分为部门级、组织级、集团级、行业级、国家级和国际级。

一般而言，组织有多大范围的通用性管理标准，就有多大范围的秩序性和统一性，如同集装箱、工业标准件等，具有全球范围的标准就有全球范围的通用性，以及为相关活动带来的低成本和高效率。不同等级的组织管理体系总体架构标准对组织效能的影响具有同样的等级差。另外，组织如果缺乏一定范围的总体架构标准，那么在标准范围之外，所面对的将到处是不规则的个性化事物，随之而来的便是各种各样的整体性管理问题、难以下降的无形成本和对组织效能推升的有限性。

关于组织管理体系的软性标准，其中广泛推行的是国际等级标准，如 ISO 9000 系列质量管理体系标准等。组织可以根据自身的特点和需要，吸纳行业标准、国家标准和国际标准等，建立高等级通用范围的软性标准，并通过建立健全组织管理体系文件来落实。

关于组织管理体系的硬性标准，在多数企业能够看到的都是“组织级”个性标准，这与其努力实施的国际级 ISO 9000 等软性标准极不匹配，形成巨大的反差。

对于组织管理体系的硬性标准，组织有必要将其升级到最高等级，原因有三：一是每个组织都可能跨界、转型而变成别的组织，因此，我们所总结的规律需要具有跨界的适合性。二是归纳世界上所有组织的普遍规律，需要将它们都视为同类同族，归纳适用于所有组织共同的总体架构标准。三是构建组织管理体系模型的目标既要让组织系统正向作用力最大，又要使意外后果最小。这就要求组织管理体系模型既要满足现实的一般需要，又要满足未来发展变化不可预知的需要；即便在组织再造等脱胎换骨般变化的情形下，也会使组织管理体系模型具有极强的适应性，保证组织从容不迫地稳定运行。

（五）组织四维管理体系全面一体化模型的选择

鉴于组织管理体系对组织管理效能具有持续性影响，依照对组织管理体系优异性的衡量，组织管理体系创建的重点是提升组织管理体系模型总体架构标准通用范围，因而，本书讨论研究的主题为“组织四维管理体系全面一体化通用模型创建方法”。

组织（Organization）是指任何性质的团体，如企业、商行、机构、社团、学校、医院、军队等相对独立的任何团体，并非仅仅适于企业。

组织四维管理体系是指以组织的单位、职能、对象和时间四个共同属性要素作为根本维的管理体系。

全面一体化是指从宏观的组织系统模型、组织信息模型和组织控制模型“三型归一”的一体化，到中观的各专业管理体系（如质量管理体系、环境管理体系、健康安全管理体系等）和所有职能有机地融合为一个整体的全面一体化，再到微观可合并概念的全面一体化（如将组织活动的概念与职能活动的概念一体化等）。“通用”是指所创建的共性模型适用于任何行业、任何领域、任何性质的组织。

（六）组织管理体系构建的理论支撑

虽然组织管理体系设计不是什么深奥和不得了的问题，但研究各类组织都适用的通用模型不像做某一个组织的管理体系设计那么简单，需具有更高层面的思考和相应的理论来支撑，信守科学的精神。做顶级的事就需要顶级的理论和方法，持之有故，言之成理。

世界上包括所有组织在内的所有事物都有自己的整体性，而系统科学是研究事物整体性及其与环境关系的科学，是一门从事物整体性的角度观察世界、研究事物、认识问题的学问。国际上研究系统论（Systems Theory）、信息论和控制论（Cybernetics）这“三论”的学者，探讨把各种组织基本属性概念统一，使“三论”朝着以系统论为基础的“三论归一”方向发展，共同构成被称为横断性科学的综合性基础学科。以系统方法论提出将物质、能量、信息和时间四个属性作为根本概念建立组织管理体系的理论，以求建立统一的系统模型，这些根本概念与本文讨论的各种组织共同的根本属性具有一致性。

本书讨论创建组织管理体系模型，以“三论”为基础理论和方法论，应用于组织的管理，形成组织系统论、组织信息论及组织控制论的“组织三论”，对应建立组织系统模型、组织信息模型和组织控制模型，并将三者融为一体，实现“三国归晋”。

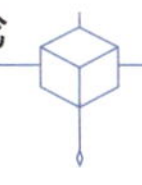

以“三论”为理论基础，以多学科知识为支撑来创建组织四维管理体系模型是管理的根思想、根技术和根方法，与其他层面的管理思想方法相比，自然是“会当凌绝顶，一览众山小”，组织系统论、组织信息论、组织控制论三者关系见图 1-1。

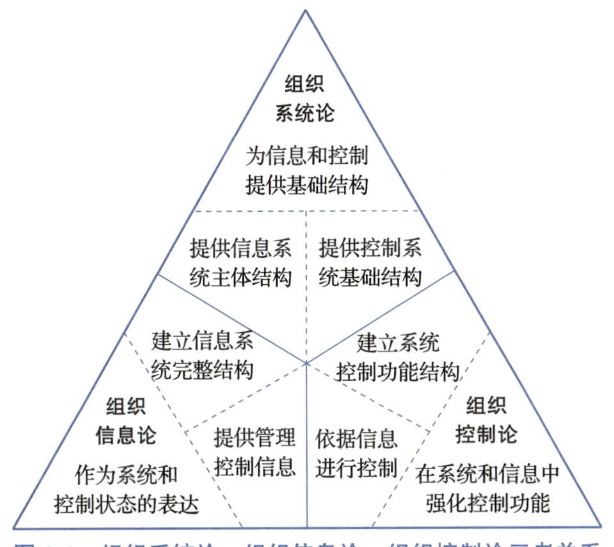

图 1-1　组织系统论、组织信息论、组织控制论三者关系

描述万物共同规律的“三论”具有一定的理论地位和用途，而本书并不涉及理论的讨论研究，只是遵循“三论”，以其方法论开展具体应用，把“三论”落到具体的单位、职能、对象、文件、指标等基本元素。

二、关于组织系统管理效能

第二篇组织系统管理效能之认识论，重点是讨论组织管理效能的基本要素，弄清组织管理效能、整体性管理问题和组织管理体系三者之间的关系。由于组织管理体系是组织效能主要的内部环境因素和制约条件的构成，当组织存在整体性管理问题时，说明组织管理体系设计和构建的标准通用范围等级不高，另外，组织管理体系对组织管理效能具有长久性、制约性影响。因此，组织应针对长期存在的整体性管理问题，分析诊断组织管理体系设计和构建的质量、标准等级状况，寻求对组织管理体系的升级改造。

三、关于组织系统模型的构建

第三篇组织四维管理系统模型之系统论，其中第四章是讨论“系统基础结构”，它是一般系统的根本结构形式。掌握系统基础结构是分析和构建组织管理系统的基本功，进行必要的温习，对后面章节讨论内容的理解会更快、更准，更深。

第五章组织四维管理系统雏形，即概念模型（Conceptual Model），相当于“出土”自从有人类集体生产活动就有的组织系统结构，重点是从组织的所有活动中抽象出“单位”“职能”“对象”和“时间”四个根本属性要素，作为雏形的维结构。这是组织系统结构与一般系统结构的重大区别。相对而言，组织四维管理系统结构是个性系统结构，却也是所有组织共性的组织系统模型，是组织四维管理体系模型基础架构。

第六章主要对组织每个维属性要素进行分层分类，如同将长度按米、分米、厘米、毫米来分层次，把抽象的系统概念变成有形的、层次分明的具体职能单元结构。完成各维的分层分解后，组织系统雏形则成为具有实用性的逻辑模型（The Logic Model），具有组织系统有层次的立体结构。由于组织系统模型各根本维之间是垂直的，因此，组织四维管理系统模型同时具有数学坐标系的概念，成为直角坐标系统，使组织管理系统模型有了数学属性，具备计算机应用的最佳条件，为管理与计算机的交叉融合及管理智能化奠定基础，管理软件开发者对此更会有意外地惊喜。

第三篇讨论的组织四维管理系统模型，本书简称为组织系统模型。后面篇章讨论的组织四维管理体系模型的建立，将以组织系统模型作为组织四维管理体系模型基础架构，因此，组织系统模型也是组织四维管理体系系统模型。

四、关于组织信息模型的构建

第四篇组织四维管理体系模型之信息论，在组织四维管理系统模型基础上，深化建立组织四维管理信息模型，也简称为组织信息模型。本篇讨论组织管理体系基础文件总体架构、组织管理体系基础文件统一分类结构及相关文件的建立过程，包括组织管理手册、所有管理制度和职能管理程序矩阵，并以此建立组织管理体系文件系统模型；讨论组织管理体系基础指标总体架构、组织管理体系指标统一分类结构及相关指标的建立过程，并以此建立组织管理体系指标系统模型。文件和指标单元作为组织信息模型的维成员，也作为信息模型坐标值，来保证信息处理的秩序性和效率。

五、关于组织控制模型的构建

第五篇组织四维管理体系模型之控制论，讨论控制基本原理，在组织系统模型和组织信息模型上突出并强化控制功能，深化建立组织四维管理体系控制系统模型，简称为组织控制模型。组织控制模型体现“三论归一”的思想，而非另起炉灶。重要的

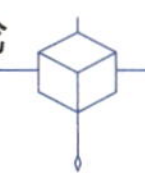

是将组织职能划分为控制职能属性和被控职能属性，相当于给职能系统单元分别贴上不同控制属性功能的标签，依此来突出控制职能的作用。通过建立组织职能控制功能层次结构，阐述系统控制的过程方法及基本功能。通过建立组织单位控制功能层次结构，阐述对于组织战略、战术和作业三级控制，是通过按照宏观控制过程设立控制职能来实现战略级控制；通过建立和完善每个职能管理程序中的控制职能活动单元来实现战术控制；通过执行控制职能活动单元来执行和落实作业控制。

本书用三篇分别讨论应用“三论”建立“三型”并“三型合一”，一方面，对各类组织管理体系的本质规律有了新的认识和解读；另一方面，对“三论”落地应用有了一个具象的认识和了解，从整个应用过程能发现“三论”对复杂世界的描述可以如此简单。组织四维管理体系模型像个动态魔方，任何人都可以玩出无穷的花样，但万变不离其宗，拥有不变的组织四维管理体系结构。

六、关于组织四维管理体系模型的功用和意义

第六篇组织四维管理体系模型之功用论，点睛之笔在第十五章，是对本书主题研究成果的总结，汇集了全书讨论的最终成果，建立了组织四维管理体系模型总体架构标准，列出所应建立的各类组织共性结构；建立了“三型合一”的组织四维管理体系总体模型，用一个总体模型同时表达“系统—信息—控制”的功能结构，对三者的融合关系进行了具体的描述；建立组织四维管理体系关联结构总体模型，完全将系统、信息和控制相融合，为组织计算机管理一体化系统的建立提供了概念蓝图。

第十六章详述组织四维管理体系模型属于组织现代化管理的标准化、制度化、一体化、通用化、信息化、知识化和智能化的多功能管理平台；第十七章详述组织四维管理体系模型属于管理人员、信息化人员和管理软件开发人员使用的专业性、共通性和统一性的多功能管理工具，对应解决第二章所述的“各类组织普遍存在的整体性管理问题”和“管理人员大多面对的整体性管理问题”，其功能作用总结归纳如下。

——标准化管理平台，正法直度规矩准绳，可用以解决“体系建设眼高手低，总体架构缺乏标准”的整体性管理问题。

——制度化管理平台，积基树本秩序井然，可用以解决“管理程序势合形离，关联不清无根无蒂”的整体性管理问题。

——一体化管理平台，删繁就简合而为一，可用以解决“专业体系各行其是，交叉重叠总体错乱”的整体性管理问题。

——通用化管理平台，根本不变应对万变，可用以解决“组织发展升级再造，体

系不适自乱阵脚”的整体性管理问题。

——信息化管理平台，连根共树同源共流，可用以解决“信息管理盘根错节，缺乏统一总体规范”的整体性管理问题。

——知识化管理平台，有条有理触类旁通，可用以解决“知识运用粲然可观，碎片难以浑然一体”的整体性管理问题。

——智能化管理平台，宏图华构磨砺以须，可用以解决“智能发展未来已来，管理领域疏于应对”的整体性管理问题。

——专业性管理工具，别具匠心当行出色，可用以解决“管理人员缺少利器，适逢其会心余力绌”的整体性管理问题。

——共通性管理工具，重规叠矩触类而通，可用以解决“管理业者纵横四海，功力难以一骑绝尘”的整体性管理问题。

——统一性管理工具，百虑一致一本万殊，可用以解决“不同专业不同角色，缺少统一交互工具”的整体性管理问题。

组织四维管理体系模型为各种管理理论和方法的实践提供综合管理平台和应用场景空间，使之麇集蜂萃，以类相从，形成多学科之间的关联。实际上，无论是横向的工商企业管理、人力资源管理、行政管理、社会管理、情报管理等，还是纵向的管理学理论与方法论、管理技术与方法、管理计划和控制、咨询学、领导学、决策学、管理组织学、应用管理学等，只要是相关组织管理体系，就完全可以在组织四维管理体系全面一体化通用模型总体架构基础上缜密融合，在其场景中遐迩一体。本书为横断性科学、经济管理学科增添了全新的一体化模型方法、可视化交互语言和通用性管理工具。

时代在不断变迁，新时代的经济和技术进步将对组织的生存及管理模式产生冲击和影响，科学技术迭代的同时也会提升管理手段，但不会改变各种组织共性的根本属性。无论组织伴随社会大潮进入当今大数据时代，还是进入未来智能化时代，体现各类组织本质规律的组织四维管理体系模型不会过期、不会古旧、不会落伍；面对未来不可预知的变化，组织四维管理体系全面一体化通用模型会以不变应万变，完全适应组织内部的革故立新和外部的复杂多变，井然有序。

第二篇

组织系统管理效能之认识论

第二章 组织管理效能与组织管理体系

组织的宗旨是实现其愿景和方针目标，管理的宗旨是为实现组织愿景和方针目标提高组织系统管理效能。无论组织方针目标如何改变，管理效能的不断提高是管理活动的中心和一切管理工作的出发点，是管理者思考的永恒主题。

一、组织系统管理效能

系统效能（System Effectiveness）是指系统在特定制约条件下满足给定定量特征和服务要求的能力，是系统可用性、可信性及固有能力的综合反映。系统效能所反映的是系统在内部和外部制约条件下，投入的活动能量和资源作用于特定对象转化为目标的过程所取得效果的现实性和潜在性。

量度系统效能可设置一组功效指标来综合衡量或评估。功效（Effect）是系统在特定制约条件下，用一定的投入以产出预期效果的能力。产出是系统的投入作用于特定对象可达到预期目标的效果，可以是设计值或通过实际检验确定的状态或成果，可以是实物量或价值量。效能评估的功效指标组见公式（2-1）。

$$\text{功效}\ n = \text{产出}\ n / \text{投入}\ n \quad (2\text{-}1)$$

管理效能（Management Effectiveness）是管理系统在制约条件下，管理主体（Management Subject）实施管理活动（Management Activity），为实现特定管理目标（Management Objective）投入资源和活动能量作用于管理客体（Management Object）所蕴藏的有利且有效的作用程度。管理效能是衡量从事管理工作结果的尺度，是管理活动结果的整体反映，主要通过系统能力（System Capability）、效率（Efficiency）和效益（Benefit）三个方面的功效指标体现，见表 2-1 管理效能评估的功效指标与管理效能要素。

表 2-1 管理效能评估的功效指标与管理效能要素

<table>
<tr><th>功效指标</th><th>产出</th><th>投入</th><th>管理主体</th><th>管理活动</th><th>管理目标</th><th>管理客体</th><th>内部制约条件</th><th>外部制约条件</th></tr>
<tr><td>单位能力</td><td>效果</td><td>资源投入</td><td rowspan="3">单位
人员</td><td rowspan="3">管理系统整体活动</td><td rowspan="3">单位
职能
资源
对象
环境</td><td rowspan="3">内部对象
外部对象</td><td rowspan="3">软性环境
硬性环境</td><td rowspan="3">外部近间接影响
外部远间接影响</td></tr>
<tr><td>单位效率</td><td>效果</td><td>时间投入</td></tr>
<tr><td>单位效益</td><td>效果</td><td>能量投入</td></tr>
</table>

管理效能评估的功效指标有以下三类。

（1）单位能力，主要是体现一般资源的单位投入能力，如劳动生产率。

（2）单位效率，主要是体现单位时间资源和活动能量的利用，如工作效率、生产效率、运营效率和资金周转天数等。

（3）单位效益，主要是体现管理系统活动能量投入的综合效果，一般指投入活动能量产生的单位增加值或附加价值等，如单位增加的质量、利润、报酬、税收、利息和折旧等。

管理效能要素是指对管理效能具有不同程度的决定作用或制约影响的要素，包括所有投入要素（Input Factors）和管理要素（Management Factors）。

投入要素（Input Factors）有以下三点。

（1）资源投入是指一般资源（人力、物力、财力、信息）。

（2）时间投入是指所耗用的时间资源。

（3）能量投入是指管理系统活动能量，包括有形与无形的能量。

管理要素（Management Factors）是组织管理所包含的管理主体、管理活动、管理目标、管理客体（管理对象）和管理环境等管理基本属性要素。管理要素也是管理效能要素，因而管理问题也是管理效能问题的反映和表现。

（1）管理主体（Management Subject）是指实施管理活动的组织单位或人员。

（2）管理活动（Management Activity）即为管理主体实施的职能活动，是指管理系统范围的整体活动。

（3）管理目标（Management Objective）是指管理活动的努力方向和所要达到的目的。可以根据需要按照组织的单位、职能、对象和环境等要素设定目标。

（4）管理客体（Management Object）即管理对象，是指管理活动的承受者，是管理活动能量和资源投入所作用的事物和特定系统。组织的任何方面都可能在某一管理活动中成为管理对象，包括内部对象和外部对象。同等投入情况下，针对不同的管理

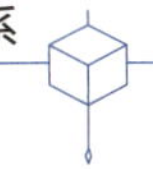

对象可能产生不同的效能。

（5）内部环境（Internal Environment）是组织管理体系软性环境和组织资源硬性环境的总和，是组织内部的一种共享价值体系。内部环境是组织活动的内部制约条件，是组织内部与战略有重要关联的因素，是制定战略的出发点、依据和条件，是竞争取胜的根本。

（6）外部环境（External Environment）是指组织边界以外的对组织的运行与绩效有间接或潜在影响，而组织无法直接对其施加管理作用的那些因素和条件的集合，是组织活动的外部制约条件，包括外部特定环境（Task Environment）和外部一般环境（General Environment）。外部特定环境对组织具有“近间接影响”，主要包括与组织有直接关系往来的业务单位（如顾客、伙伴、对手等），政府、行业协会等关联的外部单位（包括自然人）；外部一般环境对组织具有“远间接影响”，主要包括自然环境、战场环境、社会环境、竞争环境、政策环境等外部宏观环境。

组织效能即组织系统管理效能，是组织在制约条件下为实现特定管理目标，投入资源和活动能量所蕴藏的有利且有效的作用程度。组织效能和管理效能只是不同管理系统范围的两个概念，当管理活动范围为整个组织系统的范围时，管理效能则为组织效能。

【例 2-1】收益实现跨越的公司效能指标（摘自《从优秀到卓越》）。所列效能指标的公司需具备的条件：1965 年《财富》500 强美国上市公司中，经营模式与市场无关，与行业无关，业绩符合 15 年累计股票收益率为市场的 3 倍以上，实现跨越的公司，其效能指标的调整，见表 2-2 收益实现跨越的公司效能指标。

表 2-2　收益实现跨越的公司效能指标

公司	效能指标	关键感悟
雅培公司	单位雇员	从每条生产线所得利润转向每个雇员所得利润，适合生产降低成本的医疗保健品的方案
电器城	单位地域	从单位商店所得利润转向单位地域利润，反映了地区规模经济。尽管单位商店的盈利依然重要，但是地区集团是推动电器城经济发展的主要动力
房利美	单位抵押风险水平	从单位抵押利润转向单位风险水平利润，反映了对管理利息风险降低了利率变动方向的依赖性的基本理解
吉列公司	单位顾客	从单位部门利润转向单位顾客利润，反映了重复购买次数和单位购买高利润之乘积创造的强大的经济效益
金佰利－克拉克公司	单位消费品牌	从单位固定资产（工场）利润转向单位消费品牌利润，将减少周期性，而且在繁荣和萧条时期都会增加利润
克罗格公司	单位当地人口	从单位商店利润转向当地人口利润，表明当地市场份额推动杂货店利润增长。如果不能在当地份额处于第一或第二的地位，就不应该采取这个标准

续表

公司	效能指标	关键感悟
纽柯公司	每吨成品钢	从每个部门利润转向每吨成品钢利润，表明公司的独特经营是把高生产力文化和袖珍工场技术相结合，而不是仅仅专注于数额
菲利普·莫里斯公司	单位全球品牌类别	从单位销售地区利润转向单位全球品牌类别利润，表明实现跨越的关键因素是创造全球利润的品牌，像可口可乐那样
皮特尼·鲍斯公司	单位顾客	从每台邮资计算器利润转向单位顾客利润，表明能够把邮资计算器作为一个新的起跳点，为顾客的后勤办公室提供一系列先进的产品
沃尔格林	单位顾客光顾	从单位商店利润转向单位顾客光顾利润，反映了便利店的药店店址和可持续性经营之间的共生关系
富国银行	单位雇员	从单位贷款利润转向单位雇员利润，反映了关于解除管制残酷事实的理解：银行是一种商品

追求效能提升的管理者无不谋求所投入的最佳综合效果，正可谓“多、快、好、省”。在早期的古典管理理论和行为科学管理理论发展阶段，管理大师们为了提升企业效能，一方面，注重企业投入资源和能量的效果；另一方面，特别注重提高生产企业的效率，在管理演变的每个阶段都有经典成果。在现代管理理论发展的今天，早期管理大师通过管理实践，观察、归纳和提炼出的经典成果依然适用，总结的管理经验依然宝贵，创造的管理方法依然有效。

二、组织管理效能与组织管理体系的关系

组织效能所反映的是组织投入的能量及资源转化为目标的过程所取得的效果，并受组织内部制约因素和外部制约因素的影响。内部制约因素是组织的内在环境，内部制约条件不同，则投入的效果大相径庭。很多情况下，内部制约条件对产出效果具有增减率的作用。

组织管理体系是组织自己创造的组织内部管理环境，是可控的、可变的环境，也是组织管理效能的内部环境要素，对组织效能有举足轻重的影响。显然，它是组织效能提升的重要方面，也是极具挖掘潜力的因素，其重要性不言而喻。组织效能是在组织管理体系下产生的效能，组织管理体系无论怎样，大都处在相对的稳定状态，对组织效能具有持续的、广泛的、潜移默化的影响和天花板般的限制作用。提升组织管理体系档次相当于拉升或冲破制约管理效能的天花板，最大程度地消除负向的制约性作用，以拥有更大的效能空间。显然，组织管理体系的提升应作为组织的一项战略。

第三章 组织普遍存在的整体性管理问题

组织管理体系的质量和水准，可以透过现象看本质，整体性管理问题或者间接反映组织管理体系存在的问题，或者反映其总体架构标准的等级问题。有关组织管理体系问题可能是组织管理体系构建的质量问题，或者是其总体架构标准化等级较低而受到的限制性影响。

一、各类组织普遍存在的整体性管理问题

各行业、各领域的一些组织，虽然拥有丰富的人力资源、财力资源、物力资源和信息资源，但整体管理效应千差万别；虽然都不断吸纳和应用各种管理思想、理念、方法，千方百计地优化管理，完善组织管理体系，努力追求卓越，但组织管理效能大相径庭，很多组织普遍存在一些整体性管理问题，即便是一些管理成熟的大型组织也不例外。判断组织管理体系建设所达到的等级，无需深入组织通前至后、析毫剖厘一看究竟，仅从组织在多大范围内存在一些整体性管理问题及其现象就可见一斑。

整体性就是既具有完整性，也具有统一性。组织是一个整体，构成组织管理体系的各部分之间结构上是不可分割的，在功能上是相互协调、相互为用的，因而组织整体性管理问题表现在组织的多个方面。下面就各类组织普遍存在的主要整体性管理问题进行梳理，以便了解整体性管理问题的具体表现。

（一）体系建设眼高手低，总体架构缺乏标准

1. 组织管理体系设计能力问题

许多组织在组织管理体系建设时，目标高大上，但因缺少组织管理体系架构基本的专业设计能力，眼高手低，力所不及，更谈不上组织管理体系全面一体化。组织管理体系设计能力千差万别，有什么设计能力就有什么管理体系，如同工业设计，就算

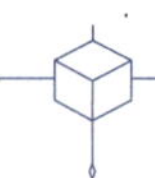

是优秀设计也很难获得“红点奖”。不掌握组织管理体系的专业设计能力，就会导致组织基础建设达不到所希望的水准或等级。

2. 组织管理体系架构标准问题

一些组织所建立的管理体系，或是管理制度的无规则堆积，或是组织的专业管理体系建设没有组织层面统一的结构性规范。虽然有些独立的专业管理体系建设完全能够满足专业性管理要求，甚至精彩纷呈，然而局部的精彩不过是法出多门，不代表组织总体的规圆矩方。缺乏先进的组织管理体系总体架构标准，很难形成组织管理体系整体效应。

（二）管理程序势合形离，关联不清无根无蒂

管理比较正规的组织，其规章制度、管理规范等应有尽有，即便如此，一些组织的制度体系还是存在些问题。

1. 管理程序根基问题

组织建立职能管理程序需要一定的原则方法，如果没有来龙去脉的系统性和依据性，它的建立等同于无根无蒂，易出现管理漏洞，无法形成完整的管理程序系统。

2. 管理程序关联问题

组织每个管理制度和管理程序都有明确的范围和边界，全部规章制度的集合构成组织的制度体系，这既涉及各管理模块之间的边界是否清晰，也涉及相关管理程序之间的关联是否能无缝衔接；若管理模块之间的边界模糊或管理程序之间的关联不能无缝衔接，便会势合形离。

（三）专业体系各行其是，交叉重叠总体错乱

组织的各专业管理体系，在满足和加强专业化的同时，相互之间可能会出现交叉重叠的复杂状况。

1.“三标”一体化问题

很多组织建立了被称为“三标”的质量、环境、安全方面的标准化管理体系。在“三标”的推行、实施和认证工作中，由于这三个专业体系在管理目的、对象特点方面的不同，管理部门不同，具体管理要求会有交叉重叠，从而有相当多认证工作内容及认证文件重复。

2. 全面一体化问题

大多数组织除“三标”体系外，还包含有很多专业管理体系，如内控管理体系、

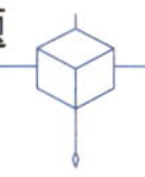

风控管理体系、内审管理体系、合规管理体系、法律管理体系、信息管理体系等。而这些管理体系在缺少一体化设计的情况下会存在一些问题：一是组织各专业管理体系具体管理要求之间交叉重叠，标准不统一，边界不清晰，影响协调一致性；二是由于缺乏总体架构标准而使各管理体系难以浑然一体；三是有一些其他职能活动可能独立于专业管理体系一体化之外，因而不能达到全面一体化。

一般情况下，做到“三标合一”已算是将组织管理体系一体化推进一大步，而解决组织管理体系全面一体化更是困难重重，原因在于：一是全面一体化工作首先需要将纵横交错的重叠关系进行梳理，如同整理一团乱麻，其烦琐性往往让人望而却步，没有哪个部门愿意主动“没事找事”；二是全面一体化不是组织的哪一个部门能够决定和独立完成的，没有高层领导的一体化意志和统一领导，根本无法开展这一涉及所有部门协同作战的复杂工作；三是“没有金刚钻干不了瓷器活”，全面一体化需要专业的组织管理体系构建思想、技术和方法。

3. 概念一体化问题

全面一体化除了各专业管理体系的整体性一体化整合外，还涉及一些概念的一体化与一致性，如将组织活动主体的概念与组织单位的概念一体化，这也是避免概念交叉重叠进行具体事物标准化不可或缺的重要内容。

（四）组织发展升级再造，体系不适自乱阵脚

1. 初创组织问题

初创组织构建组织管理体系历来我行我素。有的认为眼下公司小巧玲珑，管理简单，不必大动干戈做组织管理体系设计，只需建立一些必要的管理制度即可；有的认为只要组织管理体系能够支撑组织正常运营，以后再不断完善即可；有的算是理念早熟，希望建立一次到位的、先进的组织管理体系，但不知先进的组织管理体系架构长什么样。无论哪种情况，初创后的组织管理体系模式都会潜移默化形成惯性。当组织发展壮大后，可能原管理模式已经不适合组织发展，只好被动除旧布新，结果难免自乱阵脚，平添混乱；本来完全可以在最初一步到位建立高稳定性的组织管理体系架构，却自找麻烦，重新投入人力和资源，从低端向高端进行升级改造。毫末不札，将寻斧柯。

2. 转型升级问题

一些公司在发展壮大或战略调整过程中，可能会转型升级进入另一个行业。例如，有的公司需要从密集型资本转向轻资本型经营模式，并从规模管理转向提升质量

管理；有的公司重新审视资源配置，对无法盈利的业务部门进行裁撤，业务运营寻求更加高效的方式；有的公司产业结构由制造业和零售业等实体产业向集约型产业转变；有的软件公司对销售软件的商务模式抱有危机感，决定采取通过网络提供软件并收取定额费用的模式等。这些组织跨界或转型升级，源于组织方针目标的变更，旧的业务增长和竞争模式将不再是主流，而原有的个性化组织管理体系已不适应新的管理要求。有些组织管理体系的总体架构不足以应对脱胎换骨的改革，即便曾经一直处于良好管理状态的组织，也不一定能够适应大刀阔斧的破旧立新。没有先进组织管理体系架构的支撑而转型的组织，难免会拉长繁乱的过渡期，使管理效能大打折扣。

3. 并购重组问题

一些大公司出于战略考量，选择并购某个企业。无论是兼并（吸收合并）还是收购，并购重组是将两个不同管理体系结构的组织重组在一起，或是遵从其中一家企业的组织管理体系结构，或重建组织管理体系结构。如果是两家大型平庸公司合并在一起，则更不可能组合成卓越的公司。实际上，许多推行变革和重组的公司，很难完成从优秀到卓越的跃升，最有利的并购重组基础条件是两家企业具有相同组织管理体系总体架构标准。

【例 3-1】惠普与康柏合并是全球 IT 产业有史以来规模最大的合并，涉及资金规模达 800 亿美元，人员多达十几万，合并项目仅在中国区就有 1000 多个，合并方式是“从零开始，全员下岗”，之后的理顺或重建过程的难度超出想象。当然惠普女强人卡莉·菲奥莉娜干得漂亮，在“世纪整合”后交出了一份出人意料的成绩单，只是不知道她消耗了多少资源才使公司走入正轨。

4. 应对环境问题

美国军事学家曾经提出现代战争环境的四个特征：易变性（Volatility）、不确定性（Uncertainty）、复杂性（Complexity）和模糊性（Ambiguity），简称为 VUCA。实际上这些环境特征也是大多数组织的生存环境状况，是组织效能的外部制约因素。例如，国家相关法律法规的修订；相关行业标准的修订；市场情况的骤然变化；社会节能环保政策要求的改变等。随着外部环境的变化，组织管理体系可能需要进行适应性改进，从一种个性化系统结构改变到另一种新的个性化系统结构，组织管理体系受到外部环境多变的影响。

组织可能会遇到上述的初创组织、转型升级、并购重组和应对环境等问题，因而组织管理体系需经受革故立新、改弦更张的考验；如果组织管理体系总体架构标准通用性差，则难以适应变革，只能是自乱阵脚。

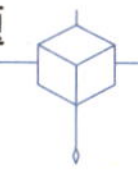

（五）信息管理盘根错节，缺乏统一总体规范

1. 统一信息编码问题

建立组织管理信息系统最重要的基础工作之一，是对组织所有管理效能指标和管理评价指标进行分类编码。一些公司部门单位的信息管理往往被允许各行其是，其管理信息子系统会出现一些管理指标分类编码问题：一方面，某业务板块主管部门需统一其业务范围的指标信息编码，并由协同部门遵从统一编码；业务协同部门除服从主管部门指标统一编码外，本身另有本部门专用的管理指标编码。另一方面，综合统计部门负责组织数据信息统一对外，遵循综合统计指标概念统一、编码统一、出数统一的原则。上述情况，如果各种管理指标分类编码缺乏组织层面总体的规则、规范及标准，就会出现指标概念不一、口径不一的情况，会产生老生常谈的信息无法共享的信息孤岛问题，这些情况将影响组织信息系统的全局有序性，不利于计算机管理系统的一体化整合。当信息管理出现基础问题时，更多原因是反应在信息统一分类编码方面。组织管理信息系统即便建立了整个组织统一的指标分类编码，也还需要解决指标信息分类的根结构问题，以保证其编码规律的稳定性。

2. 管理数字化问题

组织管理数字化，一方面，组织的知识资源、信息资源和财富资源需要数字化；另一方面，组织的综合信息需要通过数字化实现可计算性和统计性，以解决综合信息量化及高效处理问题。组织全面实现管理数字化需要有组织层面的总体性规范，否则数字化管理就只能停留在项目管理的水平。

3. 软件适应性问题

一些组织开发的管理软件仅满足项目应用的需要，并非以组织管理体系总体架构为基础；或者虽然以组织管理体系总体架构为基础，但建立的组织管理体系总体架构属于通用性不高的等级，一旦组织有大幅度的变革，软件就可能变成无法升级的废物。

【例 3-2】某集团公司早年为提高管理信息化水平投入重金开发计算机应用项目，其中包括规模较大的企业资源计划（ERP）系统。后来由于公司发展迅猛，重新进行业务整合，结果在公司欣欣向荣之际，曾经让大家引以为傲、花费上千万元开发的 ERP 系统因无法适应企业的变革而前功尽弃。公司要求 ERP 开发商按新管理体系修改 ERP 软件以满足需要，而软件公司回复说，修改 ERP 软件的内容及其工作量过大，远远超出 ERP 开发时双方合同约定的项目范围，这是他们不能承受之重，只能按新项目重新签约，重新开发。

从软件开发公司的角度，只要用户提出具体功能要求，就能够开发出满足其功能要求的计算机辅助管理系统；从组织的角度，一旦业务发生较大变化，随之带来经营模式的变化，也会要求软件公司所开发的管理软件通过调整完善应仍然能够保证其有效性，而不必重新开发。

4. 软件整合问题

一些组织的部门单位积极开展专项职能的计算机辅助管理，建立一些独立的专业管理计算机应用系统，如：人力资源管理系统、财务管理系统、外事管理系统等。在制造类企业中，除上述专业管理的系统外，还有为生产部门建立的制造执行管理系统（MES），为业务部门建立的企业资源计划（ERP）和为销售、服务部门建立的客户关系管理（CRM）等。有些企业的 ERP 和 MES 未实现信息联动共享，这类问题只是企业的不同系统之间信息隔断问题的一个缩影；实际上，为设计、制造、采购、财务、人事、外事、办公等建立的计算机应用系统都可能存在信息隔断问题。虽然综合统计指标信息统一编码问题能够解决相关信息共享问题，也不会产生信息孤岛，但管理软件一体化是更高层面的整合问题。没有高度抽象的组织管理体系全面一体化，就无法实现组织管理软件的一体化。

（六）知识运用粲然可观，碎片难以浑然一体

知识与创新已经被越来越多的组织重视，知识运用粲然可观，无处不在的知识已经成为组织获得持续竞争优势的重要因素。

对于知识管理，普遍存在的问题是：首先，在组织内进行最佳实践总结时，往往只能让个人很多宝贵的经验和知识停留在较短的交流过程，这种形式的知识分享无法做到持续性传承。其次，知识可能是碎片化的，也可能是系统的。碎片知识的优势是可以随时随地地被吸收，人们可以有效地利用自己的空闲时间；但碎片知识是比较片面的，虽然可补充局部的认知，却不能形成系统性的知识体系，发挥整体作用。在组织还不能给管理者呈现完整的知识体系前，知识碎片难以浑然一体；尽管碎片知识也宝贵，但对其应用一般都处于“孤独”状态，管理者只是在岗位责任和专业的有限范围内非系统性地接触一点碎片化的知识，效果微不足道，减弱了知识应用的价值。最后，在精英流动的时代，许多精英和专家的专业知识随着人员流动被带走，组织如何留住知识资产是十分重要的课题。

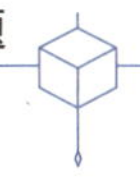

（七）智能发展未来已来，管理领域疏于应对

组织的智能化应用从风生水起到有声有色，已渗透到越来越多的领域。一些组织跃跃欲试，初露锋芒；一些组织轰轰烈烈，成就辉煌；一些组织虽然其业务性质距智能化很近，但实际上却因战略意识淡薄，或掌握相关知识有限而疏于应对。实际上，不同行业的人工智能应用已是别有洞天，在不知不觉当中相当一部分工作已经悄悄被人工智能取代。

例如，2018 年杭州有几家加油站装上智能机器以后，没工作人员了，从加油到驶离扣费一气完成。2018 年上海出现了全球第一辆无人驾驶清洁车，每天凌晨两点，这些车从车场醒来，自动上路，自动清扫作业，遇到障碍自动避让，红灯停绿灯行，早五点准时收工。还有的组织已在自动化客服代理、销售流程自动化等方面引入人工智能。

组织管理的多样性和复杂性让很多人摸不到智能化的脉，很多组织也不知在管理方面该如何迎接和应对智能化。理论上，只要是人脑做的事就可能被智能化取代，人工智能的发展及其应用是科技发展的必然；另外，劳动力匮乏的老龄化社会也必然会加快人工智能的步伐，该来的一定会来，戏外人终成戏内人。需要明白的是，组织管理何时实施智能化和组织管理体系是否具有实施智能化的基础条件，是两个方面的事情，组织无论是否开始发展应用智能化，首先要使组织管理体系具备智能化建设的基础条件。

二、管理人员大多面对的整体性管理问题

组织的管理人员、信息化人员和管理软件开发人员都会面对一些整体性管理问题。现将这些普遍存在的主要问题进行梳理，以便分析这些问题对相关工作人员的影响及其造成影响的本质原因，并研究彻底解决方案。

（一）管理人员缺少利器，适逢其会心余力绌

专业管理人员无论是在建设和维护组织管理体系之时，还是在组织常规运行之中，都希望自己能具有管理的专业性水准，展现自身价值，但有可能适逢其会却表现得眼高手低、心余力绌。

1. 管理体系设计者问题

很多管理人员依靠专业功底和积累的经验，解决一般管理问题游刃有余，但在

解决组织管理体系总体架构设计方面的问题时则突显管理专业技能不足。组织管理体系总体架构设计在管理专业里独树一帜，即便是学管理的也不一定掌握这方面的专业技能。管理者也同医生和律师一样，技有细分，术有专攻，不是每个管理者对解决所有管理问题都擅长。因此，对组织管理体系总体架构设计应有资质化要求，如同建高楼大厦，需要有资质的设计单位的设计师设计，需要有建筑施工资质的公司承建。如果前期设计不专业、不到水准，后期建设无论如何精工细作也不会建造成优质的大厦。现实中，众多组织对组织管理体系总体架构设计的资质化要求并未表现急迫和重视，因为组织管理体系总体架构设计得再烂也会是个“慢性病”，问题不会很快显现出来；即便经常出现因组织管理体系低级造成的混乱或管理效能差，一般也不一定有人有能力诊断出是组织管理体系架构设计的原因。

2. 普通管理者问题

虽然有管理学书上说“管理工作是一种专业性很强的职业，没有受过专门训练的人是难以胜任的”，但实际上，管理者平常的工作大都很普通，即便是学管理的也不一定有机会展示高难动作，如解决运筹学、数理统计等这样十分专业的管理问题；因而从平常管理工作的表面上看不出管理专业人员有何过人之处和特别的看家本领，这也很容易被误认为专业管理者完全可被非管理专业人员的经验和聪明取代。问题的关键在于，如果管理者掌握组织管理体系一体化总体架构设计特别技能，而且不是凭工作经验积累就可以取代，才可能在必要时展现令人刮目的专业性作用和作为。

3. 管理岗新员工问题

每个工作者所在的组织几乎都是个性化的存在，拥有独特的人员、产品、职能、文化、环境、机构等，新入职的人员无论曾经学过多少常规课程，入职初期对组织管理体系的了解也如同盲人摸象，即便是进了多个部门见习也一样。普遍的情况是对组织管理体系缺乏具象概念，即便是组织的老员工也不一定清楚组织管理体系长什么样；职场上的人员是流动的，每到一个组织，想做一个有大局观的管理者就要去了解它的组织管理体系，但由表及里的过程十分漫长，又摸不到、看不到组织的全貌及内在结构，一定期间内工作上很难洞达事理，很难心怀一盘棋，因而建立管理的全局观比较缓慢，时间较长。当然，这也可能是组织根本拿不出能够让新员工很快掌握组织管理体系全貌的可视化模型。

总之，一些管理者由于未掌握专业的看家本领，或未掌握“金刚钻”般的管理利器，在需要挺身而出的时刻不能发挥专业管理作用，无法展现不可替代的专业性。另

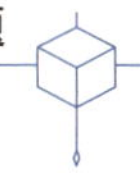

外，由于管理风险一般不像法律和财务问题被老板认为是要害问题、急迫问题、心腹之忧，因而相对而言，管理问题大都被轻视，并且老板对解决管理问题通常较淡定。因此，一般组织都普遍聘用总法律顾问、总会计师，而极少聘请总管理师或总管理顾问，这也许让经常听“管理很重要”的管理人员很无奈和尴尬，“我拿什么拯救你，我的专业”。

（二）管理业者纵横四海，功力难以一骑绝尘

虽然说“管理是通的”，但一些管理者对跨行业就职心里没有底，原因在于跨界发展会面对新业务、新管理模式，涉及是否掌握与组织管理体系等级相对应的共性管理与个性管理。管理业者对共性管理掌握到什么程度，才会有什么样的底气；如果职业经理人在纵横四海的跨界中，不具有相当程度的共性管理的知识和能力，即便是经验丰富的管理高手、位高权重的人物，在跨界发展之初也很难对组织运营表现得游刃有余，功力难以一骑绝尘。

（三）不同专业不同角色，缺少统一交互工具

1. 软件开发的主导性问题

计算机管理应用软件的开发水平与效果是管理模型设计与软件技术设计相结合的结果。管理人员与软件开发人员在开发项目前期和后期不同设计过程中的主导性各不相同。开发项目前期应以管理人员为主导，负责提供组织管理体系架构；后期应以软件开发人员为主导，以信息技术来搭建计算机应用系统结构，并作为管理人员与计算机之间的“翻译”，通过谜一般的代码解释给计算机，完全占据应用项目建设的中心位。如果开发项目从前期就完全扔给软件开发人员，需要其完全进入项目应用范围的管理业务领域，了解整个组织职能的参差错落，然后再去建立一个满足应用项目需要的计算机管理体系。即便软件开发人员具有组织管理体系总体架构设计能力，这种方式也是他们大多会选择的，因这是能够完成项目目标的最近路经。

显然，组织管理体系计算机应用软件开发水平不能单纯依赖软件开发人员，如果管理人员不能提供高等级的组织管理体系总体架构作为管理软件开发的基础，仅仅是基于眼前一般等级水平的管理体系结构，那么想要建立高水准的计算机应用软件几乎不可能。

2. 多角交互问题

组织管理体系信息化建设由相关的不同职类人员、不同专业人员交互沟通、共同

构建，见表 3-1 组织管理体系信息化建设相关职类。

表 3-1　组织管理体系信息化建设相关职类

相关职业	内部职类	外部职类
高端管理	最高层决策者	体系方案设计者
一般管理	中基层管理者	管理咨询服务者
信息技术	信息化管理者	管理软件开发者

组织管理体系信息化建设相关职类人员之间的交互沟通，通常会面临一些问题。特别是管理者和管理软件开发者对对方专业知识了解有限，谈具体的通俗问题较容易，谈各自专业性规划设计则往往是隔行如隔山，无法从规划设计层面“懂你”；本应强强协作却达不到深度，往往使组织管理体系信息化建设难上高楼，尽管相关各方都已经做了极大努力。

组织信息化建设如同构建一幢大厦，大厦装修相关各工种人员是基于同一幢房屋结构来讨论各工种的目标、计划、任务及作业协同事宜。如果没有大厦建筑结构蓝图，各工种专业人员就没有透彻交互沟通的基础条件，就无法使双方有很好的密切配合效果，无法使专业系统融合一体，无法使各方专业要求和共同目标达到统一。

第三篇

组织四维管理系统模型之系统论

第四章 系统基础结构

结构化思维的本质就是逻辑，其目的在于对问题的思考更完整、更有条理。系统基础结构，一方面，系统元素细分形成系统层次结构，具有完整性和独立性；另一方面，系统结构的元素之间纵横交错、相互纠缠、相互依赖和相互影响，形成系统关联结构。

一、系统构成

系统（Systerm）是由相互联系、相互作用、相互依赖的若干不同种类的组成部分（即系统元素）按特定方式结合而成的具有特定功能和目的的有机整体，拥有明确的边界。系统并不是指一个客观存在的实体，而是人们的一种规定。

系统及其构成元素举例如下。

（1）一个独立的生物体可以作为一个系统，如人类、动物、植物、微生物。

（2）一个相对完整的物体可以作为一个系统，如原子、分子、太阳、地球。

（3）一个独立的社会群体可以作为一个系统，如组织、民族、社区、家庭、城市、国家等。

（4）一个独立完整的无形事物可以作为一个系统，如人类创造的思想、感情、事物，一个完整句子、一段完整音乐、一个完整故事、一套完整想法、一套完整理论等。

（5）一个能产生预期效果、产生功效的独立事件可以作为一个系统，如生产组织、工程项目、课题研究、军事演习、企业并购、职业培训、产品制造、电脑组装、出版图书、复习考试、创建公司、开拓市场、治病救人、应聘职位，等等。

一些元素的集合不一定能构成系统，只有相互依赖、相互联系、相互作用的元素并属于系统整体目的概念的子项才能构成系统，没有任何内在关联或功能的随机组合体就不构成一个系统。系统包含哪些构成元素是根据客观情况和主观目的来规定的。

例如，车间里的外来参观者并不属于车间生产系统的构成部分，只有属于本车间的人员才是该系统的构成元素。

二、系统层次结构

系统层次结构是指一个复杂系统按功能分成多个元素（元素也称模块），元素之间有通信联系，若干元素组成一个层。每一个元素都可以再分成多个子元素，从而形成不同层次，各层之间只是单向依赖关系，不构成循环结构。

系统元素本身是一个子系统，子系统又由次子系统构成，都有自己的元素和内部构造。因而，系统是分层的，逐层分解，上层元素是下层元素的系统或组合，下层元素是上层元素的子系统。系统层次结构是系统最基本的结构形式，其细分程度限定在满足研究系统的目的不需要再加以分解和追究其内部构造的基本成分；当系统细分到基本子系统的最低层次时，其元素是系统中不可再分的基元，如果再分就失去了作为系统元素的身份。例如，企业的一台设备是一个系统，需对其进行从组件到零件的层次分解，以满足组装或备件管理的目的，而细分程度不必将设备零件分解到分子。因而，系统结构除了系统元素的构成，另一个方面的重要内容就是元素分解形成的系统层次结构。

系统层次结构有两种构成形式，一种是由系统整体概念的属性元素层层分解的树形层次结构；另一种是由若干属性要素组合成系统元素的矩阵层次结构。

（一）系统树形层次结构

系统树形层次结构是将系统整体概念的元素一层一层分解，下层元素是对上层元素分解的结果，或上层元素是下层元素集合的结果。上下层元素之间为从属关系。从实现功能的角度，上层是下层的目标，下层是上层的手段。不同层次元素可通俗地理解为同一事物的不同细分单位，如同一把米尺，其中分米、厘米、毫米是对米尺不同层次的细分，见图 4-1 系统树形层次结构。

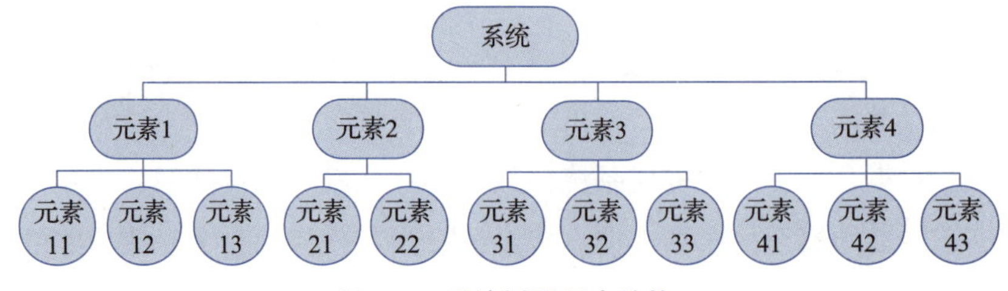

图 4-1　系统树形层次结构

系统树形层次结构图绘制方法：将各元素分层次布置，上下层次元素用连线连接。连线可以是直线、折线、曲线。

（二）系统矩阵层次结构

有些系统的元素构成比较复杂，其每个元素由若干个属性要素组合而成，这类组合往往能组合出很多个元素，一般通过矩阵方式表达系统元素组成要素的组合关系。

例如，一组多重属性系统元素由两组属性要素矩阵组合而成，见图 4-2 若干属性要素矩阵组合系统元素的方法。

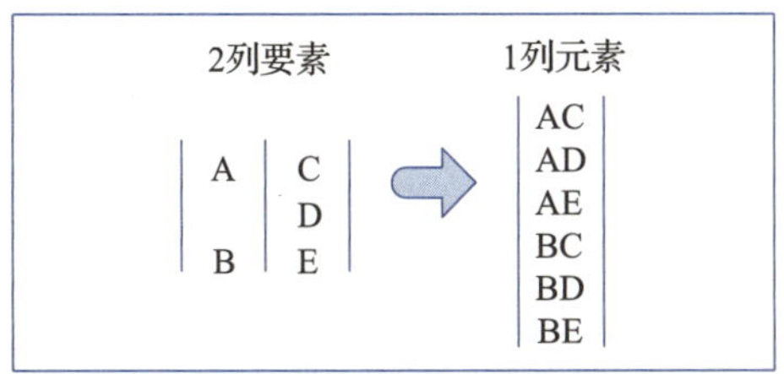

图 4-2　若干属性要素矩阵组合系统元素的方法

系统矩阵层次结构是从系统的目的出发，由若干属性要素组构成的多列矩阵来表达系统元素组合关系的结构，如图 4-2 中“A、B”和“C、D、E”两个要素组构成两列矩阵，可组合成 AC、AD、AE、BC、BD、BE 元素。多列矩阵结构的每列代表某一属性要素组，各列属性要素根据不同主次顺序组合的元素具有不同的概念。实际上，矩阵层次结构相当于建立系统树形结构的某层次过渡结构。矩阵的各层次并非系统的层次，而是各属性要素组，通过各组要素组合成系统某一层次的部分或全部元素。

例如，表 4-1 系统属性要素组合系统元素的矩阵，A 组 3 个属性要素与 B 组 4 个属性要素，可组合出 12 个多重属性系统元素。

表 4-1　系统属性要素组合系统元素的矩阵

系统元素		B 组属性要素			
		B1	B2	B3	B4
A 组 属性要素	A1	A1B1	A1B2	A1B3	A1B4
	A2	A2B1	A2B2	A2B3	A2B4
	A3	A3B1	A3B2	A3B3	A3B4

（三）系统层次结构解析

任何一个管理系统都包括四个方面的要件：元素、关联、功能和目标。管理系统与其元素之间的关系解析如下：

（1）系统量，当下层元素数量之和等于它的上层元素总体时，这个系统的元素构成从量的角度是完整的，否则是局部的、不完整的。由于元素不一定是有形的实物，如学校的品牌、声誉、学术影响力等，因此，有时要罗列出一个系统的所有元素几乎是不可能的，这时系统元素是不完整的，整体不等于部分之和，但不代表系统没有边界。

（2）系统质（System Nature）指系统的属性、功能、行为，是系统区别于其元素的质的规定性。系统质只存在于系统的整体水平，具有整体不等于部分之和的特性，并非系统各元素质相加的结果。无论是由各元素组合成系统整体的系统质，还是由整体分化出的元素质，在元素质与系统质之间都是质的不同。构成系统的元素具有整体的属性，如电脑组装前的一些零部件不具有电脑的属性，只是独立的零件属性，但组装成电脑后，每一个零部件都具有电脑的属性。系统质是管理系统强调整体性的根本所在。

（3）系统层次结构建立过程具有双向的不同方式：如果系统为一个已有的整体元素，则系统表现为整体元素的分解，例如，一个企业因发展壮大分解出若干个子公司；如果系统层次元素为若干已有的元素，则系统表现为各元素的集合，如招兵买马组成一个新的组织。系统层次结构在形式上是由整体到部分进行分割，而本质上是整体为了达到特定目标，必须有不同的部分。

（4）系统的性质是由元素决定的，有什么样的元素就有什么样的系统。例如，由不同的股东或不同的员工构成的组织系统是不同的；由不同质量的零部件组装成的产品质量是不同的。

（5）系统有总目标，系统总目标和系统元素子目标不一定一致，如，企业的大目标与员工的小目标不一定一致。一个成功的系统是使大小目标趋向一致。

（6）系统目标和功能的变化会对系统产生重大影响，可能会极大地改变一个系统。如，企业转型升级。

（7）如果更换了系统的元素，系统元素关系就会被改变，系统也就改变了，因此，系统可以通过自我进化、演变、生成另外一个全新的系统。但只要系统的总目标不改变，即使系统替换所有相同属性的元素，改变的系统也会保持稳定，只是发生缓慢或有限的变化，如，球队更换大量球员。

（四）层次结构与分类结构

层次结构是指通过多级相干关系逐级分解构成多级整体的结构；分类结构是指有

些事物的元素相互之间不一定有相互的联系和依赖，如客户之间、伙伴之间、物资之间，经逐级概念分组的结构。一般一个整体事物内部的分解结构为层次结构，而若干事物归类集合成一个整体为分类结构。例如，项目层次结构指一个项目分解成若干子项目的结构，而项目分类结构则指若干不同类别项目的归类集合结构。当对分解结构的构成区分不严格时，也称作分类结构。另外，当两种构成结构共存时，有时为通俗表述都称分类结构。

三、系统关联结构

联系是指元素构成系统的媒介。系统的同层次元素之间有各种各样的联系，而把其中直接关系系统整体属性的那部分联系称为元素间的关联（Association）。关联是系统关联结构的基础，通常表现为性质、种类、数量和强度等。系统元素关联关系为同层次元素之间相互作用、依赖和影响的关系。系统关联结构是系统层次结构中某一层次系统元素之间的关联形成的结构。

系统层次结构的上下层元素是分解关系的表达，系统关联结构是对系统同一层次元素之间关系的表达，见图 4-3 系统层次结构与系统关联结构的关系。A 是一个系统整体性元素，它分解成若干个下层次元素 B，并可以继续分层分解。B 层次元素的系统关联结构为 C。

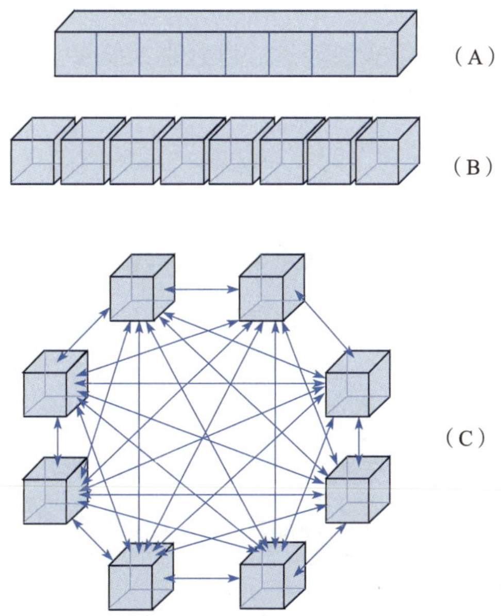

图 4-3　系统层次结构与系统关联结构的关系

（一）系统网状关联结构

系统网状关联结构是系统同层次的系统元素之间关联而形成的网状结构。可用于表达任意数量元素的系统关联结构，见图 4-4 系统网状关联结构。

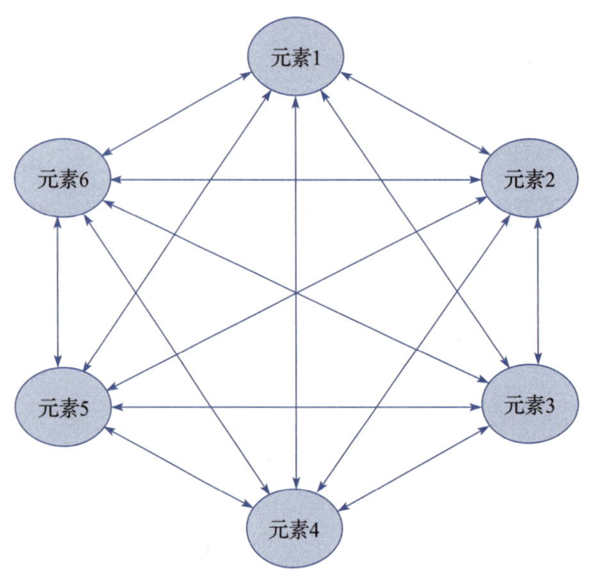

图 4-4　系统网状关联结构

系统网状关联结构图绘制方法：

（1）元素之间的关联用双箭头线表达，以区别系统层次结构上下层元素分解关系的线段；

（2）在不确定系统哪些元素之间具有关联关系的情况下，所有元素之间都画关联线；

（3）在系统元素间关联很具体的情况下，关联线有一是一；也可以从应用的效果出发，根据具体情况对系统关联结构做特殊标注。

（二）系统环状关联结构

系统环状关联结构是以若干元素构成的环状关联形式表达的系统关联结构，与系统网状关联结构等价，是系统网状结构的简化结构或示意图，见图 4-5 系统环状关联结构。

系统环状关联结构图绘制方法：

环状各相邻元素之间用双箭头虚线作为关联线，代表系统元素数量不确定或较

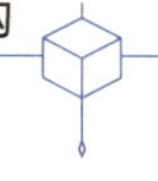

多，同时代表每个元素都可能与其他元素关联。

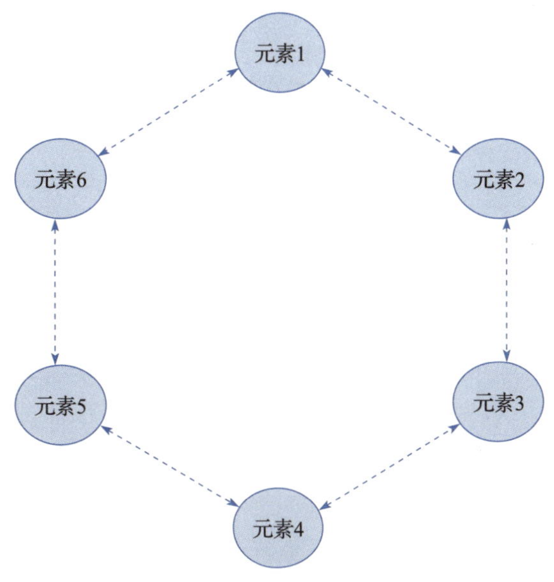

图 4-5　系统环状关联结构

（三）系统链状关联结构

系统环状结构可以根据表达的需要简化为链状结构，相当于环状结构扁平状态的平视图，见图 4-6 系统链状关联结构。

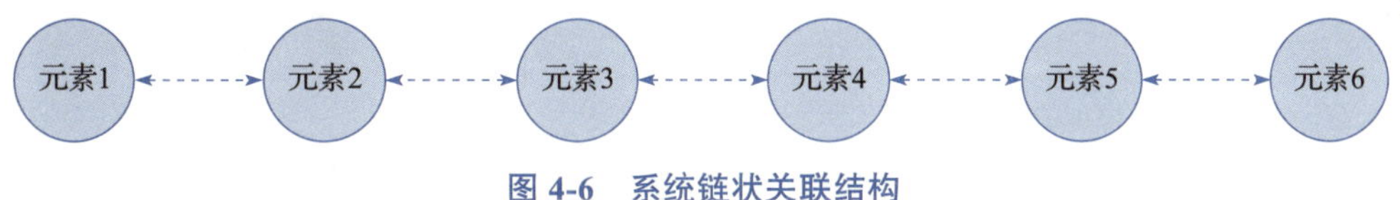

图 4-6　系统链状关联结构

系统链状关联结构示意图绘制方法：

系统链状结构中相邻元素之间用双箭头虚线作为关联线，所有元素与关联线形成一条链，并表示元素数量不确定，元素排列顺序不确定，元素关联关系不确定。

（四）系统树形关联结构

系统任何一个层次的关联结构形状是元素之间的关系决定的，可以形成各种各样的结构，甚至也可能形成树形关联结构。系统树形关联结构是一种特殊的关联结构，这种结构多表现为组织同一层次的元素之间的线性关联关系，因而，元素间的连线是双箭头关联线，以区别系统树形层次结构，见图 4-7 系统树形关联结构。

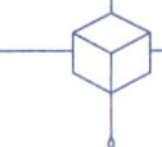

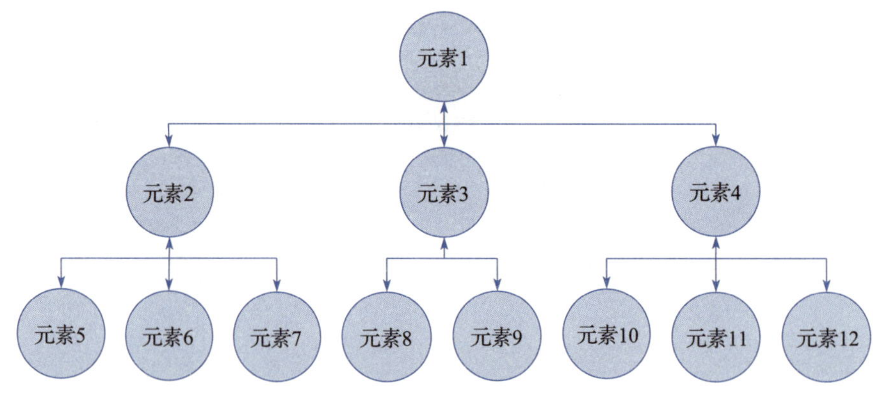

图 4-7　系统树形关联结构

例如，公司人员系统，其中的所有人员都属于同一个层次，而由于职级岗位的原因，人员之间存在领导与被领导的树形关联结构的管理关系。

（五）系统矩阵关联结构

系统矩阵关联结构是一种特殊的关联结构，这种结构是组织同一层次的两组元素之间的关联关系，见图 4-8 系统矩阵关联结构。

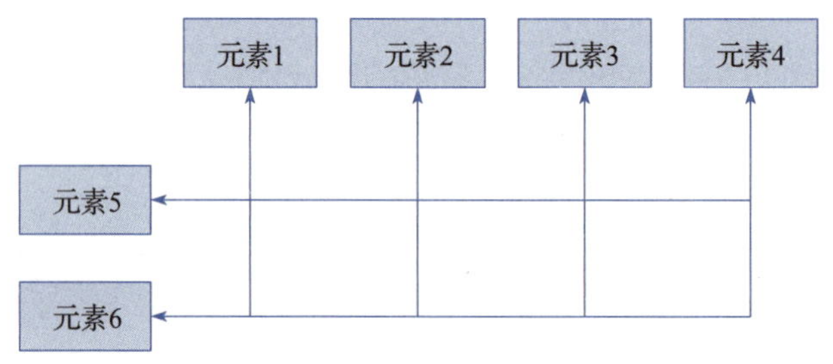

图 4-8　系统矩阵关联结构

（六）系统不同层次元素关联的详略

系统关联结构因所选择的层次不同，表现的关联关系详略也不同，低层次元素的关联结构比高层次元素的关联结构更详细、更具体，见图 4-9 系统不同层次元素关联的详略。

图中系统不同层次元素的关联：一是下层元素关联的集合包含上层次元素之间关联的集合（如 A、B 关联）；二是下层的所有关联中，除上层次关联以外的所有关联部分都属于上层元素内部的关联，如同一个组织内部管理关系无论多么复杂，与外部组织的交流只是相互输入输出的内容。

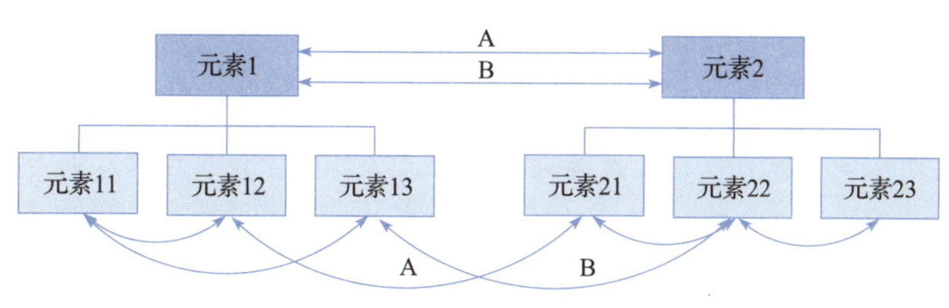

图 4-9　系统不同层次元素关联的详略

（七）系统关联结构解析

（1）系统的两个元素概念之间在顺序上可以有原因和结果的联系，形成一种时间顺序性的上下游过程关系。例如，组织职能系统中“产品制造”与“产品质量”两个关联元素之间为因果关系：因为“产品制造”，所以会有“产品质量”；因为“产品质量”有缺陷，所以“产品制造”需得到完善。再如，活动和场所、工具和功能、材料和产品、指示和执行等，每对概念之间具有因果关系。

（2）如果改变系统元素之间的内部关联，系统则会发生一定的变化。例如，以股权单位构成的公司，当改变股份份额时，股权关系发生改变则股权单位之间的关系会发生改变，公司也即发生改变。

（3）整体性原理：系统元素之间的关联产生它们分别独立作用时所没有的新属性。同一系统的各元素之间关联关系不同，则所产生的系统功能及性能也不相同。如，组织若干单位之间产生组合效应，而这些组合效应对组织的整体目标来说可能是正面的协同效应，也可能是负面的协同效应。对于既定的组织，构成部分有什么样的分工和协助，组织就有什么功能和性能。组织构成部分不变，仅改变关联关系，也能使组织发生改变。例如，一个企业的部门及人员都不改变，仅改变其管理机制，如：优化劳动组合、引入竞争机制、引入监督机制等，则会大大改善该企业的人资状况。

（4）系统元素之间的关联可以包含多个不同种类或数量的关联关系，可以是物质流，如在制品转运；也可能是信息流，如管理信息传输。

四、系统复合结构

（一）系统复合结构形式

系统复合结构是系统层次结构与系统关联结构共同构成的混合结构。一些组织为同时表达上下级的层次结构和同层次的关联结构，会绘制复合关系的组织管理结构，如，组织职能制结构、直线职能制结构、事业部制结构（M 型结构）、矩阵制结构等。

【例 4-1】职能制组织结构属于系统复合结构，见图 4-10 某企业职能制组织结构。职能制中虽然职能科室可以向生产车间下达某些工作指令，但生产车间与职能处室之间并非从属关系，因此，两者属于同层次单位的关联关系；职能班组与班组的关系同理，也是属于同层次单位的关联关系。由此，该职能制组织结构相当于图 4-11 某企业系统层次结构、图 4-12 某企业科室车间层系统关联结构和图 4-13 某企业班组层系统关联结构的三者复合结构。

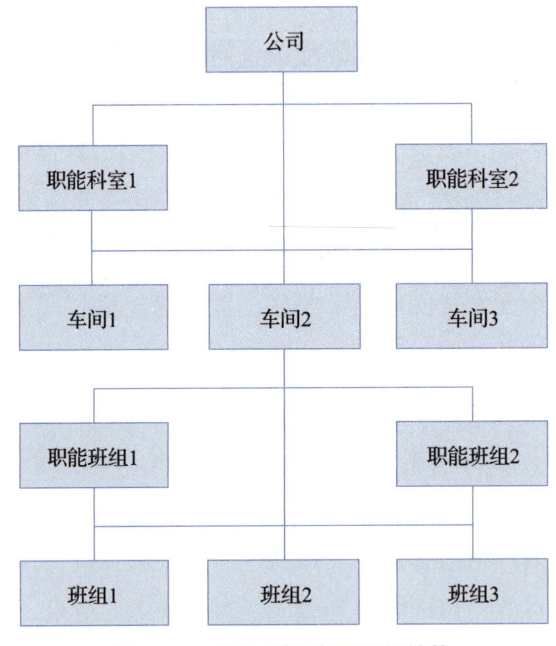

图 4-10　某企业职能制组织结构

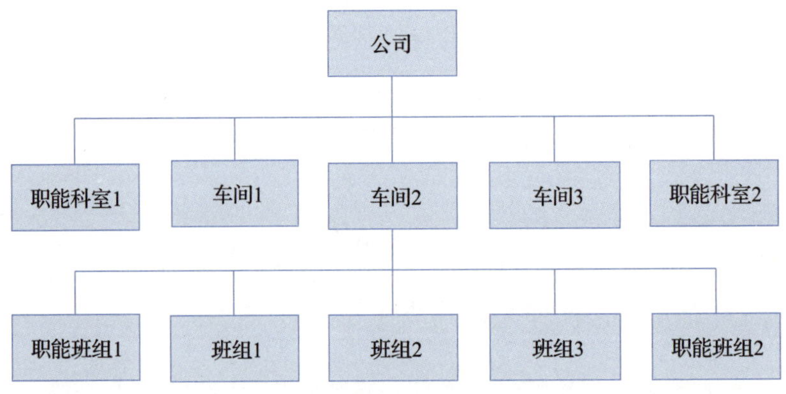

图 4-11　某企业系统层次结构

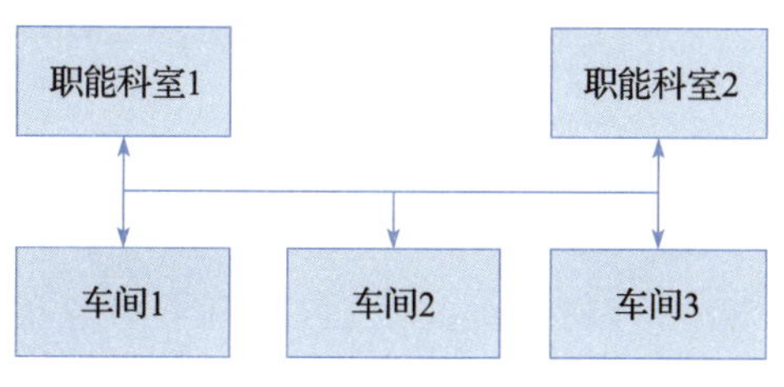

图 4-12　某企业科室车间层系统关联结构

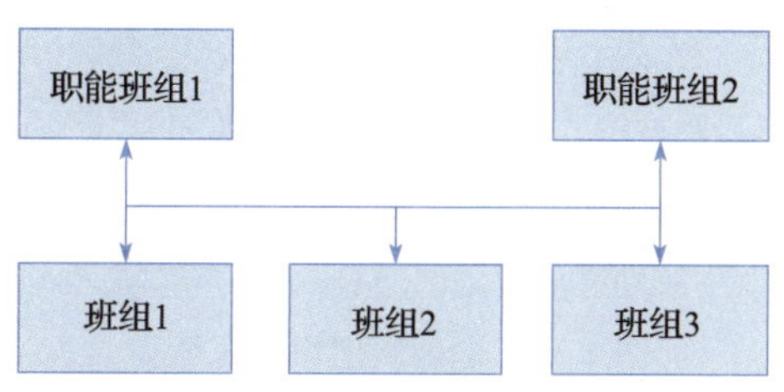

图 4-13　某企业班组层系统关联结构

复合结构图的标准画法：同时遵循系统层次结构和关联结构的绘制方法，以连线表达系统层次结构，以双箭头线表达关联结构。

尽管组织结构可以用复合结构来表达，但同时也会给系统元素之间的逻辑关系的表达带来复杂性。如果确实需要绘制系统复合结构，应首先分别完成系统层次结构和系统关联结构绘制，避免“辈分”混乱；然后在此基础上绘制复合结构图，见图 4-14 职能制组织复合结构关系，依此，对图 4-10 的正确绘制见图 4-15 职能制组织复合结构。

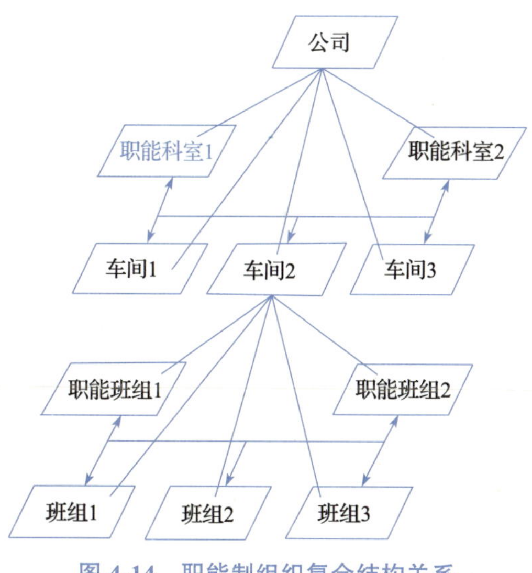

图 4-14　职能制组织复合结构关系

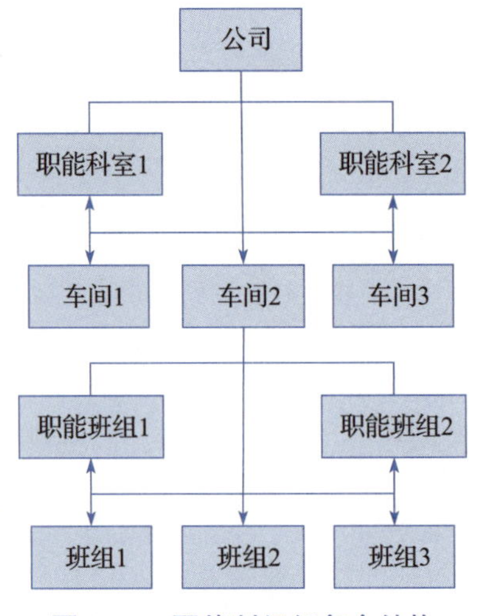

图 4-15　职能制组织复合结构

（二）系统复合结构解析

系统复合结构的解析方法：无论系统元素之间的关系多么复杂，每两个元素之间的关系，不是不同“辈分”的从属关系就是相同“辈分”的关联关系。根据元素间的这一规律可以通过否定一种关系而确定另外一种关系，从而可轻易解读复杂的系统复合结构。

虽然各类组织结构风格迥异，五花八门，但组织结构本质规律万变不离其宗，任何繁杂的组织复合结构关系都可以用系统层次结构和系统关联结构进行表达。如果一个复杂的组织结构不能按复合结构进行拆解，那么该复杂结构不属于系统结构。

五、组织系统功能结构

组织是多维的，包含组织单位维、组织职能维、组织资源维等，组织可通过某个维的属性元素来描绘组织系统结构。组织系统功能结构一般包括组织机构（组织结构或组织单位结构）、组织管理结构、组织管理分工结构和组织系统资源结构等功用的结构图。

组织管理是指通过设计、建立并保持一种组织结构，规定职务或职位，明确责权关系等，以有效实现组织目标的过程。因此，名称中带“管理”的结构一般包含人员岗位的内容。

1. 组织机构

组织机构为组织单位结构，用以表达组织内部单位的层次分解或从属关系，见

图 4-16 某企业机构。

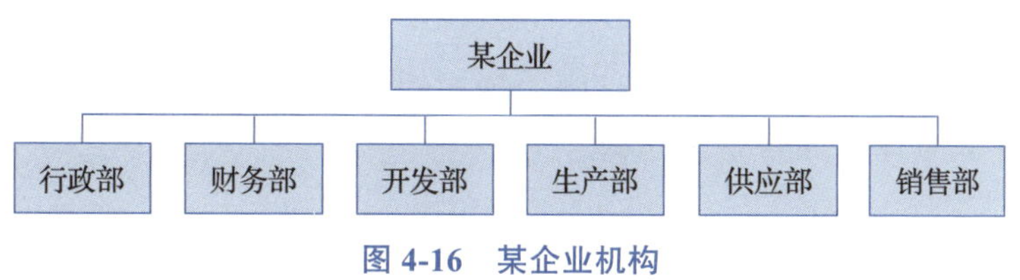

图 4-16　某企业机构

2. 组织管理结构

组织管理结构是组织单位维岗位层次元素的树形关联结构，是组织内部人员之间的上下级领导与被领导的职级关系，是管理责权关系的分解，见图 4-17 某企业管理结构。

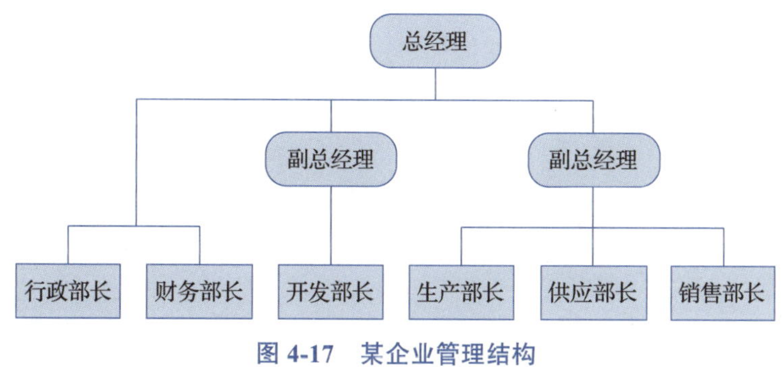

图 4-17　某企业管理结构

3. 组织管理分工结构

组织管理分工结构是组织高管岗位关联结构与组织单位结构两者对接的复合结构，用以表达组织高中层管理者管理分工范围，见图 4-18 某企业管理分工结构。

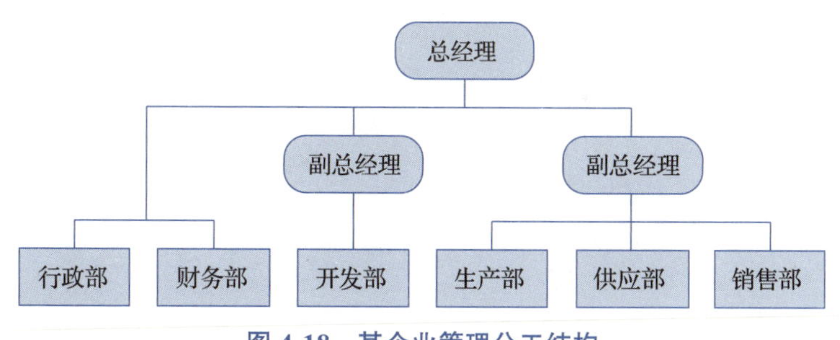

图 4-18　某企业管理分工结构

4. 组织系统资源结构

组织系统资源结构是组织资源维的层次结构，在没有管理主体通过管理活动作用于资源的情况下，资源元素之间不存在主动性相互联系、相互作用、相互依赖的关系，资源元素只是集合或分类，构成资源分类结构。当每个资源元素都是一个有管理主体的系统时，相当于组织按资源管理系统分类，各资源管理系统之间有相互的联系和作用，则该资源结构为组织系统资源结构，相当于组织系统结构在资源维上的投射。例如，图 4-19 学校系统资源结构。

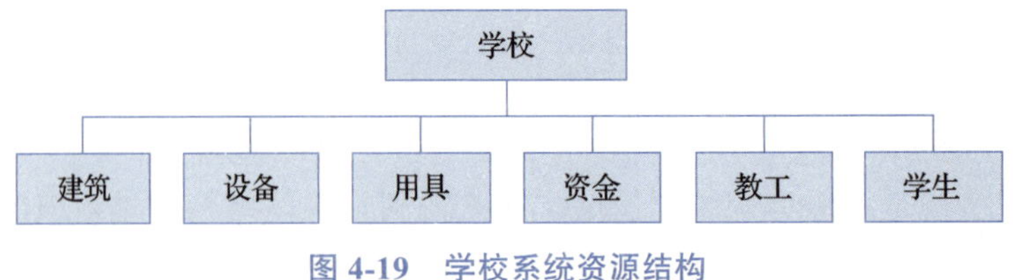

图 4-19　学校系统资源结构

第五章 组织四维管理系统雏形

一、组织系统论的概念

系统论（Systems Theory）是研究系统的一般模式、结构和规律的学问，研究各种系统的共同特征，寻求并确立适用于一切系统的原理、原则和数学模型，是具有逻辑和数学性质的一门科学。系统论的任务，不仅在于认识系统的特点和规律，更重要的还在于利用这些特点和规律去控制、管理、改造或创造系统，从整体出发来研究调整系统结构和组成系统各元素之间的关系，以把握系统整体，使系统达到优化目标的目的。系统理论是人类观察世界的一个透镜。

系统论在组织管理体系模型创建中的应用独树一帜，本书称之为组织系统论。组织系统论是以一般系统论为基础理论和方法论，运用其思想、观点和方法，探究组织管理体系系统模型的基本结构、共性规律和通用模式，旨在建立普遍适用的组织系统模型，即组织四维管理体系系统模型。

二、组织四维管理系统根本属性

任何一个整体事物都具有多重属性（Multiple Attributes），每种属性概念都是从不同视角对其抽象。为构建组织管理系统模型，实现模型最大范围的通用性目标，需通过抽象方法从千差万别的组织中归纳出共性的根本属性、规律和特征。

爱因斯坦有句名言：“所有困难的问题，答案都在另一个层次。只有当你的认识提升之后，才能解决低层次的问题。”

从宇宙视角，宇宙万物存在三种不同形式的本质属性要素：物质、能量和信息。这也是系统方法论的观点。物质本身运动、物质之间有形或无形的相互作用产生能量，能量可以改变物质，物质也可以产生能量，两者之间可以相互转换；而信息则反映物质、能量及周围环境在不同时间的状态。宇宙是一个浩瀚的系统，物质、能量和信息是宇宙万物存在的共同的根本属性。

从社会视角，在物质方面，人、财、物和信息是社会的资源，是社会物质的形式。在能量方面，社会活动中能够对活动对象产生作用和影响的所有事物都是社会能量。能量是宇宙的共同属性，也是人类社会所有活动的共性属性，可以等量齐观。无论是自然还是社会，都存在有形或无形的物质，一些物质虽然无形，却是可以度量的、有价值量的资源，如无形资产（视为暗物质）；而人类的所有活动都是以某种形式产生能量的过程，这些产生能量的活动形式，除了有形的行为活动，还包括心理、精神、思想、方法、情感、性格、意念等无形的活动（视为暗能量）。产生社会能量的社会活动包含活动内容和活动主体（实施者）两个方面的要素，活动中两者成对存在。

从组织视角，在物质方面，资源是稀缺的物质；但稀缺是相对的，当把所有的物质都当作稀缺资源时，物质就是资源，资源也是物质。因此组织的物质可按人力资源、财力资源、物力资源和信息资源分类，组织资源的构成也是组织物质的构成。从概念一体化的角度，也为简化管理，将组织物质的概念与资源的概念一体化。

【一体化 1】 组织物质的概念与资源的概念一体化。

在能量方面，组织通过实施职能活动产生能量。从概念一体化的角度，可将与实现组织目标相关的所有组织活动都称为广义的职能活动。因此，可以将组织活动的概念与职能活动的概念一体化。

【一体化 2】 组织活动的概念与职能活动的概念一体化。

组织的职能活动同社会活动一样，包含职能活动内容和职能活动主体两个要素。职能活动主体是职能活动的实施者，即组织单位。由此可将组织活动主体的概念和组织单位的概念一体化。

【一体化 3】 组织活动主体的概念与组织单位的概念一体化。

组织各种职能活动都是能量活动，本质作用就是产生和转换能量，一方面改变组织所拥有的内部资源，另一方面获得或利用组织的外部资源，见图 5-1 职能活动与组织内外部对象的能量转换。

综上归纳，从组织的所有职能活动中抽象出“单位”“职能”“对象”和“时间”四个根本属性要素。职能活动就是组织的某个单位在一定时间里，发挥职能的特定功能作用，产生并释放能量，作用于对象的过程。

单位是指组织活动实施者、组织活动主体，组织及其所属每个部门机构、每个人

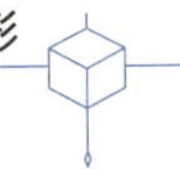

员都是一个“单位”。

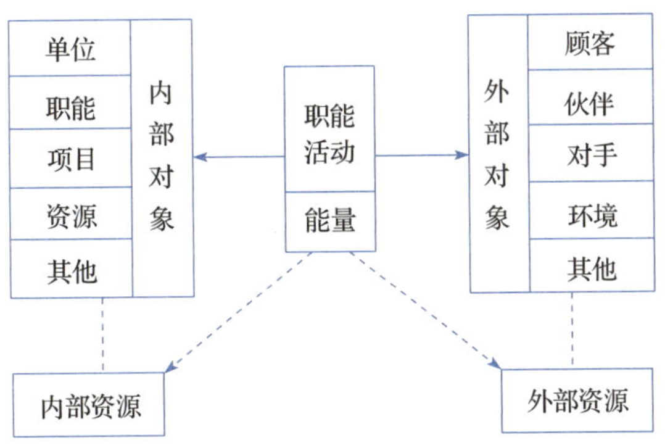

图 5-1　职能活动与组织内外部对象的能量转换

职能是指事物、人员、机构所应有的职责、功能和作用，职能的内容相当于组织能量的类别。从事物的角度，职能是指事物的特定功能内容；从人员的角度，职能是指一个岗位人员应承担的职责和作用的内容；从机构的角度，职能是指机构所承担的责任、功能和作用等内容。

对象是指单位有形活动或无形活动中作为能量作用目标的事物和特定系统，可以是包括资源在内的组织的任何管理要素。组织的生存与发展依赖于职能活动，职能活动能量作用于对象。

时间是反映职能活动及其相关信息的动态属性。

综上所述，所有组织，从物质的角度可抽象出共同的资源属性要素：人力、财力、物力、信息。从能量的角度可抽象出组织活动共同的根本属性要素：单位、职能、对象和时间。从宇宙的存在到组织的存在，万物共同的根本属性，见表 5-1。

表 5-1　万物共同的根本属性

<table>
<tr><th>抽象视角</th><th colspan="9">根本属性</th></tr>
<tr><td>宇宙视角</td><td colspan="4">宇宙物质（含暗物质）</td><td colspan="4">宇宙能量（含暗能量）</td><td>宇宙信息</td></tr>
<tr><td rowspan="2">社会视角</td><td colspan="4" rowspan="2">社会资源</td><td colspan="4">社会活动（能量）</td><td>社会信息</td></tr>
<tr><td>活动单位</td><td colspan="3">活动内容</td><td>社会资源信息、社会活动信息、社会环境信息</td></tr>
<tr><td rowspan="2">组织视角</td><td colspan="4">组织资源</td><td colspan="4">组织活动（能量）</td><td>组织信息</td></tr>
<tr><td>人力</td><td>物力</td><td>财力</td><td>信息</td><td>单位</td><td>职能</td><td>对象</td><td>时间</td><td>组织资源信息、组织活动信息、组织环境信息</td></tr>
</table>

组织根本属性要素与管理要素具有一定的对应关系和规律，见表 5-2 组织根本属性要素与管理要素对应关系。

表 5-2　组织根本属性要素与管理要素对应关系

根本属性要素 / 管理要素	组织活动根本属性			组织资源	组织外部环境	
	单位	职能	对象	资源	特定环境	一般环境
管理主体	√					
管理活动	√	√				
管理目标	√	√	√	√	√	√
管理客体	√	√	√	√	√	√
内部环境	√	√	√	√		
外部环境					√	√

三、组织四维管理系统雏形构建

关于系统复杂性，《现代系统科学学》中引用诺贝尔奖获得者西蒙（Herbert Alexander Simon）的话："系统有多复杂或多简单，关键取决于我们描述它的方式。"世界很复杂，千姿百态；但也不复杂，可以用四个维描述组织的根本属性及其元素间的相互关系结构，化繁为简。

（一）组织四维管理系统雏形

组织四维管理系统结构是在系统基础结构基础上以组织的单位、职能、对象和时间根本属性要素作为根本维的管理系统结构。

概念模型（Conceptual Model）是客观世界到实际应用逻辑模型的一个中间层次，是对现实世界的简化表达，本文称为"雏形"。组织四维管理系统雏形是各种组织四维管理系统结构的通用结构，每个维都是观察同一组织系统的不同视角，每个维都是同一个组织系统的不同属性结构。由此建立图 5-2 组织四维管理系统雏形。

组织四维管理系统雏形的"对象"维，并非指一个固定的单一维，而是指一个总体对象维，一个"对象族"；对象的类别包括管理要素的方方面面，可能同时涉及组织内外部的多种对象，拥有多重属性。每个属性都可以对应派生出一个属性对象维。组织四维管理系统雏形不仅将各类组织四个根本属性抽象统一，也将"组织各种职能活动都是能量活动"这一概念统一，因此才可能以"职能"作为千差万别的组织活动

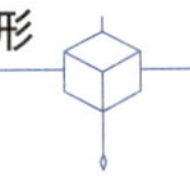

能量形式的共同维。

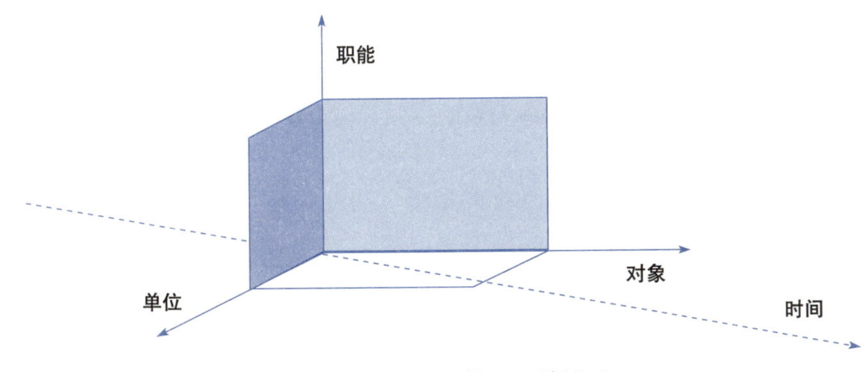

图 5-2　组织四维管理系统雏形

（二）模型要素

组织四维管理系统雏形（概念模型）只有深化、升级为模型（逻辑模型）才具有实用性，这就需要在该雏形基础上，对其各根本维的属性概念进行分类，建立单位维、职能维、对象维和时间维的维层次（Dimension Level）和维成员（Dimension Member）。

1. 维

维（Dimension）是人们观察客观世界的角度，是一种高层次的类型划分，是模型的基本构成。系统的不同维是对同一事物观察的不同视角。

2. 维度

维度（Dimensionality）或维数是描述空间一个点的位置最少所需要独立坐标的数量。通俗而言，当人们从不同的视角观察事物时，每个视角只能看到它的一个方面，而要把握事物的整体属性就需要从若干个不同的视角来进行观察，维度就是最少需要的观察角度数目。如图 5-2 组织四维管理系统雏形，是从四个维观察一个组织。例如，描述一个物体长、宽、高，是从三个维观察一个物体，各个维都是从各个不同方向观察该物体的不同属性结构。

3. 维层次

维层次（Dimension Level）是人们观察客观世界特定事物的角度存在详略程度不同的若干描述层面。一个维往往有多个层次，例如描述时间维时，可以从年度、季度、月度、日期、小时、分钟、秒钟等不同层次来描述，它们就是时间维的不同层次。

每个维的分解层次是根据实际需要做出从宏观到具体、从粗犷到细腻的选择。

如：单位维分解可以从部门层次到岗位层次；职能维分解可以从部门职能层次到岗位职能层次；项目对象维的分解可以从大型工程层次到任务事项层次。

组织管理系统的每一个维及其维层次都是其有序结构，决定其整体的秩序、规矩、约束和整体构型。

4. 维成员

维成员（Dimension Member）是维的取值，可作为模型的坐标值。如果一个维是多层次的，则层次之间为系统树形分解关系。每一层次维成员的概念是其所在层次以上各层次维成员概念从上到下的顺序组合，其完整名称概念或完整代码是该维成员所在层次以上各层次名称或代码的组合。例如，时间维有年度、月度、日期和小时等多个层次，那么“日期”层次的维成员完整概念名称应组合为“某年．某月．某日”。因此，建立维成员的主要内容是对组织维属性整体概念逐层次进行分解分类，形成系统层次结构，同时对各维成员进行命名及代码编制。

第六章 组织四维管理系统层次结构

组织四维管理系统每个维的系统层次结构都包含主体结构和细分结构两部分。主体结构是指系统某个层次以上赋予它主体功能特征的层次结构。细分结构是在主体结构基础上进一步细分到“基元”的层次结构，达到维成员分层的完整与功能的实现。由于组织管理系统主要维的系统元素属于“同根同族”，按“一体化”思想，有的维将引用已建立的具有共性层次结构的其他维结构，选择适当层次结构作为其主体结构。

一、组织单位层次结构

（一）单位的概念

单位（Unit）是组织为实现组织方针目标，发挥职能作用，进行协作分工及资源的划分、安排和落实相关职能而组成的独立单元，是组织职能活动的实施者，也即管理主体，如：组织的各级单位，包括人员岗位。

（二）组织单位层次结构形式

组织单位层次结构，简称组织单位结构，即组织机构或组织结构（Organizational Structure），是组织管理系统单位维逐层分解的树形结构，需根据组织的规模和管理需要确定结构的层次标准。如，将组织单位层次分为“组织层”“部门层”“处室层（车间层）”“班组层”和“岗位层”等。

岗位本质上不属于单位，之所以将岗位划归到组织单位，是因为：

（1）岗位不属于狭义概念的组织机构里的单位，但将它视为组织的单位，在应用中不会混淆岗位与单位的概念，也不会产生混乱和不利影响，反而简化了管理主体的类别；

（2）将岗位视为人员，则单位都具有管理主体属性，都是职能活动不同层次的实施者；

（3）岗位职责具有与单位职能相同的本质，只是层次范围不同。

因此，在广义的“单位”概念中完全可以有“岗位”的一席之地，见表 6-1 组织单位结构形式。

表 6-1　组织单位结构形式

<table>
<tr><th>组织层</th><th>部门层</th><th>处室层</th><th>班组层</th><th>岗位层</th></tr>
<tr><td rowspan="10">组织</td><td rowspan="5">01 部门</td><td rowspan="3">1 处室</td><td rowspan="2">1 班组</td><td>1 岗位</td></tr>
<tr><td>2 岗位</td></tr>
<tr><td>2 班组</td><td>1 岗位</td></tr>
<tr><td rowspan="2">2 处室</td><td rowspan="2">1 班组</td><td>1 岗位</td></tr>
<tr><td>2 岗位</td></tr>
<tr><td rowspan="2">02 部门</td><td rowspan="2">1 处室</td><td rowspan="2">1 班组</td><td>1 岗位</td></tr>
<tr><td>2 岗位</td></tr>
<tr><td rowspan="3">03 部门</td><td rowspan="3">1 处室</td><td rowspan="2">1 班组</td><td>1 岗位</td></tr>
<tr><td>2 岗位</td></tr>
<tr><td>2 班组</td><td>1 岗位</td></tr>
</table>

（三）组织单位主体结构

组织单位主体结构是指组织安排设立独立职能（即具有完整管理程序的职能）的单位及其以上层次单位的结构。例如，在部门单位设立独立职能时，部门层次及其以上结构为该组织单位主体结构；在处室单位设立独立职能时，处室单位层次及其以上结构为该组织单位主体结构。

【例 6-1】某公司下设部门层和处室层单位，并由处室层单位向下设立独立职能，则该公司单位主体结构为“处室层”单位结构，见表 6-2 某公司单位主体结构。

表 6-2　某公司单位主体结构

<table>
<tr><th colspan="3">部门层</th><th colspan="3">处室层</th></tr>
<tr><th>数字层码</th><th>字母层码</th><th>部门简称</th><th>数字层码</th><th>字母层码</th><th>处室简称</th></tr>
<tr><td rowspan="3">11</td><td rowspan="3">B</td><td rowspan="3">总办事务</td><td>1</td><td>JC</td><td>决策管理</td></tr>
<tr><td>2</td><td>MD</td><td>保密档案</td></tr>
<tr><td>3</td><td>MS</td><td>秘书管理</td></tr>
</table>

续表

部门层			处室层		
数字层码	字母层码	部门简称	数字层码	字母层码	处室简称
11	B	总办事务	4	WS	外事管理
			5	XG	行政管理
12	C	财务会计	1	CB	成本管理
			2	ZC	综合管理
13	F	法律事务	1	FS	法律审核
			2	FW	法律事务
14	J	市场经营	1	SC	市场管理
			2	XK	项目开发
15	K	科学技术	1	JS	技术研究
			2	ZK	综合管理
16	P	产品事业	1	PG	产品管理
			2	PY	产品研发
17	Q	企业管理	1	TK	体系控制
			2	TX	体系建设
			3	ZQ	综合管理
18	R	人力资源	1	PX	教育培训
			2	RK	人资管控
			3	RZ	人资配置
			4	XF	薪资福利
			5	ZR	综合管理
19	S	审计风险	1	NK	内控风险
			2	SJ	审计管理
20	W	文化宣传	1	QY	企业文化
			2	XJ	宣传教育
21	X	信息技术	1	XT	系统管理
			2	XX	信息管理
22	Y	运营管理	1	AH	安技环保
			2	TJ	综合统计
			3	WG	物资管理
			4	YX	运行管理

续表

部门层			处室层		
数字层码	字母层码	部门简称	数字层码	字母层码	处室简称
23	Z	战略发展	1	GH	规划管理
			2	HG	合资管理
			3	TZ	资产投资
			4	XM	项目投资

（四）组织单位细分结构

在组织单位主体结构基础上进一步详细分层的结构为组织单位细分结构。如，处室层可细分为班组层和岗位层。组织根据规模和管理需要，确定本组织单位结构细分层次数，组织单位细分结构的“基元”层是“岗位层”。

（五）组织单位结构设计技巧和原则

1. 组织的子公司作为内部单位的设置

组织的子公司属于独立法人，但组织对它的管理等同对组织内部单位，因此可以将组织的子公司作为内部单位对等级别来设置，而其所属下级单位与组织无直接信息关联可缺省设置，也可对子公司各级单位进行统一结构设置。

2. 组织分公司作为部门单位的设置

组织的分公司既可以是组织与部门的中间层次单位，也可以是与部门同层次的单位，一般按照负责人的职级同等设置。

3. 组织独立项目作为单位的设置

在组织的一些活动中，被称为项目的活动，其目的、规模、方法或完整性都有很大的不同，从项目专业管理的角度，对其有明确的定义。

项目（Project）是含有目标、期限、预算、资源消耗与资源约束以及专门组织的一次性独特任务，对从项目的投资决策开始到项目结束的全过程进行计划、组织、指挥、协调、控制和评价，以实现项目的目标。例如，具有一次性独特任务的 PPP 项目、建设工程、安装工程、工程监理、图书出版等都属于符合这一定义条件的项目。

组织可在组织单位系统中设立项目管理的单位，无论作为常设单位还是临时单位。

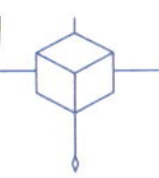

4. 组织虚拟单位的设置

组织有时需要为某一专项活动设立虚拟单位，如保密委员会、科技创新小组、品牌管理领导小组、应急管理领导小组等。这些机构的特点是无正式岗位编制，其人员配置由其他有正式编制岗位人员兼职，或返聘，或聘用临时人员。在组织单位结构构建中，一般虚拟单位设立的原则是从信息管理的角度，将其视为正式编制单位来归类设置，一视同仁。

有时在逻辑关系上满足系统量“下层元素数量之和等于它的上层总体完整元素”而设立虚拟单位。虚拟单位在系统结构图中以虚线表示。

【例 6-2】如图 6-1 某公司组织结构，公司下设若干部门单位，部门单位下设若干职能组，职能组下设若干岗位。从组织单位结构的角度，即便是公司高管岗位也与其他员工岗位同在一个层次，同属于公司岗位层次的元素。

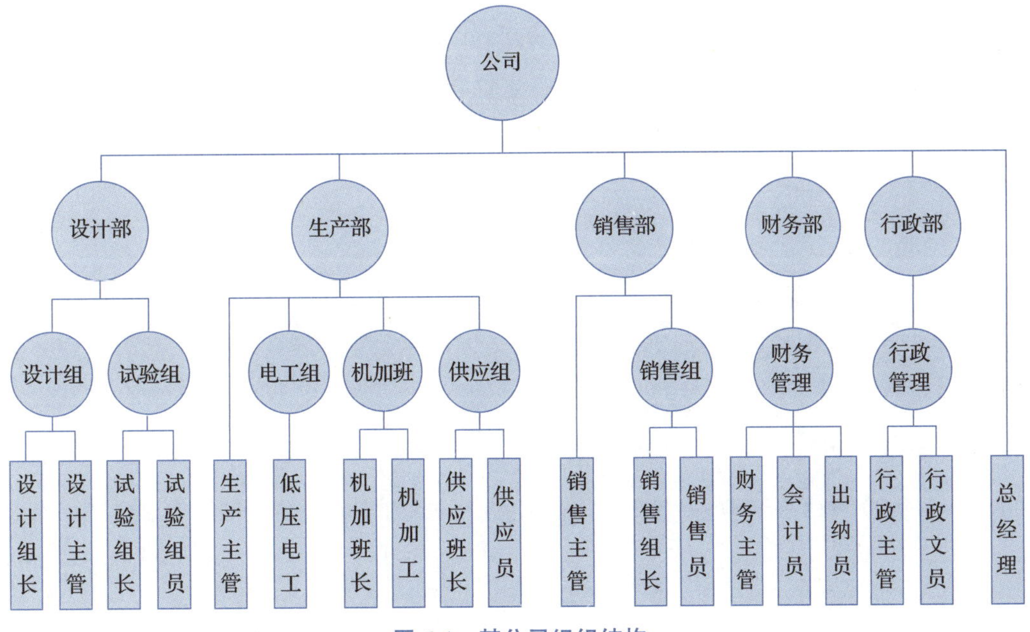

图 6-1　某公司组织结构

图 6-1 中，公司的部门层缺少承载高管岗位职能的单位；职能组层缺少承载高管、生产主管和销售主管这些岗位职能的职能组单位。这种情况下，如果要在逻辑上保证每个层次的子项之和等于总体，需要在部门层设立虚拟的“高管”；在职能组层设立虚拟的“高层管理”“生产管理”和“销售管理”单位，以保证单位层次结构每层系统量的完整性，见图 6-2 某公司完整组织结构。

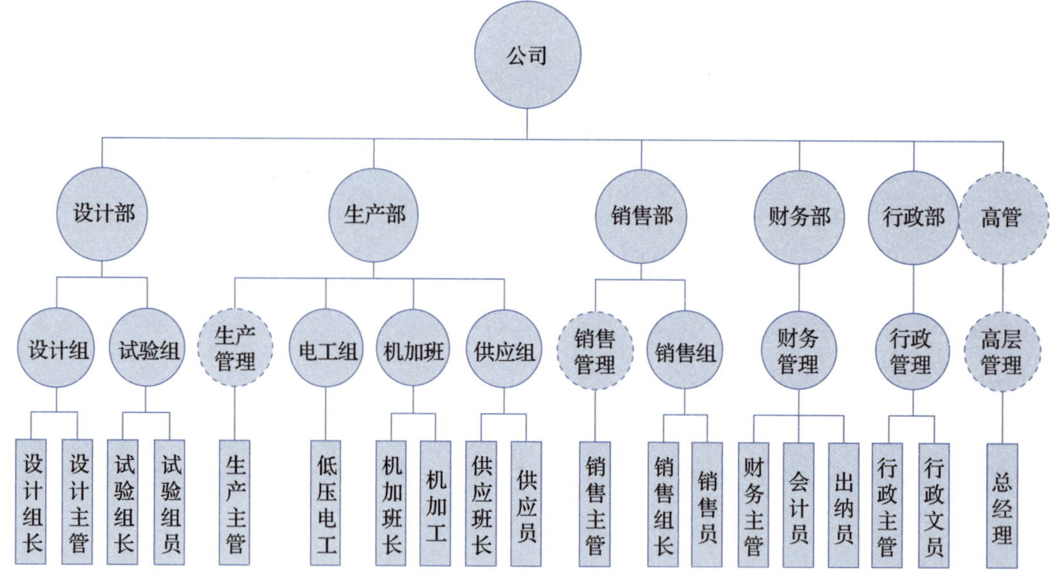

图 6-2 某公司完整组织结构

【例 6-3】某集团公司出于对所属子企业按行业管理的需要设立行业虚拟层次，见图 6-3 某汽车集团公司组织结构。

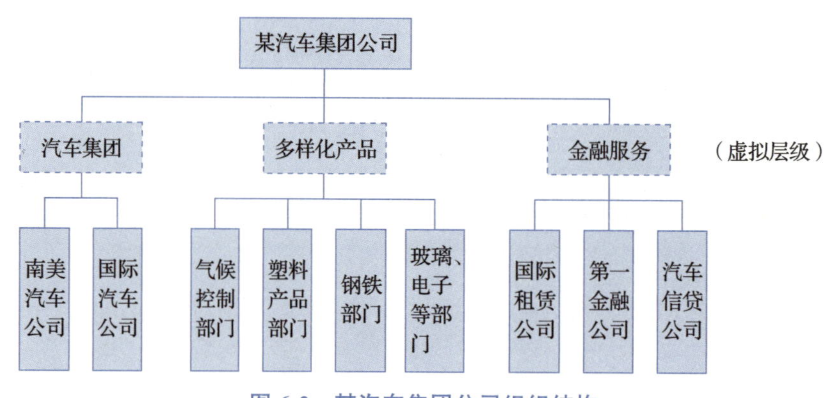

图 6-3 某汽车集团公司组织结构

5. 组织单位层次结构的扁平化

一些创业公司或者内部孵化创业机制的企业，由于规模较小，一般都采用扁平化组织结构，也有一些有一定规模的组织变革成灵活的扁平化网络型组织。组织单位结构的扁平化方法简而言之就是减少其中间层次。

【例 6-4】IBM 公司针对复杂的市场营销，按总部、区域、服务、产品和客户五个领域设置事业部。产品和服务属于不同性质的两大类产品，公司在经营管理中将两者作为不同领域的产品，并按照这两类产品领域设立不同的事业部。设立领域层次

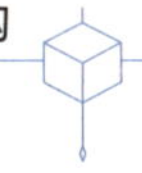

单位本身只是为了按领域归类、统计汇总信息的需要，客观上并不存在，因而属于虚拟单位，不影响组织单位结构的扁平化，各领域所属各事业部是同一层次的单位，见图 6-4 IBM 组织单位结构。

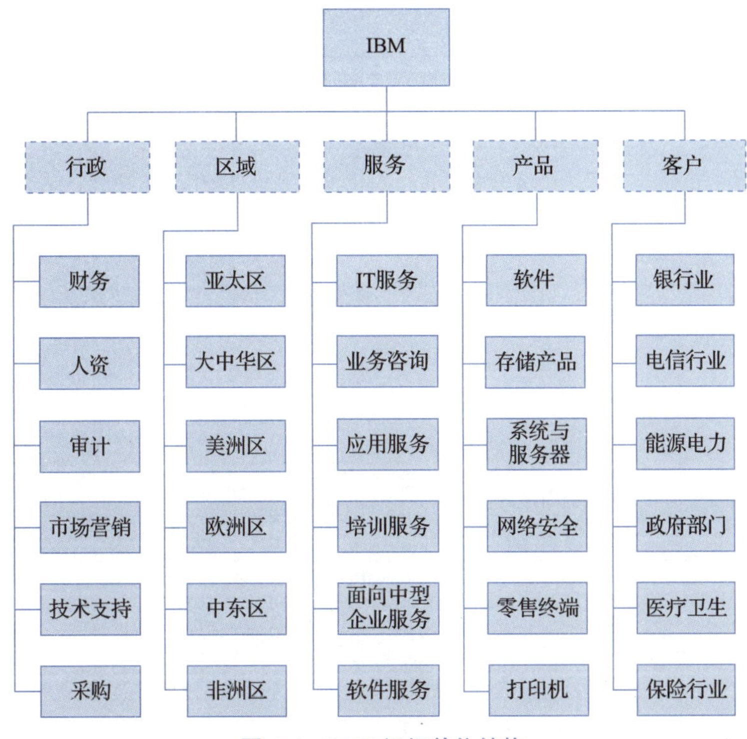

图 6-4 IBM 组织单位结构

（六）组织单位维成员词典

组织单位主体结构和细分结构建立之后，就建立了完整的组织单位结构，需依此进一步建立该维的维成员词典。维成员词典可根据实际需要设立各层次元素的单位简称、单位全称、数字代码、字母代码和汉字代码等。

值得注意的是，同一层次单位的数字代码与字母代码所需的码位不一定相同。当单字母代码不能满足分类要求时，则需要双字母代码，使用双码位。不同种类的代码是等价的，但由于其性质不同、功能不同，不同的应用情形采用不同种类的代码，则有不同的应用效果。

【例 6-5】依照表 6-2 某公司单位主体结构，建立维成员词典。为简化起见，并不影响原理和效果，本例省略组织单位细分结构部分，见表 6-3 某公司单位维成员词典和表 6-4 某公司单位岗位维成员词典。

表 6-3　某公司单位维成员词典

层次	数字代码	字母代码	汉字代码	汉字层码	简称	全称
部门层						
部门	11	B	总办	总办	总办事务	总裁办公室
部门	12	C	财务	财务	财务管理	财务部
部门	13	F	法律	法律	法律事务	法律事务部
部门	14	J	经营	经营	市场经营	市场经营部
部门	15	K	科技	科技	科学技术	科学技术部
部门	16	P	产品	产品	产品事业	产品事业部
部门	17	Q	企管	企管	企业管理	企业管理部
部门	18	R	人资	人资	人力资源	人力资源部
部门	19	S	审计	审计	审计风险	审计和风险部
部门	20	W	文化	文化	文化宣传	文化宣传部
部门	21	X	信息	信息	信息技术	信息技术部
部门	22	Y	运营	运营	运营管理	运营管理部
部门	23	Z	战略	战略	战略发展	战略和发展部
处室层						
处室	111	BJC	总办·决策	决策	决策管理	决策管理处
处室	112	BMD	总办·密档	密档	保密档案	保密和档案处
处室	113	BMS	总办·秘书	秘书	秘书管理	秘书处
处室	114	BWS	总办·外事	外事	外事管理	外事处
处室	115	BXG	总办·行管	行管	行政管理	行政管理处
处室	121	CCB	财务·成本	成本	成本管理	成本处
处室	122	CZC	财务·综财	综财	综合管理	综合处
处室	131	FFS	法律·法审	法审	法律审核	法律审核处
处室	132	FFW	法律·法务	法务	法律事务	法律事务处
处室	141	JSC	经营·市场	市场	市场管理	市场管理处
处室	142	JXK	经营·项开	项开	项目开发	项目开发处
处室	151	KJS	科技·技术	技术	技术研究	技术处
处室	152	KZK	科技·综科	综科	综合管理	综合管理处
处室	161	PPG	产品·品管	品管	产品管理	产品管理处
处室	162	PPY	产品·品研	品研	产品研发	产品研发处
处室	171	QTK	企管·体控	体控	体系控制	体系管控处
处室	172	QTX	企管·体系	体系	体系建设	体系建设处

续表

层次	数字代码	字母代码	汉字代码	汉字层码	简称	全称
处室	173	QZQ	企管·综企	综企	综合管理	综合管理处
处室	181	RPX	人资·培训	培训	教育培训	教育培训处
处室	182	RRK	人资·人控	人控	人资管控	人资管控处
处室	183	RRZ	人资·人资	人资	人资配置	人资配置处
处室	184	RXF	人资·薪福	薪福	薪资福利	薪酬福利处
处室	185	RZR	人资·综人	综人	综合管理	综合管理处
处室	191	SNK	审计·内控	内控	内控风险	内控风险处
处室	192	SSJ	审计·审计	审计	审计管理	审计处
处室	201	WQY	文化·企业	企业	企业文化	企业文化处
处室	202	WXJ	文化·宣教	宣教	宣传教育	宣传教育处
处室	211	XXT	信息·系统	系统	系统管理	系统管理处
处室	212	XXX	信息·信息	信息	信息管理	信息化管理处
处室	221	YAH	运营·安环	安环	安技环保	安技环保处
处室	222	YTJ	运营·统计	统计	综合统计	综合统计处
处室	223	YWG	运营·物管	物管	物资管理	物资管理处
处室	224	YYX	运营·运行	运行	运行管理	运营管理处
处室	231	ZGH	战略·规划	规划	规划管理	战略规划处
处室	232	ZHG	战略·合管	合管	合资管理	合资合作处
处室	233	ZTZ	战略·投资	投资	资产投资	资产投资处
处室	234	ZXM	战略·项目	项目	项目投资	投资项目处

表 6-4　某公司单位岗位维成员词典

<table>
<tr><th colspan="2">部门层</th><th colspan="2">处室层</th><th>岗位层</th><th colspan="2">岗位与代码</th></tr>
<tr><td colspan="2">0</td><td colspan="2">00</td><td>01</td><td>00001</td><td>董事长</td></tr>
<tr><td colspan="2">0</td><td colspan="2">00</td><td>02</td><td>00002</td><td>总经理</td></tr>
<tr><td colspan="2">0</td><td colspan="2">00</td><td>03</td><td>00003</td><td>副总经理</td></tr>
<tr><td colspan="2">0</td><td colspan="2">00</td><td>04</td><td>00004</td><td>财务总监</td></tr>
<tr><td rowspan="3">B</td><td rowspan="3">总办事务</td><td colspan="2">00</td><td>01</td><td>B0001</td><td>总办主任</td></tr>
<tr><td colspan="2">00</td><td>02</td><td>B0002</td><td>副主任</td></tr>
<tr><td>JC</td><td>决策管理</td><td>01</td><td>BJC01</td><td>决策管理·处长</td></tr>
</table>

续表

部门层		处室层		岗位层	岗位与代码	
B	总办事务	JC	决策管理	02	BJC02	决策管理·副处
				03	BJC03	决策管理·岗位 03
				04	BJC04	决策管理·岗位 04
				05	BJC05	决策管理·岗位 05
		MD	保密档案	01	BMD01	保密档案·处长
				02	BMD02	保密档案·岗位 02
				03	BMD03	保密档案·岗位 03
		MS	秘书管理	01	BMS01	秘书管理·处长
				02	BMS02	秘书管理·岗位 02
				03	BMS03	秘书管理·岗位 03
				04	BMS04	秘书管理·岗位 04
		WS	外事管理	01	BWS01	外事管理·处长
				02	BWS02	外事管理·岗位 02
				03	BWS03	外事管理·岗位 03
		XG	行政管理	01	BXG01	行政管理·处长
				02	BXG02	行政管理·岗位 02
				03	BXG03	行政管理·岗位 03
				04	BXG04	行政管理·岗位 04
⋮	⋮	⋮	⋮	⋮	⋮	⋮

【**例 6-6**】借用图 6-4 IBM 组织单位结构，模拟设立相应的各事业部分类及其代码，见表 6-5 IBM 事业部分类及其代码。

表 6-5 IBM 事业部分类及其代码

领域	部门	代码
1 总部	1 财务部	11 财务部
	2 人资部	12 人资部
	3 审计部	13 审计部
	4 市场营销部	14 营销部
	5 技术支持部	15 技术部
	6 采购部	16 采购部
2 区域	1 亚太区	21 亚太区

续表

领域	部门	代码
2 区域	2 大中华区	22 中华区
	3 美洲区	23 美洲区
	4 欧洲区	24 欧洲区
	5 中东区	25 中东区
	6 非洲区	26 非洲区
3 行业	1 银行业部	31 银行部
	2 电信行业部	32 电信部
	3 能源电力部	33 能电部
	4 政府事务部	34 政府部
	5 医疗卫生部	35 医卫部
	6 保险行业部	36 保险部
4 产品	1 软件部	41 软件部
	2 存储产品部	42 存储部
	3 系统与服务器部	43 系统部
	4 网络安全部	44 网安部
	5 零售终端部	45 终端部
	6 打印机部	46 打印部
5 服务	1 IT 服务部	51 信息部
	2 业务咨询部	52 咨询部
	3 应用服务部	53 应用部
	4 培训服务部	54 培训部
	5 中型企业服务部	55 中企部
	6 软件服务部	56 软服部

二、组织职能分类结构

(一) 组织职能的概念

职能（Function）是指人、事物、机构所应有的职责、功能及作用。职能活动是组织单位为实现组织方针目标开展各种活动的内容及其能量形式。

（二）组织职能层次结构形式

组织职能层次结构，简称组织职能结构。建立组织职能结构，首先需制定职能层次标准，然后按层次标准分解职能。上一层次职能为下一层次职能的目标，下一层次职能是为实现上一层次职能目标而必须采取的具体措施，因而组织职能结构为树形结构，是组织方针目标的分解作战图和分析模型，见表 6-6 组织职能结构形式。

表 6-6　组织职能结构形式

<table>
<tr><th>职能一级</th><th>职能二级</th><th>职能三级</th><th>职能四级</th><th>职能五级</th></tr>
<tr><td rowspan="12">目标</td><td rowspan="6">1 职能</td><td rowspan="4">1 职能</td><td rowspan="2">1 职能</td><td>1 职能</td></tr>
<tr><td>2 职能</td></tr>
<tr><td rowspan="2">2 职能</td><td>1 职能</td></tr>
<tr><td>2 职能</td></tr>
<tr><td rowspan="2">2 职能</td><td>1 职能</td><td>1 职能</td></tr>
<tr><td>2 职能</td><td>1 职能</td></tr>
<tr><td rowspan="6">2 职能</td><td rowspan="2">1 职能</td><td rowspan="2">1 职能</td><td>1 职能</td></tr>
<tr><td>2 职能</td></tr>
<tr><td rowspan="4">2 职能</td><td rowspan="2">1 职能</td><td>1 职能</td></tr>
<tr><td>2 职能</td></tr>
<tr><td rowspan="2">2 职能</td><td>1 职能</td></tr>
<tr><td>2 职能</td></tr>
</table>

（三）组织职能主体结构

1. 独立职能的概念

独立职能是指一个具有相对独立的范围、可以自成系统的职能单元。从职能活动系统性的角度，每一个独立职能范围适于建立一个功能上相对完整的职能管理程序。根据有关 ISO 9001 程序文件编写指南：“程序文件必须是涉及质量体系的一个逻辑上的独立部分或活动”，设立每一个独立职能都需对应建立其管理程序；反之，只要有职能管理程序就有与之对应的独立职能。例如，经济合同、技术研发、市场营销、客户关系等独立职能。

2. 组织职能主体结构与组织单位主体结构的关系

由于组织职能是按组织单位划分而设立的，因而，组织职能结构与组织单位结构

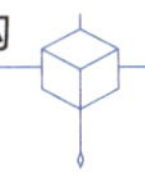

在中高层次具有对应性，有什么层次的单位主体结构就有相应层次的职能结构。

【一体化 4】 组织职能主体结构与组织单位主体结构一致。

由于组织职能主体结构与组织单位主体结构具有一致性，因此引用组织单位主体结构作为组织职能主体结构的高层次结构部分，两者相差一个独立职能层次。见表 6-7 组织职能主体结构与组织单位主体结构的对应关系。

表 6-7　组织职能主体结构与组织单位主体结构的对应关系

维	组织层	部门层	处室层	独立层
组织单位主体结构	组织	部门	处室	—
组织职能主体结构	总目标	部门职能	处室职能	独立职能

组织职能主体结构与组织单位主体结构一致；在组织单位主体结构以下层次的细分结构不再具有对应性，而是具有各自不同的层次和内容。

3. 组织职能主体结构形式

建立组织职能主体结构，需在引用组织单位主体结构基础上，下设为实现组织方针目标而必须具有的独立层职能，见表 6-8 组织职能主体结构形式。

表 6-8　组织职能主体结构形式

<table>
<tr><th>组织层</th><th>部门层</th><th>处室层</th><th>独立层</th></tr>
<tr><td rowspan="7">目标</td><td rowspan="3">1 部门职能</td><td rowspan="2">1 处室职能</td><td>1 独立职能</td></tr>
<tr><td>2 独立职能</td></tr>
<tr><td>2 处室职能</td><td>1 独立职能</td></tr>
<tr><td>2 部门职能</td><td>1 处室职能</td><td>1 独立职能</td></tr>
<tr><td rowspan="2">3 部门职能</td><td rowspan="2">1 处室职能</td><td>1 独立职能</td></tr>
<tr><td>2 独立职能</td></tr>
</table>

4. 组织职能主体结构特殊层次的设置

（1）引入虚拟层次。

组织职能主体结构与组织单位主体结构一致，如果组织单位主体结构存在虚拟层次，被引用到组织职能主体结构中，也会存在虚拟层次。例如，图 6-3 某汽车集团公司组织结构，虚拟层次用于对下层级单元的分组及编码。

（2）增添分组层次。

由于信息分类、统计管理或专业管理等原因，有的组织需要对独立职能增设分组层次以满足信息管理的需要。这种方式只具有信息分类和统计的意义，不对应增加组织单位结构。

【例 6-7】某物业公司的职能设置，在“部门层”与“独立层”职能之间，设有“专业层”来对独立职能进行分组，见表 6-9 某物业公司职能层次结构。

表 6-9　某物业公司职能层次结构

部门层	专业层	独立层
4 G 工程	1 DT 电梯	1 机房
		2 运行
		3 巡查
		4 维保
		5 维修
	2 KT 空调	1 机房
		2 运行
		3 巡查
		4 维保
		5 维修
	3 QD 强电	1 机房
		2 运行
		3 巡查
		4 维保
		5 维修
	4 RD 弱电	1 机房
		2 运行
		3 巡查
		4 维保
		5 维修
	5 SL 水路	1 机房
		2 运行
		3 巡查
		4 维保
		5 维修
	6 XM 项目	1 自建
		2 委外

续表

部门层	专业层	独立层
4 G 工程	6 XM 项目	3 验收
		4 接收
	7 ZG 综管	1 安全
		2 培训
		3 巡查
		4 质量
		5 设备
		6 综修
		7 机房
		8 电梯
7 R 人劳	1 FL 福利	1 福利
		2 就餐
		3 宿舍
		4 淋浴
	2 GZ 工资	1 工资
	3 KH 考核	1 通规
		2 考核
	4 KQ 考勤	1 排班
		2 考勤
	5 RL 人力	1 招聘
		2 在职
		3 解聘
		4 合同
	7 ZG 综管	1 安全
		2 培训
		3 巡查
		4 质量
8 X 行政	1 DA 档案	1 封装
		2 行政
		3 工程
	2 HT 合同	1 合同

续表

部门层	专业层	独立层
8 X 行政	3 JZ 计总	1 计划
		2 总结
		3 完成
	5 TJ 统计	1 台账
		2 凭证
	6 TL 通联	1 通联
	7 XT 系统	1 分类
		2 手册
		3 制度
		4 指标
		5 视觉
		6 档案
		7 岗责
	8 WG 物管	1 分类
		2 申领
		3 库存
		4 在用
		5 盘点
		6 交接
		7 服装
		8 洗涤
		9 节约

（四）组织独立职能的设立

确定组织职能主体结构，需根据组织的各种需要设立具体的独立职能。

1. 按照组织宏观控制的需要设立独立职能

组织首先需按照组织运行控制的需要设立不同控制过程的控制属性职能。组织运行控制按照控制原理，分为六个控制过程，每个过程依照控制功能设立相应的独立职能。

【例 6-8】某公司宏观控制的独立职能，见表 6-10。

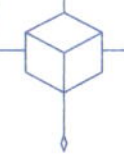

表 6-10　某公司宏观控制的独立职能

控制过程	部门层职能	处室层职能	独立层职能	描述
1 分析	17 QG 企业管理	TK 体系控制	ZT 主题支持	为主题决策提供支持
	22 YY 运营管理	YY 运营管理	YF 预测分析	为制定计划提供预测分析
2 计划	11 BG 总办管理	JC 决策管理	JC 主题决策	可引入参谋咨询系统（专家系统）
	13 CW 财务管理	CB 成本管理	YS 全面预算	成本计划落实
	22 YY 运营管理	YX 运行管理	FM 方针目标	建立各部门统一部署的年度计划，将年度计划层层分解落实到岗
	23 ZL 战略发展	GH 战略规划	GH 战略规划	5 年以上长远计划
3 实施	18 RZ 人力资源	GK 人资管控	RF 任务分派	通过 OA 分派工作，与岗位绩效考核相协同
	22 YY 运营管理	YX 运行管理	SS 计划实施	制定计划执行的跟踪、记录管理办法
4 检查	13 CW 财务管理	GK 管理会计	CB 成本分析	作为运营分析中的专项分析
	18 RZ 人力资源	GK 人资管控	GF 工作分析	为组织特定的发展战略、组织规划、人力资源管理以及其他管理行为服务的一种管理活动
	22 YY 运营管理	YX 运行管理	FX 运营分析	掌握、分析并研究经营情况，加强对计划执行的动态监控，协调解决存在的主要问题，有效发挥运营监控职能
			JC 监督检查	对整个运行实施状况进行监督检查
5 评价	15 FS 风险审计	SJ 专项审计	YS 营销审计	定期营销审计
	17 QG 企业管理	TK 体系控制	GP 管理评审	最高管理者为评价管理体系的适宜性、充分性和有效性所进行的活动
	18 RZ 人力资源	ZZ 组织管理	ZP 职位评价	对管理人员胜任情况进行评价
			RJ 人员绩效	对各方面人员进行评估，有效激励，完善决策体系
			RZ 人资诊断	对工作人员情况进行岗位评价

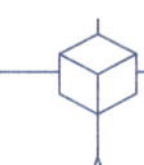

续表

控制过程	部门层职能	处室层职能	独立层职能	描述
5 评价	22 YY 运营管理	YX 运行管理	JX 单位绩效	对各层级单位进行绩效考核
			ZJ 工作总结	对上期计划执行情况进行总结，事后回顾，为运营分析、决策支持提供信息
6 处置	16 KJ 科学技术	ZH 综合管理	ZG 质量改进	质量改进管理系统
	17 QG 企业管理	TK 体系控制	GJ 工作改进	防错提醒，实施工作改进。建立使工作不断完善的防错提醒机制
			JZ 纠正措施	分析与不合格有关的数据，以帮助理解其原因
			TA 提案改善	根据改进方案进行落实
			YF 预防措施	分析与不合格和潜在不合格有关的数据，以帮助理解其原因

2. 按照职能战略的需要设立独立职能

组织方针目标给出组织发展的一般方向，还需要通过职能战略明确具体的方向。

职能战略又称职能支持战略，属于战略实施管理中的宏观战略管理内容，是按照组织总体战略或业务战略对组织职能活动进行的谋划。组织职能战略一般划分到相应的专业部门管理，或成为部门战略，如经营战略、人资战略、财务战略、产品战略、文化战略、科技战略等；或建立主题管理领域战略，如品牌战略等。

3. 按照对外部对象管理的需要设立独立职能

组织需对有“近间接影响”的外部特定环境单位进行管理，设立独立职能，落实到具体主管部门，如：顾客关系管理、伙伴关系管理、对手动向管理等。

4. 按照组织资源管理的需要设立独立职能

组织需对人力、财力、物力、信息资源进行特别管理，并设立相应的独立职能，落实到具体主管部门。

5. 按照标准化专业管理的需要设立独立职能

组织引入的 GB/T 19001-ISO 9001 等标准化管理体系，从宏观到微观都有不同程度的专业化要求，这些标准化要求的落实涉及从宏观职能设立到具体作业的实施。标准化体系的某一要求可能需设立一个独立职能对应落实，也可能需要设立几个独立职能对应落实。

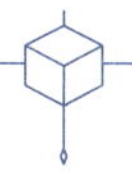

【**例 6-9**】某组织根据 ISO 9001：2015 所有条款要求设立对应的独立职能，或在已设立的独立职能管理程序中落实到具体条款。详见表 6-11 ISO 9001：2015 标准条款与独立职能设立对照表。

表 6-11　ISO 9001：2015 标准条款与独立职能设立对照表

ISO 9001：2005 标准条款	独立职能	说明
4. 组织的环境		
4.1 理解组织及其环境	运营分析	
4.2 理解利益相关方的需求和期望		
4.3 确定质量管理体系的范围	体系建立	
4.4 质量管理体系及其过程	制度建设	
5 领导作用		相关职能专项列表
5.1 领导作用和承诺		
5.1.1 总则		
5.1.2 以顾客为关注焦点		
5.2 质量方针	方针目标	
5.3 组织的岗位、职责和权限	单位职能、岗位职能	
6 策划		
6.1 风险和机遇的应对措施	预测分析、运营分析、预防措施、风险控制、主体决策、战略决策	
6.2 质量目标及其实施的策划	方针目标	
6.3 变更策划	提案改善	
7 支持		
7.1 资源	招选聘用	
7.1.1 总则	人资信息、人资规划、人员绩效、人员诊断	
7.1.2 人员		
7.1.3 基础设施		
7.1.4 过程运行环境		
7.1.5 监视和测量资源		
7.1.6 组织的知识	知识体系	
7.2 能力	招选聘用、能力培训	
7.3 意识	能力培训	
7.4 沟通	沟通协商	

续表

<table>
<tr><th>ISO 9001：2005 标准条款</th><th>独立职能</th><th>说明</th></tr>
<tr><td>7.5 形成文件的信息</td><td rowspan="4">记录控制、文件控制</td><td rowspan="3"></td></tr>
<tr><td>7.5.1 总则</td></tr>
<tr><td>7.5.2 创建和更新</td></tr>
<tr><td>7.5.3 形成文件的信息的控制</td><td></td></tr>
<tr><td>8 运行</td><td></td><td></td></tr>
<tr><td>8.1 运行策划和控制</td><td></td><td>组织运行宏观控制的职能组</td></tr>
<tr><td>8.2 产品和服务的要求</td><td rowspan="5">产品要求</td><td></td></tr>
<tr><td>8.2.1 顾客沟通</td><td></td></tr>
<tr><td>8.2.2 与产品和服务有关的要求的确定</td><td></td></tr>
<tr><td>8.2.3 与产品和服务有关的要求的评审</td><td></td></tr>
<tr><td>8.2.4 产品和服务要求的更改</td><td></td></tr>
<tr><td>8.3 产品和服务的设计和开发</td><td rowspan="7">产品研发</td><td></td></tr>
<tr><td>8.3.1 总则</td><td></td></tr>
<tr><td>8.3.2 设计和开发策划</td><td></td></tr>
<tr><td>8.3.3 设计和开发输入</td><td></td></tr>
<tr><td>8.3.4 设计和开发控制</td><td></td></tr>
<tr><td>8.3.5 设计和开发输出</td><td></td></tr>
<tr><td>8.3.6 设计和开发更改</td><td></td></tr>
<tr><td>8.4 外部提供的过程、产品和服务的控制</td><td rowspan="4">外供控制</td><td></td></tr>
<tr><td>8.4.1 总则</td><td></td></tr>
<tr><td>8.4.2 控制类型和程度</td><td></td></tr>
<tr><td>8.4.3 外部供方的信息</td><td></td></tr>
<tr><td>8.5 生产和服务提供</td><td>生产控制</td><td></td></tr>
<tr><td>8.5.1 生产和服务提供的控制</td><td></td><td></td></tr>
<tr><td>8.5.2 标识和可追溯性</td><td></td><td></td></tr>
<tr><td>8.5.3 顾客或外供方的财产</td><td></td><td></td></tr>
<tr><td>8.5.4 产品防护</td><td></td><td></td></tr>
<tr><td>8.5.5 交付后活动</td><td></td><td></td></tr>
<tr><td>8.5.6 变更控制</td><td></td><td></td></tr>
<tr><td>8.6 产品和服务的放行</td><td></td><td></td></tr>
</table>

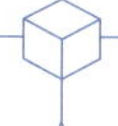

续表

ISO 9001：2005 标准条款	独立职能	说明
8.7 不合格输出的控制		
9 绩效评价	监督测量	
9.1 监视、测量、分析和评价		
9.1.1 总则		
9.1.2 顾客满意		
9.1.3 分析与评价		
9.2 内部审核	内部审核	
9.3 管理评审	管理评审	
10 改进		
10.1 总则		
10.2 不合格和纠正措施	纠正措施	
10.3 持续改进	提案改善	

6. 按照项目管理的需要设立独立职能

根据组织项目管理的特点设立必要的相关独立职能，建立相应的职能管理程序。

【例 6-10】项目管理公司独立职能的设立，见表 6-12 某项目公司的组织单位与组织职能的对应关系。其中，两个项目部根据其他职能部门设立独立职能管理程序规定的详略程度，决定本部门是否建立对应的分支独立职能及其管理程序。

表 6-12　某项目公司的组织单位与组织职能的对应关系

独立职能	运营部	采购部	财务部	人资部	公关部	法务部	项目一部	项目二部
（1）项目目标	√						√	√
（2）项目范围	√						√	√
（3）项目时间	√						√	√
（4）项目质量	√						√	√
（5）项目采购		√					√	√
（6）项目成本			√				√	√
（7）项目组织				√			√	√
（8）项目环境					√		√	√
（9）项目风险						√	√	√

注：“√”指部门有对应的独立职能。

（五）组织独立职能管理整合

管理整合（Management Integration）是指对管理结构及其内在联系进行重构并形成新的一体化过程，是以已有的管理体系为基础进行重构，充分考虑管理与业务系统、管理系统内部各环节间的联系，归纳总结统一规律，实现组织管理系统及其结构的一体化过程。

1. 一体化管理体系整合

一体化管理体系（Integrated Management System）(又被称为“综合管理体系”“整合型管理体系”等)，是指两个或两个以上管理体系并存，将公共要素整合在一起，在统一的管理构架下重构的体系。一体化管理体系通常具体是指为实现组织标准化管理，把质量（Quality）、健康（Health）、安全（Safety）和环境（Environment）管理模式系统化地进行整合，打造四位一体的标准化体系，也是 ISO 9001 质量管理体系（Quality Management System，QMS）、ISO 14001 环境管理体系（Environmental Management System，EMS）、ISO 45001 职业健康安全管理体系（Occupational Health and Safety Management System，OHSMS）三个标准体系（即 QHSE 管理体系）的一体化整合，简称为“三标合一”。

【例 6-11】QHSE 管理体系一体化整合，需将“三标”管理体系的独立职能归纳整理，统一分类、同类合并，形成整合后的统一独立职能，完成独立职能的一体化整合。各管理体系的标准化认证过程，可依照统一设置的独立职能提供所需的信息资料，见表 6-13“三标合一”的独立职能设置。

表 6-13 “三标合一”的独立职能设置

整合后的独立职能	质量管理体系 GB/T 19001 ISO 9001	环境管理体系 GB/T 24001 ISO 14001	职业健康安全管理体系 GB/T 28001 ISO 45001
文件控制	文件控制	文件控制	文件和资料控制
记录控制	记录控制	记录控制	记录和记录管理
内部审核	内部审核	内部审核	审核
不合格品	不合品品控制	不符合、纠正与预防措施	事故、事件、不符合、纠正和预防措施
事故处置	事故处置		
纠正措施	纠正措施		
预防措施	预防措施		

续表

整合后的独立职能	质量管理体系 GB/T 19001 ISO 9001	环境管理体系 GB/T 24001 ISO 14001	职业健康安全管理体系 GB/T 28001 ISO 45001
环境保护 风险评估 风险控制	—	环境因素	对危险源识别、风险评价和风险控制的策划
法务建设	—	法律法规和其他要求	法规和其他要求
能力培训	能力培训	能力、培训和意识	培训、意识和能力
沟通协商	沟通与协商	信息交流	协商与沟通
运行控制	运行控制	运行控制	运行控制
应急响应	应急响应	应急准备与响应	应急准备与响应
监督测量	监督和测量	监测和测量	绩效测量和监视
合规评价	—	合规性评价	—

在质量管理体系、环境管理体系和职业健康安全管理体系“三标合一”独立职能的一体化整合过程中，由于不同管理体系依据不同的审核准则（标准）要求，整个审核过程都需要准确界定不同管理体系的界线，并判定整合的管理体系在总体上是否符合各管理体系标准的要求，需将“三标合一”整合成统一的全覆盖的要求，并具有相互补充、完善的内容。

2. 全面一体化管理体系整合

全面一体化管理体系（Comprehensive Integrated Management System）也即集约型一体化管理体系，是从实现组织整体目标出发，借鉴建立质量管理体系的基本方法，探讨建立一个能够满足组织适用的法律法规和各项专业标准要求，使一个组织的各子系统有机地融合成一个整体，从而在一个组织内形成用一套管理制度和管理程序支持的全方位管理、使用共有资源要素并能够有效运用的单一集约化的管理体系。建立组织全面一体化管理体系，将从单向管理向系统思考、统筹协调和整体优化方面跃升，追求管理的协同效应和提升组织整体管理效能。

组织是一个综合管理体系，组织内部一般有若干专业管理体系，如质量管理体系、内控管理体系、风控管理体系、内审管理体系、合规管理体系、法律管理体系等。各专业管理体系基本覆盖组织的各个职能和各个管理过程，因而各专业管理体系之间是相互联系、相互制约、相辅相成的关系，见表 6-14 组织各专业管理体系一体化结构形式。

表 6-14　组织各专业管理体系一体化结构形式

职能结构＼专业体系标准		内控管理体系	风控管理体系	内审管理体系	合规管理体系	法律管理体系	安全管理体系	质量管理体系	其他管理体系
部门 1	独立职能 1								
	独立职能 2								
	独立职能 3								
	独立职能 4								
	独立职能 5								
	独立职能 6								
	独立职能 7								
部门 2	独立职能 1								
	独立职能 2								
	独立职能 3								
部门 3	独立职能 1								
	独立职能 2								
	独立职能 3								
	独立职能 4								
	独立职能 5								

值得注意的是，本章讨论的全面一体化管理体系整合，虽然涉及许多管理体系，但实际上组织独立职能管理整合过程，只是对各专业管理体系功能结构、职能结构的硬性系统结构部分的整合，还属于组织管理系统结构的构建部分。完成了这部分后，在第四篇讨论信息系统时，才建立组织管理体系，并将专业管理体系具体标准等软性部分信息整合在一起，落实到相应文件之中。

组织管理体系全面一体化管理整合步骤与方法如下所示。

（1）从组织全局角度和组织整体目标出发，借鉴“三标合一”的方法，按照组织管理体系目的一致性原则，对各专业管理体系所设立的职能进行整合，合并各标准体系中相同或相近的职能管理过程，“合并同类项”，同时满足多个体系标准认证要求，并将全部职能有机地融合成为一个整体，形成公共统一的独立职能列表。

（2）将各专业管理体系的职能管理要求整理归纳，融合在一起，满足相关标准。如果一些职能涉及不同的专业标准，就需执行“普遍协商一致的一套互操作性准则”，

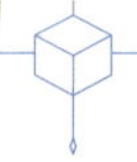

最终形成满足兼容性、互换性、通用性和基准性的统一标准。

（3）如果需要专业管理体系标准化认证，则需统一各专业管理体系内审和管理评审等活动，统一文件和记录的控制，统一满足外部认证机构的认证和监审要求。

3. 主干属性职能与分支属性职能

一些职能活动涉及多个部门、多种专业的综合性管理，具有从宏观到微观的层次性。一些职能主管部门所制定的相应管理办法可能仅在组织宏观、总体的方面做出相关的规定、要求及原则，不一定包含相关协同管理部门对职能的中观和微观方面的作业要求。这种情况下，职能主管部门和协同部门可按宏观管理和中观实施的目标要求分别设立独立职能，分主干职能和分支职能。主干职能为宏观整体性管理职能，属于主管部门的独立职能；分支职能为中观范围的专业化、精细化管理职能，属于协同部门对应主干职能的独立职能。主干职能与分支职能两者在业务管理范围及关系方面为整体与局部的关系，总体和具体的关系，在组织职能结构中都属于独立层职能。

【例 6-12】某公司战略规划主干职能与分支职能。

某公司战略发展部“战略规划”独立职能在“程序层”分成若干规划职能，其中“部门规划”部分对其他各专业部门业务规划有整体性要求，各专业部门需分别制定更详细的业务规划，并对应设立分支独立职能。为表达分支职能与主干职能的系统性关联，统一分支职能名称结构，对所有职能名称关键字以四个汉字统一命名，分支职能关键字的前两个汉字为部门专有名称关键词，后两个汉字用主干职能关键词，即“规划”，由此各专业部门对应“战略规划”职能设立本部门的分支职能为：产品规划、财务规划、科技规划、人资规划、市场规划等，见表 6-15 某公司“战略规划”主干职能的分支职能设立。

表 6-15　某公司“战略规划”主干职能的分支职能设立

部门层	处室层	独立层	程序层	作业层
Z 战略发展	规划管理	战略规划	★部门规划	
			产品布局	
			投资规划	
B 总办事务	决策管理	☆总办规划		
C 财务会计	成本管理	☆财务规划		
F 法律事务	法律事务	☆法务规划		
J 经营管理	市场管理	☆经营规划		
K 科学技术	综合管理	☆科技规划		

续表

部门层	处室层	独立层	程序层	作业层
P 产品开发	产品管理	☆产品规划		
Q 企业管理	体系控制	☆企管规划		
R 人力资源	人资管控	☆人资规划		
S 审计风险	审计管理	☆审计规划		
W 文化宣传	企业文化	☆文化规划		
X 信息技术	信息管理	☆信息规划		
Y 运营管理	运行管理	☆运营规划		

注：标★职能为主干职能；标☆职能为分支职能。

【例 6-13】某公司市场管理部门对市场营销领域实施战略层次管理，见表 6-16 市场规划主干职能的分支职能设立，表中独立层的产品规划、销售规划、服务规划独立职能是市场部“市场规划”独立职能的分支职能。

表 6-16　市场规划主干职能的分支职能设立

<table>
<tr><th>部门层</th><th>独立层</th><th>程序层</th><th>作业层</th></tr>
<tr><td rowspan="3">市场部</td><td rowspan="2">市场营销</td><td>市场研究</td><td></td></tr>
<tr><td>市场预测</td><td></td></tr>
<tr><td>市场规划</td><td>★部门规划</td><td></td></tr>
<tr><td rowspan="2">产品部</td><td rowspan="2">☆产品规划</td><td>新品研发</td><td></td></tr>
<tr><td>价格政策</td><td></td></tr>
<tr><td rowspan="6">销售部</td><td rowspan="6">☆销售规划</td><td rowspan="3">销售计划</td><td>销售组织</td></tr>
<tr><td>销售订单</td></tr>
<tr><td>销售预算</td></tr>
<tr><td>分销计划</td><td></td></tr>
<tr><td rowspan="2">促销计划</td><td>广告效果</td></tr>
<tr><td>促销效果</td></tr>
<tr><td>服务部</td><td>☆服务规划</td><td>服务计划</td><td>顾客服务</td></tr>
</table>

注：标★职能为主干职能；标☆职能为分支职能。

（六）组织职能主体结构及职能维成员词典

1. 组织职能主体结构

按照表 6-8 组织职能主体结构形式，满足组织各种目标要求，设立全部独立职能

之后，则建立组织职能主体结构。

【例 6-14】在表 6-2 某公司单位主体结构基础上，公司根据战略目标，对各处室整体职能进行分解，设立独立层职能单元。公司的所有独立职能，包含根据组织宏观控制所需设置的控制属性职能，根据质量管理体系要求设立的职能，根据质量、环境和安全“三合一”管理整合的职能，根据宏观管理职能设立的分支职能等，建立组织职能主体结构，见表 6-17 某公司职能主体结构。

表 6-17　某公司职能主体结构

部门层		处室层		独立层		控制属性	质量体系	“三标合一”
层码	职能	层码	职能	层码	职能			
11 B	总办事务	1 JC	决策管理	1 BG	总办规划	★		
				2 ZJ	主题决策	★		
		2 MD	保密档案	1 BM	保密工作			
				2 DA	档案保存			
		3 MS	秘书管理	1 GW	公文处理			
				2 HY	会议组织			
				3 JF	接待服务			
				4 WL	对外联络			
				5 YZ	印鉴证照			
		4 WS	外事管理	1 HG	护照统管			
				2 WS	外事服务			
		5 XG	行政管理	1 AB	安全保卫			
				2 CD	车队事务			
				3 HQ	后勤保障			
				4 YP	设备用品			
12 C	财务管理	1 CB	成本管理	1 CB	成本分析	★		
				2 CF	财务分析			
				3 CG	财务规划	★		
				4 QY	全面预算	★		
		2 ZC	综合管理	1 KJ	会计业务			
				2 ZC	资金筹措			
				3 ZF	资产费用			
13 F	法律事务	1 FS	法律审核	1 FF	法律风险			

续表

部门层		处室层		独立层		控制属性	质量体系	“三标合一”
层码	职能	层码	职能	层码	职能			
13 F	法律事务	1 FS	法律审核	2 GS	规章审核			★
				3 HS	合同审核			
				4 JC	决策审核			
				5 XS	项目审核			
		2 FW	法律事务	1 CQ	知识产权			
				2 FG	法务规划	★		
				3 FJ	法务基础			
				4 FZ	法制宣教			
				5 ST	受托诉讼			
				6 ZY	职业资格			
14 J	市场经营	1 SC	市场管理	1 HJ	市场环境			
				2 JG	经营规划			
				3 SF	市场分析			
				4 SX	市场宣传			
				5 SY	市场营销			
				6 SZ	市场支持			
		2 XK	项目开发	1 BX	总包项目			
				2 CK	出口项目			
				3 JK	进口项目			
				4 NM	内贸项目			
15 K	科学技术	1 JS	技术研究	1 KK	科研开发			
				2 XY	项目研究			
				3 ZL	专利技术			
		2 ZK	综合管理	1 BZ	标准体系			
				2 KG	科技规划			
				3 ZG	质量改进	★		
				4 ZS	质量损失			
16 P	产品事业	1 PG	产品管理	1 BP	不合格品			★
				2 CN	产能配置			

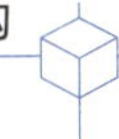

续表

部门层		处室层		独立层		控制属性	质量体系	“三标合一”
层码	职能	层码	职能	层码	职能			
16 P	产品事业	1 PG	产品管理	3 KZ	可追溯性			
				4 PB	产品标准			
				5 PF	产品分析			
				6 PG	产品规划			
				7 PK	产品考核			
				8 PQ	产品要求		★	
				9 WK	外供控制		★	
		2 PY	产品研发	1 JS	技术合作			
				2 PY	产品研发		★	
17 Q	企业管理	1 TK	体系控制	1 GG	工作改进	★	★	
				2 GP	管理评审	★	★	
				3 GT	沟通协商		★	★
				4 JZ	纠正措施	★	★	★
				5 QG	企管规划			
				6 TA	提案改善	★	★	
				7 YF	预防措施	★	★	★
				8 ZZ	主题支持	★		
		2 TX	体系建设	1 BJ	标准建立			
				2 JL	记录控制		★	★
				3 NH	内部审核		★	★
				4 SC	质量手册		★	
				5 TX	体系建立		★	
				6 WJ	文件控制		★	★
				7 ZD	制度建设		★	
				8 ZX	知识体系		★	
		3 ZQ	综合管理	1 HT	经济合同			
				2 SJ	数据分析			
				3 XH	协会管理			
				4 ZH	成果转化			
18 R	人力资源	1 PX	教育培训	1 PS	评审鉴定			

续表

部门层		处室层		独立层		控制属性	质量体系	“三标合一”
层码	职能	层码	职能	层码	职能			
18 R	人力资源	1 PX	教育培训	2 PX	能力培训		★	★
				3 WW	委外培训			
		2 RK	人资管控	1 GF	工作分析	★		
				2 RF	任务分派	★		
				3 RG	人资规划		★	
				4 RJ	人员绩效	★	★	
				5 RZ	人资诊断	★	★	
				6 ZP	职位评价	★		
		3 RZ	人资配置	1 CC	出国审查			
				2 LD	劳动关系			
				3 LZ	劳动工资			
				4 XP	招选聘用		★	
		4 XF	薪资福利	1 FL	员工福利			
				2 GX	工资薪酬			
		5 ZR	综合管理	1 DZ	单位职能		★	
				2 GZ	岗位职能		★	
				3 RS	组织人事			
				4 RX	人资信息		★	
19 S	审计风险	1 NK	内控风险	1 FK	风险控制		★	★
				2 FP	风险评估			★
		2 SJ	审计管理	1 CJ	财务监督			
				2 CS	财务审计			
				3 NS	内部审计			
				4 SH	审计规划			
				5 YS	营销审计	★		
20 W	文化宣传	1 QY	企业文化	1 CZ	参展项目			
				2 PP	品牌建设			
				3 WG	文化规划			
		2 XJ	宣传教育	1 WZ	网站建设			
				2 XW	新闻宣传			

续表

部门层		处室层		独立层		控制属性	质量体系	“三标合一”
层码	职能	层码	职能	层码	职能			
21 X	信息技术	1 XT	系统管理	1 XT	系统建设			
				2 XX	信息系统			
		2 XX	信息管理	1 XA	信息安全			
				2 XG	信息规划			
				3 XZ	信息资源			
22 Y	运营管理	1 AH	安技环保	1 AQ	健康安全			
				2 HB	环境保护			★
				3 YJ	应急响应			★
		2 TJ	综合统计	1 TJ	综合统计			
				2 ZB	指标体系			
		3 WG	物资管理	1 GY	物资供应			
				2 TC	统一采购			
		4 YX	运行管理	1 FM	方针目标	★	★	
				2 JD	监督测量		★	★
				3 JX	单位绩效	★		
				4 SK	生产控制			
				5 SS	计划实施	★		
				6 YC	预测分析	★	★	
				7 YG	运营规划			
				8 YY	运营分析	★	★	
				9 ZJ	工作总结	★		
23 Z	战略发展	1 GH	规划管理	1 GC	规划支持			
				2 GH	战略规划	★		
		2 HG	合资管理	1 GJ	国际合作			
				2 HZ	合资合作			
		3 TZ	资产投资	1 CT	长期投资			
				2 TZ	固资投资			
		4 XM	项目投资	1 SP	项目审批			
				2 TT	投资统计			
				3 YX	验收项目			

注：标★职能为依据表栏内容而建立。

2. 职能维成员词典

根据所建立的组织职能主体结构，为每个层次的每个单元编制唯一性代码，建立组织职能维成员词典，见表 6-18 某公司职能维成员词典。

表 6-18　某公司职能维成员词典

部门层职能			处室层职能			独立层职能		
数字码	字母码	汉字码	数字码	字母码	汉字码	数字码	字母码	汉字码
11	B	总办事务	111	BJC	决策管理	1111	BJCBG	总办规划
						1112	BJCZJ	主题决策
			112	BMD	保密档案	1121	BMDBM	保密工作
						1122	BMDDA	档案保存
			113	BMS	秘书管理	1131	BMSGW	公文处理
						1132	BMSHY	会议组织
						1133	BMSJF	接待服务
						1134	BMSWL	对外联络
						1135	BMSYZ	印鉴证照
			114	BWS	外事管理	1141	BWSHG	护照统管
						1142	BWSWS	外事服务
			115	BXG	行政管理	1151	BXGAB	安全保卫
						1152	BXGCD	车队事务
						1153	BXGHQ	后勤保障
						1154	BXGYP	设备用品
12	C	财务管理	121	CCB	成本管理	1211	CCBCB	成本分析
						1212	CCBCF	财务分析
						1213	CCBCG	财务规划
						1214	CCBQY	全面预算
			122	CZC	综合管理	1221	CZCKJ	会计业务
						1222	CZCZC	资金筹措
						1223	CZCZF	资产费用
13	F	法律事务	131	FFS	法律审核	1311	FFSFF	法律风险
						1312	FFSGS	规章审核
						1313	FFSHS	合同审核
						1314	FFSJC	决策审核
						1315	FFSXS	项目审核
			132	FFW	法律事务	1321	FFWCQ	知识产权

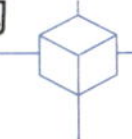

续表

部门层职能			处室层职能			独立层职能		
数字码	字母码	汉字码	数字码	字母码	汉字码	数字码	字母码	汉字码
13	F	法律事务	132	FFW	法律事务	1322	FFWFG	法务规划
						1323	FFWFJ	法务基础
						1324	FFWFZ	法制宣教
						1325	FFWST	受托诉讼
						1326	FFWZY	职业资格
14	J	经营管理	141	JSC	市场管理	1411	JSCHJ	市场环境
						1412	JSCJG	经营规划
						1413	JSCSF	市场分析
						1414	JSCSX	市场宣传
						1415	JSCSY	市场营销
						1416	JSCSZ	市场支持
			142	JXK	项目开发	1421	JXKBX	总包项目
						1422	JXKCK	出口项目
						1423	JXKJK	进口项目
						1424	JXKNM	内贸项目
15	K	科学技术	151	KJS	技术研究	1511	KJSKK	科研开发
						1512	KJSXY	项目研究
						1513	KJSZL	专利技术
			152	KZK	综合管理	1521	KZKBZ	标准体系
						1522	KZKKG	科技规划
						1523	KZKZG	质量改进
						1524	KZKZS	质量损失
16	P	产品事业	161	PPG	产品管理	1611	PPGBP	不合格品
						1612	PPGCN	产能配置
						1613	PPGKZ	可追溯性
						1614	PPGPB	产品标准
						1615	PPGPF	产品分析
						1616	PPGPG	产品规划
						1617	PPGPK	产品考核
						1618	PPGPQ	产品要求
						1619	PPGWK	外供控制

续表

部门层职能			处室层职能			独立层职能		
数字码	字母码	汉字码	数字码	字母码	汉字码	数字码	字母码	汉字码
16	P	产品事业	162	PPY	产品研发	1621	PPYJS	技术合作
						1622	PPYPY	产品研发
17	Q	企业管理	171	QTK	体系控制	1711	QTKGG	工作改进
						1712	QTKGP	管理评审
						1713	QTKGT	沟通协商
						1714	QTKJZ	纠正措施
						1715	QTKQG	企管规划
						1716	QTKTA	提案改善
						1717	QTKYF	预防措施
						1718	QTKZZ	主题支持
			172	QTX	体系建设	1721	QTXBJ	标准建立
						1722	QTXJL	记录控制
						1723	QTXNH	内部审核
						1724	QTXSC	质量手册
						1725	QTXTX	体系建立
						1726	QTXWJ	文件控制
						1727	QTXZD	制度建设
			173	QZQ	综合管理	1731	QZQHT	经济合同
						1732	QZQSJ	数据分析
						1733	QZQXH	协会管理
						1734	QZQZH	成果转化
18	R	人力资源	181	RPX	教育培训	1811	RPXPS	评审鉴定
						1812	RPXPX	能力培训
						1813	RPXWW	委外培训
			182	RRK	人资管控	1821	RRKGF	工作分析
						1822	RRKRF	任务分派
						1823	RRKRG	人资规划
						1824	RRKRJ	人员绩效
						1825	RRKRZ	人资诊断
						1826	RRKZP	职位评价
			183	RRZ	人资配置	1831	RRZCC	出国审查

续表

部门层职能			处室层职能			独立层职能		
数字码	字母码	汉字码	数字码	字母码	汉字码	数字码	字母码	汉字码
18	R	人力资源	183	RRZ	人资配置	1832	RRZLD	劳动关系
						1833	RRZLZ	劳动工资
						1834	RRZXP	招选聘用
			184	RXF	薪资福利	1841	RXFFL	员工福利
						1842	RXFGX	工资薪酬
			185	RZR	综合管理	1851	RZRDZ	单位职能
						1852	RZRGZ	岗位职能
						1853	RZRRS	组织人事
						1854	RZRRX	人资信息
19	S	审计风险	191	SNK	内控风险	1911	SNKFK	风险控制
						1912	SNKFP	风控评估
			192	SSJ	审计管理	1921	SSJCJ	财务监督
						1922	SSJCS	财务审计
						1923	SSJNS	内部审计
						1924	SSJSH	审计规划
						1925	SSJYS	营销审计
20	W	文化宣传	201	WQY	企业文化	2011	WQYCZ	参展项目
						2012	WQYPP	品牌建设
						2013	WQYWG	文化规划
			202	WXJ	宣传教育	2021	WXJWZ	网站建设
						2022	WXJXW	新闻宣传
21	X	信息技术	211	XXT	系统管理	2111	XXTXT	系统建设
						2112	XXTXX	信息系统
			212	XXX	信息管理	2121	XXXXA	信息安全
						2122	XXXXG	信息规划
						2123	XXXXZ	信息资源
22	Y	运营管理	221	YAH	安技环保	2211	YAHAQ	健康安全
						2212	YAHHB	环境保护
						2213	YAHYJ	应急响应
			222	YTJ	综合统计	2221	YTJTJ	综合统计
						2222	YTJZB	指标体系

续表

部门层职能			处室层职能			独立层职能		
数字码	字母码	汉字码	数字码	字母码	汉字码	数字码	字母码	汉字码
22	Y	运营管理	223	YWG	物资管理	2231	YWGGY	物资供应
						2232	YWGTC	统一采购
			224	YYX	运行管理	2241	YYXFM	方针目标
						2242	YYXJD	监督测量
						2243	YYXJX	单位绩效
						2244	YYXSK	生产控制
						2245	YYXSS	计划实施
						2246	YYXYC	预测分析
						2247	YYXYG	运营规划
						2248	YYXYY	运营分析
						2249	YYXZJ	工作总结
23	Z	战略发展	231	ZGH	规划管理	2311	ZGHGC	规划支持
						2312	ZGHGH	战略规划
			232	ZHG	合资管理	2321	ZHGGJ	国际合作
						2322	ZHGHZ	合资合作
			233	ZTZ	资产投资	2331	ZTZCT	长期投资
						2332	ZTZTZ	固资投资
			234	ZXM	项目投资	2341	ZXMSP	项目审批
						2342	ZXMTT	投资统计
						2343	ZXMYX	验收项目

随着结构层数的增加，职能单元编码的单元代码码位越来越长，同时可能增加代码使用的不便性和易错性。实际上，单元代码逐层组合的规则是保证低层次单元代码的唯一性。如果低层次单元的字母码或汉字码在其整个层次的单元层码中具有唯一性，则该单元层码可以作为该单元代码，而不必与上层各层码组合。以单元层码作为单元代码的优点是简便，缺点是依据该代码排序的所有职能单元都不具有与主体结构分类顺序的一致性，因而缺乏秩序性。

例如，表 6-17 某公司职能主体结构中，每个层次的单元字母层码在其层次的所有单元层码中都不重复，具有唯一性，因此，表 6-18 某公司职能维成员词典，也可以按照表 6-19 某公司职能维成员词典（字母简码）来建立和使用。

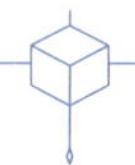

表 6-19　某公司职能维成员词典（字母简码）

部门层职能			处室层职能			独立层职能		
数字码	字母码	汉字码	数字码	字母码	汉字码	数字码	字母码	汉字码
11	B	总办事务	111	JC	决策管理	1111	BG	总办规划
						1112	ZJ	主题决策
			112	MD	保密档案	1121	BM	保密工作
						1122	DA	档案保存
			113	MS	秘书管理	1131	GW	公文处理
						1132	HY	会议组织
						1133	JF	接待服务
						1134	WL	对外联络
						1135	YZ	印鉴证照
			114	WS	外事管理	1141	HG	护照统管
						1142	WS	外事服务
			115	XG	行政管理	1151	AB	安全保卫
						1152	CD	车队事务
						1153	HQ	后勤保障
						1154	YP	设备用品
12	C	财务管理	121	CB	成本管理	1211	CB	成本分析
						1212	CF	财务分析
						1213	CG	财务规划
						1214	QY	全面预算
			122	ZC	综合管理	1221	KJ	会计业务
						1222	ZC	资金筹措
						1223	ZF	资产费用
13	F	法律事务	131	FS	法律审核	1311	FF	法律风险
						1312	GS	规章审核
						1313	HS	合同审核
						1314	JC	决策审核
						1315	XS	项目审核
			132	FW	法律事务	1321	CQ	知识产权
						1322	FG	法务规划
						1323	FJ	法务基础

续表

部门层职能			处室层职能			独立层职能		
数字码	字母码	汉字码	数字码	字母码	汉字码	数字码	字母码	汉字码
13	F	法律事务	132	FW	法律事务	1324	FZ	法制宣教
						1325	ST	受托诉讼
						1326	ZY	职业资格
14	J	经营管理	141	SC	市场管理	1411	HJ	市场环境
						1412	JG	经营规划
						1413	SF	市场分析
						1414	SX	市场宣传
						1415	SY	市场营销
						1416	SZ	市场支持
			142	XK	项目开发	1421	BX	总包项目
						1422	CK	出口项目
						1423	JK	进口项目
						1424	NM	内贸项目
15	K	科学技术	151	JS	技术研究	1511	KK	科研开发
						1512	XY	项目研究
						1513	ZL	专利技术
			152	ZK	综合管理	1521	BZ	标准体系
						1522	KG	科技规划
						1523	ZG	质量改进
						1524	ZS	质量损失
16	P	产品事业	161	PG	产品管理	1611	BP	不合格品
						1612	CN	产能配置
						1613	KZ	可追溯性
						1614	PB	产品标准
						1615	PF	产品分析
						1616	PG	产品规划
						1617	PK	产品考核
						1618	PQ	产品要求
						1619	WK	外供控制

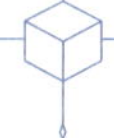

续表

部门层职能			处室层职能			独立层职能		
数字码	字母码	汉字码	数字码	字母码	汉字码	数字码	字母码	汉字码
16	P	产品事业	162	PY	产品研发	1621	JS	技术合作
						1622	PY	产品研发
17	Q	企业管理	171	TK	体系控制	1711	GG	工作改进
						1712	GP	管理评审
						1713	GT	沟通协商
						1714	JZ	纠正措施
						1715	QG	企管规划
						1716	TA	提案改善
						1717	YF	预防措施
						1718	ZZ	主题支持
			172	TX	体系建设	1721	BJ	标准建立
						1722	JL	记录控制
						1723	NH	内部审核
						1724	SC	质量手册
						1725	TX	体系建立
						1726	WJ	文件控制
						1727	ZD	制度建设
			173	ZQ	综合管理	1731	HT	经济合同
						1732	SJ	数据分析
						1733	XH	协会管理
						1734	ZH	成果转化
18	R	人力资源	181	PX	教育培训	1811	PS	评审鉴定
						1812	PX	能力培训
						1813	WW	委外培训
			182	RK	人资管控	1821	GF	工作分析
						1822	RF	任务分派
						1823	RG	人资规划
						1824	RJ	人员绩效
						1825	RZ	人资诊断

续表

部门层职能			处室层职能			独立层职能		
数字码	字母码	汉字码	数字码	字母码	汉字码	数字码	字母码	汉字码
18	R	人力资源	182	RK	人资管控	1826	ZP	职位评价
			183	RZ	人资配置	1831	CC	出国审查
						1832	LD	劳动关系
						1833	LZ	劳动工资
						1834	XP	招选聘用
			184	XF	薪资福利	1841	FL	员工福利
						1842	GX	工资薪酬
			185	ZR	综合管理	1851	DZ	单位职能
						1852	GZ	岗位职能
						1853	RS	组织人事
						1854	RX	人资信息
19	S	审计风险	191	NK	内控风险	1911	FK	风险控制
						1912	FP	风控评估
			192	SJ	审计管理	1921	CJ	财务监督
						1922	CS	财务审计
						1923	NS	内部审计
						1924	SH	审计规划
						1925	YS	营销审计
20	W	文化宣传	201	QY	企业文化	2011	CZ	参展项目
						2012	PP	品牌建设
						2013	WG	文化规划
			202	XJ	宣传教育	2021	WZ	网站建设
						2022	XW	新闻宣传
21	X	信息技术	211	XT	系统管理	2111	XT	系统建设
						2112	XX	信息系统
			212	XX	信息管理	2121	XA	信息安全
						2122	XG	信息规划
						2123	XZ	信息资源
22	Y	运营管理	221	AH	安技环保	2211	AQ	健康安全

续表

部门层职能			处室层职能			独立层职能		
数字码	字母码	汉字码	数字码	字母码	汉字码	数字码	字母码	汉字码
22	Y	运营管理	221	AH	安技环保	2212	HB	环境保护
						2213	YJ	应急响应
			222	TJ	综合统计	2221	TJ	综合统计
						2222	ZB	指标体系
			223	WG	物资管理	2231	GY	物资供应
						2232	TC	统一采购
			224	YX	运行管理	2241	FM	方针目标
						2242	JD	监督测量
						2243	JX	单位绩效
						2244	SK	生产控制
						2245	SS	计划实施
						2246	YC	预测分析
						2247	YG	运营规划
						2248	YY	运营分析
						2249	ZJ	工作总结
23	Z	战略发展	231	GH	规划管理	2311	GC	规划支持
						2312	GH	战略规划
			232	HG	合资管理	2321	GJ	国际合作
						2322	HZ	合资合作
			233	TZ	资产投资	2331	CT	长期投资
						2332	TZ	固资投资
			234	XM	项目投资	2341	SP	项目审批
						2342	TT	投资统计
						2343	YX	验收项目

（七）组织职能细分单元的设立

1. 组织职能细分结构形式

（1）职能细分结构层次标准。

建立独立职能细分结构需要按照详略得当原则确定层次标准，选择适当的颗粒度，既避免职能分解过于宏观、粗糙、不够具体、可执行性差，也要避免职能分解过细，过犹不及。因此，独立职能细分层次一般设“程序层”和“作业层”两个层次标准，依此建立完整的组织职能细分结构形式，也即组织职能结构，见表6-20组织职能结构形式。

表6-20　组织职能结构形式

<table>
<tr><th>组织层</th><th>部门层</th><th>处室层</th><th>独立层</th><th>程序层</th><th>作业层</th></tr>
<tr><td rowspan="11">1
组织目标</td><td rowspan="8">1部门职能</td><td rowspan="5">1处室职能</td><td rowspan="3">01独立职能</td><td rowspan="2">01程序项</td><td>01作业项</td></tr>
<tr><td>02作业项</td></tr>
<tr><td>02程序项</td><td>01作业项</td></tr>
<tr><td rowspan="2">02独立职能</td><td rowspan="2">01程序项</td><td>01作业项</td></tr>
<tr><td>02作业项</td></tr>
<tr><td rowspan="3">2处室职能</td><td rowspan="3">01独立职能</td><td rowspan="2">01程序项</td><td>01作业项</td></tr>
<tr><td>02作业项</td></tr>
<tr><td>02程序项</td><td>01作业项</td></tr>
<tr><td rowspan="3">2部门职能</td><td rowspan="3">1处室职能</td><td rowspan="3">01独立职能</td><td rowspan="3">01程序项</td><td>01作业项</td></tr>
<tr><td>02作业项</td></tr>
<tr><td>03作业项</td></tr>
</table>

（2）职能细分结构与职能管理程序结构。

按照独立职能的概念，每一个独立职能都是在一定范围内可以自成系统的职能单元，一方面，为落实独立职能需对其进一步细分；另一方面，为实施独立职能需建立其管理程序，也需通过细分规定作业活动过程。因此，可将职能细分结构与职能管理程序结构完全一体化。

【一体化5】 职能细分结构与职能管理程序结构一体化。

2. 职能细分单元分解

MECE分析法（头脑风暴法）是麦肯锡的第一个女咨询顾问巴巴拉·明托（Barbara Minto）在金字塔原理（The Minto Pyramid Principle）中提出的一个很重要的原则，即将一个事物分类达到清楚的标准可遵循MECE（Mutually Exclusive Collectively Exhaustive）原则方法；MECE中文意思是“相互独立，完全穷尽”，指在将某个整体划分为不同的部分时，必须保证划分后的各部分不重叠、无遗漏地分解和分类，而且能够有效把握问题的核心和解决问题的方法。各部分之间“相互独立（Mutually Exclusive）”，意味着问题的细分是在同一维上，并且每个职能细分单元要有明确的边界；所有部分“完全穷尽（Collectively Exhaustive）”，意味着分解职能活动的过程中不要漏掉必要的职能单

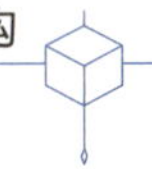

元，保证完整、全面、周密。

好的职能管理程序基于特定的场景，通过分析众多最佳实战，提炼出每一个过程步骤，预防大多数常见问题和易犯错误，并为解决这些问题提供便捷的作业指导。

3. 职能细分单元关系类型

独立职能具有统一的细分结构形式，而职能细分单元之间却具有不同的关系类型：一种是细分单元之间具有固定顺序的流程活动，表现为完全顺序性的“串联”关系；另一种是细分单元之间没有固定顺序的环节活动，表现为完全平行性的“并联”关系；再一种是细分单元之间既有流程也有环节，表现为两者共存的“混联”关系，见表 6-21 组织职能细分单元关系类型。

表 6-21　组织职能细分单元关系类型

<table>
<tr><th rowspan="2">细分类型</th><th rowspan="2">上层次独立职能单元</th><th colspan="5">下层次细分单元相互关系</th></tr>
<tr><th>时间 1</th><th>时间 2</th><th>时间 3</th><th>时间 4</th><th>时间 n</th></tr>
<tr><td>串联</td><td>职能单元</td><td>01 细分单元</td><td>02 细分单元</td><td>03 细分单元</td><td>04 细分单元</td><td>05 细分单元</td></tr>
<tr><td rowspan="4">并联</td><td rowspan="4">职能单元</td><td colspan="5">01 细分单元</td></tr>
<tr><td colspan="5">02 细分单元</td></tr>
<tr><td colspan="5">03 细分单元</td></tr>
<tr><td colspan="5">04 细分单元</td></tr>
<tr><td rowspan="6">混联</td><td rowspan="6">职能单元</td><td colspan="5">01 细分单元</td></tr>
<tr><td>02 细分单元</td><td>03 细分单元</td><td>04 细分单元</td><td>05 细分单元</td><td></td></tr>
<tr><td colspan="5">06 细分单元</td></tr>
<tr><td colspan="5">07 细分单元</td></tr>
<tr><td>08 细分单元</td><td>09 细分单元</td><td>10 细分单元</td><td></td><td></td></tr>
<tr><td colspan="5">11 细分单元</td></tr>
</table>

独立职能管理程序的“程序”是广义的概念，程序层次的单元之间既包含具有顺序性的流程关系，也包含具有独立性的环节关系，因此，职能管理程序结构包括流程属性，也包括环节属性。当然对环节性职能细分也可以不建立职能管理程序，而是建立职能管理办法，列入管理制度群。

（1）职能细分结构“流程属性”，单元“串联”关系举例。

【例 6-15】某公司新产品开发职能管理程序，其中程序层和作业层的职能细分单元构成不同详略的流程属性关联结构，见表 6-22 新品开发管理程序。

表 6-22　新品开发管理程序

程序层	作业层	标准与要求	输出	责任单位
1 开发准备	1 概念设想			
	2 市场调研			
	3 管理小组			
2 可行评审	1 可行分析			
	2 分析评审			
3 规划评审	1 开发小组			
	2 设计方案			
	3 规划方案			
	4 规划评审			
4 设计评审	1 样机设计			
	2 样机测试			
	3 设计评审			
5 验证评审	1 加工生产			
	2 市场验证			
	3 验证评审			
6 市场投放	1 市场营销			
	2 信息反馈			
7 开发总结	1 开发总结			
	2 知识共享			

（2）职能细分结构“环节属性”，单元“并联”关系举例。

【例 6-16】 某总公司展会立项管理程序见表 6-23，其中的作业层职能单元之间具有明显的环节属性。

表 6-23　某总公司展会立项管理程序

程序层	作业层	职能描述
1 展览分类	1 A 类展会	总部确定的年度重大展会项目，由总部统一组织一个或多个子公司参加的展会。其他子公司不得以单独名义参加同一展会
	2 B 类展会	总部确定的年度重要展会项目，由公司总部委托一个子公司牵头，组织一个或多个子公司以总公司名义参加的展会。其他子公司不得以单独名义参加同一展会
	3 C 类展会	多个子公司同时参加，但总部未统一组织或委托组织的展会。须由一个子公司牵头组织其他子公司参展，确定唯一展位，以总部名义参加。其他子公司不得以单独名义参加同一展会

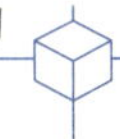

续表

程序层	作业层	职能描述
1 展览分类	4 D 类展会	由一个子公司自行参加的展会。须以总公司名义参加，并须明确有且仅有总公司旗下唯一子公司参加
	5 E 类展会	由子公司以参加地方政府或行业协会统一组织展团的形式参加的展会
2 展览计划	1 选择展会	详细调研并选择每年度拟参加的展览会。展览会的选择依据有：展会声誉、展会性质、展会主办方影响力、展会规模、是否有重要客户参展、是否有重点目标市场、是否有主要竞争对手参展、过往参展效益分析
	2 计划申请	在调研分析的基础上，经主管领导审核批准，提交下一年度参展计划申请
	3 参展计划	对各单位上报的参展计划申请进行汇总、评估，并报总公司品牌执行委员会审定，最终形成并公布下一年度总公司参展计划
	4 参展方案	须制订参展方案。参展方案应由展会主管领导召集相关部门进行讨论确定
3 展览方案	1 预订展位	应综合考虑展览会展示效果和成本费用等因素，选择合适的展出位置。展位包含展位面积、展位方式、展厅进出口及主次通道位置等
	2 参展主题	应综合考虑展会性质、市场需求、自身实力、营销策略等因素，策划参展主题、展示重点，并相应确定参展产品、技术、服务和展示形式
	3 展台风格	根据展会主题和展品策划，确定展台设计风格和设计搭建方案。设计搭建方案必须符合总公司视觉识别（Visual Identily，VI）应用规范和安全环保要求
	4 展板风格	展板平面设计风格应与展台空间设计风格协调统一。设计方案必须符合总公司 VI 应用规范。展板设计可有选择地体现以下内容：品牌理念、产品理念、产品特点、研发实力、制造能力、市场分布、客户体验、代表性项目等，突出安全、绿色、人本、创新等品牌特征
	5 宣传物料	为增强展示效果，参展单位应综合考虑纸质、视频、多媒体等各种类型宣传品。宣传物料的内容可综合考虑企业介绍、产品介绍、形象广告、专题专项展示、新闻集锦等多个层次
	6 展会活动	为提升展会效益，参展单位应策划与展会配套的技术、商务、宣传等活动。活动形式可包括技术论坛、专业会议、客户邀请、客户访问、商务交流、新闻发布会、媒体采访等。配套活动应符合正向推广公司统一品牌的原则
	7 展会纪念	用于展会中赠送给参观者或客户的纪念品。展会纪念品本身或包装上必须体现公司品牌
	8 人员培训	确定参展人员构成和规模，以及人员培训方案。展会工作人员一般应包括展会的组织服务、技术服务、商务服务人员。展前培训一般应包括企业情况、展品情况、参展实务、展会沟通技巧、商务礼仪、展会行为规范等

续表

程序层	作业层	职能描述
3 展览方案	9 其他安排	展品运输方案、知识产权审核、风险控制、展览会预算等
4 展览执行	1 布展实施	展台工作人员至少在开展前 1 天到达展位，对展位施工质量及 VI 执行进行监督，对不符合项进行整改；参展团组其他人员视具体情况于开展前半天到达展位，参加展台布置及宣传物料的准备工作
	2 展期服务	展期服务分为展台服务及商务公关活动服务两部分。所有工作人员须以统一团组身份参与服务工作，在展会开展前明确团组各成员的责任及协作关系。展会工作人员应遵守展前培训的规定，符合商务礼仪要求，遵守参展纪律，维护品牌形象
	3 撤展行动	参展团组在展会结束后须统一调度，对展品及剩余宣传物料、展会纪念品进行妥善处置，避免损坏及浪费

【**例 6-17**】国际展览会参展项目管理程序，见表 6-24。

表 6-24 国际展览会参展项目管理程序

程序层	作业层	标准与要求	输出信息	协同单位
1 人员组织	1 组织架构	确定工作机构及资源；成立展览组织机构，确定各工作组责任领导。多部门协同工作必须由高层牵头	确定领导组 确定各专业工作组 确定工作组地点、设备 确定参展活动费用款源	办公室
	2 宣传负责	确定宣传组负责人；宣传组组建，负责前期策划与推进	《工作组名单》	宣传部
	3 商务负责	确定商务组负责人；商务组组建，报宣传组。由市场部牵头的商务组掌握客户情况	《工作组名单》	贸易部
	4 科技负责	确定科技组负责人；科技组组建，负责产品展品技术评审与产品展品监制。科技组对掌握参展产品的性能与知识产权产品监制方面起重要作用	《工作组名单》	技术部
	5 派员负责	确定参展人员，选派负责人	《工作组名单》	人力部
	6 筹备负责	明确筹备工作人员岗位责任、质量要求	《参展各组人员岗位责任》	宣传部

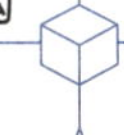

续表

程序层	作业层	标准与要求	输出信息	协同单位
1 人员 组织	7 人员 选拔	选拔优秀员工进行集中培训。下发工作人员选派通知；各子公司上报参展人员。外籍员工加入做接待，加深国际化的印象，拉近外国人与本国人的距离感	《展览工作人员选派通知》 《培训计划方案》 各子公司《参展工作人员表》	
	8 人员 培训	选择培训老师，对参展人员进行商务、礼仪、产品、服务、技术、翻译集训；资料准备双语版。对所有参加展会的人员进行培训	《商务礼仪手册》 《参展产品性能特点介绍》	
	9 应急 组织	制定展会风险分析及应急预案，考虑政治风险、技术风险、知识产权问题等	《风险分析与应急预案》	
2 整体 规划	1 规划 准备	拟订整个展览活动筹备工作的进度计划；宣传组筹备工作进度计划，以控制活动进度	《参展活动总网络计划》，批准总体计划	宣传部
	2 确定 主题	多渠道考虑多种主题；组织相关人员讨论，筛选主要几个主题；请中高层领导及专家评审；报领导审批	双语主题词语	
	3 确定 内容	展示客户利益；展示运营商利益；展示社会责任；展示企业经营理念。舒适、安全、经济；技术先进、制造精良、产品性价比；低碳、低能耗、环保		
	4 规划 要求	对各子系统提出详细要求。传播（主视觉、画册、视频）、活动（推广活动、主题活动、观众体验、商务活动）	《传播系统要求》、 《活动系统要求》， 确定产品及项目	
	5 展区 功能	规划涉及主展区、辅助展区、会谈区、VIP 会客室、前台接待；讨论各功能分配面积；研究各区域细节要求；组织展会现场设计	确定会展风格 联络、咨询、服务（请公关公司）	
	6 运行 监督	按照计划和部门责任进行监督推进	《运行系统要求》 《停车证件》	
3 办展 单位	1 客户 注册	将邀请宾客名单提供给宣传组，负责主办方的客户（嘉宾）注册及门票资料输入	贵宾用《入场券》	
4 展区 管理	1 展台 招标	展台设计招标；组织展台设计方案评标；拟订展品需求计划。要求提供：总体效果图、平面布局图、展架工程图、展板效果图、视频方案、导视方案	《招标计划》	宣传组

续表

程序层	作业层	标准与要求	输出信息	协同单位
4 展区 管理	2 方案 评审	由领导、所有工作组负责人及专家组评审，确定中标单位，确认展台风格	《评标结果》	
	3 协作 管理	确定协作单位：会展公司、设计公司、视频制作公司、交互设计公司、礼仪公司等。由于在国外参展，尽可能考虑使用国外会展公司和礼仪服务公司。批准协作单位		
	4 展品 制作	展品订购与订制，设计展板、宣传片脚本		
	5 物料 发运	所有物料发运		
	6 展台 搭建	提前到达组织布置展台，监造、来货验收，质量验收		
	7 运行 系统	安排接待、保洁、物料等；相关人员到位	《接待客户服务计划与要求》	
	8 实物 回发	展览结束样品等发回，回程运输		
	9 清理 展台	组织展台清理		
5 展品 管理	1 样品 规划	科技组筹备工作进度计划；组织选择样品，提供各种具有代表性、反应先进技术的产品，明确产品定位；组织专家对展出相关技术进行评审；为会展主题提供技术成就与未来构想；审核参展产品的专利情况，牵头组织确定产品项目；审查知识产权问题。按照大型产品展示模型，配件产品展示实物		技术部
	2 技术 评审	通过技术评审确定展出产品清单	《确定产品清单》	

续表

程序层	作业层	标准与要求	输出信息	协同单位
5 展品管理	3 产品制作	根据选定样品下达制作计划；监控样品制作质量、进度。对参展产品做专门定制。提前规划制作宣传册和产品模型；英文资料要有质量，可找专业公司		
	4 产品发运	组织样品发运；向相关制作单位提出发运包装等要求；控制掌握展区提货人的时间范围要求	《提货单》	宣传组
6 宣传管理	1 传播系统	宣传视频准备；平面宣传准备；多媒体准备；平面广告策划；沟通联系与通稿准备。突出公司品牌价值、争取实现网上会展与现实会展的结合	《传播系统方案》	宣传组
	2 活动策划	拟订宣传活动策划；完成宣传活动设计；组织相关部门审定、修改方案；准备宣传活动。展示用户利益、运营商利益、展示社会责任与效益、展示发展理念。可展现所参与的公益事业；开展有特殊构思的客户接待活动	《媒体计划》《新闻通稿》	
	3 展方活动	搜索主办方网站，了解主办方提供的各项服务；主办方活动选择，参与主办方活动策划草案，预订“活动”跟踪确认；了解主办方发言会议室的日程项目安排；根据活动选择与展方要求，办理场地租用事宜。利用网站向全球发布本公司参展的新闻；争取在主题论坛上发表主题论文、报告或发布会	《参加主办方活动项目要览》	
	4 文稿编辑	将邀请函转宣传组做版面设计，并通过领导审批；完成文稿后提供给商务组进行翻译		
	5 宣传印制	定制宣传品，展会活动所需内容的文字、图片、视频、产品模型、可公开的技术验证文件等		
	6 纪念用品	讨论纪念品方案；商务组方面的礼品讨论，确定礼品档；商务组方面的纪念品建议反馈，提报宣传组。可供选择的纪念品清单。将纪念品简化为三个等级	《纪念品清单》	
	7 文稿翻译	按照计划要求及时译文；对文稿进行翻译、校对、核准；译文完成核准后及时返给宣传组。大量翻译稿件随时安排翻译。记录翻译内容和翻译量		贸易部

续表

程序层	作业层	标准与要求	输出信息	协同单位
7 商务 管理	1 活动 策划	商务组筹备工作进度计划；编制商务活动指南草案，商务活动案汇总，汇报商务活动安排，商务活动执行方案。提供在参展国的企业并购、合资、合作内容。提供售后服务合作单位清单		贸易部
	2 邀请 计划	明确所有接待负责的领导、翻译、陪同、纪念品、地点等	《客户接待计划表》	
	3 函件 设计	做好《邀请函》的设计制作	《邀请函》终版	
	4 发邀 请函	发函分工，负责反馈跟踪结果；收集反馈信息。通过电话、邮件等方式跟踪邀请函发放情况，确认最后与会名单；需考虑重点客户机票、住宿预订，提前说明。将反馈的邀请信息整理到汇总表	《邀请函》	
	5 商户 背景	从接待档案中调取商户与本单位交往的历史资料；相关人员整理该商户的背景资料。客户定位：面向全球客户。为重要客户提供食宿；提前预订酒店；客户由子企业负责接待；拟订展览会邀请主要客户、潜在客户、代理公司清单；提供展会现场的商务接待活动计划；向客户发送展览会接待邀请		
	6 客户 接待	所有展台接待人员，除保存客户名片外，还要记录与重要客户的交流要点，以备将来会见备忘或重点交流	《来访客户信息表》	
	7 资料 搜集	现场搜集资料	《参展商名录》	
8 团组 管理	1 任务 批件	呈报出国任务批件，确定参展团组		宣传组
	2 护照 办理	照片、填表		
	3 开邀 请函	及时请主办方开具邀请函，以办理签证之用		

续表

程序层	作业层	标准与要求	输出信息	协同单位
8 团组 管理	4 机票 预订	确定团组名单、要团组成员护照号码		
	5 签证 办理	追踪外事部门办理签证的进展		
	6 住宿 计划	展团成员确定之前预订的客房，签订酒店客房租用协议，争取退房不扣款或有条件扣款		
	7 酒店 预订	根据最终组团文件，订酒店		
	8 订单 反馈	要求酒店及时发来订单，以用于办理签证		
9 委外 管理	1 展区 服务	讨论、选择服务公司，明确服务公司被委托责任		宣传组
	2 礼仪 服务	找专业公司做现场服务，选派礼仪小姐，提供接待用品、消耗品		
	3 车辆 服务	提供用车种类和数量，协商租赁费用		
	4 费用 预算	根据被委托内容，提报费用预算		
	5 费用 审核	根据提报的实际费用明细进行审核		

（八）职能细分单元管理整合

1. 落实上级红头文件的要求

根据上级组织下发的红头文件中对某个方面管理的具体要求，特别是对重点独立职能的考核、评价要求，完善职能细分单元。

【例 6-18】某总公司向所属子公司下发《关于下发合同管理评价工作标准的通知》，其附件见表 6-25 经济合同管理评价指标评分标准。

表 6-25　经济合同管理评价指标评分标准

控制环节	控制要素	管理标准	评价标准	评价分值
1 制度管理（12 分）	1 基础制度（2 分）	落实总公司《合同管理办法》的要求，制定本公司合同管理制度	制度有缺失；不符合总公司规定	缺失扣 2 分
	2 相关制度（6 分）	建立公司授权管理相关制度	制度有缺失	一项扣 0.5 分
		建立采购、供应商管理、质量索赔等管理相关制度		
		建立销售、代理商、信用、应收账款、委托代理等管理相关制度		
		建立招议标管理相关制度		
		建立经济合同审计等相关制度		
		建立法律事务管理办法、总法律顾问管理办法、纠纷管理办法等相关制度		
		建立三重一大管理相关制度，对重大合同事项进行集体决策		
		建立资金支付、保函、发票等管理相关制度		
		建立合同管理检查、考核相关制度		
	3 程序规定（2 分）	对合同批准权限、编号、用印、台账、归档、例外审批、变更或调整、终止等事项有明确规定	规定漏项；管理缺失	一项扣 0.5 分
	4 符合内控（2 分）	上述管理制度是否符合内部控制管理规范要求并及时更新	内控设计存在缺陷，未及时更新	
2 对方管理（5 分）	1 工商资料（1 分）	签约对方主体适格，工商营业执照等资料齐全，未列入工商登记异常名录	对方主体不适格；工商登记失效	一项扣 0.5 分
	2 经营资质（1 分）	需要特种资质的，取得了相关资质证书，且资质证书在有效期内	尚未取得有效的批准文件或经营资质证书；批准文件或经营资质证书过期	
	3 资料更新（1 分）	上述资料更新及时、完整、合规	未按要求定期更新资料	

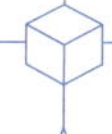

续表

控制环节	控制要素	管理标准	评价标准	评价分值
2 对方管理 （5分）	4 对方评估 （3分）	签约前或定期对对方主体资质和能力进行评估	未按要求进行评估	一项扣0.5分
3 订立管理 （10分）	1 授权管理 （1分）	合同得到对方签约人员有效授权，重大合同书面授权书进行了备案留存	无授权委托书，未留存备案	一项扣0.2分
		公司签约人员按规定取得有效授权，严禁无权代理、越权代理或转授权	未按规定办理授权；无权代理；越权代理；擅自转授权	一项扣0.5分
	2 合同条款 （3分）	合同条款完整，包括标的、数量、价格、交货期、付款条件、质量或技术要求、质保期、索赔、纠纷解决方式等内容	重要条款缺失	一项扣0.5分
		约定清晰，无歧义	相关约定不明	
		权利义务基本对等	显失公平	
	3 合同文本 （2.5分）	符合法律规定及公司制度，原则上必须采用书面合同形式	不符合法律规定；未采用书面合同形式	一项扣0.5分
		合同完整，附件齐全，无缺失、漏页，无明显文字错误	合同缺失、漏页、有明显错误	
		合同用印规范，多页合同加盖骑缝章；重要涉外合同，双方应每页小签	未按规定办理	
		国家有强制要求的，使用国家规定模板	未使用规定模板	
		合同签章、签字、订立时间等符合合同约定，要素完整	未按要求签名、盖章、签署订立时间	
	4 补充协议 （1.5分）	已签订并生效的合同，涉及价款调整、加减改装配置、付款方式调整等重大变更的，履行审批程序，签订书面补充协议	未按规定签订补充协议的或未经评审、批准而签订补充协议的	一项扣0.2分
	5 订立程序 （2分）	符合合同管理规定的要求，原则上不得有事后合同	存在事后合同情况	一项扣1分
		不得分拆合同规避评审与批准权限	存在拆分合同情况	
4 评审管理 （15分）	1 法律审核 （5分）	明确法律审核内容，按规定提交法律评审，对法律风险进行有效识别	未按规定进行法律评审	一项扣1分
		法律审核率达到100%	法律审核率不达标	未达到扣3分
	2 商务评审 （2分）	明确了价格、支付、汇率、税率、交期等商务评审内容，按规定提交了商务评审，对风险进行有效识别	未按规定进行商务评审	一项扣0.5分

续表

控制环节	控制要素	管理标准	评价标准	评价分值
4 评审管理 （15分）	3 技术评审 （2分）	明确了技术、质量、售后服务等技术评审内容，按规定提交了评审，对风险进行了有效识别	未按规定进行专业评审	一项扣0.5分
	4 合同审计 （2分）	明确了合同审计内容，按要求进行了审计	未按规定进行合同审计	
	5 评审意见 （4分）	评审、审计意见明确，并在合同评审表单留有记录	无评审记录和管理痕迹	一项扣1分
		对合同评审部门提出的评审意见，及时进行处理；对有争议的评审意见，按规定启动异议处理程序	既未及时修订，也未提交裁定的	
5 批准管理 （8分）	1 合同批准 （8分）	对评审部门提出的合同风险，合同承办部门应制定明确的风险应对措施，供合同批准人进行决策	对评审部门意见无风险应对措施	一项扣1分
		有明确的分级分类批准权限（授权范围）	无批准权限规定	一项扣0.5分
		按规定提交合同批准人批准	批准人不符合职责分工规定	
		批准人按分工及权限进行批准	越权审批	
		符合三重一大标准的，按三重一大规定的程序批准	满足三重一大要求的未按规定进行审批	一项扣2分
6 履行管理 （20分）	1 合同履行 （11分）	合同一经订立，即具有法律约束力，任何单位和个人不得随意更改；若有变更，应按规定办理	擅自更改；未按规定办理合同变更	一项扣0.5分
		合同承办部门对合同履约情况进行有效管理	合同履约管理不受控	
		定期对应收账款、预付账款等进行清理、考核	未定期清理、考核	一项扣2分
		定期进行销售对账，对账函回函率应达到管理要求。对方不回函，应及时采取其他补救措施；回函有差异的，应及时核对处理	未定期对账；对账回函率不符合规定	
		对超信用额度的赊销，采取向对方提供担保、保证等措施，控制风险敞口	存在超信用额度的行为；超信用额度后无有效的保障措施	

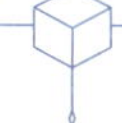

续表

控制环节	控制要素	管理标准	评价标准	评价分值
6 履行管理 （20分）	2 异常管理 （1分）	及时发现并定期清查合同履约异常情况，采取有效措施予以处理	未及时提交书面异议	一项扣0.5分
	3 履约文书 （2分）	妥善保管合同文本以及与合同订立、履行、变更、转让或者解除有关的往来信函、电报、传真、电话记录和电子邮件等资料；严格管理合同履行中合同标的的交付验收记录、货币结算凭证、物品运输凭证等权益性文书	重要资料遗失	
	4 解除终止 （1分）	是否有管理规定；是否按照规定执行；是否采取合理救济措施。	未按规定办理	
	5 纠纷管理 （5分）	及时掌握对方履行合同能力，发现异常时，及时采取措施进行处置	处置措施不及时	一项扣1分
		纠纷发生后，按规定启动纠纷处置程序，及时伸张权利	处置不及时	
		纠纷处理及时有效，依法合规，措施得当	处置不得当	
		重大纠纷按总公司的要求上报	未按规定上报	
7 基础管理 （22分）	1 管理机构 （3分）	有明确的合同归口管理机构	无归口管理部门	一项扣1分
		有专兼职合同管理人员负责合同管理日常业务	未明确专兼职管理人员	一项扣1分
	2 合同编号 （2分）	有合同编码规则，明确了合同编号规则	无管理规定	一项扣0.2分
		合同按业务分类或单位分类，顺序编号，无重号、漏号	合同编号不连续或出现错、漏、重	
	3 合同台账 （3分）	建立公司分年度合同总台账（必须建电子版）	无电子合同台账总账	一项扣1分
		按业务分类或单位分类，建立合同子台账（必须建电子版）	无合同管理子台账	
		合同台账完整（应包括合同编号、对方名称、合同金额、合同标的等内容），能够及时提供	台账内容不完整，提供不及时	

续表

控制环节	控制要素	管理标准	评价标准	评价分值
7 基础管理 （22分）	4 档案管理 （1分）	符合档案管理的相关规定	合同档案管理不符合规定	一项扣0.2分
		人员变动后，合同及管理资料交接规范、完整	未按规定进行交接	
	5 授权委托 （2分）	妥善保管好授权委托书，不得出借、毁损、遗失、涂改	出现出借、毁损、遗失、涂改情况	一项扣0.5分
		被授权人职务变动后的处置符合管理规定	未及时撤销、通告	
	6 合同印章 （5分）	专人管理合同章；建立了用印登记台账，用印情况可追溯	无专人管理，无用印登记台账，用印情况不可追溯	一项扣2分
		合同用印符合管理规定，无违规使用合同专用章的行为	违规用印	
		无超范围使用合同专用章的行为	超范围用印	
		合同专用章借用符合管理规定	外借管理失控，外借用章不合规	
		无使用内部行政章、业务专用章代替合同专用章的情况	违规用印	
	7 检查考核 （3分）	至少每年对公司合同管理情况进行一次全面检查，对下属单位合同管理情况进行专项检查	未进行检查	一项扣1分
		对违反合同管理制度的行为进行了考核	未进行考核	
	8 合同培训 （2分）	定期组织合同管理人员进行业务培训	未培训	一项扣2分
	9 合同统计 （1分）	按要求统计，设立统计指标	未按规定统计	一项扣0.5分
8 信息管理 （8分）	1 应用系统 （8分）	全部经济合同纳入信息系统管理	未纳入信息系统管理	缺失扣6分
		管理流程清晰、权限明确、内控有效	管理流程不清、权限不明	一项扣2分
		合同承办、评审、批准信息及资料完整，具有可追溯性	审批程序不完整、信息不可追溯	
总分（100分）				

注：按照管理标准，其中每项都是扣分项不同但合同可累计扣分，最多将“控制要素”分配分扣完。

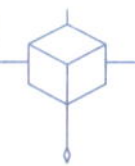

【**例 6-19**】某总公司向所属子公司下发《关于下发保密工作评价工作标准的通知》，其附件见表 6-26 保密工作管理评价指标评分标准。

表 6-26　保密工作管理评价指标评分标准

控制环节	控制要素	综合信息评价指标	评价标准	数据信息指标
1 责任落实（10 分）	1 领导责任	各级领导要高度重视本企业所属境外机构和企业的保密工作，并实施指导、监督和检查	监督和检查	1 分
		明确分工，落实责任，对保密工作有批示和要求	有批示和要求	2 分
		了解和掌握分管业务工作中的保密范围和事项	了解	2 分
		落实好上级交办事项	落实	2 分
		保密工作领导干部年度考核内容	纳入	1 分
	2 保密责任	签订保密责任书和保密承诺书	已签	2 分
2 机构人员（10 分）	1 保密机构	各子公司设立境外机构和公司应在保密工作部门备案	备案	2 分
		驻外机构和公司应建立保密机构，配备保密干部	配备保密干部	2 分
		保密工作经费落实	经费落实	2 分
		分工明确，能正常开展工作（组织、协调、指导、监督等）	检查、考核	2 分
	2 保密干部	掌握保密法律法规、制度和基本知识	掌握	1 分
		熟悉本单位业务和保密工作基本情况，能圆满完成各项保密工作任务	熟悉	1 分
3 规章制度（10 分）	1 制度建设	建立和完善包括商业秘密保护在内的各项保密工作规章制度	建立和完善	6 分
	2 制度执行	各项规章制度得到有效落实	有效落实	4 分
4 教育培训（6 分）	1 宣传教育	制订保密法制宣传教育计划，并有效组织实施	计划、实施	2 分
	2 业务培训	保密培训列入单位年度培训计划	列入	2 分
		对领导干部、涉密人员、保密干部每年至少培训一次	已培训	2 分

续表

控制环节	控制要素	综合信息评价指标	评价标准	数据信息指标
5 定密 管理 （6分）	1 定密 范围	熟悉本单位国家秘密范围，明确界定商业秘密范围	明确	3分
		确定涉密岗位的密级	准确确定	1分
	2 定密 管理	明确定密责任人和定密程序	明确	2分
6 信息 设备 （20分）	1 涉密 设备	对涉密计算机网络采取分级保护措施，与国际互联网实行有效的物理隔离	分级与隔离	2分
		建立涉密计算机网络与非密计算机网络信息传递的安全保障制度和措施	建立	2分
		建立涉密计算机、涉密移动存储介质台账，明确责任人	建立台账	2分
		在涉密计算机、涉密移动存储介质显要位置张贴密级标识	张贴密级标识	2分
	2 非密 设备	建立非涉密计算机管理台账，明确责任人	建立台账	2分
		建立非密网络信息审查制度，确保“涉密不上网，上网不涉密”	建立制度	2分
	3 移动 设备	建立涉密移动存储介质、便携式计算机台账，明确责任人	建立台账	2分
		在涉密移动存储介质和便携式计算机显要位置张贴密级标识	张贴密级标识	2分
		建立涉密移动存储介质、便携式计算机外出登记审批流程以及相关管理制度	建立制度	2分
	4 其他 设备	加强对涉密办公通信设备（一体机、复印机、手机等）的使用管理	使用管理制度	2分
7 部门 部位 （6分）	1 要害 确定	明确保密要害部门、要害部位确定的程序和方法	管理办法	2分
		准确确定本单位保密要害部门、部位和相关的涉密人员	准确确定	2分
	2 部位 措施	建立对要害部门、要害部位所采取的人防、物防和技防措施	建立措施	2分
8 文件 管理 （10）	1 涉密 文件	对本单位产生的涉密文件、涉密资料，准确标注密级和保密期限	标注密级和保密期限	2分

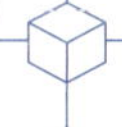

续表

控制环节	控制要素	综合信息评价指标	评价标准	数据信息指标
8 文件管理（10）	1 涉密文件	严格履行涉密文件、涉密资料流转相关环节（收发、传递、借阅、复制、归档和销毁等）中的签收、审批、备案等手续	落实手续	2分
		涉密文件和材料按要求存放和管理，绝密级文件应由专人管理	专人管理	2分
	2 涉密信件	通过机要渠道传递涉密信件并履行登记手续	履行手续	2分
		绝密级文件用专用信封封装	封装	2分
9 会议活动（12分）	1 涉密会议	制定涉密会议保密工作预案	制定	1分
		对涉密会议的地点、资料、视听设备等采取安全保密防护措施，涉密会议室放置手机信号干扰设备	有干扰设备	1分
	2 涉外活动	涉及境内外发行证券、上市及上市公司信息披露过程，要建立和完善商业秘密保密审查程序，规定相关部门、机构、人员的保密义务	建立审查程序	2分
		在重点工程、重大项目、重要谈判中要明确保密事项，提出保密要求，必要时保密工作先期进入	明确保密事项和要求	2分
		涉及商业秘密的咨询、谈判、技术评审、成果鉴定、合作开发、技术转让、合资入股、外部审计、尽职调查、清产核资等活动，应当与相关方签订保密协议	签协议	2分
		对外提供涉密资料，应由业务部门拟定，主管领导审批，保密部门备案	领导审批	2分
		做好驻外机构人员的保密审查和保密教育工作	落实	2分
10 检查制度（10分）	1 保密检查	开展定期和不定期保密检查	开展检查	2分
		根据上级要求和本单位实际，开展保密专项检查或抽查	专项检查	2分
		对在检查中发现的问题和隐患限期进行整改，效果显著	隐患整改	2分
	2 惩处机制	建立泄密事件报告、惩处制度	建立制度	2分
		泄密事件后如实上报、及时查处	及时处理	2分
总分（100分）				

2. 职能细分与科技手段应用

随着科学技术的发展，组织职能细分结构可能因计算机、互联网、物联网、云计算、大数据等高科技手段应用而改变；软件系统及网络无所不在，曾经靠人工完成的业务流程可能被简化或完全代替，软件将打破并创造新的业务及商业模式，从而改变一些传统的职能管理程序，特别是一些与外部单位相关的职能活动也会因高科技的应用而改变职能细分的流程或环节。例如：

——新东方的物业管理应用 App 小程序，将物业维修服务由“派单制”改为“抢单制”，大大提升了物业服务的水平，客户通过 App 报修，物业相关管理人员和维修人员第一时间都能看到相关报修项目信息，维修人员可主动抢单承接服务并及时反馈维修结果。抢单制一是极大地提高了服务工作效率，大大提高了客户的满意度；二是要求维修人员是多面手，不只做单一工种的工作；三是可将物业业务管理与物业对员工的业绩记录一体化。

——治疗心脏病的大夫可随时将 CT 电子图像文件传给专家解读分析，专家返回结论后，大夫可以比以往更快得到专家支持并更高效地为更多患者看病。

——北京设立互联网法院进行网上审案，其中利用大数据查找同质案件的共同特征，为审案提供了有效的支持，一改以往靠人工查询的惯例。

（九）组织职能活动描述

1. 组织职能活动内容描述

【一体化 6】 独立职能和职能管理程序两者的职能活动识别、分析和描述一致。

组织职能活动内容描述，国际汽车工作组 IATF（International Automotive Task Force）推荐了一种单一过程分析图，因形似乌龟而称为乌龟图（Turtle Diagram）。

乌龟图（Turtle Diagram）是用来分析过程的一种工具，描述过程的范围、资源、责任、依据、指标、输入、输出构成的整体的结构性范围及六个关键问题。对于独立职能与职能管理程序两者的职能活动识别、分析和描述，可以乌龟图所描述的七方面内容为基本内容，见图 6-5 职能活动内容描述乌龟图。

职能活动内容描述乌龟图释义如下所示。

（1）描述职能活动的范围性规定，描述职能整体性内容，主要识别、分析和描述独立职能活动程序及其作业，描述符合质量管理体系的规定，描述符合各专业管理体系的要求，并明确出处，包括连接支持性分支职能活动内容。

（2）描述该职能活动所涉及的人力、物力、财力和信息资源，如房屋、设备、机

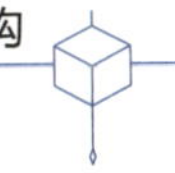

器、设备、材料、电脑、软件等。

（3）描述谁负责实施相关作业，相关单位或人员的角色，实施者的能力、技能及资格的要求。

（4）描述具体作业，可操作，可执行，一看就懂，一用就会；建立哪些相关依据性、支持性作业指导文件，包括相关的法律法规的要求，外部引入文件。

（5）描述现行的关键测量，建立管理效能指标、管理评价指标。只有可衡量的，才是可管理的。

（6）描述职能活动过程以文件形式明确输入的要求，该部分是过程分析的关键内容。当在职能流程起点时，可能是红头文件或任务分派的文件；如果在管理程序的中间过程，则是上道作业工序转入的相关文件，包括图表、材料、样件、数模、工具或计划等资源和信息，描述输入来源。

（7）描述以记录文件形式输出表达的各种内容并可追溯。沉淀职能管理程序中每个过程的信息，它们既是组织的资产，也是为职能管理程序的进一步优化提供依据。

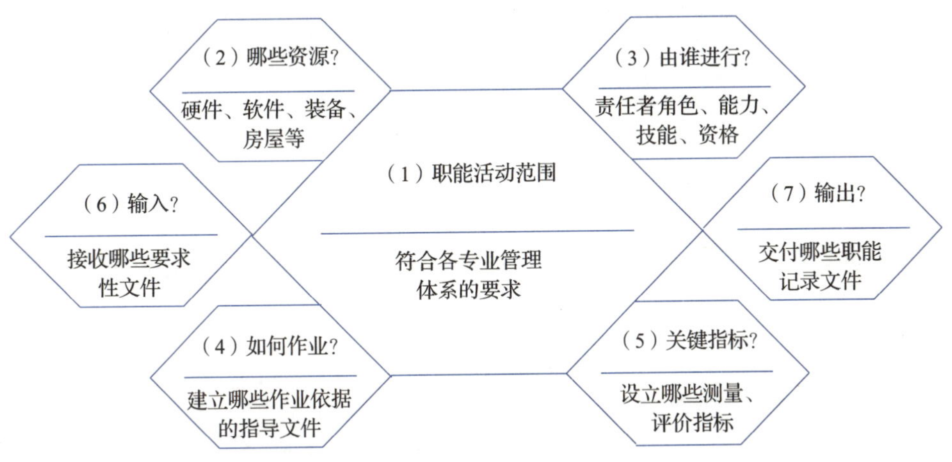

图 6-5　职能活动内容描述乌龟图

2. 职能活动内容与质量要求描述的对应关系

职能描述是清晰地界定必须要做的事情以及做事的质量标准，给执行者清晰的指引。

【一体化 7】 职能活动要求的描述方法与 ISO 9001 相关要求的描述方法一致。

职能活动具体要求描述方法依照 ISO 9001 质量管理体系标准。质量管理不仅仅涉及与产品有关的物品和事物，也适用于任何组织活动，可以把组织的方针目标视为一个广义的“产品”，那么组织的所有职能活动都是该“产品”的生产过程，组织管理系统全部职能细分单元活动都是方针目标质量管理的内容，适用于相应的质量标准。因而，任何一个组织无论是否生产产品，该组织都可以全面施行 ISO 9000 族质量保证体系。

组织所有职能活动的质量要求描述都采用 ISO 9000 标准的术语及定义，对每一职能活动的描述都可采用 5W2H 方式。

（1）What——是什么？目的是什么？做什么工作？

（2）Why——为什么要做？可不可以不做？有没有替代方案？

（3）Who——谁？什么角色？由谁负责？谁批准？咨询谁？通知谁？

（4）When——何时？什么时间做？什么时机最适宜？

（5）Where——何处？在哪里做？

（6）How——怎么做？如何提高效率？如何实施？方法是什么？

（7）How much——多少？做到什么程度？数量如何？质量水平如何？费用支出如何？

职能活动内容描述与质量要求描述的对应关系，见表 6-27。

表 6-27　职能活动内容描述与质量要求描述的对应关系

<table>
<tr><th>质量要求描述</th><th colspan="2">What</th><th>Why、Where
How、How much</th><th>Who</th><th colspan="2">What、When</th></tr>
<tr><td rowspan="2">职能活动内容描述</td><td>（6）输入</td><td>（2）资源等对象</td><td>（1）职能活动</td><td>（3）活动主体</td><td colspan="2">（7）输出</td></tr>
<tr><td>文件</td><td colspan="3">（4）职能作业指导文件（包括 5W2H）</td><td>（5）指标</td><td>职能记录文件</td></tr>
</table>

【例 6-20】某公司对“质量损失”职能依 5W2H 进行描述，见表 6-28 质量损失管理程序。

表 6-28　质量损失管理程序

<table>
<tr><th>程序层</th><th>作业层</th><th>要求、标准
What、Why、Where、
How、How much</th><th>时间
When</th><th>输出文件</th><th>协同
单位
Who</th></tr>
<tr><td rowspan="3">1
指标
制定</td><td>1
提出指标</td><td>参考相关历史数据，每年年初根据公司质量损失总体目标和各一级子公司实际情况，提出各一级子公司年度质量损失率考核指标建议。数据指标：质量损失率</td><td>1 月 10 日前</td><td>《各一级子公司年度质量损失率考核指标建议》</td><td rowspan="2">科技部
产品部</td></tr>
<tr><td>2
指标审批</td><td>指标审批</td><td>1 月
15 日</td><td>《考核指标审批表》</td></tr>
<tr><td>3
纳入考核</td><td>纳入各一级子公司年度资产经营责任制考核指标范围，下达执行</td><td></td><td>《各一级子公司年度资产经营责任制考核指标》</td><td>运营部</td></tr>
</table>

续表

程序层	作业层	要求、标准 What、Why、Where、 How、How much	时间 When	输出文件	协同单位 Who
2 指标落实	1 指标分解	各一级子公司分解公司下发的质量损失率指标，质量损失率指标须分解到具体产品项目			子公司
	2 责任落实	制定相关保证措施，落实单位			
	3 纳入计划	纳入本公司年度工作计划			
3 指标上报	1 上报财务	各一级子公司财务部门每月按照本办法的规定，将上月本公司质量损失核算数据上报公司财务部	每月5日前	上月《质量损失核算》	财务部
	2 上报科技	同时由质量管理部门每月纳入质量月报并对数据进行分析，上报公司科学技术部	每月5日前	《质量月报》	科技部
4 分析反馈	1 质量分析	各一级子公司相关职能部门对产品项目质量损失情况进行分析，制定相关措施进行改进			子公司
	2 报告反馈	编制分析整改报告，反馈质量管理部门		《质量分析整改报告》	
	3 控制情况	各一级子公司质量管理部门汇总、分析各产品项目质量损失指标控制情况，并对相关问题进行协调和推进			
	4 上报公司	编制月度报告，相关内容纳入质量月报，按期上报公司	每月5日前	《质量月报》	
5 核算发布	1 数据核算	每月对各一级子公司上月的质量损失数据进行核算			财务部
	2 数据发布	发布核算数据		《质量损失指标》	
6 问题督导	1 对下督导	根据财务部发布的各一级子公司质量损失数据，对存在问题的子公司进行督导			事业部
7 建议反馈	1 建议反馈	年终前根据财务部发布的各一级子公司质量损失数据和子公司上报的年度质量损失核算数据，将分管业务范围内产品项目质量损失情况及考核建议反馈科学技术部	年终前	《质量损失总体考核建议》	事业部

续表

程序层	作业层	要求、标准 What、Why、Where、 How、How much	时间 When	输出文件	协同单位 Who
8 实施 考核	1 建议提报	科学技术部形成总公司质量损失总体考核建议，报运营管理部		《质量损失总体考核建议》	科技部
	2 实施考核	运营管理部实施考核			运营部

在职能活动过程描述的 5W2H 要素中，What、When、Who 是组织四维管理系统模型的三个根本维属性，因而在职能管理程序中是不可或缺的要素，如果必要，可以在管理程序表中将其单列。

3. 职能活动主体的 RACI 描述方法

对职能活动的描述，按照乌龟图对其中活动主体需做进一步深化描述，对相关单位或人员角色的描述可依照 RACI 方法，并满足计算机精细化管理的需要。

RACI 方法是一个用以明确组织职能管理程序作业过程中的各个角色及其相关责任的矩阵模型，适用于职能管理落实到具体人员岗位的责任描述。所有职能活动过程不可能是“无人驾驶”的，必有人员作业，需对谁做什么，以及促发什么样的作业过程进行定义和描述，同时完善职能管理程序中的角色。

RACI 具体释义如下所示。

（1）谁负责（R，Responsible），即负责执行任务的角色，他（她）具体负责操控项目、解决问题。R 是实际完成工作任务者，总任务可由多人分工，其程度由 A 决定。例如，具体销售合同经办人。

（2）谁批准（A，Accountable），即对任务负全责的角色，只有经他（她）同意或签署之后，任务才能得以进行。A 是负最终责任者，具有确定是或否的决定权，每一个任务活动只能有一个 A。例如，负责销售的副总经理。

（3）咨询谁（C，Consulted），即拥有完成任务所需的信息或能力的人员。C 是最后决定或行动之前必须咨询的人。可能是上司或外人；为双向沟通模式，需为 A 提供充分必要的资讯。例如，合同审核的法务人员、财务人员。

（4）通知谁（I，Informed），即拥有特权、应及时被通知结果的人员，却不必向他（她）咨询、征求意见。I 是被告知者，一个决策定案后或行动完成后必须告知的人。为单向沟通之模式。例如，签订合同后报知老板。

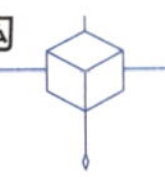

落实 RACI 的步骤如下所示。

（1）依据职能管理程序，编制“过程—岗位”RACI 二维矩阵表。

（2）在 RACI 矩阵表中辨识和填写相关单位或人员的角色（R、A、C、I）。

（3）对每一个作业单元负责的只有一个 A 角色，这是 RACI 的一般原则。

（4）解决交叠问题。每个过程活动只能有一个 R 角色，以便明确流程的具体拥有者和责任。如果不止一个 R 存在，那么就要对该程序进行调整。

（5）解决缺口问题。如果某个流程找不到 A 角色，这时对程序或项目负全责的领导则应该在现有角色中挑选、任命一人担任 A。

（6）对各个角色及其相关责任进行阐述。

组织职能管理程序结构相当于 RACI 矩阵表的线性化，并可依此完成职能管理程序各项作业的识别和对应的组织单位或岗位的识别。

【例 6-21】员工报销流程 RACI 二维矩阵，见表 6-29。

表 6-29　员工报销流程 RACI 二维矩阵

岗位 / 作业流程	员工	秘书	领导	会计	会计师
1. 记录费用	A/R				
2. 填报销单	A/R	R		C	
3. 递交领导	A	R			
4. 领导审查	C		A/R		
5. 领导批准	I		A/R		
6. 转交会计		R	A		
7. 核对费用	C			A/R	
8. 会计审核			I	A/R	
9. 付款类型	I		I		A/R

4. 职能管理要求的出处

由于职能活动管理需符合有关的法律法规、各种专业管理标准、上级红头文件等的要求，在一体化整合的情况下，特别是职能细分结构与职能管理程序结构一体化，对职能单元的描述也是对管理程序要求的描述，如有必要，可以标注具体管理要求的出处，标注相关标准的具体条款号。如 ISO 9001 体系中所要求的领导的作用，需要通过在所建立的相关职能管理程序中予以落实，对应程序条款记录相关要求的出处，便于标准化认证过程查证。

【例 6-22】某公司营销过程管理程序，见表 6-30。

表 6-30　某公司营销过程管理程序

程序	作业	标准与要求	输出	责任单位	要求出处
1 顾客需求	1 销售策略	依据公司年度经营目标制定	《销售策略》	销售中心	质量、测量体系
1 顾客需求	2 产品信息	通过销售网络发布产品信息			质量、测量体系
1 顾客需求	3 客户需求	通过面谈、信函、电话、微信、邮件等方式获取顾客对产品的要求和期望，并进行识别和确定			质量、测量体系
1 顾客需求	4 顾客信息	客户信息经审核后转入 ERP 系统			内控体系
1 顾客需求	5 客户信用	执行《客户信用管理程序》			内控体系
1 顾客需求	6 客户订单	承接所有客户订单	《客户订单》		
1 顾客需求	7 订单核准	订单核准		责任人	
2 合同订单	1 顾客要求	产品要求得到规定；顾客要求在评审前确认；顾客能满足公司相关财务、安全等管理规定；公司满足顾客要求的能力；合同相关风险的识别与控制			质量体系
2 合同订单	2 经济合同	执行《经济合同管理办法》			内控体系
3 销售价格	1 产品价格	按文件规定执行		销售中心	内控、财务
3 销售价格	2 其他定价	结合产品市场情况制定		价格领导小组	内控、财务
3 销售价格	3 价格维护	根据公司相关价格文件或批准后的价格在 ERP 系统中维护价格数据		财务部	内控、财务
4 合同签订	1 签订合同	执行《销售合同管理程序》	《产品销售合同》	经办人	内控、财务
4 合同签订	2 技术文件	根据各部门的需要发到各部门作为设计开发、生产、检验和出货等的依据			内控、财务
4 合同签订	3 合同执行	负责合同执行监督		销售中心	内控、财务
5 销售计划	1 销售预算	根据本月产品销售情况和下月市场预测，编制下月《产品销售预算计划》	《产品销售预算计划》	销售中心市场管理部	
5 销售计划	2 预算审批	销售中心经理审批		销售中心经理	

续表

程序	作业	标准与要求	输出	责任单位	要求出处
5 销售计划	3 预算报送	报送计划处、财务处，分别汇入公司月度《综合计划》和《财务预算计划》	《综合计划》《财务预算计划》	主管经理	
	4 销售计划	每月生产经营对《综合计划》《财务预算计划》及《产品销售预算计划》进行综合评审			
	5 计划评审	执行《计划评审管理程序》	《产品销售计划》	生产经营会	
	6 主管批准	经主管经理批准后实施		主管经理	
6 销售发货	1 赊销合同	在客户信用限额内赊销，按规定权限签订《产品赊销合同》	《产品赊销合同》		内控、财务
	2 货款回笼	签订《货款回笼责任书》	《货款回笼责任书》		
	3 销售联络	在 ERP 维护销售订单，开具《产品销售联络单》	《产品销售联络单	被授权人	
	4 清点发货	清点装货数量与有效《产品销售联络单》一致		车间验货员	
	5 发货过账	核准发货，开具出厂计量票，填列《出入库日报表》，发货过账	《出入库日报表》	发货人	
	6 货款开票	根据系统发票开具销售发票，加盖印章	《销售发票》	财务处	内控、财务
	7 应收款项	执行《应收款项管理程序》		财务处	
	8 盘点核对	根据《出厂计量票》生成《销售日报表》，月末进行盘点核对	《销售日报表》	销售中心	
7 沟通顾客	1 顾客沟通	在销售前、销售中和销售后及时与顾客沟通，执行《顾客服务管理程序》	程序输出文件		质量、测量体系
	2 处理反馈	执行《顾客满意测量管理程序》	程序输出文件	销售中心	
8 销售考核	1 经营考核	执行《销售考核管理程序》	程序输出文件	销售中心	
	2 落实反馈	执行《不符合与改进管理程序》	程序输出文件	质管中心、计量中心	

三、组织项目分类结构

组织项目是组织职能活动的内部对象之一（见图 5-1 职能活动与组织内外部对象

的能量转换），在对组织活动管理的过程中，可能涉及具体的项目对象，并需要在组织管理系统模型中将组织项目维作为组织对象维派生的分支维，以便延伸应用，因此，需要建立组织项目分类结构及其维成员词典。

（一）组织项目分类结构形式

组织项目分类结构主要有两个方面的作用，一是通过其主体结构表达项目管理的归属，二是通过细分结构表达项目的相关属性类别。组织项目分类结构一般情况下除其主体结构为树形结构外，细分层次一般为矩阵结构，见表 6-31 组织项目分类结构形式。

表 6-31　组织项目分类结构形式

<table>
<tr><th colspan="2">主体结构</th><th colspan="3">细分结构</th></tr>
<tr><td rowspan="4">1 属性</td><td rowspan="2">1 属性
2 属性
3 属性
4 属性
5 属性</td><td>1 属性
2 属性
3 属性</td><td>1 属性
2 属性</td><td rowspan="4">1 属性
2 属性
3 属性
4 属性
5 属性
6 属性
7 属性
8 属性
9 属性</td></tr>
<tr><td rowspan="2">4 属性
5 属性
6 属性
7 属性</td><td>1 属性
2 属性
3 属性</td></tr>
<tr><td rowspan="2">1 属性
2 属性
3 属性
4 属性</td><td rowspan="2">4 属性
5 属性
6 属性
7 属性</td></tr>
<tr><td>1 属性
2 属性</td></tr>
</table>

（二）项目主体结构

组织项目主体结构是项目分类的基础。从项目归属的角度，如果将项目视为某层次单位管理的项目，则引用组织单位结构作为组织项目主体结构；如果将项目视为某层次职能项下的职能项目，则引用组织职能结构作为组织项目主体结构。因而在需要表达项目归属的情况下，可将组织项目主体结构与组织单位结构一体化，或与组织职能结构一体化。如果项目分类结构不需表达项目的归属，可单纯进行项目分类。

（三）项目细分结构

在组织项目主体结构基础上的细分结构往往涉及项目若干相关属性要素组合，因而采用矩阵形式。每个项目都有自己独特的若干属性特征，如项目地域、资金来源、

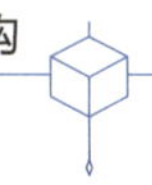

规模范围、作用对象、立项时间、审批文号、工程项号、项目类型、项目序号、签约时间等。项目细分结构可根据分类的需要选择项目必要属性要素，形成多层次矩阵。见表 6-31 组织项目分类结构形式。

【例 6-23】某公司项目主体结构引用组织职能结构，项目细分的属性为“项目性质”和“项目序号”要素，每个项目序号要素与每个项目性质属性要素组合只有一次性，见表 6-32 某公司部门项目分类矩阵结构。

表 6-32 某公司部门项目分类矩阵结构

部门层	项目性质	项目序号
项目部	1 BOT 2 EPC 3 PPP 4 PMC	001 002 003 004 005 ⋮

当项目分类结构无需表达项目的归属时，则单纯进行项目属性要素分类组合，见表 6-33 某公司项目分类矩阵结构。

表 6-33 某公司项目分类矩阵结构

年月	工种属性	项目序号
××××××	1 土建 2 钢结构 3 给排水（回收水处理） 4 电气（强弱） 5 暖通（空调、空气净化、水处理）	001 002 003 004 005 006 007 ⋮

（四）多重属性代码的编制方法

有时一个工程项目同时涉及若干个项目属性，在计算机辅助管理过程中，需要通过项目代码读取某一项目所包含的项目属性，以便搜索。由于项目码位长度有限，不便采用码位与工种属性一一对应的方式，因此可通过数学方法解决，按照项目代码值满足“任意若干属性要素代码数字相加之和无重复数值”的条件，这样根据代码即可知道某个项目包含哪几个工种属性，但这种方法对项目属性个数有限制性要求。

【例 6-24】某公司工程项目分类结构及其工种组合项目代码，工程项目分类结构不需表达项目的归属。

首先根据属性组合数的最大值确定码位数，见公式（6-1）。

$$P_n = 2^n - 1 \quad (6\text{-}1)$$

根据表 6-33，工种属性个数 n = 5，工种属性代码组合的最大数为

$$P_5 = 2^5 - 1 = 31 \quad (6\text{-}2)$$

则设定 2 位项目码位。

如果第一个工种编码为 01，第二个工种编码为 02，则各工种组合码取值依次按公式（6-3）计算。

$$A_n = 2^{n-1} \quad (6\text{-}3)$$

5 个工种组合码，由表 6-33 某公司项目分类矩阵结构变换为表 6-34 某公司项目工种组合分类矩阵结构，依此建立表 6-35 某公司项目工种组合代码词典，最终每个项目代码组合为："年月 + 工种组合码 + 项目序号"，见表 6-36 某公司项目维成员词典。

表 6-34　某公司项目工种组合分类矩阵结构

年月	工种组合码	项目序号
199604 199607 ⋮	01 土建 02 钢结构 04 给排水（回收水处理） 08 电气（强弱） 16 暖通（空调、空气净化、水处理）	001 002 003 ⋮

表 6-35　某公司项目工种组合代码词典

代码	工种组合项目	代码含义
01	A1	土建
02	A2	钢结构
03	A2+A1	土建 + 钢结构
04	A3	给排水
05	A3+A1	给排水 + 土建
06	A3+A2	给排水 + 钢结构
07	A3+A2+A1	给排水 + 钢结构 + 土建

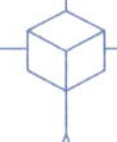

续表

代码	工种组合项目	代码含义
08	A4	电气
09	A4+A1	电气 + 土建
10	A4+A2	电气 + 钢结构
11	A4+A2+A1	电气 + 钢结构 + 土建
12	A4+A3	电气 + 给排水
13	A4+A3+A1	电气 + 给排水 + 土建
14	A4+A3+A2	电气 + 给排水 + 钢结构
15	A4+A3+A2+A1	电气 + 给排水 + 钢结构 + 土建
16	A5	暖通
17	A5+A1	暖通 + 土建
18	A5+A2	暖通 + 钢结构
19	A5+A2+A1	暖通 + 钢结构 + 土建
20	A5+A3	暖通 + 给排水
21	A5+A3+A1	暖通 + 给排水 + 土建
22	A5+A3+A2	暖通 + 给排水 + 钢结构
23	A5+A3+A2+A1	暖通 + 给排水 + 钢结构 + 土建
24	A5+A4	暖通 + 电气
25	A5+A4+A1	暖通 + 电气 + 土建
26	A5+A4+A2	暖通 + 电气 + 钢结构
27	A5+A4+A2+A1	暖通 + 电气 + 土建 + 钢结构
28	A5+A4+A3	暖通 + 电气 + 给排水
29	A5+A4+A3+A1	暖通 + 电气 + 给排水 + 土建
30	A5+A4+A3+A2	暖通 + 电气 + 给排水 + 钢结构
31	A5+A4+A3+A2+A1	暖通 + 电气 + 给排水 + 钢结构 + 土建

表 6-36　某公司项目维成员词典

项目代码	项目简称	项目全称
199604.16.001	华佳广场空调	深圳华佳广场空调安装工程
199607.16.002	中国电子空净	中国电子器件工业总公司综合楼空净设计施工工程
199606.16.003	航都大厦空调	航都大厦空调安装工程
199706.20.004	宾涛大厦暖通	天津宾涛大厦暖通空调工程
199706.16.005	电子学院空调	北京电子科技学院扩建工程空调设计安装工程
199803.16.006	邮件中心空调	兴安盟邮件处理中心空调工程

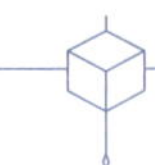

续表

项目代码	项目简称	项目全称
199804.04.007	中体水处理项	中体产业西安健身广场水处理工程
199808.16.008	妇产医院空调	北京妇产医院净化空调安装工程
199810.29.009	武化书馆建筑	武汉化工学院图书馆楼建筑工程
199908.16.010	地震局空调项	中国地震局 981 项目 B 区空调安装工程
199908.20.011	世贸空水处理	石家庄世贸广场空调水处理工程
200204.02.012	江钻职能大楼	武汉江钻职能化办公大楼
200205.16.013	化大水处理项	北京化工大学东区热力管网室外水处理工程
200205.16.014	中科冷热站项	中科研究生宿舍 8-11 号楼冷热站工程
200206.04.015	北土城输水管	城铁北土城路立交桥供水输水管线工程
200211.24.016	顺景暖通给水	北京顺景园暖通给排水消防工程
200303.12.017	雅安医院水电	雅安市人民医院住院大楼水、电安装工程
⋮	⋮	⋮

四、组织资源分类结构

资源是组织拥有的具有用途、价值并稀缺的人力、财力、物力、信息、时间，具有有形与无形的形态，是组织的物质及价值的构成部分。资源可以是组织活动的目标，可以是组织活动的条件，也可以是职能活动的对象。为了简化管理，组织已将物质与资源一体化，可将物质按资源大类进行分类。

组织资源维是组织管理系统的管理对象维之一，是由对象维派生出的分支维，组织可根据管理需要决定是否设立资源维，建立一系列组织资源分类结构及其维成员词典。组织资源分类结构对于不同的组织目标有不同的分类要求。组织资源分类需要表达其管理归属，需引入组织单位结构或组织职能结构作为资源主体结构，并按照资源的统计需要建立相关属性的分类结构。

（一）人力资源

人是管理的主要对象，在管理中具有双重身份，既是管理者又是被管理的人力资源。组织资源的人力资源属于职能活动的管理对象，而非职能活动主体。人力资源管理可根据管理需要设立组织人力资源维，建立组织人力资源分类结构及其维成员词典。

不同组织根据管理的需要可以对员工有不同的分类编码方法，如可以按部门、身

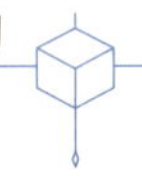

份证号、入职日期序号、职类序号等。特别是人力资源管理部门，对人力资源的分类有其专业性管理要求，可自成体系。

（二）财力资源

由于通过货币资本和现金可以购买物质资源和人力资源，故金融资源的多寡实际上反映了组织拥有资源的多寡。组织所拥有的科学技术作为无形资产，相当于组织的暗物质，是组织十分重要的财力资源，在组织的发展中起着十分重要的作用。组织财力资源管理可根据管理需要设立组织财力资源维，作为组织对象维派生的分支维，需建立组织财力资源分类结构及其维成员词典。

（1）资金分类结构；

（2）有价证券分类结构；

（3）专利技术等无形资产分类结构。

（三）物力资源

物资是一个组织赖以实现其目标的重要物质基础。物力资源管理可根据管理需要设立组织物力资源维，建立组织物力资源分类结构及其维成员词典。各物力资源分类结构，如下所示。

（1）房屋设备分类结构。

（2）办公设备分类结构。

【例 6-25】某公司办公设备分类结构及其代码，见表 6-37。

表 6-37　某公司办公设备分类结构及其代码

大类代码	小类代码	细类代码	物品名称	规格	单位
1. 办公电器		100	办公电器		
	10. 电脑	110	电脑类		
		111	电脑	华为（HUAWEI）Mate Book 14	套
		112	电脑	华为（HUAWEI）Mate Book 14s	套
		113	电脑	华为（HUAWEI）Mate Book 16	套
		114	电脑	华为（HUAWEI）Mate Book 16s	套
		115	电脑	华为（HUAWEI）Mate Book D16	套
	20. 打印	120	打印类		
		121	打印机	HUAWEI PixLab V1 彩色喷墨	台

续表

大类代码	小类代码	细类代码	物品名称	规格	单位
		122	打印机	惠普（HP）P1106 黑白激光	台
		123	打印机	惠普（HP）7720/7740pro 彩喷	台
		124	打印机	惠普（HP）5200 系列黑白激光	台
	30. 多能	130	多能类		
		131	复印机	佳能 C3222L/C3130L/C3226 复印扫描	台
		133	扫描仪	科密高拍仪 2200 万高清像素 A3/A4 扫描仪	台
		134	扫描仪	科密高拍仪 1300 万像素 A3 扫描仪	台
		135	一体机	惠普（HP）LaserJet Pro M435nw 黑白激光多功能一体机	台
		136	碎纸机	科密	台
		137	碎纸机	得力	台
		138	投影机	先科	台
		139	投影幕	英微	个
	40. 电话	140	电话类		
		141	电话机	飞利浦	部
		142	电话机	得力	部
		143	电话机	中诺	部
		147	对讲机	宝峰	部
	80. 其他	180	其他类		
		181	路由器	华为	台
		182	塑封机	焕达	台
		183	考勤机	指纹	台
		185	测温仪		台
		187	数码相机		台
		189	强光手电		个
2. 生活电器		200	生活电器		
	10. 电视	210	电视类		
		211	电视机	小米 EA70	台
		213	机顶盒	北广传媒含遥控器	台

续表

大类代码	小类代码	细类代码	物品名称	规格	单位
	20. 日用	220	日用类		
		221	饮水机	安吉尔	台
		222	饮水机	立冰	台
		224	电风扇	各型	台
		226	除湿机	格力 DH40EF	台
		227	电暖气	永生	台
		229	冰箱	容声小型	台
	30. 清洗	230	清洗类		
		231	洗衣机	双缸	台
		233	吸尘器	手持式劲风 2000	台
		235	电淋浴器	海尔	台
	50. 其他	250	其他类		
		251	暖水瓶	不锈钢	个
		253	插线板	各型	个
		254	插线板	各型	个
		255	台灯	各型	个
3. 家具		300	家具		
	10. 桌	310	桌类		
		311	办公桌	套（桌、电脑桌、推柜）	套
		312	办公桌	单电脑桌	张
		313	办公桌	普通	张
		314	电脑桌	小	张
		315	会议桌	棕色组装	张
		316	会议桌	小圆桌	张
	20. 椅	320	椅类		
		321	椅子	蓝色转椅	把
		322	椅子	蓝色无扶手	把
		323	椅子	灰色	把
		324	椅子	木靠背	把
		326	折叠椅	黑色、革面	把
		328	凳子	圆	把

续表

大类代码	小类代码	细类代码	物品名称	规格	单位
	30. 床	330	床类		
		331	床	双人上下铺（薄垫）	张
		332	床	1*1.2 单人床（软垫）	张
		333	床	1*1.3 单人床（软垫）	张
	40. 柜	340	柜类		
		341	床头柜	木制棕色	个
		342	更衣柜	2 门	个
		343	更衣柜	3 门	个
		344	更衣柜	双开门	个
		345	文件柜	双节铁皮	组
		346	文件柜	铁皮茶色玻璃	个
		347	文件柜	绿铁皮半节	个
		348	文件柜	单节双门	个
		352	推柜	铁皮	个
		353	推柜	3 抽屉	个
		355	工具柜	绿铁皮	个
		356	物品分类柜	上架下柜	个
		357	机密文件柜	各型	个
		358	钥匙柜	机房、设备	个
	60. 架	360	架类		
		361	货架	白漆	个
		362	毛巾架	不锈钢	个
	70. 梯	370	梯类		
		371	梯子	铝合金 1.5m	个
		372	梯子	铝合金 2m	个
		373	梯子	铝合金 3m	个
		374	梯子	铝合金 4m	个
	80. 车	380	车类		
		381	推车	铁制	个
		382	推车	木质会服用	个
	90. 其他	390		各型	

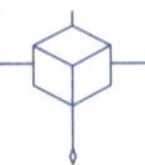

（3）物资能源分类结构。

（略）

（4）产品服务分类结构。

【例 6-26】IBM 产品服务分类结构及其代码（模拟），见表 6-38。

表 6-38 IBM 产品服务分类结构及代码（模拟）

大类	中类	细类	代码	名称
1 产品	1 软件产品		11-××××	
			11-××××	
	2 存储产品		12-××××	
			12-××××	
			12-××××	
	3 系统产品		13-××××	
			13-××××	
	4 网安产品		14-××××	
			14-××××	
	5 零售终端		15-××××	
			15-××××	
			15-××××	
	6 打印产品		16-××××	
			16-××××	
			16-××××	
2 服务	1 信息服务		21-××××	
			21-××××	
	2 业务咨询		22-××××	
			22-××××	
			22-××××	
	3 应用服务		23-××××	
			23-××××	
	4 中企服务		24-××××	
			24-××××	
			24-××××	
	5 软件服务		25-××××	
			25-××××	

（四）信息资源（非物质）

信息是可以传递和加工处理的文字、数据、图表等。信息作为资源时则具有稀缺性，因而，信息资源多属于有价值的、重要的情报。信息资源管理可根据管理需要设立组织信息资源维，建立组织信息资源分类结构及其维成员词典。

（五）时间资源

任何管理活动都是在特定时间、空间条件下进行的，管理离不开时间。现代社会的一个重要特点，就是时效性日益突出。任何组织的管理活动及组织资源的分配，都有一个时间性问题，时间区域不同，结果就会有所区别，甚至可能会完全不同。加强时间管理，科学地运筹时间，提高工作效率，是现代管理的新课题。当人们的活动要为时间买单时，时间就有了直接价值，甚至在某种条件或处境下，成为稀缺资源。特别是国际高科技竞争、军事装备竞争、抢占市场、抢占地形等都是具有明显时间紧迫性的资源因素。例如，如果不能赶在对手之前研制出不可预防的高超音速武器，就无法压制敌方的力量。抢时间争速度，相对而言时间变得稀缺，需要为时间买单。例如，应用网络计划技术管理工时最长的关键路线。

五、外部单位分类结构

组织外部环境包括一般环境和外部特定环境。外部特定环境即组织外部单位，包含顾客、伙伴、对手及其他外部对象单位。

组织外部单位是作为组织外部管理对象的所有组织或自然人，可以根据管理需要设立外部单位维，作为组织对象维派生的分支维。

（一）顾客单位分类结构

顾客是接受产品（包括服务）的组织和个人。顾客中包括产品的最终使用者，也包括作为中间环节的批发商、代理商、零售商，以及把组织的产品作为其产品组成部分的制造商。顾客关系管理可根据需要设立组织客户单位维，建立顾客单位分类结构及其维成员词典。

【例 6-27】根据 IBM 的客户结构，模拟建立其客户分类结构及客户词典，见表 6-39 IBM 客户分类结构和表 6-40 IBM 公司客户分类代码词典。

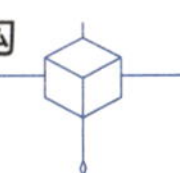

表 6-39　IBM 客户分类结构

区域	行业	跟踪年月	序号
1 亚太区 2 大中华区 3 美洲区 4 欧洲区 5 中东区 6 非洲区	1 银行 2 电信 3 能电 4 政府 5 医疗 6 保险		

注："区域"和"行业"栏内为简写代码。

表 6-40　IBM 客户分类代码词典

区域	行业	跟踪年月	区序号	代码	客户名
1 亚太区	1 银行	2015.03	04	1120150304	
1 亚太区	2 电信	2015.05	06	1220150506	
1 亚太区	5 医疗	2018.11	12	1520181112	
2 大中华区	1 银行	2015.03	01	2120150301	
2 大中华区	1 银行	2016.06	13	2120160613	
2 大中华区	6 保险	2017.05	20	2620170520	
2 大中华区	6 保险	2018.10	23	2620181023	
4 欧洲区	1 银行	2016.01	05	4120160105	
4 欧洲区	3 能电	2017.12	11	4320171211	
4 欧洲区	4 政府	2015.06	22	4420150622	
4 欧洲区	4 政府	2019.02	23	4420190223	

（二）伙伴单位分类结构（供方单位）

任何类型的组织在其经营管理发展过程中都会有若干合作伙伴单位以不同的模式参与组织的经营、生产、科研等，组织则与其建立稳定、互利的协作关系。伙伴关系管理可根据管理需要设立组织伙伴单位维，建立组织伙伴单位分类结构及其维成员词典。

（三）对手单位分类结构

对手单位，如商业竞争对手、军队假想敌、体育竞技对手等。对手关系管理可根据管理需要设立组织对手单位维，建立组织对手单位分类结构及其维成员词典。

（四）其他单位分类结构

除上述单位以外的特殊单位。

六、时间层次结构

时间分类与其计量单位执行世界通行的标准，这已是人类生活的常识。在此列表是出于对组织管理系统根本维描述的完整性考虑，毕竟时间是组织四维管理系统不可或缺的维，见表6-41时间层次结构。

表6-41　时间层次结构

层次	分类结构分解关系
“年度”层	—
“季度”层	1年度＝4季度
“月度”层	1年度＝12月度
“日（天）”层	1年度＝365日（天）
“小时”层	1日（天）＝24小时
“分钟”层	1小时＝60分钟
“秒钟”层	1分钟＝60秒钟

组织四维管理系统模型

一、组织四维管理系统模型构建

逻辑模型（Logic Model）是在雏形（概念模型）基础上将其各基本属性维的元素结构化，进行分层和分解，用以表达各维组成部分之间的关系疏密、隶属等有关环节间的逻辑关系特征的一种模型（简称为模型）。组织四维管理系统模型，在对各维不同层次的所有元素定义维成员名称及其代码的同时，也成为坐标化模型。

（一）组织管理系统模型坐标系

组织的单位、职能、对象和时间为组织管理系统四个根本属性维，每个维都建有维成员结构及其维成员词典，见表 7-1 组织管理系统维成员结构及其词典举例。

表 7-1　组织管理系统维成员结构及其词典举例

维		维成员分类结构	维成员词典
单位		表 6-2　某公司单位主体结构	表 6-3　某公司单位维成员词典
职能		表 6-17　某公司职能主体结构	表 6-18　某公司职能维成员词典
对象	项目	表 6-34　某公司项目工种组合分类结构	表 6-36　某公司项目维成员词典
	资源	表 6-37　某公司办公设备分类结构及其代码	
	外部	表 6-39　IBM 客户分类结构	表 6-40　IBM 客户分类代码词典
时间		表 6-41　时间层次结构	

通过建立组织四维管理系统根本维成员词典，可将图 5-2 组织四维管理系统雏形建成如图 7-1 组织四维管理系统模型。模型形状反映客观情况：每一职能活动不一定涉及所有单位；同样，每一个单位不一定涉及所有职能活动。空缺部分表示单位与职

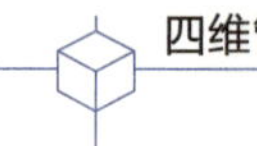

能无交集，因此，组织管理系统模型并非“实心”的，而是“蜂窝”状的。

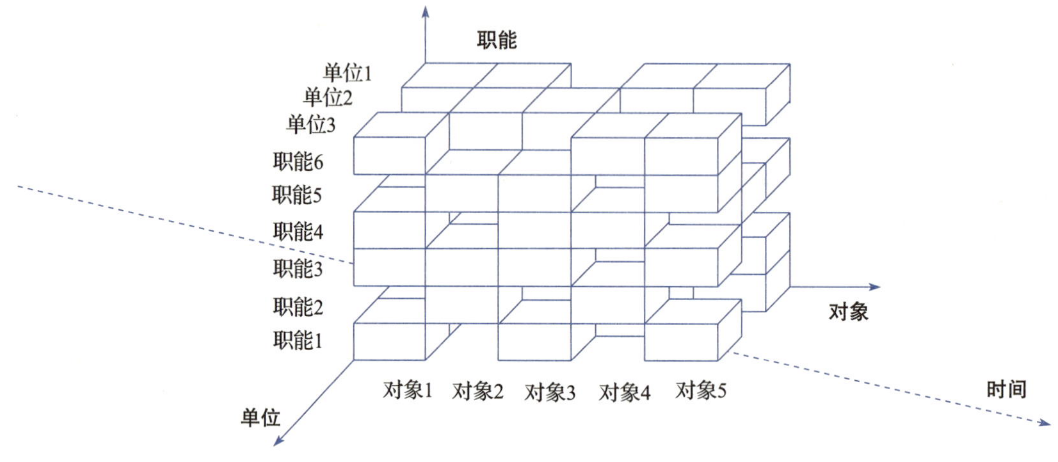

图 7-1　组织四维管理系统模型

度量（Metric）是度量空间中满足特定条件的特殊函数，是在建立维的事物中维成员所对应事物的内容。在组织四维管理系统模型中的度量是选定维成员所对应的组织活动单元。

组织四维管理系统模型在系统、逻辑、数学三方面要素概念的对应性，见表 7-2。

表 7-2　组织四维管理系统模型的系统、逻辑及数学概念的对应性

系统	逻辑	数学
系统视角	维	坐标轴
分类结构	维层次	坐标单位
层次元素	维成员	坐标值
活动单元	度量	函数值

通过组织四个根本维建立组织四维管理系统数学直角坐标系，使得模型具有数学坐标系的属性和功能，并由此建立以“活动单元”为因变量和以“单位”“职能”“对象”“时间”为自变量的度量函数，见公式（7-1）。

活动单元 = f（单位，职能，对象，时间）　　（7-1）

在图 7-1 组织四维管理系统模型中，通过四个属性维成员的交集实现对组织活动单元的度量。组织管理系统模型的函数方法仅为管理人员提供数学应用的理念，实际应用一般仅在计算机管理中体现。

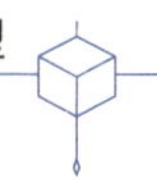

（二）组织四维管理系统根本维的选用

组织四维管理系统模型应用，需要选择维及其维成员范围，也为计算机应用提供单元坐标组。组织四维管理系统根本维及其维成员，见表 7-3。

表 7-3　组织四维管理系统根本维及其维成员

单位维	职能维	对象维	时间维
选定单位层次维成员组	选定职能层次维成员组	选定对象层次维成员组	选定时间层次维成员组

组织四维管理系统是高度抽象的四维概念，具体应用中不限于四个根本维，有时组织职能活动的管理对象包含内外部多种管理对象，如，职能活动针对“项目”的“用户”和“产品”，同时包含三个属性系列对象及其维。多重属性对象维的应用方法，是在若干具体对象维中确定某一属性对象为主维，其他属性对象为派生维，以满足对象维实际应用的扩展和延伸的具体需求。组织四维管理系统模型根本维和若干具体属性对象维构成组织体基本维，见表 7-4 组织四维管理系统基本维及其维成员。

表 7-4　组织四维管理系统基本维及其维成员

单位维	职能维	对象维			时间维
		内部维	外部维	资源维	
选定单位层次维成员组	选定职能层次维成员组	内部对象层次维成员组	外部对象层次维成员组	选定资源层次维成员组	选定时间层次维成员组

组织四维管理系统模型应用，以表 7-4 组织四维管理系统基本维及其维成员，对维的选定有不同方式。

一是“定维方式”。选择组织管理系统模型单位、职能、对象和时间四个根本维，模型应用范围只包含固定的根本维，拥有标准四个变量的坐标系。

二是“降维方式”。从简化出发，缺省对象维，例如，组织不考虑为少数项目的管理而在模型中增加项目维，而是通过对具体对象建立独立职能来管理。

三是“升维方式”。根据需要从对象维中派生出相关的若干分支维。组织同时派生若干属性对象维，并不会改变图 7-1 组织四维管理系统模型，只是由对象维像鱼刺一样派生出一些对象分支维，属于对活动单元多维精细的应用。

一旦选定某种方式，意味着本组织管理系统的基本维相对固定，坐标组中的变量数固定，组织各部门所传递的相关活动都具有统一的坐标变量。这种基本维的统一，对计算机应用来说是通过统一变量化繁为简，对管理来说是通过统一概念化繁为简。当然，具体的管理项目有的涉及更多对象维，需根据实际情况按特例来处理，一般不需要为了某一个项目，使整个组织系统基本维增加。管理者需要在局部和整体对基本维的需要之间做出利弊平衡的选择。

（三）组织管理系统维成员矩阵

组织管理系统模型应用选定基本维后，需进一步选择各维成员层次，如同选择各维“计量单位”，对将访问的活动单元坐标范围（或称度量空间）进行设定。如，职能维的部门层维成员组是所有部门层职能维成员的集合，独立层维成员是所有独立层职能维成员的集合。选定各维层次后，依此确定各维成员矩阵作为组织管理系统模型应用范围的平面化表达。

例如，客户关系管理系统（Customer Relationship Management System）在组织四维管理系统模型应用中，对象维除产品与服务维外还有客户维，见表 7-5 客户关系管理基本维成员组。

表 7-5　客户关系管理基本维成员组

单位维	职能维	对象维		时间维
		外部维	资源维	
单位维 成员组	客户关系 独立职能	客户维 成员组	产品与服 务维成员组	（动态）

【例 7-1】按照前述 IBM 的事业部、客户、产品分类结构及代码，市场营销系统应用组织四维管理系统模型，则相关维及其维成员见表 7-6。

表 7-6　IBM 市场营销管理系统相关维及其维成员

维	单位维	职能维	对象维		时间维
			外部维	资源维	
维成员	区域、产品、 行业的事业部	“市场营销” 职能	客户维成员组	产品与服 务系列	（动态）
维成员库	表 6-5　IBM 事业部分类及 其代码	市场营销 独立职能	表 6-40　IBM 客户分类代码 词典	表 6-38　IBM 产品分类结构 及代码（模拟）	

将表 7-6 的维成员组以矩阵方式表达，见图 7-2 IBM 市场营销活动四维矩阵。

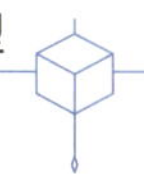

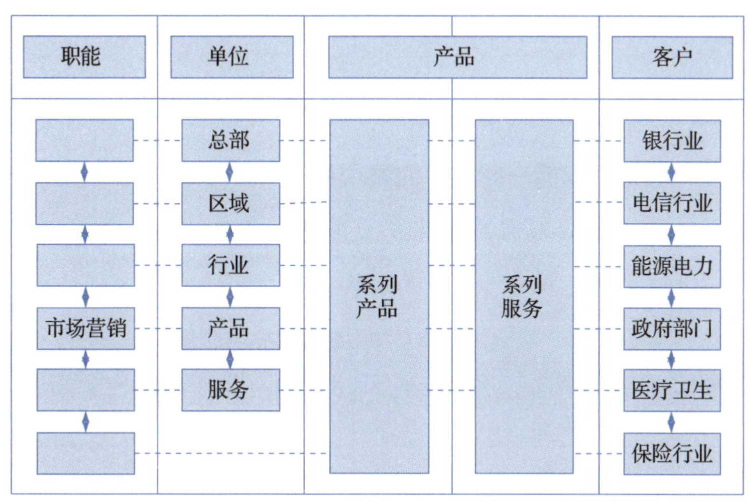

图 7-2　IBM 市场营销活动四维矩阵

（四）组织管理系统模块化及信息表格化

如图 7-1 组织四维管理系统模型所示，其中每一个立方块代表一个职能活动单元，每个活动单元都是一个模块。整个模型如同具有统一尺度标准集装箱的有序关联体，不同层次的职能活动单元相当于不同标准的集装箱，大集装箱中按序装有若干小集装箱，层层套装。具体职能活动单元的个性化内容如同集装箱内装载的货物，对外部人员来说单元模块相当于“管理黑箱”。如果没有建立组织四维管理系统模型，组织活动单元的集合如同货场上无统一标准异形货物箱的无序堆积。显然，真正的组织管理系统模块化管理不是有多少模块，而是所有模块是否具有统一标准并具有整体的秩序性，如同高阶魔方一般。

组织所有活动都在图 7-1 组织四维管理系统模型空间之内，并可实现职能活动单元的功能模块化、定位坐标化、描述表格化。由表 7-4 组织四维管理系统基本维及其维成员，表达职能活动范围内各维成员的匹配空间。

组织四维管理系统模型，对各个组织来说，共同之处是单元模块的分层结构及关联方式，不同之处是单元模块的数量、内容、顺序和关联内容。

组织四维管理系统模型是立体动态的，度量职能单元是通过多维维成员矩阵来表达，矩阵是平面的，多维基本维的维成员可在二维表的横竖二维上共同表达，因而模型的任意一个多维单元组都可以以表格形式表达。

在建立组织四维管理基本维及其维成员后，就可以对特定范围的职能活动模块进行描述。根据特定范围维成员矩阵，对职能活动模块以表格化的方式进行描述。这些职能活动模块涉及几个维，就涉及对组织管理系统模型的几维应用。

二、组织管理系统模型四维应用

组织“单位—项目—职能—时间”四维应用

【例 7-2】某项目管理公司对两个新项目管理职能的准备与落实做时间规划，见表 7-7 公司部门项目管理职能落实时间规划表。

表 7-7　公司部门项目管理职能落实时间规划表

部门	项目	独立职能	5 日	6 日	7 日	8 日	9 日	10 日	11 日	12 日
运营部	项目 1	项目目标								
运营部	项目 2	项目目标								
运营部	项目 1	项目范围								
运营部	项目 2	项目范围								
运营部	项目 1	项目质量								
运营部	项目 2	项目质量								
采购部	项目 1	项目采购								
采购部	项目 2	项目采购								
财务部	项目 1	项目成本								
财务部	项目 2	项目成本								
项目一部	项目 1	项目目标								
项目一部	项目 1	项目范围								
项目一部	项目 1	项目质量								
项目一部	项目 1	项目采购								
项目一部	项目 1	项目成本								
项目一部	项目 1	项目组织								
项目二部	项目 2	项目目标								
项目二部	项目 2	项目范围								
项目二部	项目 2	项目质量								
项目二部	项目 2	项目采购								
项目二部	项目 2	项目成本								
项目二部	项目 2	项目组织								

三、组织管理系统模型三维应用

（一）组织“职能—单位—时间”三维应用

组织管理系统模型在缺省对象维情况下简化为三个维度。

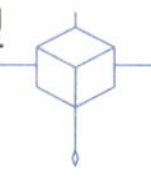

【例 7-3】某公司并非以项目管理为主业，因此其管理系统采取“降维方式”。公司有机会与其他公司组成联合体公司并获得资质参与境外 PPP 项目，由于该项目活动只是随机事件，组织管理系统不设立对象属性的“项目”维，保持“职能—单位—时间”三维系统结构，而将项目活动作为独立职能来管理，增设 PPP 项目独立职能。

（二）组织“对象—职能—时间”三维应用

【例 7-4】某建筑公司若干工程项目的各专业工程施工计划，采用“对象—职能—时间”三维管理，即（项目—专业工程—时间），见表 7-8 工程项目各专业施工进度计划表。

表 7-8　工程项目各专业施工进度计划表

项目	专业工程	时间（周）	进度（周）			
			6 月	7 月	8 月	9 月
A 项目	11 土方工程	6				
A 项目	12 基础工程	11				
A 项目	13 主体工程	6				
A 项目	14 结构工程	5				
A 项目	15 围护工程	5				
A 项目	16 管道工程	9				
A 项目	17 防火工程	5				
A 项目	18 机电安装	7				
A 项目	19 屋面工程	4				
A 项目	20 装修工程	8				
B 项目	11 土方工程	4				
B 项目	12 基础工程	9				
B 项目	13 主体工程	5				
B 项目	14 结构工程	3				
B 项目	15 围护工程	3				
B 项目	16 管道工程	7				
B 项目	17 防火工程	5				
B 项目	18 机电安装	5				
B 项目	19 屋面工程	3				

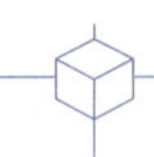

续表

项目	专业工程	时间（周）	进度（周）															
			6月				7月				8月				9月			
B 项目	20 装修工程	6											—	—	—	—	—	—
C 项目	11 土方工程	4			—	—	—	—										
C 项目	12 基础工程	7					—	—	—	—	—	—	—					
C 项目	13 主体工程	5							—	—	—	—	—					
C 项目	14 结构工程	5									—	—	—	—	—			
C 项目	15 围护工程	3										—	—	—				
C 项目	16 管道工程	5							—	—	—	—	—					
C 项目	17 防火工程	3								—	—	—						
C 项目	18 机电安装	5										—	—	—	—	—		
C 项目	19 屋面工程	5											—	—	—	—	—	
C 项目	20 装修工程	6											—	—	—	—	—	—

（三）组织“对象—单位—时间”三维应用

【例 7-5】某建筑公司若干工程项目各专业部门作业进度计划情况，建立“对象—单位—时间”三维管理，即（项目—专业部—时间），见表 7-9 某建筑公司工程项目各专业部门进度表。

表 7-9　某建筑公司工程项目各专业部门进度表

项目	专业部	时间（周）	进度（周）															
			6月				7月				8月				9月			
A 项目	1 土建部	14	—	—	—	—	—	—	—	—	—	—	—	—	—	—		
A 项目	2 结构部	5								—	—	—	—	—				
A 项目	3 暖通部	8									—	—	—	—	—	—	—	—
A 项目	4 电气部	5							—	—	—	—	—					
A 项目	5 机电部	7										—	—	—	—	—	—	—
A 项目	6 装修部	7										—	—	—	—	—	—	—
B 项目	1 土建部	4		—	—	—	—											
B 项目	2 结构部	9				—	—	—	—	—	—	—	—	—				
B 项目	3 暖通部	2											—	—				

续表

项目	专业部	时间（周）	进度（周）			
			6月	7月	8月	9月
B项目	4电气部	3				
B项目	5机电部	3				
B项目	6装修部	7				
C项目	1土建部	3				
C项目	2结构部	5				
C项目	3暖通部	5				
C项目	4电气部	5				
C项目	5机电部	5				
C项目	6装修部	6				

四、组织管理系统模型二维应用

组织管理系统任意两个维构成二维矩阵。

（一）组织“职能—单位”二维应用

组织管理（Organizational Management）是指通过建立组织结构、规定职务或职位、明确责权关系等，以有效实现组织方针目标的过程。组织管理的具体内容是设计、建立并保持一种组织结构，表现为组织单位结构和组织职能结构形成的“职能—单位”二维矩阵结构。

组织“职能—单位”二维矩阵形式，见表7-10。

表7-10　组织“职能—单位”二维矩阵形式

	单位1	单位2	单位3	单位4	单位5
职能1	1-1			1-4	1-5
职能2		2-2	2-3		2-5
职能3	3-1		3-3	3-4	
职能4	4-1	4-2	4-3		4-5
职能5		5-2		5-4	
职能6		6-2	6-3		6-5

1. 主题管理领域的“职能—单位”矩阵

管理领域（Management Domain）是指对一些关联度较大的某种管理客体进行统筹综合管理，而将相关职能集合所组成的特定主题管理区域。组织的每一个主题管理领域一般由某个部门主管，将管理领域的相关职能进行集成，从主题管理领域的角度优化领域内职能管理程序。例如，各种战略管理领域，见表 7-11 管理领域“职能—单位”矩阵形式。

表 7-11　管理领域“职能—单位”矩阵形式

独立职能	部门 1	部门 2	部门 3
独立职能 1	√		
独立职能 2	√		
独立职能 3		√	
独立职能 4		√	
独立职能 5			√

一个管理领域可能是其主管部门的部分或全部职能的集合，如财务管理领域、人力资源管理领域、物流管理领域等；这也取决于部门的职能范围，不同组织可能有所不同。主题管理领域可以有独立的领域战略管理，并与组织总体战略相一致，但可以有自己独特的职能活动集成及价值链。关于主题管理领域的“职能—单位”矩阵形式应用，见下述各例。

【例 7-6】物力资源管理领域。物力资源管理领域矩阵见表 7-12。

表 7-12　物力资源管理领域矩阵

独立职能	物资部	财务部	设备部
原料材料	√		
设备工装			√
固定资产		√	

【例 7-7】客户关系管理领域。客户关系管理领域矩阵见表 7-13。

表 7-13　客户关系管理领域矩阵

独立职能	市场部	销售部	服务部	其他部
市场营销	√	√		√
产品销售		√		√
商务分析	√	√	√	√

续表

独立职能	市场部	销售部	服务部	其他部
客户服务	√	√	√	√
客户信用		√	√	√

【例 7-8】生产制造管理（Production and Manufacturing Management）领域。生产制造管理领域矩阵见表 7-14。

表 7-14　生产制造管理领域矩阵

独立职能	规划部	计划部	设备部	技术部	生产部	物资部	财务部	人资部	质量部
生产规划	√								
组织设计	√								
能力规划	√								
生产布局	√								
生产计划		√							
设备维保			√						
设备运行			√						
设备更新			√						
设备准备			√						
技术准备				√					
工艺准备				√					
技术培训				√					
生产资金					√		√		
生产成本					√		√		
生产信息					√				
生产现场					√				
生产准备					√				
生产进度					√				
物流管理						√			
生产库存						√			
资金管理							√		
劳动资源								√	
产品质量									√

【例 7-9】企业物流管理（Logistics Management）领域。企业物流管理领域矩阵见表 7-15。

表 7-15 企业物流管理领域矩阵

独立职能	物资部	财务部	运输部
物资采购	√		
原料管理	√		
库存管理	√		
运输管理			√
物流费用		√	

【例 7-10】供应链管理领域。企业供应链管理领域矩阵见表 7-16。

供应链管理（Supply Chain Management，SCM）是基于协同供应链管理的思想，配合供应链中各相关组织的业务需求，使职能管理程序和信息系统关联紧密，做到各环节无缝链接，形成物流、信息流、单证流、商务流和资金流五流合一的领先模式，从而提高供应链总体管理水平。

表 7-16 企业供应链管理领域矩阵

独立职能	物资部	制造部	销售部
供应关系	√		
战略成本	√		
物资采购	√		
产品管理		√	
宣传推广			√
销售管理			√
客户关系			√

2. 部门职能与相关部门协同管理

组织的一些职能一般不是由一个部门或某一个人独立实施完成的，需要与其他单位协同完成。协同工作不是干完自己负责的工作了事，而是每个处于流程上的单位有责任满足下道工序的交接要求，例如，按下道工序接收文件所规定的文件名称标准发送文件。每个部门都有责任研究、考虑如何调整和完善作业标准才能与其他关联部门

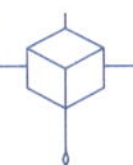

业务协调对接，见表 7-17 组织“职能—单位”协同矩阵示意。

表 7-17　组织“职能—单位”协同矩阵示意

职能＼单位		部门 1		部门 2	部门 3	
		岗位 1	岗位 2	岗位 3	岗位 4	岗位 5
独立职能 1	程序 1	作业 13			作业 11	作业 12
	程序 2			作业 22		作业 21 作业 23
独立职能 2	程序 3	作业 31 作业 34		作业 32	作业 33	
	程序 4	作业 43 作业 45	作业 44	作业 41		作业 42
	程序 5		作业 51			
独立职能 3	程序 6		作业 62	作业 63		作业 61

组织相关部门工作协同管理举例：

（1）某集团公司对其子公司投资项目管理的决策原则提出要求：子公司固定资产净值增长速度低于集团营业收入增长速度，固定资产周转率应高于集团公司平均水平。因此，子公司投资项目的评审过程需由集团公司财务部门协同管理，提供集团公司及相关子公司的营业收入增长速度、固定资产净值增长速度、固定资产周转率等财务指标数据。

（2）某集团公司将下属子公司的投资项目事后评价与其绩效考核指标、年度经营指标及市场占有率指标挂钩，因此对子公司投资项目的评价过程由总公司财务部门协同管理，提供子公司投资项目新增销售收入指标和净利润指标数据，运营部门提供子公司市场占有率指标数据。

（3）某公司固定资产投资涉及环保、土地、安全、职业危害等政府管理部门的节能评估、用地预审等评价与许可，公司投资部门办理许可过程，需要与上述政府管理部门对口的本公司相关部门协同办理。

（4）销售部门的性质是服从客户需求，公司要求生产部门的计划能够保证在消费者希望的时间向消费者提供产品，甚至要求设计部门进行设计调整。

（5）公司收购项目前后，需要研究和妥善处理人事、劳资等问题，需相关部门协同。

（6）股权转让需由外部专业审计单位提供《审计报告》和由专业评估单位提供《资产评估报告》，因而需由本公司审计部门协同投资管理部门与外部相关单位进行业

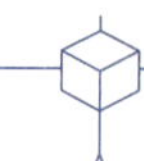

务对接。

（7）厂房竣工验收工作涉及智能制造、信息化项目，因此，除投资部门外，需负责信息化的部门协同验收。

（8）组织根据职能战略目标设立必要的独立职能，并由这些职能的主管部门负责战略落实，拟定相应的职能管理程序，拟定完善后转至负责制度建设的主管部门，由该部门负责组织职能管理程序的审核与发布。

3. 组织各部门协同矩阵

依照组织“职能—单位”二维矩阵，描述组织部门与其独立职能相关部门之间的协同关系。

【例 7-11】某公司通过职能主体结构的独立层职能与各部门形成二维矩阵，其中的交集描述相关部门间协同关系，某公司独立职能与部门二维矩阵见表 7-18。

表 7-18　某公司独立职能与部门二维矩阵

部门层		处室层		独立层		11 办公室	12 财务部	13 法务部	14 经营部	15 科学部	16 产品部	17 企管部	18 人资部	19 审计部	20 文宣部	21 信息部	22 运营部	23 战略部
层码	职能	层码	职能	层码	职能													
11 B	总办事务	1 JC	决策管理	1 BG	总办规划	√												
				2 ZJ	主题决策	√												
		2 MD	保密档案	1 BM	保密工作	√	√	√	√	√	√	√	√	√	√	√	√	√
				2 DA	档案保存	√	√	√	√	√	√	√	√	√	√	√	√	√
		3 MS	秘书管理	1 GT	沟通协商	√	√	√	√	√	√	√	√	√	√	√	√	√
				2 GW	公文处理	√	√	√	√	√	√	√	√	√	√	√	√	√
				3 HY	会议组织	√												
				4 JF	接待服务	√												
				5 YZ	印鉴证照	√												

续表

部门层		处室层		独立层		11办公室	12财务部	13法务部	14经营部	15科学部	16产品部	17企管部	18人资部	19审计部	20文宣部	21信息部	22运营部	23战略部
层码	职能	层码	职能	层码	职能													
11 B	总办事务	4 WS	外事管理	1 WS	外事服务	√	√	√	√	√	√	√	√	√	√	√	√	√
				2 HG	护照管理	√	√	√	√	√	√	√	√	√	√	√	√	√
		5 XG	行政管理	1 AB	安全保卫	√												
				2 CD	车队事务	√												
				3 HQ	后勤保障	√												
				4 YP	设备用品	√	√	√	√	√	√	√	√	√	√	√	√	√
12 C	财务管理	1 CB	成本管理	1 CB	成本分析		√											
				2 CF	财务分析		√											
				3 CG	财务规划		√											
				4 QY	全面预算		√											
		2 ZC	综合管理	1 KJ	会计业务	√	√	√	√	√	√	√	√	√	√	√	√	√
				2 ZC	资金筹措		√											
				3 ZF	资产费用		√											
13 F	法律事务	1 FS	法律审核	1 FF	法律风险		√	√	√		√			√				
				2 GS	规章审核			√										
				3 HS	合同审核			√										

续表

部门层		处室层		独立层		11办公室	12财务部	13法务部	14经营部	15科学部	16产品部	17企管部	18人资部	19审计部	20文宣部	21信息部	22运营部	23战略部
层码	职能	层码	职能	层码	职能													
13 F	法律事务	1 FS	法律审核	4 JC	决策审核			√										
				5 XS	项目审核			√										
		2 FW	法律事务	1 CQ	知识产权			√										
				2 FG	法务规划			√										
				3 FJ	法务基础			√										
				4 FZ	法制宣教			√										
				5 ST	受托诉讼			√										
				6 ZY	职业资格			√										
14 J	市场经营	1 SC	市场管理	1 HJ	市场环境				√									
				2 SF	经营分析				√									
				3 SG	经营规划				√									
				4 SX	市场宣传				√									
				5 SY	市场营销				√									
				6 SZ	市场支持				√									
		2 XK	项目开发	1 BX	总包项目				√									
				2 CK	出口项目				√									

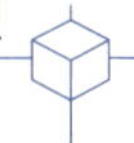

续表

部门层		处室层		独立层		11办公室	12财务部	13法务部	14经营部	15科学部	16产品部	17企管部	18人资部	19审计部	20文宣部	21信息部	22运营部	23战略部
层码	职能	层码	职能	层码	职能													
14 J	市场经营	2 XK	项目开发	3 JK	进口项目				√									
				4 NM	内贸项目				√									
15 K	科学技术	1 JS	技术研究	1 JG	技术改造					√								
				2 KK	科研开发					√								
				3 XY	项目研究					√								
				4 ZL	专利技术					√								
		2 ZK	综合管理	1 BZ	标准体系				√	√	√	√						
				2 KG	科技规划					√								
				3 ZG	质量改进					√	√							
				4 ZS	质量损失					√	√							
16 P	产品事业	1 PG	产品管理	1 BP	不合格品						√							
				2 CN	产能配置						√							
				3 PB	产品标准						√							
				4 PF	产品分析						√							
				5 PG	产品规划						√							
				6 PK	产品考核						√							

续表

部门层		处室层		独立层		11办公室	12财务部	13法务部	14经营部	15科学部	16产品部	17企管部	18人资部	19审计部	20文宣部	21信息部	22运营部	23战略部
层码	职能	层码	职能	层码	职能													
16 P	产品事业	1 PG	产品管理	7 KZ	可追溯性						√							
		2 PY	产品研发	1 JS	技术合作						√							
				2 JY	技术研发						√							
17 Q	企业管理	1 TK	体系控制	1 GG	工作改进	√	√	√	√	√	√	√	√	√	√	√	√	√
				2 GP	管理评审	√	√	√	√	√	√	√	√	√	√	√	√	√
				3 GT	沟通协商	√	√	√	√	√	√	√	√	√	√	√	√	√
				4 JZ	纠正措施	√	√	√	√	√	√	√	√	√	√	√	√	√
				5 QG	企管规划							√						
				6 TA	提案改善	√	√	√	√	√	√	√	√	√	√	√	√	√
				7 YF	预防措施	√	√	√	√	√	√	√	√	√	√	√	√	√
				8 ZZ	主题支持	√	√	√	√	√	√	√	√	√	√	√	√	√
		2 TX	体系建设	1 BJ	标准建立	√	√	√	√	√	√	√	√	√	√	√	√	√
				2 JL	记录控制	√	√	√	√	√	√	√	√	√	√	√	√	√
				3 NH	内部审核	√	√	√	√	√	√	√	√	√	√	√	√	√
				4 SC	质量手册	√	√	√	√	√	√	√	√	√	√	√	√	√
				5 TX	体系建立	√	√	√	√	√	√	√	√	√	√	√	√	√

续表

部门层		处室层		独立层		11办公室	12财务部	13法务部	14经营部	15科学部	16产品部	17企管部	18人资部	19审计部	20文宣部	21信息部	22运营部	23战略部
层码	职能	层码	职能	层码	职能													
17 Q	企业管理	2 TX	体系建设	6 WJ	文件控制	√	√	√	√	√	√	√	√	√	√	√	√	√
				7 ZD	制度建设	√	√	√	√	√	√	√	√	√	√	√	√	√
		3 ZQ	综合管理	1 HT	经济合同							√						
				2 SJ	数据分析							√						
				3 XH	协会管理							√						
				4 ZH	成果转化							√						
18 R	人力资源	1 PX	教育培训	1 PS	评审鉴定								√					
				2 PX	职业培训	√	√	√	√	√	√	√	√	√	√	√	√	√
				3 WW	委外培训	√	√	√	√	√	√	√	√	√	√	√	√	√
		2 RK	人资管控	1 GF	工作分析	√	√	√	√	√	√	√	√	√	√	√	√	√
				2 RF	任务分派	√	√	√	√	√	√	√	√	√	√	√	√	√
				3 RG	人资规划								√					
				4 RJ	人员绩效	√	√	√	√	√	√	√	√	√	√	√	√	√
				5 RZ	人资诊断								√					
				6 ZP	职位评价								√					
		3 RZ	人资配置	1 CC	出国审查	√	√	√	√	√	√	√	√	√	√	√	√	√

续表

部门层		处室层		独立层		11	12	13	14	15	16	17	18	19	20	21	22	23
层码	职能	层码	职能	层码	职能	办公室	财务部	法务部	经营部	科学部	产品部	企管部	人资部	审计部	文宣部	信息部	运营部	战略部
18 R	人力资源	3 RZ	人资配置	2 LD	劳动关系								√					
				3 LZ	劳动工资								√					
				4 XP	招选聘用	√	√	√	√	√	√	√	√	√	√	√	√	√
		4 XF	薪资福利	1 FL	员工福利								√					
				2 GX	工资薪酬								√					
		5 ZR	综合管理	1 DZ	单位职能	√	√	√	√	√	√	√	√	√	√	√	√	√
				2 GZ	岗位职能	√	√	√	√	√	√	√	√	√	√	√	√	√
				3 RS	组织人事								√					
				4 RX	人资信息								√					
19 S	风险审计	1 NK	内控风险	1 FK	风控机制									√				
				2 FS	风控实施									√				
		2 SJ	审计管理	1 CJ	财务监督									√				
				2 CS	财务审计									√				
				3 NS	内部审计									√				
				4 SH	审计规划									√				
				5 YS	营销审计				√					√				

续表

部门层		处室层		独立层		11办公室	12财务部	13法务部	14经营部	15科学部	16产品部	17企管部	18人资部	19审计部	20文宣部	21信息部	22运营部	23战略部
层码	职能	层码	职能	层码	职能													
20 W	文化宣传	1 QY	企业文化	1 PP	品牌建设	√	√	√	√	√	√	√	√	√	√	√	√	√
				2 WG	文化规划										√			
				3 ZX	参展项目	√	√		√	√	√	√	√		√			
		2 XJ	宣传教育	1 WZ	网站建设	√	√	√	√	√	√	√	√	√	√	√	√	√
				2 XW	新闻宣传										√			
21 X	信息技术	1 XT	系统管理	1 XT	系统建设	√	√	√	√	√	√	√	√	√	√	√	√	√
				2 XX	信息系统	√	√	√	√	√	√	√	√	√	√	√	√	√
		2 XX	信息管理	1 XA	信息安全	√	√	√	√	√	√	√	√	√	√	√	√	√
				2 XG	信息规划											√		
				3 XZ	信息资源	√	√	√	√	√	√	√	√	√	√	√	√	√
22 Y	运营管理	1 AH	安技环保	1 AQ	健康安全												√	
				2 HB	环境保护												√	
				3 YJ	应急处置	√											√	
		2 TJ	综合统计	1 TJ	综合统计	√	√	√	√	√	√	√	√	√	√	√	√	√
				2 ZB	指标体系	√	√	√	√	√	√	√	√	√	√	√	√	√
		3 WG	物资管理	1 GY	物资供应												√	
				2 TC	统一采购												√	

续表

部门层		处室层		独立层		11办公室	12财务部	13法务部	14经营部	15科学部	16产品部	17企管部	18人资部	19审计部	20文宣部	21信息部	22运营部	23战略部
层码	职能	层码	职能	层码	职能													
22 Y	运营管理	4 YX	运行管理	1 FM	方针目标	√	√	√	√	√	√	√	√	√	√	√	√	√
				2 HP	事后评价	√	√	√	√	√	√	√	√	√	√	√	√	√
				3 JX	单位绩效	√	√	√	√	√	√	√	√	√	√	√	√	√
				4 MG	目标规划												√	
				5 SS	计划实施	√	√	√	√	√	√	√	√	√	√	√	√	√
				6 YC	预测分析	√	√	√	√	√	√	√	√	√	√	√	√	√
				7 YG	运营规划												√	
				8 YY	运营分析	√	√	√	√	√	√	√	√	√	√	√	√	√
				9 ZJ	工作总结	√	√	√	√	√	√	√	√	√	√	√	√	√
23 Z	战略发展	1 GH	规划管理	1 GC	规划支持	√	√	√	√	√	√	√	√	√	√	√	√	√
				2 GH	战略规划	√	√	√	√	√	√	√	√	√	√	√	√	√
		2 HG	合资管理	1 GJ	国际合作													√
				2 HZ	合资合作													√
		3 TZ	资产投资	1 CT	长期投资													√
				2 TZ	固资投资													√
		4 XM	项目投资	1 SP	项目审批													√

续表

部门层		处室层		独立层		11办公室	12财务部	13法务部	14经营部	15科学部	16产品部	17企管部	18人资部	19审计部	20文宣部	21信息部	22运营部	23战略部
层码	职能	层码	职能	层码	职能													
23Z	战略发展	4XM	项目投资	2 TT	投资统计													√
				3 YX	验收项目													√

注：标有"√"的为部门与相关独立职能的交集。

4. 主管职能与协同职能

任何一个职能活动无论涉及多少单位协同管理，也只由一个单位作为主管单位，其他单位为协同单位。对职能实施单位来说，任一相关职能或是其主管职能，或是其协同职能。主管职能是由本单位负责牵头组织实施，并与其他单位协同实施完成的职能；协同职能是由本单位参与实施，而由其他单位主管的职能。

按照"职能—单位"二维矩阵，从单位的视角，任一单位都拥有若干主管职能和相关的若干协同职能；从职能的视角，任一职能都只有一个主管单位和若干协同单位。主管职能与主管单位两者必是一个交集，如表7-18某公司独立职能与部门二维矩阵，其中"1812职业培训"和"1824人员绩效"是由人力部主管，其他相关部门协同的职能。

【例7-12】通过组织"职能—单位"二维矩阵描述各职能的"主管"与"协同"单位，在表7-18某公司独立职能与部门二维矩阵中，可直接标明独立职能与主管部门及协同部门的交集，见表7-19某公司独立职能的主管单位与协同单位。

表7-19　某公司独立职能的主管单位与协同单位

部门层		处室层		独立层		11办公室	12财务部	13法务部	14经营部	15科学部	16产品部	17企管部	18人资部	19审计部	20文宣部	21信息部	22运营部	23战略部
层码	职能	层码	职能	层码	职能													
11B	总办事务	1JC	决策管理	1 BG	总办规划	★												
				2 ZJ	主题决策	★												

续表

部门层		处室层		独立层		11办公室	12财务部	13法务部	14经营部	15科学部	16产品部	17企管部	18人资部	19审计部	20文宣部	21信息部	22运营部	23战略部
层码	职能	层码	职能	层码	职能													
11 B	总办事务	2 MD	保密档案	1 BM	保密工作	★	√	√	√	√	√	√	√	√	√	√	√	√
				2 DA	档案保存	★	√	√	√	√	√	√	√	√	√	√	√	√
		3 MS	秘书管理	1 GT	沟通协商	★	√	√	√	√	√	√	√	√	√	√	√	√
				2 GW	公文处理	★	√	√	√	√	√	√	√	√	√	√	√	√
				3 HY	会议组织	★												
				4 JF	接待服务	★												
				5 YZ	印鉴证照	★												
		4 WS	外事管理	1 WS	外事服务	★	√	√	√	√	√	√	√	√	√	√	√	√
				2 HG	护照管理	★	√	√	√	√	√	√	√	√	√	√	√	√
		5 XG	行政管理	1 AB	安全保卫	★												
				2 CD	车队事务	★												
				3 HQ	后勤保障	★												
				4 YP	设备用品	★	√	√	√	√	√	√	√	√	√	√	√	√
12 C	财务管理	1 CB	成本管理	1 CB	成本分析		★											
				2 CF	财务分析		☆											
				3 CG	财务规划		☆											
				4 QY	全面预算		★											

续表

部门层		处室层		独立层		11办公室	12财务部	13法务部	14经营部	15科学部	16产品部	17企管部	18人资部	19审计部	20文宣部	21信息部	22运营部	23战略部
层码	职能	层码	职能	层码	职能													
12 C	财务管理	2 ZC	综合管理	1 KJ	会计业务	√	★	√	√	√	√	√	√	√	√	√	√	√
				2 ZC	资金筹措		★											
				3 ZF	资产费用		★											
13 F	法律事务	1 FS	法律审核	1 FF	法律风险		√	★	√		√			√				
				2 GS	规章审核			★										
				3 HS	合同审核			★										
				4 JC	决策审核			★										
				5 XS	项目审核			★										
		2 FW	法律事务	1 CQ	知识产权			★										
				2 FG	法务规划			☆										
				3 FJ	法务基础			★										
				4 FZ	法制宣教			★										
				5 ST	受托诉讼			★										
				6 ZY	职业资格			★										
14 J	市场经营	1 SC	市场管理	1 HJ	市场环境				★									
				2 SF	经营分析				★									
				3 SG	经营规划				☆									

续表

部门层		处室层		独立层		11办公室	12财务部	13法务部	14经营部	15科学部	16产品部	17企管部	18人资部	19审计部	20文宣部	21信息部	22运营部	23战略部
层码	职能	层码	职能	层码	职能													
14 J	市场经营	1 SC	市场管理	4 SX	市场宣传				★									
				5 SY	市场营销				★									
				6 SZ	市场支持				☆									
		2 XK	项目开发	1 BX	总包项目				★									
				2 CK	出口项目				★									
				3 JK	进口项目				★									
				4 NM	内贸项目				★									
15 K	科学技术	1 JS	技术研究	1 JG	技术改造					★								
				2 KK	科研开发					★								
				3 XY	项目研究					★								
				4 ZL	专利技术					★								
		2 ZK	综合管理	1 BZ	标准体系				√	★	√	√						
				2 KG	科技规划					☆								
				3 ZG	质量改进					★	√							
				4 ZS	质量损失					★	√							
16 P	产品事业	1 PG	产品管理	1 BP	不合格品						★							

续表

部门层		处室层		独立层		11办公室	12财务部	13法务部	14经营部	15科学部	16产品部	17企管部	18人资部	19审计部	20文宣部	21信息部	22运营部	23战略部
层码	职能	层码	职能	层码	职能													
16 P	产品事业	1 PG	产品管理	2 CN	产能配置						★							
				3 PB	产品标准						★							
				4 PF	产品分析						☆							
				5 PG	产品规划						☆							
				6 PK	产品考核						★							
				7 KZ	可追溯性						★							
		2 PY	产品研发	1 JS	技术合作						★							
				2 JY	技术研发						★							
17 Q	企业管理	1 TK	体系控制	1 GG	工作改进	√	√	√	√	√	√	★	√	√	√	√	√	√
				2 GP	管理评审	√	√	√	√	√	√	★	√	√	√	√	√	√
				3 GT	沟通协商	√	√	√	√	√	√	★	√	√	√	√	√	√
				4 JZ	纠正措施	√	√	√	√	√	√	★	√	√	√	√	√	√
				5 QG	企管规划							☆						
				6 TA	提案改善	√	√	√	√	√	√	★	√	√	√	√	√	√
				7 YF	预防措施	√	√	√	√	√	√	★	√	√	√	√	√	√
				8 ZZ	主题支持	√	√	√	√	√	√	★	√	√	√	√	√	√

续表

部门层		处室层		独立层		11办公室	12财务部	13法务部	14经营部	15科学部	16产品部	17企管部	18人资部	19审计部	20文宣部	21信息部	22运营部	23战略部
层码	职能	层码	职能	层码	职能													
17 Q	企业管理	2 TX	体系建设	1 BJ	标准建立	√	√	√	√	√	√	★	√	√	√	√	√	√
				2 JL	记录控制	√	√	√	√	√	√	★	√	√	√	√	√	√
				3 NH	内部审核	√	√	√	√	√	√	★	√	√	√	√	√	√
				4 SC	质量手册	√	√	√	√	√	√	★	√	√	√	√	√	√
				5 TX	体系建立	√	√	√	√	√	√	★	√	√	√	√	√	√
				6 WJ	文件控制	√	√	√	√	√	√	★	√	√	√	√	√	√
				7 ZD	制度建设	√	√	√	√	√	√	★	√	√	√	√	√	√
		3 ZQ	综合管理	1 HT	经济合同							★						
				2 SJ	数据分析							★						
				3 XH	协会管理							★						
				4 ZH	成果转化							★						
18 R	人力资源	1 PX	教育培训	1 PS	评审鉴定								★					
				2 PX	职业培训	√	√	√	√	√	√	√	★	√	√	√	√	√
				3 WW	委外培训	√	√	√	√	√	√	√	★	√	√	√	√	√
		2 RK	人资管控	1 GF	工作分析	√	√	√	√	√	√	√	★	√	√	√	√	√
				2 RF	任务分派	√	√	√	√	√	√	√	★	√	√	√	√	√

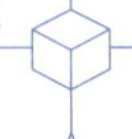

续表

部门层		处室层		独立层		11办公室	12财务部	13法务部	14经营部	15科学部	16产品部	17企管部	18人资部	19审计部	20文宣部	21信息部	22运营部	23战略部
层码	职能	层码	职能	层码	职能													
18 R	人力资源	2 RK	人资管控	3 RG	人资规划								☆					
				4 RJ	人员绩效	√	√	√	√	√	√	√	★	√	√	√	√	√
				5 RZ	人资诊断								★					
				6 ZP	职位评价								★					
		3 RZ	人资配置	1 CC	出国审查	√	√	√	√	√	√	√	★	√	√	√	√	√
				2 LD	劳动关系								★					
				3 LZ	劳动工资								★					
				4 XP	招选聘用	√	√	√	√	√	√	√	★	√	√	√	√	√
		4 XF	薪资福利	1 FL	员工福利								★					
				2 GX	工资薪酬								★					
		5 ZR	综合管理	1 DZ	单位职能	√	√	√	√	√	√	√	★	√	√	√	√	√
				2 GZ	岗位职能	√	√	√	√	√	√	√	★	√	√	√	√	√
				3 RS	组织人事								★					
				4 RX	人资信息								★					
19 S	风险审计	1 NK	内控风险	1 FK	风控机制									★				
				2 FS	风控实施									★				

续表

部门层		处室层		独立层		11办公室	12财务部	13法务部	14经营部	15科学部	16产品部	17企管部	18人资部	19审计部	20文宣部	21信息部	22运营部	23战略部
层码	职能	层码	职能	层码	职能													
19 S	风险审计	2 SJ	审计管理	1 CJ	财务监督									★				
				2 CS	财务审计									★				
				3 NS	内部审计									★				
				4 SH	审计规划									☆				
				5 YS	营销审计									★				
20 W	文化宣传	1 QY	企业文化	1 PP	品牌建设	√	√	√	√	√	√	√	√	√	★	√	√	√
				2 WG	文化规划										☆			
				3 ZX	参展项目	√	√		√	√	√	√	√		★			
		2 XJ	宣传教育	1 WZ	网站建设	√	√	√	√	√	√	√	√	√	★	√	√	√
				2 XW	新闻宣传										★			
21 X	信息技术	1 XT	系统管理	1 XT	系统建设	√	√	√	√	√	√	√	√	√	√	★	√	√
				2 XX	信息系统	√	√	√	√	√	√	√	√	√	√	★	√	√
		2 XX	信息管理	1 XA	信息安全	√	√	√	√	√	√	√	√	√	√	★	√	√
				2 XG	信息规划											☆		
				3 XZ	信息资源	√	√	√	√	√	√	√	√	√	√	★	√	√
22 Y	运营管理	1 AH	安技环保	1 AQ	健康安全												★	

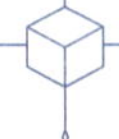

续表

部门层		处室层		独立层		11办公室	12财务部	13法务部	14经营部	15科学部	16产品部	17企管部	18人资部	19审计部	20文宣部	21信息部	22运营部	23战略部
层码	职能	层码	职能	层码	职能													
22 Y	运营管理	1 AH	安技环保	2 HB	环境保护												★	
				3 YJ	应急处置	√											★	
		2 TJ	综合统计	1 TJ	综合统计	√	√	√	√	√	√	√	√	√	√	√	★	√
				2 ZB	指标体系	√	√	√	√	√	√	√	√	√	√	√	★	√
		3 WG	物资管理	1 GY	物资供应												★	
				2 TC	统一采购												★	
		4 YX	运行管理	1 FM	方针目标	√	√	√	√	√	√	√	√	√	√	√	★	√
				2 HP	事后评价	√	√	√	√	√	√	√	√	√	√	√	★	√
				3 JX	单位绩效	√	√	√	√	√	√	√	√	√	√	√	★	√
				4 MG	目标规划												★	
				5 SS	计划实施	√	√	√	√	√	√	√	√	√	√	√	★	√
				6 YC	预测分析	√	√	√	√	√	√	√	√	√	√	√	★	√
				7 YG	运营规划												☆	
				8 YY	运营分析	√	√	√	√	√	√	√	√	√	√	√	★	√
				9 ZJ	工作总结	√	√	√	√	√	√	√	√	√	√	√	★	√
23 Z	战略发展	1 GH	规划管理	1 GC	规划支持	√	√	√	√	√	√	√	√	√	√	√	√	★
				2 GH	战略规划	√	√	√	√	√	√	√	√	√	√	√	√	★

续表

部门层		处室层		独立层		11办公室	12财务部	13法务部	14经营部	15科学部	16产品部	17企管部	18人资部	19审计部	20文宣部	21信息部	22运营部	23战略部
层码	职能	层码	职能	层码	职能													
23 Z	战略发展	2 HG	合资管理	1 GJ	国际合作													★
				2 HZ	合资合作													★
		3 TZ	资产投资	1 CT	长期投资													★
				2 TZ	固资投资													★
		4 XM	项目投资	1 SP	项目审批													★
				2 TT	投资统计													★
				3 YX	验收项目													★

注：表中标“★”的为主管部门的独立职能；标“☆”的为协同部门主管的分支职能；标“√”的为协同部门的协同职能。

5. 部门职能分配至岗位职能

无论部门负责的是主管职能还是协同职能，其中的每个职能在部门内部可能并不是由一个岗位人员来实施，也需要岗位之间协同。岗位的责任分工也存在主管岗位和协同岗位，因而，无论是部门的主管职能，还是协同职能，分配到岗位级都有主管岗位和协同岗位，“主管”与“协同”是在同一层次单位的相对概念。

【例 7-13】一个岗位的职能，既包含本部门的主管职能，也包含与其他部门协同职能，见表 7-20 某公司运营部“独立职能—岗位”矩阵。表 7-20 中既标注了本部门的主管职能和协同职能，也标注了每个独立职能的主管岗位与协同岗位。

表 7-20 某公司运营部“独立职能—岗位”矩阵

部门层		处室层		独立层		运营部	岗位					
层码	职能	层码	职能	层码	职能		岗 1	岗 2	岗 3	岗 4	岗 5	岗 6
11 B	总办事务	2 MD	保密档案	1 BM	保密工作	√	★			√		
				2 DA	档案保存	√	★			√		

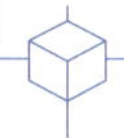

续表

部门层		处室层		独立层		运营部	岗位					
层码	职能	层码	职能	层码	职能		岗 1	岗 2	岗 3	岗 4	岗 5	岗 6
11 B	总办事务	3 MS	秘书管理	1 GT	沟通协商	√	★			√		
				2 GW	公文处理	√	★			√		
		4 WS	外事管理	1 WS	外事服务	√	★			√		
				2 HG	护照管理	√	★			√		
		5XG	行政管理	4 YP	设备用品	√	★			√		
12 C	财务管理	2ZC	综合管理	1 KJ	会计业务	√	★					
17 Q	企业管理	1 TK	体系控制	1 GG	工作改进	√		√	★			
				2 GP	管理评审	√		√	★			
				3 GT	沟通协商	√		√	★			
				4 JZ	纠正措施	√		√	★			
				6 TA	提案改善	√		√	★			
				7 YF	预防措施	√		√	★			
				8 ZZ	主题支持	√		√	★			
		2 TX	体系建设	1 BJ	标准建立	√		√	★			
				2 JL	记录控制	√		√	★			
				3 NH	内部审核	√		√	★			
				4 SC	质量手册	√		√	★			
				5 TX	体系建立	√		√	★			
				6 WJ	文件控制	√		√	★			
				7 ZD	制度建设	√		√	★			
18 R	人力资源	1 PX	教育培训	2 PX	职业培训	√	√			★		
				3 WW	委外培训	√	√			★		
		2 RK	人资管控	1 GF	工作分析	√	√			★		
				2 RF	任务分派	√	√			★		
				4 RJ	人员绩效	√	√			★		
		3 RZ	人资配置	1 CC	出国审查	√	√			★		
				4 XP	招选聘用	√	√			★		
		5 ZR	综合管理	1 DZ	单位职能	√	√			★		
				2 GZ	岗位职能	√	√			★		

续表

部门层		处室层		独立层		运营部	岗位					
层码	职能	层码	职能	层码	职能		岗 1	岗 2	岗 3	岗 4	岗 5	岗 6
20 W	文化宣传	1 QY	企业文化	1 PP	品牌建设	√					★	√
		2XJ	宣传教育	1 WZ	网站建设	√					★	√
21 X	信息技术	1 XT	系统管理	1 XT	系统建设	√					√	★
				2 XX	信息系统	√					√	★
		2 XX	信息管理	1 XA	信息安全	√					√	★
				3 XZ	信息资源	√					√	★
22 Y	运营管理	1 AH	安技环保	1 AQ	健康安全	★	★			√		
				2 HB	环境保护	★	★			√		
				3 YJ	应急处置	★	★			√		
		2 TJ	综合统计	1 TJ	综合统计	★		★	√			
				2 ZB	指标体系	★		★	√			
		3 WG	物资管理	1 GY	物资供应	★	√			★		
				2 TC	统一采购	★	√			★		
		4 YX	运行管理	1 FM	方针目标	★					★	√
				2 HP	事后评价	★					√	★
				3 JX	单位绩效	★					√	★
				4 MG	目标规划	★					★	√
				5 SS	计划实施	★					★	√
				6 YC	预测分析	★					√	★
				7 YG	运营规划	☆					★	√
				8 YY	运营分析	★					√	★
				9 ZJ	工作总结	★					★	√
23 Z	战略发展	1 GH	规划管理	1 GC	规划支持	√					★	√
				2 GH	战略规划	√					★	√

注：表中标“★”为主管职能，标“☆”为分支主管职能，标“√”为协同职能。

6. 职能管理程序中职能作业单元的责任单位

【一体化 8】 组织“细分职能—单位”矩阵与职能管理程序“职能—单位”矩阵一致。

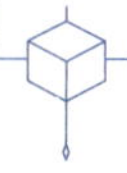

独立职能的作业单元都有对应的实施单位，即管理主体，见表 7-21 组织“作业层职能—单位”矩阵示意。

表 7-21 组织“作业层职能—单位”矩阵示意

单位 职能		部门 1		部门 2	部门 3	
		岗位 1	岗位 2	岗位 3	岗位 4	岗位 5
独立职能 1	程序 1	作业 13			作业 11	作业 12
	程序 2			作业 22		作业 21 作业 23
独立职能 2	程序 3	作业 31 作业 34		作业 32	作业 33	
	程序 4	作业 43 作业 45	作业 44	作业 41		作业 42
	程序 5		作业 51			
独立职能 3	程序 6		作业 62	作业 63		作业 61

表 7-21 中，每一独立职能的作业职能与作业单位的二维矩阵所表达的对应关系也是该独立职能管理程序中作业职能与作业单位的对应关系，表达每个作业单元对应具体的责任部门或岗位。独立职能细分的所有作业过程按编码大小顺序排列，则构成该职能管理程序。

职能管理程序中职能作业对应的执行岗位可能具有不确定性，这种情况下一般将职能作业责任落实到上一层次单位，如在职能管理程序中，往往是将职能作业落实到相关部门级单位，而非该部门的具体岗位。

【例 7-14】表 6-28 质量损失管理程序，按照“作业层职能—单位”协同矩阵，将职能作业落实到部门单位。

7. 组织“单位—职能”矩阵

若干维矩阵的维排序不同，则应用作用不同。将职能管理程序“职能—单位”的矩阵变为以单位为主的“单位—职能”矩阵，则组成了职能管理程序中的“职责单位”职责表。

【例 7-15】以表 6-28 质量损失管理程序为例，将其“职能—单位”的二维方式变为“单位—职能”矩阵方式，相当于改变管理程序维的主次顺序，矩阵以部门单位为主序，形成质量损失管理的“单位职责”，见表 7-22 质量损失管理部门职责。

表 7-22 质量损失管理部门职责

部门	职责
科技部	(一) 负责组织制定总公司质量损失管理办法，确定质量损失管理工作流程 (二) 负责会同总公司财务部共同确定质量损失的归集范围、构成类别和核算口径 (三) 负责会同总公司各事业部确定各一级子公司质量损失率年度考核指标，并对其质量损失率指标完成情况提出考核建议 (四) 负责会同总公司各事业部督促、指导各一级子公司做好降低质量损失工作
财务部	(一) 负责将质量损失纳入财务全面预算和决算管理体系，对总公司质量损失实际发生情况进行核算，定期发布 (二) 负责根据质量损失的归集范围、构成类别和核算口径，建立质量损失管理相关财务科目 (三) 负责督促、指导各一级子公司财务部门建立统一的质量损失管理财务科目
事业部	(一) 负责会同科学技术部共同确定各一级子公司年度质量损失率考核指标 (二) 负责按分管业务范围督促、指导各一级子公司开展质量整改工作，有效地降低质量损失 (三) 负责会同科技部提出各一级子公司年度质量损失率指标完成情况的考核建议
运营部	负责将质量损失率考核指标纳入各一级子公司资产经营责任制考核体系并实施考核
子公司	(一) 负责按照本办法的规定，确定本公司质量损失归集范围、构成类别和核算口径，建立质量损失管理和考核体系，将总公司下达的质量损失率指标分解落实到相关部门 (二) 负责将质量损失纳入本公司全面预算管理，按照总公司质量损失财务核算科目的要求，建立本公司对应的财务核算科目 (三) 负责确定本公司质量损失管理工作职责和分工，建立管理工作流程，制定或修订管理办法，规范质量损失的管理，建立并完善本公司质量损失管控体系 (四) 负责根据总公司质量损失管理工作要求，结合本公司实际情况，制定本公司的质量损失相关表单和流转程序，规范质量损失的审批过程 (五) 负责开展本单位质量损失数据收集、核算、分析和上报工作 (六) 负责本公司下属公司质量损失工作的指导、推进、监督

(二) 组织“对象—单位”二维应用

项目是组织的管理对象之一，一些公司以项目管理为主业，如工程公司、监理公司、出版社等组织。组织项目管理一般涉及若干部门的协同，见图 7-3 组织“对象—单位”管理矩阵。

当组织的主业为项目管理，则可能从“项目—单位”两个维进行双向管控、双向绩效考核。横向是项目部对本项目各专业组的管理与绩效考核；纵向是组织专业部门对各项目对口专业组的专业指导与考核。

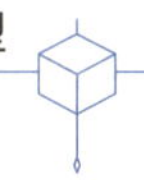

对象＼单位	设计部	制造部	财务部	行政部
项目部1	设计组1	制造组1	财务组1	行政组1
项目部2	设计组2	制造组2	财务组2	行政组2
项目部3	设计组3	制造组3	财务组3	行政组3

图 7-3　组织“对象—单位”管理矩阵

【例 7-16】某公司“项目—部门”管理矩阵。

某公司的各项目部设有与公司职能部门对应的管理部门，见图 7-4 某公司“项目—部门”管理矩阵。

项目管理部	公司办公室	工程部	安质部	计划部	财务部	中心试验室
项目1	项目办公室1	项目工程部1	项目安质部1	项目计划1	项目财务部1	项目试验室1
项目2	项目办公室2	项目工程部2	项目安质部2	项目计划2	项目财务部2	项目试验室2

图 7-4　某公司“项目—部门”管理矩阵

【例 7-17】某公司“物品—部门”管理矩阵。

某公司用于办公设备数量统计的“办公设备—部门”矩阵，见表 7-23 办公设备统计表。其中办公设备代码与名称参见表 6-37 某公司办公设备分类结构及其代码。

表 7-23　办公设备统计表

代码	名称	规格	单位	合计	运营	财务	人资	销售
110	**电脑**							
111	电脑	华为（HUAWEI）Mate Book 14	套					
112	电脑	华为（HUAWEI）Mate Book 14s	套					
113	电脑	华为（HUAWEI）Mate Book 16	套					
114	电脑	华为（HUAWEI）Mate Book 16s	套					
115	电脑	华为（HUAWEI）Mate Book D16	套					
120	**打印机**							
121	打印机	HUAWEI PixLab V1 彩色喷墨	台					

续表

代码	名称	规格	单位	合计	运营	财务	人资	销售
122	打印机	惠普（HP）P1106 黑白激光	台					
123	打印机	惠普（HP）7720/7740pro 彩喷	台					
124	打印机	惠普（HP）5200 系列黑白激光	台					
130	**多功能**							
131	复印机	佳能 C3222L/C3130L/C3226 复印扫描	台					
133	扫描仪	科密高拍仪 2200 万高清像素 A3/A4 扫描仪	台					
134	扫描仪	科密高拍仪 1300 万像素 A3 扫描仪	台					
135	一体机	惠普（HP）LaserJet Pro M435nw 黑白激光多功能一体机	台					
136	碎纸机	科密	台					
137	碎纸机	得力	台					
138	投影机	先科	台					
139	投影幕	英微	个					

（三）组织“职能—对象”二维应用

某公司对各项目管理，设有一系列固定职能管理程序，公司在监督项目执行职能管理程序过程中，设立各项目职能管理程序完成情况，见表 7-24。

表 7-24　各项目职能管理程序完成情况表

职能管理程序		项目 1	项目 2	项目 3	项目 4	项目 5
职能 1	程序 1					
	程序 2					
	程序 3					
	程序 4					
职能 2	程序 1					
	程序 2					
	程序 3					
	程序 4					
职能 3	程序 1					
	程序 2					
	程序 3					
	程序 4					

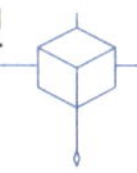

五、组织管理系统模型一维应用

（一）组织职能维的基本应用

1. 部门职能范围描述

在组织部门“独立职能—部门”矩阵中，每一列都是一具体部门的职能列表。由此可建立部门具体职能范围描述。

【例 7-18】某公司部门职能范围描述。

根据表 7-19 某公司独立职能的主管单位与协同单位，每一部门与其有交集的职能都属于该部门的职能范围，描述部门职能范围可从表中剔除与本部门无交集的职能，建立如表 7-25 组织部门职能列表。

表 7-25 组织部门职能列表

部门：运营部

部门层		处室层		独立层		主协属性	职能描述
层码	职能	层码	职能	层码	职能		
11 B	总办事务	2 MD	保密档案	1 BM	保密工作	√	
				2 DA	档案保存	√	
		3 MS	秘书管理	1 GT	沟通协商	√	
				2 GW	公文处理	√	
		4 WS	外事管理	1 WS	外事服务	√	
				2 HG	护照管理	√	
		5 XG	行政管理	4 YP	设备用品	√	
12 C	财务管理	2 ZC	综合管理	1 KJ	会计业务	√	
17 Q	企业管理	1 TK	体系控制	1 GG	工作改进	√	
				2 GP	管理评审	√	
				3 GT	沟通协商	√	
				4 JZ	纠正措施	√	
				6 TA	提案改善	√	
				7 YF	预防措施	√	
				8 ZZ	主题支持	√	

续表

部门层		处室层		独立层		主协属性	职能描述
层码	职能	层码	职能	层码	职能		
17 Q	企业管理	2 TX	体系建设	1 BJ	标准建立	√	
				2 JL	记录控制	√	
				3 NH	内部审核	√	
				4 SC	质量手册	√	
				5 TX	体系建立	√	
				6 WJ	文件控制	√	
				7 ZD	制度建设	√	
18 R	人力资源	1 PX	教育培训	2 PX	职业培训	√	
				3 WW	委外培训	√	
		2 RK	人资管控	1 GF	工作分析	√	
				2 RF	任务分派	√	
				4 RJ	人员绩效	√	
		3 RZ	人资配置	1 CC	出国审查	√	
				4 XP	招选聘用	√	
		5 ZR	综合管理	1 DZ	单位职能	√	
				2 GZ	岗位职能	√	
20 W	文化宣传	1 QY	企业文化	1 PP	品牌建设	√	
		2XJ	宣传教育	1 WZ	网站建设	√	
21 X	信息技术	1 XT	系统管理	1 XT	系统建设	√	
				2 XX	信息系统	√	
		2 XX	信息管理	1 XA	信息安全	√	
				3 XZ	信息资源	√	
22 Y	运营管理	1 AH	安技环保	1 AQ	健康安全	★	
				2 HB	环境保护	★	
				3 YJ	应急处置	★	
		2 TJ	综合统计	1 TJ	综合统计	★	
				2 ZB	指标体系	★	

续表

部门层		处室层		独立层		主协属性	职能描述
层码	职能	层码	职能	层码	职能		
22 Y	运营管理	3 WG	物资管理	1 GY	物资供应	★	
				2 TC	统一采购	★	
		4 YX	运行管理	1 FM	方针目标	★	
				2 HP	事后评价	★	
				3 JX	单位绩效	★	
				4 MG	目标规划	★	
				5 SS	计划实施	★	
				6 YC	预测分析	★	
				7 YG	运营规划	☆	
				8 YY	运营分析	★	
				9 ZJ	工作总结	★	
23 Z	战略发展	1 GH	规划管理	1 GC	规划支持	√	
				2 GH	战略规划	√	

注：表中标“★”为主管职能，标“☆”为分支主管职能，标“√”为协同职能。

2. 岗位职能范围列表

组织部门“独立职能—岗位”矩阵，其中的每一列都是一具体岗位的职能列表。由此可建立具体岗位职能范围，包括部门的协同职能落实到本岗位的职能。有的人员在组织内部的若干部门或机构兼职，具有岗位责任，这种情况下可以将他在其他部门单位负责的各种岗位职能集合，因而有些人员的岗位责任不限于一个部门的职能。

【例 7-19】依据表 7-20 某公司运营部“独立职能—岗位”矩阵，岗位 5 职能范围见表 7-26。

表 7-26　某公司运营部岗位职能范围

岗位：运行管理 . 岗位 5

部门层		处室层		独立层		运营部	岗 5	职能描述
层码	职能	层码	职能	层码	职能			
20 W	文化宣传	1 QY	企业文化	1 PP	品牌建设	√	★	
		2XJ	宣传教育	1 WZ	网站建设	√	★	

续表

部门层		处室层		独立层		运营部	岗5	职能描述
层码	职能	层码	职能	层码	职能			
21 X	信息技术	1 XT	系统管理	1 XT	系统建设	√	√	
				2 XX	信息系统	√	√	
		2 XX	信息管理	1 XA	信息安全	√	√	
				3 XZ	信息资源	√	√	
22 Y	运营管理	4 YX	运行管理	1 FM	方针目标	★	★	
				2 HP	事后评价	★	√	
				3 JX	单位绩效	★	√	
				4 MG	目标规划	★	★	
				5 SS	计划实施	★	★	
				6 YC	预测分析	★	√	
				7 YG	运营规划	☆	★	
				8 YY	运营分析	★	√	
				9 ZJ	工作总结	★	★	
23 Z	战略发展	1 GH	规划管理	1 GC	规划支持	√	★	
				2 GH	战略规划	√	★	

注：表中标“★”为主管职能，标“☆”为分支主管职能，标“√”为协同职能。

（二）组织单位维的基本应用

举例如下：

（1）组织单位维成员词典（见表 6-3 某公司单位维成员词典）；

（2）组织部门人员名单；

（3）组织子公司单位维成员词典。

第八章 组织四维管理系统关联结构

组织四维管理系统关联结构是组织系统层次结构中任一层次元素之间直接关系整体属性的关系结构。

建立组织四维管理系统模型结构，不仅包含组织管理系统层次结构，也包含在层次结构基础上的组织管理系统关联结构。组织的单位、职能、对象维都拥有自己的层次结构，也拥有自己的关联结构，各维关联结构是组织四维管理系统关联结构在各自维上的投影。

一、组织单位关联结构

组织单位结构表现的是上下层次单位的隶属关系，而组织单位关联结构表现的是同层次单位之间的协同关系或管理关系。

（一）组织单位不同层次的关联结构

如图 4-9 系统不同层次元素关联的详略，组织单位的不同层次单元之间的关联具有详略不同的关联结构。

【例 8-1】以图 6-2 某公司完整组织结构为例，该组织单位的不同层次具有详略不同的关联结构。

（1）部门单位关联结构。

部门单位关联结构见图 8-1 某公司部门层单位关联结构。

（2）班组单位关联结构。

班组单位关联结构见图 8-2 某公司班组单位关联结构。

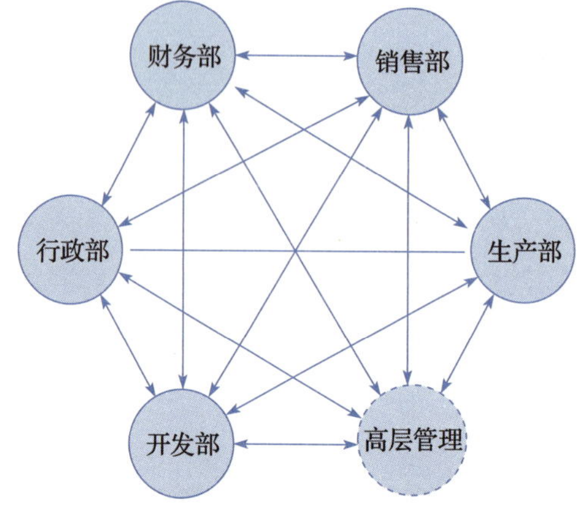

图 8-1　某公司部门单位关联结构

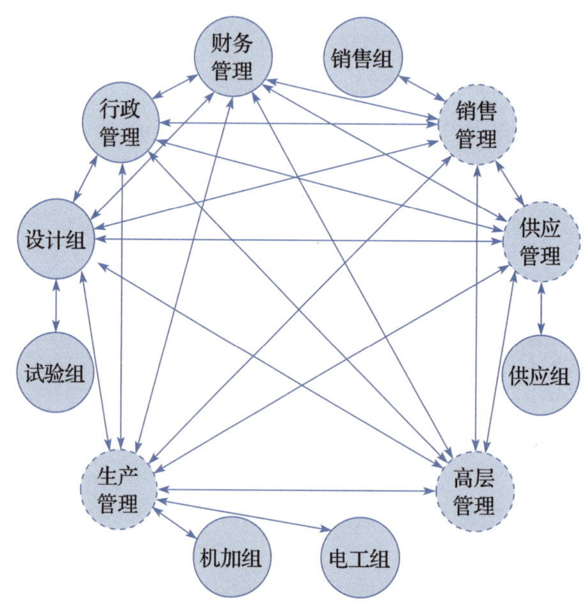

图 8-2　某公司班组单位关联结构

（二）组织单位关联结构的不同类型

1. 组织单位树形关联结构

组织各岗位的人员有相同或不同的职级，相互之间有不同的关联关系，可构成如图 4-7 系统树形关联结构，由此建立组织岗位单位关联结构。

【例 8-2】由图 6-2 某公司完整组织结构可见，其中岗位单位关联结构属于该公司管理的树形关联结构，并非上下层次分解关系的分类结构。见图 8-3 某公司管理结构。

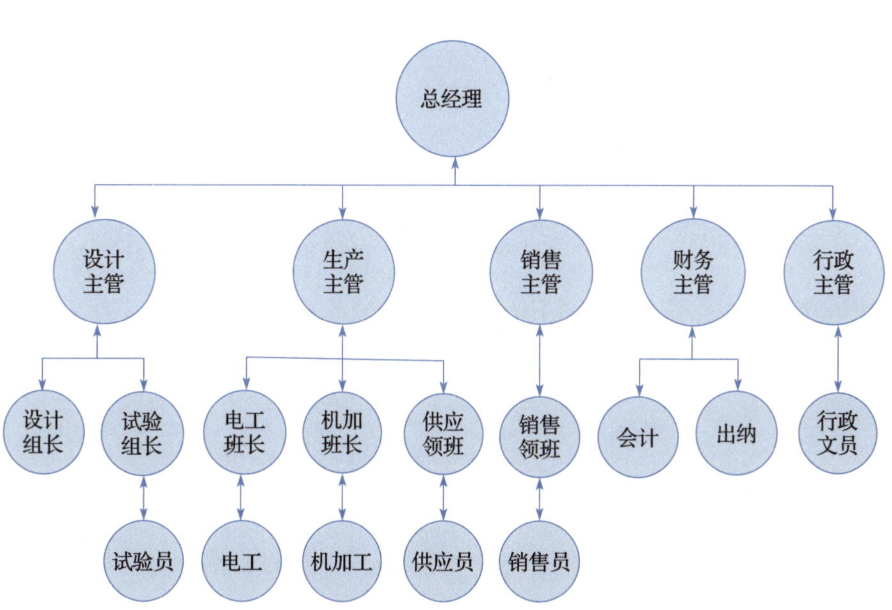

图 8-3　某公司管理结构

【例 8-3】 图 8-4 某店商集团公司总部组织管理结构，属于组织单位的中上层职级岗位的关联结构。

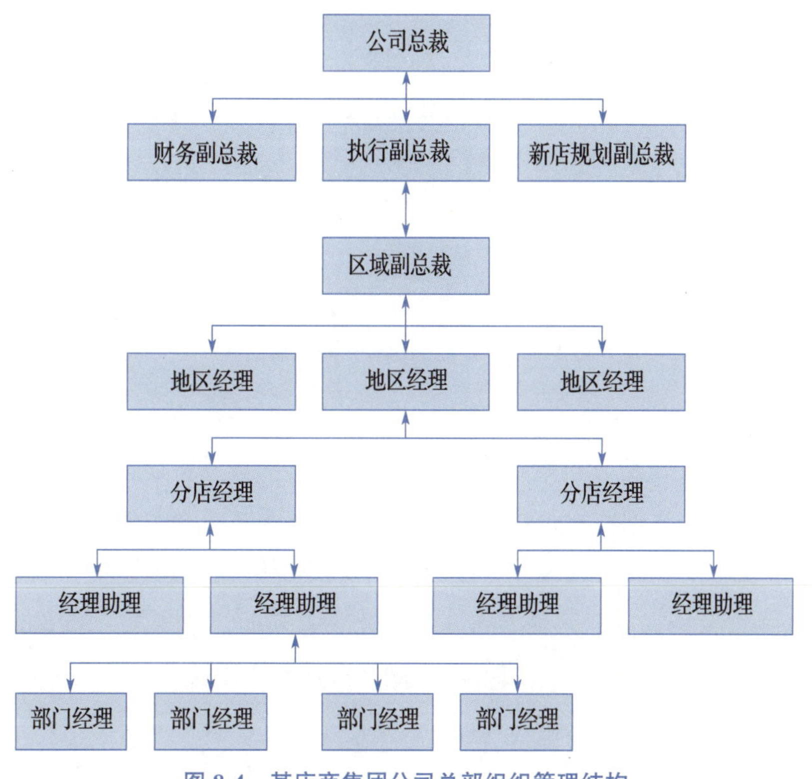

图 8-4　某店商集团公司总部组织管理结构

2. 组织单位矩阵关联结构

【例 8-4】IBM 组织单位矩阵关联结构。

IBM 是一个庞大的公司，针对复杂的市场营销，按照总部、区域、服务、产品、客户五个领域来划分事业部，构成如图 6-4 IBM 组织单位结构。这些在不同领域设立的部门，逻辑上属于同一层次单位，拥有纵横交错的业务关联，根据总部部门及各事业部之间的关联关系，形成图 8-5 IBM 组织单位矩阵关联结构。

图 8-5 IBM 组织单位矩阵关联结构

在 IBM 按事业部分类的矩阵中，每一个事业部都是一个独立运行的业务系统，这样的布局让公司从传统的职能型结构直接演变为混合事业部矩阵型结构。多维矩阵系统保证了各个部门之间相对的独立和协同，任何一个事业部都可以和其他任何一个事业部有业务关联，同时不同领域事业部间可以相互协同和相互影响。从服务用户的角度，IBM 力图做到：用户只需要与任意一个事业部的“销售员（Salesman）”建立联系就可以同时解决多种产品采购问题。一名销售人员可以卖给用户所需要的一切，不管公司内部关联如何棋盘密布，对外“只有一个出口”面对客户。

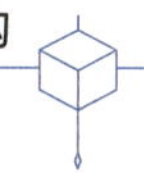

二、组织职能关联结构

（一）职能关联的形式

1. 职能关联的过程方法

做任何事情都需要一个过程，在人们的现实活动中不管做什么事情，有结果也有过程。过程是一种手段，通过该手段可以把人员、规程、方法和资源进行集成，以产生所期望的结果。GB/T 19000-2008 3.4.1 条中将过程定义为将输入转化为输出的相互关联或相互作用的一组活动。过程是一个广义的概念，任何一个过程都有输入和输出，输入是实施过程的基础、前提和条件，输出是完成过程的结果。一般来说，可以将输入和输出的关系归结为因果关系，输入输出信息是描述职能活动关联的表达方式和依据。

职能单元是实现组织目标的活动单元，是具有输入和输出的活动过程，是能量发生作用的过程，是能量作用改变资源等管理对象的过程，是对管理对象进行管理的过程。

2. 组织职能关联结构

职能细分单元是落实独立职能而分层、分解的职能活动单元，包含职能活动主体单位和职能活动的内容。职能单元之间的关联环环相扣，构成过程网络关联结构；关联结构具有流程属性，具有前因后果的顺序性，前面一个过程的输出会变成下一个过程的输入。例如，在组织的质量管理系统中所遵循的理念是所有与质量有关的过程都起始于顾客并终止于顾客，将顾客的意见和要求作为质量管理体系相关职能的输入，进而将输入转换为生产和服务的策划以及产品和服务的要求，最终以产品或服务的形式输出。为了实现输入和输出之间的能量转换，就要投入必要的资源和能量，过程成本是在过程中资源和能量消耗的总和，是换取过程增值或结果有效的代价，见图 8-6 组织职能关联结构。

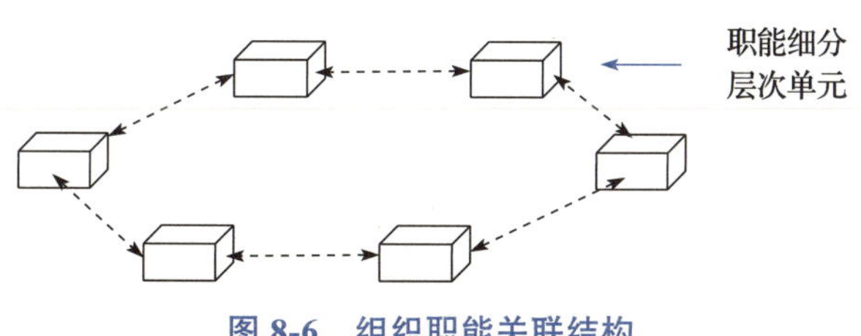

图 8-6　组织职能关联结构

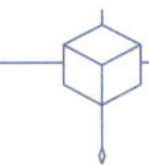

（二）职能细分层次关联结构与职能管理程序结构

组织是一个有机的系统，其各种职能活动按照管理程序发挥作用。职能管理程序是独立职能活动按细分职能单元之间的关联关系来规定的实施途径、过程和方法，这与职能细分层次关联结构完全相同。

【一体化 9】 职能细分层次关联结构与职能管理程序结构一体化。

1. 职能关联结构与职能管理程序单线结构

职能管理程序单线结构是指职能管理程序只有一条主要的流程线，没有平行或分支流程。

例如，表 6-28 质量损失管理程序，整个管理程序属于单线结构，通过各作业活动的记录文件输出实现作业单元之间的关联。

2. 职能关联结构与职能管理程序网状结构

职能管理程序网状结构是指职能管理程序中各职能单元之间并非单线的上下游关系流程，而是不规则的网状结构，其中存在复杂的逻辑流程：一是涉及各部门之间的作业协同；二是存在根据条件判断决定执行某段分支流程，包括循环流程；三是在流程中存在转接其他具有特定功能的独立职能管理程序，如在经济合同管理程序中，执行尽职调查、招标邀标、“三重一大”等管理程序。

每个职能的端到端的流程都是一个主流程，都有自己的输入与输出，只是因起始点和结束点不同而成为主流程或分支流程。

【例 8-5】某企业《客户信用管理程序》。

《客户信用管理程序》及其附件《客户信用管理流程图》。由附件可见该管理程序属于不规则网状结构，大多数职能管理程序属于网状结构。

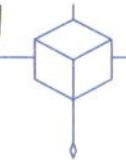

×××有限公司

<table>
<tr><td>文件名称</td><td colspan="3">B13.CWCGKH.B1-
客户信用管理程序</td></tr>
<tr><td>职能文件</td><td>发布单位</td><td>职能对象</td><td>发布时间</td></tr>
<tr><td>财务.客户信用</td><td>财务部</td><td>顾客单位</td><td></td></tr>
<tr><td>程序版本</td><td>A/0</td><td>发布文号</td><td></td></tr>
</table>

1.0 文件目的

为完善公司客户信用管理体系建设，加强客户信用管理，规范和引导公司销售行为，有效防范信用风险，实现从源头上对应收账款进行管控，进一步提升企业竞争力，结合公司实际情况制定本办法。

2.0 适用范围（四维范围）

本办法适用于公司客户信用评级及其后续管理工作，是客户信用管理的基本依据。

3.0 相关术语

3.1 客户信用管理指对信用交易中的风险进行识别、分析和评估，通过制定信用管理政策，指导和协调公司内部各部门的业务活动，以保障应收账款安全和及时回收，有效控制和降低风险的管理活动。

3.2 信用销售是指以客户信用为基础，通过分期收款或延期收款方式向客户交付商品或提供服务的交易方式。

3.3 信用风险是指客户到期拖欠货款或者无能力付款的风险。

3.4 信用额度是指给予客户分期付款或延期付款的最高额度。

3.5 信用期限是指商品交付时间或服务完成时间至收回客户货款的期限。

第 1 页共 7 页

文件编码：×××××　　客户信用管理程序

4.0 职责单位

单位	职能范围	标准与要求	控制方式
财务部	统筹客户管理	客户信用管理的归口管理部门。建立客户信用管理体系，全面统筹协调客户信用管理，负责组织客户信用等级的审核评定工作，定期发布客户信用评定等级；负责提供客户历史合作项目的货款回收资料；负责对应收账款进行总额控制；客户信用管理工作的考核输出	
	发起完善提议	财务业务范围	
营销部	信用管理执行	负责维护客户资信档案；负责对客户开展尽职调查、收集客户基础信息资料；负责对客户信用进行初评并发起等级评定申请；负责发起特定客户临时信用额度和期限的调整申请；负责按经审批确定的信用额度和期限与客户签订合同、催收账款等	
法务部		负责协助营销部门对客户开展尽职调查；对违约客户发出法律催收函和发起法律诉讼	
审计和风险部	管理监督预警	客户信用管理监督和风险预警	
信息部	建立信用系统	负责建立客户信用管理系统，为客户信用管理提供信息化平台	
信用评价小组		由财务部牵头组织，成员包括财务部、法务部、审计与风险部、营销部，负责审核评定重要客户清单、客户信用等级	

第 2 页共 7 页

5.0 管理程序

程序层	作业层	标准与要求	输入/输出	责任单位
1 客户信用管控	01. 发起客户评审	历史回款状况	《历史回款信息》	财务部
	02. 重要客户评审	重要客户主要是军用产品客户、同一股份公司一级子公司、集团公司单位及评审组评定的其他客户，属于 A+ 级	《重要客户清单》	财务部
	03. 小组评重要户	确认是否属于重要客户		评审组
		是则：1.04 否则：1.01		
	04. 总办会议流程	对评审小组支持的客户讨论是否作为重要客户		总经理办公会
		是则：1.05 否则：1.01		
	05. 发布重要客户	发布总办会议通过的重要客户清单	《重要客户清单》	财务部
		至 2.01		
2 客户信用评级	01 发起评级尽调	基本信息、经营管理信息、财务信息、行业信息、与客户往来信息。可要求客户提供；通过政府平台、行业组织调查等；重大项目、重大资金交易可委托中介机构调查	《营销尽调表》	营销部
		转 2.03		
	02 法律事务尽调	法务尽职调查，交经营部汇总	《法务尽调表》	法务部
	03. 新户信用评级	如老户重评，则 2.04	《客户基本信息》	营销部
		基本信息：从客户性质、经营状况、注册资本、经营环境、行业风险、行业地位、内部治理等方面综合评估客户经营状况和风险	《信用等级评分表》	
	04 发起重新评级	根据客户汇款情况，发起重新信用评级		财务部

文件编码：×××××　　　　客户信用管理程序

续表

程序层	作业层	标准与要求	输入 / 输出	责任单位
2 客户信用评级	05. 小组评信用级	执行小组评价流程，客户信用等级评分从基本信息、财务状况、合作关系、近三年履约情况、不良记录五个维 17 个项评定客户等级。客户信用等级分为 A+、A、B、C、D 五级。决定是否调增信用等级		评审组
		是则：2.06 否则：2.09		
	06. 发起额度调整	发起特定客户信用临时信用额度和期限的调整申请，提交分析报告，指定应对措施	《客户授信调整表》	经营部
	07. 小组评信用额	按照《信用额度评定表》评价是否调增信用等级	《信用额度评定表》	评审组
	08. 总经办审批会	调增信用额度超过合同总额 10% 且金额超过 1000 万元时需经总经理办公会审批。客户超信用额度审批是否调增信用额度		总经理办公会
		是则：2.09 否则：2.10		
	09. 发布信用等级	发布客户信用等级及授信额度		财务部
	10. 合同授信执行	转《经济合同管理程序》，依据客户信用等级签订合同。按经批准确定的信用额度和期限与客户签订合同、催收账款		营销部
		同时：2.11、2.12		
	11. 考核与监督	执行《员工行为管理考核办法》		审计与风险部
	12 催收项目账款	营销人员应在信用期到期前 10 天获取客户货款支付进度，若可预见客户信用期到期前无法支付货款的，营销部门应及时与客户协商解决措施，并制定催收方案	《催收方案》	经营部

第 4 页共 7 页

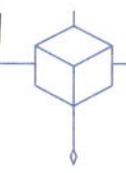

×××有限公司　　　　客户信用管理程序

续表

程序层	作业层	标准与要求	输入 / 输出	责任单位
2 客户信用评级	13 应收账款控制	客户信用期到期后仍未收回货款，也无法与客户达成新的支付期限，营销部门必须形成书面报告分析欠款性质，提出应对措施，通过采取下调信用等级、保全措施、限制交易、发起诉讼等方式防止损失扩大，并将情况通报相关部门执行。根据是否正常应收决定下一步流程	《应收账款报告》	经营部
		是则：1.01 否则：2.14		
	14 法律催收钱款	发律师函，收款成功		
		是则：2.13 否则：2.15		
	15 违约客户诉讼	对违约客户发起诉讼，执行诉讼管理程序		法务部
	16 客户资料档案	维护客户资料档案	《客户资料档案》	经营部
3 评审小组评定	01. 重要客户评价	财务部发起，根据客户综合指标		财务部
	02. 信用等级评价	营销部发起，依据基本信息、财务状况、合作关系、近三年履约、不良记录等		
	03. 授信额度期限	营销部发起，对单一客户临时信用额度、期限评审		

第 5 页共 7 页

6.0 综合信息记录文件

CWCGKH.D0101-《重要客户清单》

CWCGKH.D0102-《客户信用等级及期限》

CWCGKH.D0201-《法务尽职调查表》

CWCGKH.D0301-《客户资信调查表》

CWCGKH.D0301-《客户基本信息表》

CWCGKH.D0301-《客户信用等级评分表》

CWCGKH.D0301-《客户授信调整表》

CWCGKH.D0301-《客户资料档案》

7.0 数据信息记录文件

8.0 作业指导文件（附件）

CWCGKH.C1-《客户信用管理流程图》。

编制人		审核人	
批准签发		批准日期	
修订情况			

附件：CWCGKH.C1-《客户信用管理流程图》

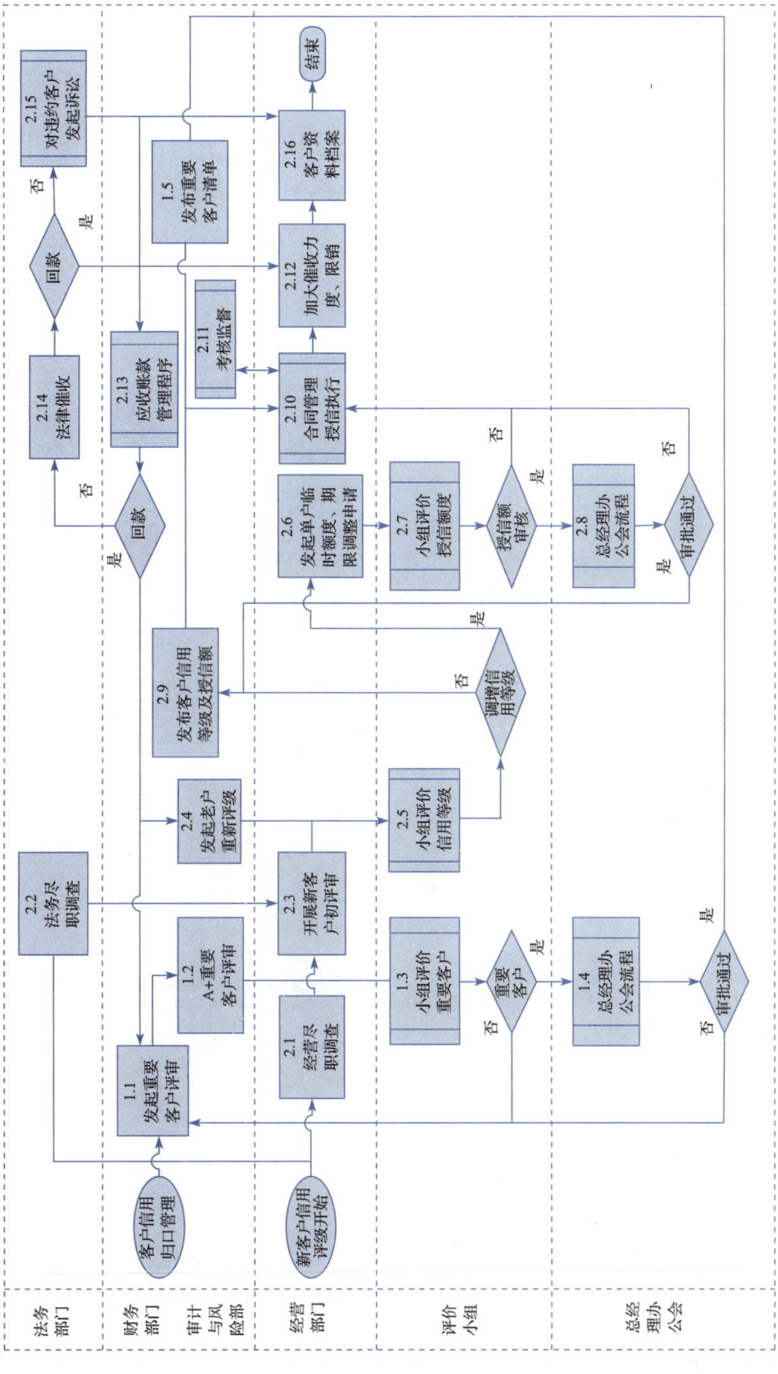

法务部门
财务部门
审计与风险部
经营部门
评价小组
总经理办公会

客户信用归口管理
新客户信用评级开始
1.1 发起重要客户评审
1.2 A+重要客户评审
1.3 小组评价重要客户
重要客户
是
否
1.4 总经理办公会流程
审批通过
是
否
1.5 发布重要客户清单
2.1 经营尽职调查
2.2 法务尽职调查
2.3 开展新客户初评审
2.4 发起老户重新评级
2.5 小组评价信用等级
调增信用等级
是
否
2.6 发起单户临时额度、期限调整申请
2.7 小组评价授信额度
授信额审核
是
否
2.8 总经理办公会流程
审批通过
是
否
2.9 发布客户信用等级及授信额
2.10 合同管理授信执行
2.11 考核监督
2.12 加大催收力度、限销
2.13 应收账款管理程序
回款
是
否
2.14 法律催收
回款
是
否
2.15 对违约客户发起诉讼
2.16 客户资料档案
结束

第 7 页共 7 页

三、组织对象关联结构

下面以项目对象为例，讨论组织对象关联结构。

组织项目关联结构是具有若干个项目的多层次关联，一方面，每个项目系统内部元素之间具有关联结构；另一方面，各项目之间存在关联，如项目之间的技术交流，工作协同与信息交互等。各类项目具有共性关联结构，同时又拥有各自独特的职能。每个项目的关联结构，相当于项目维“切片”，见图 8-7 组织项目关联结构。

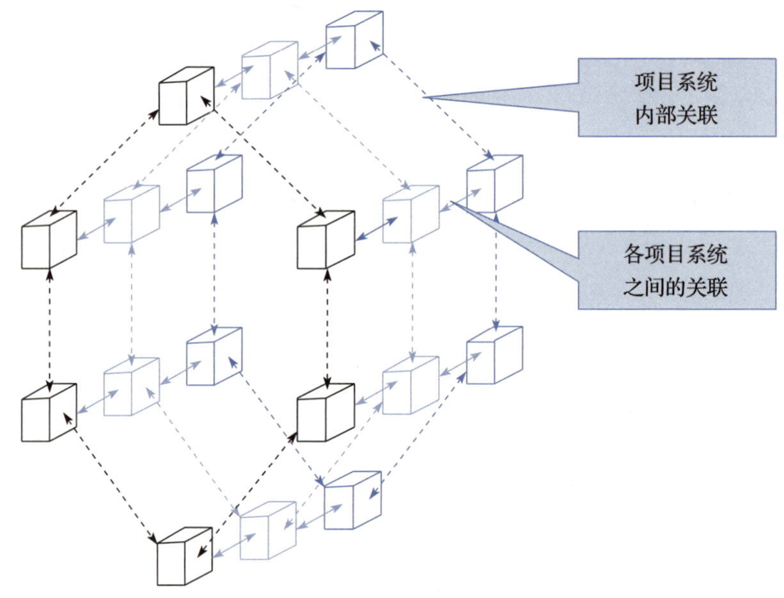

图 8-7　组织项目关联结构

组织项目关联结构所表达的关联关系，需要通过有关项目职能管理程序来具体体现和管理。

四、组织系统关联结构

（一）组织系统关联结构

组织系统关联结构包含各维元素的关联结构，相对各维关联结构而言，属于组织总体关联结构。每个维关联结构相当于组织系统关联结构从维轴向投影得到的关联结构，是从不同视角看到的不同关联结构形式，如同人体从不同角度拍的 X 光片，如同机械制图的三视图，见图 8-8 物体立体图与其三视图。

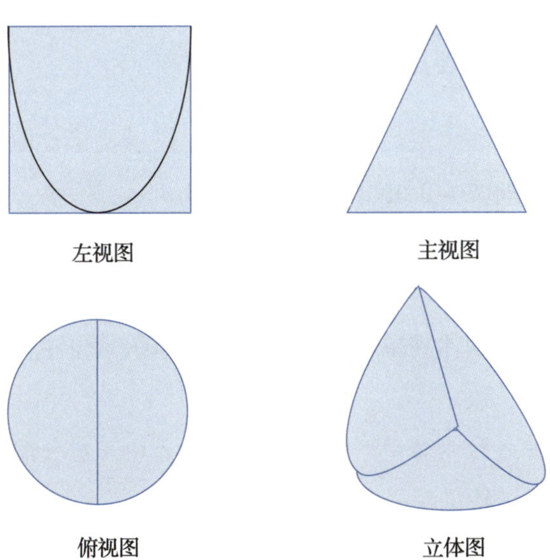

图 8-8　物体立体图与其三视图

组织系统关联结构简化模型如图 4-5 系统环状关联结构，包含单位、职能、对象和时间四个根本维的属性。将项目对象关联结构从组织系统关联结构中拉出来，突显项目对象维，见图 8-9 组织系统关联结构。

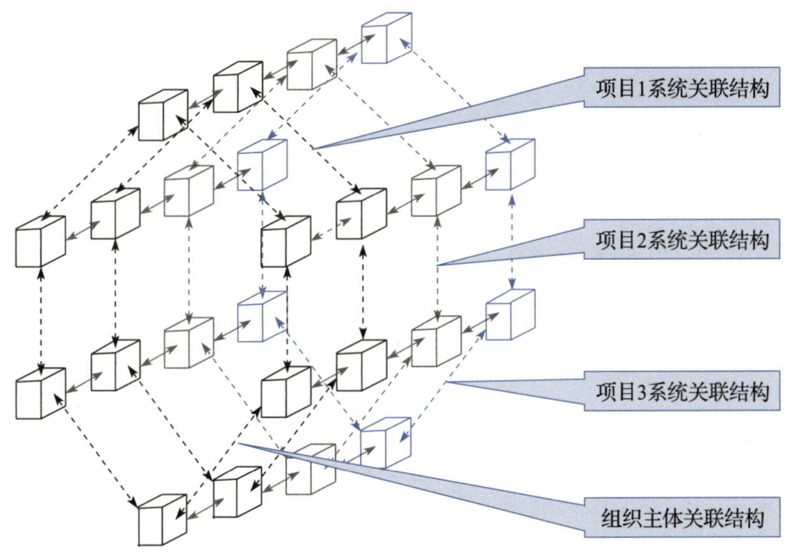

图 8-9　组织系统关联结构

图 8-9 中，组织主体（相当于公司总部单位及其职能）关联结构与项目对象关联结构具有对应的职能活动关联，属于专业对口管理，如技术顾问对各项目指导监督、各项目用料集采等，见图 7-4 某公司“项目—部门”管理矩阵。

（二）组织系统关联结构要点

（1）组织活动单元关联关系往往是综合叠加、纵横交错，但每个维的关联结构经拓扑变形，都可以变成如图 8-9 组织系统关联结构。

（2）组织单位、职能关联结构具有一致性。

组织单位主体结构与对应层级的组织职能主体结构一致，并且公司职能活动与责任单位成对存在，职能关联体现单位关联。因此，组织单位主体关联结构与相对应层级的组织职能关联结构一致。

【一体化 10】 组织单位主体关联结构与对应层次的职能关联结构一致。

（3）组织系统关联结构的扁平化方法。

组织系统关联结构是组织系统同层次元素之间的关系结构，关联结构的简化是关联关系的简化，也是职能管理程序的简化，其扁平化方法是努力使系统元素之间形成网状关联结构，如图 4-4 系统网状关联结构；或者是矩阵关联结构，如图 8-5 IBM 组织单位矩阵关联结构。另外，还可以通过岗位责任规定或授权将权力下放，使组织单位岗位层树形关联结构的层数减少，强化扁平化。

五、组织价值链与组织职能关联

（一）价值创造与价值链

价值创造（Value Creation）是指企业生产、供应满足目标客户需要的产品或服务的一系列业务活动及其成本结构。

价值链（Value Chain）是指企业价值创造过程中一系列不相同但相互联系的价值活动的总和，是一系列符合特定模式活动的环节或链条，用来描述组织营运或功能行为的顺序。

组织的价值是其拥有的资源价值、通过职能活动创造价值的能力、在环境中的能量作用及保证组织持续增长的能力。职能是为实现组织的愿景和方针目标而设立的功能单元，相互关联的职能单元以各自特定的功能活动形式产生能量作用，实现能量与资源之间的价值转换，实现整体增值。

（二）价值链结构与职能关联结构

职能关联具有价值链的属性，见表 8-1 价值链与职能关联属性对比。

表 8-1　价值链与职能关联属性对比

特点	价值链	职能关联
概念性	是实现目标价值进行一系列符合特定模式的活动，是一系列的输入、转换与输出的活动序列集合	是所有职能单元之间直接关系到整体属性的关系，每个单元都是一个输入和输出过程
基础性	对顾客要求满足的实现，从而实现价值	为满足顾客要求产生能量，创造价值
界限性	从事物质上和技术上界限分明的活动	资源与能量分明，技术与管理分明
细分性	分成若干个小的“价值活动”	职能细分为作业层次活动
主辅性	基本活动与辅助活动	基本活动职能与辅助活动职能
价值性	资源价值与创造能力	资源价值与产生能量
总值性	总价值、总成本、总利润	总收入、总成本、总利润
整体性	自身价值和外部单位价值	自身资源能量和外部资源价值
异质性	不同组织有不同的价值链	不同组织有不同的职能关联

根据价值链理论，组织的经营活动可以根据其对价值的影响分成若干单元活动，也就是职能单元活动，它们被称为“价值活动”。根据表 8-1 价值链与职能关联属性对比，两者概念、特征异曲同工，因此，职能单元是构成价值链的基本单元，组织职能关联结构与组织价值链结构一体化。

【一体化 11】 组织价值链结构与组织职能关联结构一体化。

（三）价值链层次深度

价值链分析法（Value Chain Analysis）是一种寻求确定组织竞争优势的工具，即运用系统性方法来考察组织各项活动和相互关系，从而找寻具有竞争优势的资源。组织价值链结构分析，也是组织职能关联结构的价值分析。

价值活动从层次深度分为两大类：基本增值活动和辅助增值活动。基本增值活动是为实现目标价值，对涉及与产品实物形态的加工流转有直接作用的投入和资源，具有直接创造价值的一系列基本职能活动，如成品开发、市场营销、进料后勤、材料供应、生产加工、生产运行、成品储运、发货物流和售后服务等。辅助增值活动是保证基本活动的运行，对组织基本活动有辅助作用的投入和资源，具有间接创造价值的一系列职能活动，如采购投入、技术开发、人力资源、设备管理、新品研发、技术决策、信息技术、计划技术、广告策划、市场预测、法律咨询、体系设计和战略规划等。

为了价值链分析需要，将直接创造价值的基本增值活动职能与间接创造价值的辅助增值活动职能区别开来；将涉及物质的职能活动与涉及技术的职能活动区别开来，将图 8-6 组织职能关联结构“分层”表达为图 8-10 组织价值链层次模型。

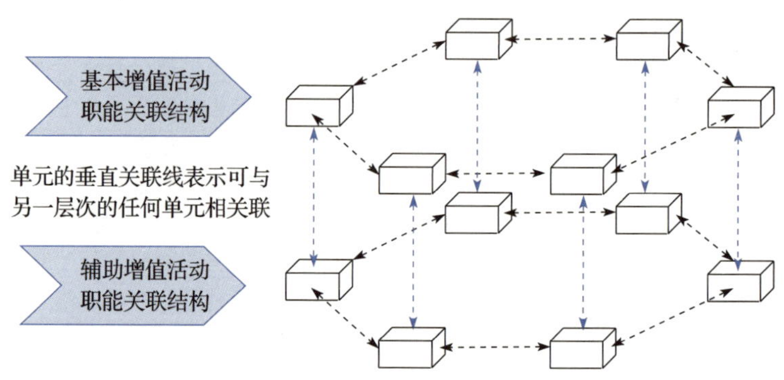

图 8-10　组织价值链层次模型

职能活动的每个环节不一定都创造价值，判断组织某一个职能活动是否创造价值，要看它是否提供了后续活动所需的能量和资源，是否降低了后续活动的成本，需要从财务角度看是否列入直接成本。因而，价值链的任何一个职能活动过程，都需要从财务的角度落实成本。能够创造价值的职能活动属于价值链的 " 战略环节 "，它决定组织是否具有战略环节上的竞争优势。

（四）价值链范围广度

价值链范围广度从两个角度来考察，一是在组织内部单位活动范围的企业价值链；二是在组织所涉及领域相关的内外部单位活动范围的系统价值链，系统价值链中包含企业价值链。对组织四维管理系统来说，两种价值链无非是管理对象范围的不同，前者只涉及内部对象，后者涉及内外部所有相关单位对象，见图 5-1 职能活动与组织内外部对象的能量转换。内部单位的能量转换是通过职能活动来实现的，如通过生产活动制造产品，通过支付薪酬换取员工的劳动价值，通过科研创新获得专利无形资产。组织针对外部对象相关的职能活动及能量转换，如：合作伙伴供应材料；向顾客销售产品；与伙伴的合作，出钱出力，创造产品的价值；通过抢占市场间接限制对手的产品市场占有率；通过政府公关获得好的土地及政策等。

1. 企业价值链

企业价值链是以企业内部价值活动为核心所形成的价值体系。任何价值链中的价值活动之间都具有相互依存的关系，每个价值活动都会对其他相联系的价值活动产生影响，如，成本影响、价值效果影响等。

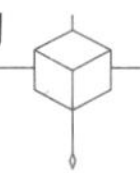

（1）价值链中的价值活动之间具有相互影响的关系，往往是此消彼长，例如，一个产品的设计成本和原材料成本如果都很高，往往产品的品质相对更高，会使售后服务成本降低。

（2）价值链中的价值活动之间具有相互协调的关系。例如，保证向客户按时准确交货，就需要依赖内部各部门的协调，包括企业外部的物流管理和整个服务体系的良好工作。良好的协调体系可以使企业向客户按时准确交货，而较少压资金，保持较高的存货比例。

（3）价值链中的价值活动之间可进一步整合。企业开展精益管理、业务流程重组（BPR）的工作重点就是消除价值传递链中的非增值活动和调整核心增值活动。例如，为实现面向订单的单点接触的全程服务，由一位员工独立承担一系列任务而进行的工作任务整合。如例 8-4 中所述的 IBM 为“销售员（Salesman）”创造的独立工作场景；为了高效优质地满足顾客需要，对单个员工无法承担系列任务的实际问题，组建一个协同作战团队；整合顾客和供应商的资源等。

2. 系统价值链

系统价值链是指由上游价值活动、企业价值活动、下游价值活动共同构成的价值链系统。如企业价值链上接供应商价值链，下联客户价值链，同时还受到市场价值链（包括市场的划分及销售的方式）与竞争对手价值链的影响，则它们共同构成了一个价值链系统。系统价值链是组织完整的职能管理系统，是全部职能管理程序链接组成的关联网络。

企业通过跨界整合资源、协作机制、优化组合和有效协调企业价值链与另一企业价值链之间的关系，可以提升一定的竞争优势。例如，某企业可以要求其供应商提供产品的特定组件，而不是零件，这样可以缩短生产过程和节省成本。

价值共创是指以个体为中心，由消费者与企业共同创造价值的理论。认为消费者不再是消极的购买者，而是积极参与企业的研发、设计、生产，进行消费体验。通过让顾客参与价值共创环节，能及时获得反馈信息，帮助企业提高服务质量、降低成本、提高效率、改进产品、提高品牌知名度与价值等，这些价值共创活动会成为企业与其竞争对手的最大差别，突显竞争优势。

在企业与外部单位的互动中，利害关系人都是价值共创者，如供应商、合作方、客户、分销商等。价值共创是系统价值的一部分，具有共同的目标，因此，系统价值链与价值共创具有一致性。

【一体化 12】 系统价值链与价值共创一致。

第四篇

组织四维管理体系模型之信息论

第九章 组织四维管理体系信息系统雏形

一、组织信息论的概念

信息论是从量的方面研究系统信息如何识别、获取、加工、处理、存储、传输和控制的一门科学和方法论。狭义信息论是研究在通信系统中普遍存在的信息传递的共同规律，以及如何提高信息传输系统的有效性和可靠性的一门通讯理论。广义信息论是运用狭义信息论的观点来研究一切信息问题的理论。

信息论在组织管理体系模型创建中的应用独树一帜，本书称之为组织信息论。组织信息论是以一般信息论为基础理论和方法论，运用其思想、观点和方法，为创建组织管理体系模型探究组织管理体系信息系统模型的总体架构、基本结构、共性规律和通用模式，旨在建立普遍适用的组织信息模型，即组织四维管理体系信息系统模型。

二、组织四维管理体系信息系统地位

第三篇组织四维管理系统模型之系统论讨论构建组织系统模型，本篇组织四维管理体系模型之信息论讨论构建组织信息模型。一旦构建完成组织信息模型，也就建立完成了组织管理体系模型；然而，组织信息模型并非是一个独立的模型，它是在组织系统模型基础上突显信息属性并衍生出不同信息单元形态的信息模型，包括组织管理体系文件信息系统模型和组织管理体系指标信息系统模型，见表 9-1 组织信息模型的地位。

表 9-1　组织信息模型的地位

<table>
<tr><th colspan="3">组织四维管理体系总体模型</th></tr>
<tr><td>组织系统模型</td><td colspan="2">组织信息模型（组织四维管理体系信息系统模型）</td></tr>
<tr><td>组织管理体系模型基础架构</td><td>基础文件总体架构
基础指标总体架构</td><td>基础信息构成及其规范</td></tr>
<tr><td colspan="2">硬性结构</td><td>软性规定</td></tr>
</table>

三、组织四维管理体系信息系统雏形

组织四维管理体系信息系统雏形是对组织系统模型信息属性的深化和细化，是以信息的形式对组织活动环境及活动状况的描述。因此，组织管理体系信息系统雏形是将组织管理系统模型的各维分化为信息维，见图 9-1 组织四维管理体系信息系统雏形。

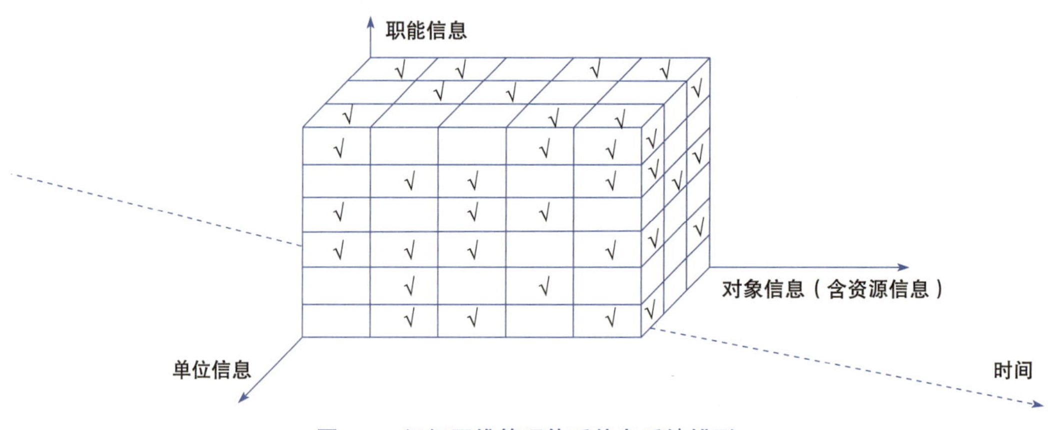

图 9-1　组织四维管理体系信息系统雏形

（一）组织四维管理体系的静态信息与动态信息

组织管理体系的信息包括组织基础信息和组织运行信息，相对而言可以分为静态信息和动态信息，并由此从如图 9-1 组织四维管理体系信息系统雏形分化出图 9-2 组织四维管理体系静态信息模型和图 9-3 组织四维管理体系动态信息模型。静态的组织基础信息又分为维结构信息和维基础信息。维结构信息是指维成员结构信息（如职能维结构文件和职能维成员词典文件），维基础信息是在维结构基础上建立的与该维直接相关的信息，如以职能结构为基础建立的各种职能管理程序。

组织动态运行的信息，是组织职能活动实施过程的输入和输出信息，是相关静态

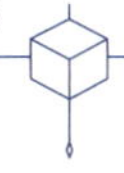

信息加上了时间属性的信息，也是反映组织管理效能状况的信息，是职能输出信息动态规律的描述。由于组织运行信息是职能活动信息，具有四维属性，并不存在除职能维以外的活动信息，因此，在图 9-3 组织四维管理体系动态信息模型中，原职能维替换为职能输出信息维，其他维则保留不变，因此动态信息模型坐标分别为职能输出信息、单位、对象和时间。

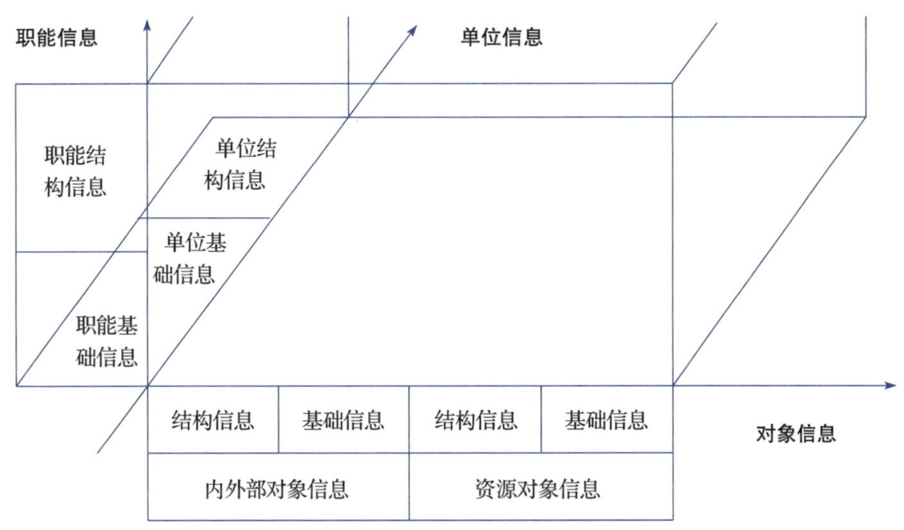

图 9-2　组织四维管理体系静态信息模型

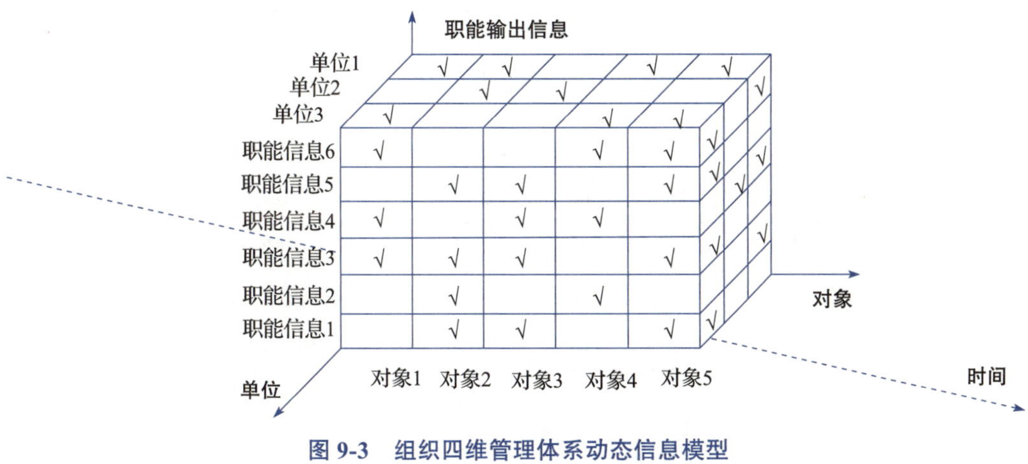

图 9-3　组织四维管理体系动态信息模型

（二）组织四维管理体系文件信息和指标信息

信息单元（Unit of Information）是组织系统信息最基本的组成成分；按信息的形态，分为文件信息单元和指标信息单元，可通俗简单地分为“承载”和“加工”两个层面。信息承载以单一文件为信息单元，信息加工以单一指标为信息单元。因而，按信息形态分化出组织四维管理体系文件信息系统模型和组织四维管理体系指标信息系统模型，并且每种模型都拥有相对动态信息和静态信息，见表 9-2 不同形态信息系统模型的动态信息和静态信息。

表 9-2 不同形态信息系统模型的动态信息和静态信息

信息系统模型	动态信息	静态信息
文件信息系统模型	组织运行过渡文件	组织维相关基础文件
指标信息系统模型	组织运行效能指标	组织维相关评价指标

四、组织四维管理体系基础信息构成

建立组织文件和指标两个信息系统模型需建立各自的分类结构，首先需分别建立组织四维管理体系基础文件总体架构和基础指标总体架构。由表 9-2 不同形态信息系统模型的动态信息和静态信息，按维细分为表 9-3 组织四维管理体系基础信息构成。

表 9-3 组织四维管理体系基础信息构成

<table>
<tr><th colspan="2">A 组织</th><th>B 职能维</th><th>C 单位维</th><th>D 对象维</th><th>E 资源维</th></tr>
<tr><td rowspan="2">组织维
结构文件</td><td>说明文件</td><td>职能维文件</td><td>单位维文件</td><td>对象维文件</td><td>资源维文件</td></tr>
<tr><td>结构词典</td><td>职能结构文件
职能词典文件</td><td>单位结构文件
单位词典文件</td><td>对象结构文件
对象词典文件</td><td>资源结构文件
资源词典文件</td></tr>
<tr><td rowspan="2">基础文件
总体架构</td><td>基础文件</td><td>职能基础文件</td><td>单位基础文件</td><td>对象基础文件</td><td>资源基础文件</td></tr>
<tr><td>过渡文件</td><td>职能过渡文件</td><td colspan="3">按维分类的过渡文件</td></tr>
<tr><td rowspan="2">基础指标
总体架构</td><td>效能指标</td><td>职能效能指标</td><td colspan="3">按维分类的效能指标</td></tr>
<tr><td>评价指标</td><td>职能评价指标</td><td>单位评价指标</td><td>对象评价指标</td><td>资源评价指标</td></tr>
</table>

建立了基础文件总体架构和基础指标总体架构，下一步需要建立组织管理体系基础文件分类结构及其基础文件目录，以构建组织四维管理体系文件系统模型；建立组织管理体系基础指标分类结构及其维成员词典，以构建组织四维管理体系指标系统模型。但在各维建立其信息分类结构之前仍属于信息模型的雏形。

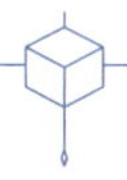

五、组织四维管理体系基础信息分类结构组成

为了将图 9-1 组织四维管理体系信息系统雏形建成实用模型，需将相关维成员深化为信息形态的维成员，建立维信息分类结构。如前所述，维基础信息是在维结构基础上建立的与该维直接相关的信息，而维结构是该维信息分类的主体结构，在其基础上进一步细化其细分结构。

【一体化 13】 组织维信息分类主体结构与组织维层次结构一体化。

由于信息有不同的形态，每个维基础信息都可分别按信息单元形态分别建立其信息分类结构，包括建立组织管理体系文件分类结构和组织管理体系指标分类结构，见图 9-4 组织管理体系基础信息分类结构组成。

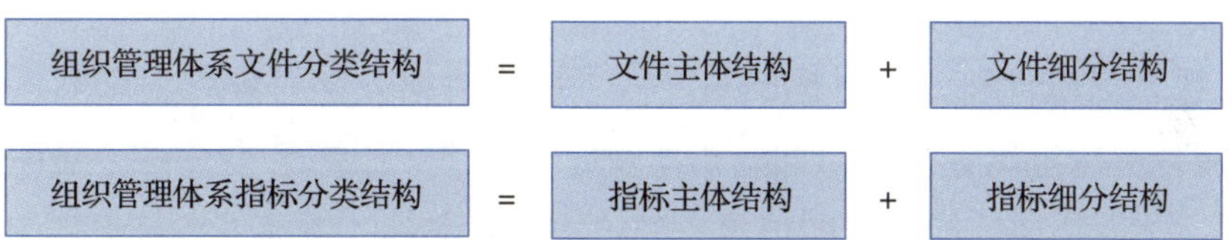

图 9-4　组织管理体系基础信息分类结构组成

组织管理体系基础文件分类结构

一、组织管理体系基础文件总体架构

从实现组织愿景和方针目标的角度，可以将组织方针目标视为计划实现的“产品”，因而，所建组织管理体系即组织质量管理体系，组织管理体系手册即组织质量管理手册，组织管理体系文件即组织质量管理体系文件，遵循《质量管理体系文件指南》(GB/T 19023–2003、ISO/TR 10013：2001)。

(一) 组织管理体系基础文件总体架构

根据图 9-2 组织四维管理体系静态信息模型和表 9-3 组织四维管理体系基础信息构成，形成表 10-1 组织管理体系基础文件总体架构，依此建立组织维管理基础文件。

表 10-1　组织管理体系基础文件总体架构

<table>
<tr><th>大类代码</th><th>维文件</th><th>组织维结构基础文件</th><th>组织维管理基础文件</th></tr>
<tr><td>A</td><td>总体文件</td><td colspan="2">A00- 组织管理体系基础文件清单
A01- 组织管理体系手册（目录）</td></tr>
<tr><td rowspan="3">B</td><td rowspan="3">职能文件</td><td colspan="2">B00- 组织职能基础文件</td></tr>
<tr><td rowspan="2">B11- 组织职能维文件（说明）
B11.1- 组织职能结构文件</td><td>B12- 组织管理制度文件清单</td></tr>
<tr><td>B13- 组织职能文件清单
B13.B- 组织职能管理程序文件
B13.C- 组织职能作业指导文件
B13.D- 组织职能作业记录文件</td></tr>
</table>

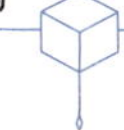

续表

<table>
<tr><th>大类代码</th><th>维文件</th><th>组织维结构基础文件</th><th>组织维管理基础文件</th></tr>
<tr><td rowspan="3">B</td><td rowspan="3">职能文件</td><td rowspan="3"></td><td>B14- 组织职能过渡文件清单</td></tr>
<tr><td>B15- 组织管理效能指标文件（说明）
B15.1- 组织职能综合信息指标词典文件
B15.2- 组织职能数据信息指标词典文件</td></tr>
<tr><td>B16- 组织管理体系评价指标文件</td></tr>
<tr><td rowspan="3">C</td><td rowspan="3">单位文件</td><td colspan="2">C00- 组织单位基础文件</td></tr>
<tr><td rowspan="2">C11- 组织单位维文件（说明）
C11.1- 组织单位结构文件
C11.2- 组织单位词典文件</td><td>C12- 组织单位职能文件清单</td></tr>
<tr><td>C13- 组织岗位职能文件清单</td></tr>
<tr><td rowspan="9">D</td><td rowspan="9">对象文件</td><td colspan="2">D00- 组织对象基础文件</td></tr>
<tr><td rowspan="2">D11- 组织项目维文件（说明）
D11.1- 组织项目分类结构文件
D11.2- 组织项目词典文件</td><td>D12- 组织项目基础文件</td></tr>
<tr><td>D13- 组织项目评价指标文件</td></tr>
<tr><td rowspan="2">D21- 组织顾客维文件（说明）
D21.1- 组织顾客分类结构文件
D21.2- 组织顾客词典文件</td><td>D22- 组织顾客基础文件
D22.1- 组织顾客档案基础文件</td></tr>
<tr><td>D23- 组织顾客评价指标文件</td></tr>
<tr><td rowspan="2">D31- 组织伙伴维文件（说明）
D31.1- 组织伙伴分类结构文件
D31.2- 组织伙伴词典文件</td><td>D32- 组织伙伴基础文件
D32.1- 组织伙伴档案基础文件</td></tr>
<tr><td>D33- 组织伙伴评价指标文件</td></tr>
<tr><td rowspan="2">D41- 组织对手维文件（说明）
D41.1- 组织对手分类结构文件
D41.2- 组织对手词典文件</td><td>D42- 组织对手基础文件
D42.1- 组织对手档案基础文件</td></tr>
<tr><td>D43- 组织对手评价指标文件</td></tr>
<tr><td rowspan="7">E</td><td rowspan="7">资源文件</td><td colspan="2">E00- 组织资源基础文件</td></tr>
<tr><td rowspan="2">E11- 组织人力资源维文件（说明）
E11.1- 组织人力资源分类结构文件
E11.2- 组织人力资源词典文件</td><td>E12- 组织人力资源基础文件</td></tr>
<tr><td>E13- 组织人力资源评价指标文件</td></tr>
<tr><td rowspan="2">E21- 组织财力资源维文件（说明）
E21.1- 组织财力资源分类结构文件
E21.2- 组织财力资源词典文件</td><td>E22- 组织财力资源基础文件</td></tr>
<tr><td>E23- 组织财力资源评价指标文件</td></tr>
<tr><td rowspan="2">E31- 组织物力资源维文件（说明）
E31.1- 组织物力资源分类结构文件
E31.2- 组织物力资源词典文件</td><td>E32- 组织物力资源基础文件
E32.1- 组织房屋设备分类结构与代码文件
E32.2- 组织办公设备分类结构与代码文件
E32.3- 组织物资能源分类结构与代码文件
E32.4- 组织产品服务分类结构与代码文件</td></tr>
<tr><td>E33- 组织物力资源评价指标文件</td></tr>
</table>

续表

大类代码	维文件	组织维结构基础文件	组织维管理基础文件
E	资源文件	E41- 组织信息资源维文件（说明） E41.1- 组织信息资源分类结构文件 E41.2- 组织信息资源词典文件	E42- 组织信息资源基础文件 E43- 组织信息资源评价指标文件

注：B13 组织职能文件的细分文件代码分别用 B、C、D，是与质量管理体系文件分类代码保持一致。

（二）组织管理体系基础文件统一分类结构

组织管理体系基础文件分类结构，按照图 9-4 组织管理体系基础信息分类结构组成，各维基础文件主体结构采用对应组织维结构，文件“大类”码按照表 10-1 组织管理体系基础文件总体架构。见表 10-2 组织管理体系基础文件统一分类结构形式。

表 10-2　组织管理体系基础文件统一分类结构形式

大类		中类	小类	
整体分类		文件主体结构	细分结构	
A-E 维码	分类码	组织维结构	分组	标识 / 序号

组织管理体系基础文件分类结构由文件主体结构和细分结构组成，对这两部分结构的层次选择不同，编码方式不同，则代码长度不同，效果也不同。组织在各类基础文件编码中，可以根据本身的整体设计做出选择。

文件分类结构代码组成方式如下所示。

（1）“最短结构码长方式”。为使文件代码简化，以“能短则短”为原则，当按照文件主体结构某层次来建立相应的文件代码时，只选择该层次以上的码长，如：部门文件的文件主体结构只选择到部门层码长。这种方式的优点是部分文件的代码可以较短，通过代码的长度就能区分文件所属单位的层次；缺点是全体文件代码不完全等长，集合时较乱。

（2）“主体结构码长方式”。为使文件代码在主体结构范围内整齐划一，选择所有文件主体结构全长代码。如：无论是部门职能文件，还是处室职能文件，它们的文件主体结构统一选择到处室职能层次代码长度，而文件细分结构组码不做统一长度规定。优点是文件主体结构代码等长，集合文件时虽然仍不具整齐性，但大分类已有一定的秩序性；缺点是不能使全体文件代码统一整齐。

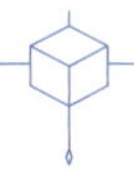

（3）“完整结构码长方式”。这种方式使文件代码全部等长。优点是强化文件排列的有序性和齐整性，视觉效果极佳；缺点是一些文件以较短码长即可满足分类需要，被加长后会增加使用的麻烦和出错的概率。

二、组织管理体系手册（A01）

组织管理体系手册，也是质量管理手册，为组织纲领性文件，是组织管理体系的宏观制度，是组织的顶层设计文件，规定各项管理标准、原则、方式、策略和办法，满足组织管理体系认证要求等，反映组织为实现其方针和目标所采用的方法。向组织内部和组织外部提供管理体系符合性信息，并为组织运行提供总体蓝图和路线图。

【例 10-1】依据对 GB/T 19001 的理解，手册由组织基本要素和组织运行控制过程要素组成，既满足对手册规定内容的要求，又体现组织管理控制功能的完整过程。见表 10-3 组织管理体系手册目录（A01）。

表 10-3　组织管理体系手册目录（A01）

章节号	目录	落实文件及图表	主要内容
概述篇			
0	**前言**		
0.1	手册总则		建立和实施质量管理体系是组织的一项重要战略决策，通过有效地实施能够提高组织整体效能和绩效，并为组织持续发展奠定基础
0.2	引用文件	ISO 9000《质量管理体系 基础和术语》 ISO 9001《质量管理体系 要求》	
0.3	主题内容		描述组织质量管理体系总规范是组织建立和实施管理体系的纲领性文件
0.4	组织概况	《组织概况》	组织的名称、地址、通讯、业务、背景、历史、规模、管理概况和技术概况
0.5	手册管理	《质量手册管理程序》	1. 现在发布或有效版本的编号，发布日期或有效期及相应的内容 2. 简述手册如何确认和保持，其内容由谁来审核和审核周期，授权谁来更改和批准质量手册，及换版的审定方法

续表

章节号	目录	落实文件及图表	主要内容
0.5	手册管理	《质量手册管理程序》	3. 简述标识、分发和控制程序，是否可以对外，是否含有机密内容 4. 负责质量手册实施的人员批准签字（或其他批准方式）
1	**手册目的范围**		
1.1	手册目的		本手册用于证实组织具有持续、稳定提供满足顾客要求和适用法律法规要求的产品和服务的能力
1.2	适用范围		本手册描述的质量管理体系范围适用于：产品、注册地、生产地等
2	**质量方针目标**		
2.1	质量方针	《方针目标管理程序》	由最高管理者正式发布的总的质量宗旨和方向，是组织从产品质量要求及客户满意角度出发做出的承诺与追求。与组织经营的宗旨相适应，体现组织的个性、特色、追求和客户的承诺
2.2	质量目标	《方针目标管理程序》	1. 方针目标应该满足产品要求的产品固有特性或产品所需的过程、资源等要求 2. 目标是方针的具体指标，可以测量，具有可操作性和可评审性 3. 按组织的相关单位和职能层层分解落实，确保完成
系统篇			
3	**组织体系架构**		
3.1	总体架构	《体系建立管理程序》	组织四维管理体系模型总体架构
3.2	单位维		按组织战略规划，进行组织管理体系建设的核心组织机构设立、职能设立及人员安排，绘制组织机构图
3.3	职能维		组织职能结构
3.4	对象维		组织对象结构
3.5	资源维		组织资源结构
4	**组织单位职能**		
4.1	单位职能	《单位职能管理程序》	详细阐明影响到质量的管理、执行和验证职能的部门的职责、权限及其接口和联系方法
4.2	岗位职能	《岗位职能管理程序》	在岗位职能中，明确影响质量的管理、执行、验证或评审人员的职责与权限和相互关系 在领导岗位职能中，明确影响质量的管理、执行、验证或评审人员的职责与权限和相互关系

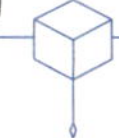

续表

章节号	目录	落实文件及图表	主要内容
4.3	领导承诺	《总经理岗位责任》	1. 对管理体系的有效性负责 2. 确保质量方针目标与环境和战略方向匹配 3. 确保质量方针在整个组织得到沟通、理解和运用 4. 确保质量管理体系的要求纳入组织的业务运作 5. 确保所需资源的获得 6. 传达有效的质量管理和满足体系、产品和服务要求的重要性 7. 保证体系实现预期的输出 8. 吸纳、指导和支持员工为体系的有效性做出的贡献 9. 增强持续改进和创新 10. 支持管理者在其负责的领域证实其领导作用
信息篇			
5	**文件总体架构**		
5.1	文件架构	《文件控制管理程序》	组织管理体系基础文件总体架构
5.2	职能文件		组织管理制度文件清单、职能管理程序文件清单、职能作业指导文件清单、职能作业记录文件清单
5.3	单位文件		组织单位职能文件清单、组织岗位职能文件清单
5.4	对象文件		对象基础文件
5.5	资源文件		资源基础文件
6	**指标总体架构**		
6.1	指标架构	《综合统计管理程序》	组织管理体系指标总体架构
6.2	效能指标		
6.3	评价指标		
控制篇			
7	**预测分析过程**		
7.1	预测分析	《预测分析领域管理程序》	如《预测分析管理程序》《沟通协商管理程序》等
8	**目标计划过程**		
8.1	目标计划	《方针目标领域管理程序》	如《方针目标管理程序》《全面预算管理程序》《主题决策管理程序》《战略规划管理程序》等
9	**实施执行过程**		
9.1	实施执行	《实施执行领域管理程序》	如《任务分派管理程序》等

续表

章节号	目录	落实文件及图表	主要内容
10	**分析检查过程**		
10.1	分析检查	《分析检查领域管理程序》	如《工作分析管理程序》《监督检查管理程序》《经营分析管理程序》《成本分析管理程序》等
11	**总结评价过程**		
11.1	总结评价	《总结评价领域管理程序》	如《工作总结管理程序》《事后评价管理程序》《单位绩效管理程序》《人员绩效管理程序》《人资诊断管理程序》《职位评价管理程序》《营销审计管理程序》《管理评审管理程序》等
12	**改进处置过程**		
12.1	改进处置	《改进处置领域管理程序》	如《工作改进管理程序》《提案改善管理程序》《纠正措施管理程序》《预防措施管理程序》《质量改进管理程序》等

注：每个职能管理程序都拥有其输出的支持性信息附件，即职能作业记录文件。

三、组织职能基础文件（B00）

组织职能基础文件是在组织职能结构基础上建立的文件，包括组织管理制度文件、组织职能文件、组织职能过渡文件，以及将在后面章节讨论的组织管理效能指标文件和组织管理评价指标文件。

（一）组织管理制度文件（B12）

1. 组织管理制度文件分类结构形式

组织所有规章制度文件中，除具有管理程序特征的组织职能文件外，都属于组织管理制度文件。组织管理制度文件分类结构的主体结构，引用组织职能主体结构的某高层级部分。

依据表 10-1 组织管理体系基础文件总体架构，组织管理制度文件的大类码为 B12，文件主体分类结构引用组织职能处室层主体结构，结合表 10-2 组织管理体系基础文件统一分类结构形式，建立表 10-4 组织管理制度文件分类结构形式。

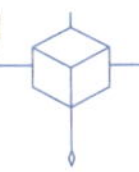

表 10-4　组织管理制度文件分类结构形式

大类	中类	小类	
B12	组织职能处室层主体结构	分组	序号

【例 10-2】某公司管理制度分类结构及管理制度文件。

根据表 10-4 组织管理制度文件分类结构形式，建立某公司管理制度文件分类结构形式，见表 10-5。

表 10-5　某公司管理制度文件分类结构形式

大类	中类						小类	文件附件
	部门层			处室层			序号	
	数字层码	字母层码	部门简称	数字层码	字母层码	处室简称		
B12							01 02 03 04 ⋮	01 02 03 04 ⋮

注：根据需要选择数字层码，或字母层码，或汉字层码（单位简称）。

2. 组织管理制度文件清单

续上例，依据表 10-5 某公司管理制度文件分类结构形式，中类层码采用字母层码，建立表 10-6 某公司管理制度文件清单（B12）。

表 10-6　某公司管理制度文件清单（B12）

部门层		处室层		制度名称	文件附件
11 B	总办事务	1 JC	决策管理		
		2 MD	保密档案	B12.BMD.01- 保密室管理准则	
				B12.BMD.02- 涉密电子设备管理	
				B12.BMD.03- 涉密电子设备标识管理	
				B12.BMD.04- 移动设备密级标识管理	
		3 MS	秘书管理	B12.BMS.01- 公司办公室守则	
				B12.BMS.02- 公司值班管理准则	
				B12.BMS.03- 公司印章证照管理制度	

续表

部门层		处室层		制度名称	文件附件
11 B	总办 事务	3 MS	秘书 管理	B12.BMS.04- 公司公文处理管理办法	
				B12.BMS.05- 文件收发准则	
				B12.BMS.06- 会议管理工作标准	
				B12.BMS.07- 公司接待来访个人工作标准	
				B12.BMS.08- 公司接待来访团体工作标准	
				B12.BMS.09- 对外联络管理办法	
				B12.BMS.10- 公司公章使用准则	
				B12.BMS.11- 印章使用管理规则	
		4 WS	外事 管理	B12.BWS.01- 公司接待工作准则	
				B12.BWS.02- 接待礼仪标准	
				B12.BWS.03- 见面与馈赠礼仪标准	
				B12.BWS.04- 外事纪律	
		5 XG	行政 管理	B12.BXG.01- 房屋维护制度	
				B12.BXG.02- 设备维护制度	
				B12.BXG.03- 公司复印机管理标准	
				B12.BXG.04- 公司文具用品管理标准	
				B12.BXG.05- 硬件设施检查管理	
				B12.BXG.06- 用电管理制度	
				B12.BXG.07- 办公室绿化标准	
				B12.BXG.08- 办公室布置标准	
				B12.BXG.09- 库房卫生安全制度	
12 C	财务 管理	1 CB	成本 管理		
		2 ZC	综合 管理		
13 F	法律 事务	1 FS	法律 审核		
		2 FW	法律 事务		

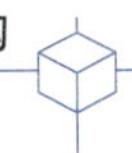

续表

部门层		处室层		制度名称	文件附件
14 J	市场 经营	1 SC	市场 管理		
		2 XK	项目 开发		
15 K	科学 技术	1 JS	技术 研究		
		2 ZK	综合 管理		
16 P	产品 事业	1 PG	产品 管理		
		2 PY	产品 研发		
17 Q	企业 管理	1 TK	体系 控制		
		2 TX	体系 建设		
		3 ZQ	综合 管理		
18 R	人力 资源	1 PX	教育 培训		
		2 RK	人资 管控		
		3 RZ	人资 配置		
		4 XF	薪资 福利		
		5 ZR	综合 管理	B12.RZR.01- 员工识别证使用准则	B12.RZR.01.01- 员工识别证样本
				B12.RZR.02- 员工行为规范	
				B12.RZR.03- 职级行为标准	
				B12.RZR.04- 员工考勤管理制度	B12.RZR.04.01- 考勤表
19 S	审计 风险	1 NK	内控 风险		
		2 SJ	审计 管理		

续表

部门层		处室层		制度名称	文件附件
20 W	文化 宣传	1 QY	企业 文化	B12.WQY.01- 员工工位标识管理制度	B12.WQY.01.01- 员工工位标识样本
		2 XJ	宣传 教育		
21 X	信息 技术	1 XT	系统 管理	B12.XXT.01- 电脑室紧急情况处理准则	
				B12.XXT.02- 电脑室管理规则	
		2 XX	信息 管理		
22 Y	运营 管理	1 AH	安技 环保	B12.YAH.01- 安全着装规范	
				B12.YAH.02- 现场安全管理制度	
		2 TJ	综合 统计		
		3 WG	物资 管理		
		4 YX	运行 管理		
23 Z	战略 发展	1 GH	规划 管理		
		2 HG	合资 管理		
		3 TZ	资产 投资		
		4 XM	项目 投资		

3. 落实上级评价考核要求完善相关制度

组织除按照自身的管理需要制定管理制度外，还需要落实上级红头文件的要求，建立和完善相应的管理制度。例如，表 6-26 保密工作管理评价指标评分标准，其中一些内容需在组织管理制度中落实完善。

4. 组织管理制度文件清单应用

管理制度有其主管单位、编制单位和执行单位。执行单位也可以根据主管单位的主干制度建立本单位的分支制度。

【例 10-3】建立表 10-7 组织“管理制度—部门”协同矩阵（B12）。

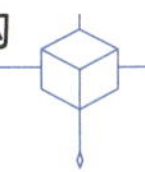

表 10-7　组织“管理制度—部门”协同矩阵（B12）

主管部门		主管处室		制度文件名	11 办公室	12 财务部	13 法务部	14 经营部	15 科学部	16 产品部	17 企管部	18 人资部	19 审计部	20 文宣部	21 信息部	22 运营部	23 战略部
11 B	总办事务	1 JC	决策管理		★												
		2 MD	保密档案	B12.BMD101- 保密室管理准则	★	√	√	√	√	√	√	√	√	√	√	√	√
				B12.BMD201- 涉密电子设备管理	★	√	√	√	√	√	√	√	√	√	√	√	√
				B12.BMD501- 涉密电子设备标识管理	★	√	√	√	√	√	√	√	√	√	√	√	√
				B12.BMD502- 移动设备密级标识管理	★	√	√	√	√	√	√	√	√	√	√	√	√
		3 MS	秘书管理	B12.BMS101- 公司办公室守则	★	√	√	√	√	√	√	√	√	√	√	√	√
				B12.BMS102- 公司值班管理准则	★	√	√	√	√	√	√	√	√	√	√	√	√
				B12.BMS401- 公司印章证照管理制度	★	√	√	√	√	√	√	√	√	√	√	√	√
		4 WS	外事管理	B12.BWS101- 公司接待工作准则	★	√	√	√	√	√	√	√	√	√	√	√	√
				B12.BWS102- 接待礼仪标准	★	√	√	√	√	√	√	√	√	√	√	√	√
				B12.BWS103- 外事纪律	★	√	√	√	√	√	√	√	√	√	√	√	√
		5 XG	行政管理	B12.BXG201- 房屋维护制度	★	√	√	√	√	√	√	√	√	√	√	√	√
				B12.BXG202- 设备维护制度	★	√	√	√	√	√	√	√	√	√	√	√	√
				B12.BXG203- 公司复印机管理标准	★	√	√	√	√	√	√	√	√	√	√	√	√
				B12.BXG204- 公司文具用品管理标准	★	√	√	√	√	√	√	√	√	√	√	√	√
				B12.BXG205- 硬件设施检查管理	★	√	√	√	√	√	√	√	√	√	√	√	√
				B12.BXG301- 用电管理制度	★	√	√	√	√	√	√	√	√	√	√	√	√

续表

主管部门		主管处室		制度文件名	11办公室	12财务部	13法务部	14经营部	15科学部	16产品部	17企管部	18人资部	19审计部	20文宣部	21信息部	22运营部	23战略部
11 B	总办事务	5 XG	行政管理	B12.BXG501-办公室绿化标准	★	√	√	√	√	√	√	√	√	√	√	√	√
				B12.BXG502-办公室布置标准	★	√	√	√	√	√	√	√	√	√	√	√	√
				B12.BXG503-库房卫生安全制度	★	√	√	√	√	√	√	√	√	√	√	√	√
12 C	财务管理	1 CB	成本管理			★											
		2 ZC	综合管理			★											
13 F	法律事务	1 FS	法律审核				★										
		2 FW	法律事务				★										
14 J	市场经营	1 SC	市场管理					★									
		2 XK	项目开发					★									
15 K	科学技术	1 JS	技术研究						★								
		2 ZK	综合管理						★								
16 P	产品事业	1 PG	产品管理							★							
		2 PY	产品研发							★							
17 Q	企业管理	1 TK	体系控制								★						
		2 TX	体系建设								★						
		3 ZQ	综合管理								★						

续表

主管部门		主管处室		制度文件名	11办公室	12财务部	13法务部	14经营部	15科学部	16产品部	17企管部	18人资部	19审计部	20文宣部	21信息部	22运营部	23战略部
18 R	人力资源	1 PX	教育培训									★					
		2 RK	人资管控									★					
		3 RZ	人资配置									★					
		4 XF	薪资福利									★					
		5 ZR	综合管理	B12.RZR101-员工识别证使用准则	√	√	√	√	√	√	√	★	√	√	√	√	√
				B12.RZR102-员工行为规范	√	√	√	√	√	√	√	★	√	√	√	√	√
				B12.RZR103-职级行为标准	√	√	√	√	√	√	√	★	√	√	√	√	√
				B12.RZR104-员工考勤管理制度	√	√	√	√	√	√	√	★	√	√	√	√	√
19 S	审计风险	1 NK	内控风险										★				
		2 SJ	审计管理										★				
20 W	文化宣传	1 QY	企业文化	B12.WQY501-员工工位标识管理制度	√	√	√	√	√	√	√	√	√	★	√	√	√
		2 XJ	宣传教育											★			
21 X	信息技术	1 XT	系统管理	B12.XXT401-电脑室紧急情况处理准则	√	√	√	√	√	√	√	√	√	√	★	√	√
				B12.XXT501-电脑室管理规则					√	√					★		
		2 XX	信息管理												★		
22 Y	运营管理	1 AH	安技环保	B12.YAH101-安全着装规范	√	√	√	√	√	√	√	√	√	√	√	★	√

续表

主管部门		主管处室		制度文件名	11办公室	12财务部	13法务部	14经营部	15科学部	16产品部	17企管部	18人资部	19审计部	20文宣部	21信息部	22运营部	23战略部
22 Y	运营管理	1 AH	安技环保	B12.YAH501- 现场安全管理制度	√	√	√	√	√	√	√	√	√	√	√	★	√
		2 TJ	综合统计													★	
		3 WG	物资管理													★	
		4 YX	运行管理													★	
23 Z	战略发展	1 GH	规划管理														★
		2 HG	合资管理														★
		3 TZ	资产投资														★
		4 XM	项目投资														★

注：★为职能主管及管理制度的制定部门，√为职能协同及制度适用部门。

每个部门相关的各种管理制度涉及不同岗位，见表 10-8 组织“管理制度—岗位”矩阵（B12）。

表 10-8　组织“管理制度—岗位”矩阵（B12）

部门：运营部

主管部门		主管处室		制度文件名	本部门	岗位1	岗位2	岗位3	岗位4	岗位5	岗位6
11 B	总办事务	1 JC	决策管理								
		2 MD	保密档案	B12.BMD101- 保密室管理准则	√	√	√	√	√	√	√
				B12.BMD201- 涉密电子设备管理	√	√	√	√	√	√	√
				B12.BMD501- 涉密电子设备标识管理	√	√	√	√	√	√	√
				B12.BMD502- 移动设备密级标识管理	√	√	√	√	√	√	√

续表

主管部门		主管处室		制度文件名	本部门	岗位1	岗位2	岗位3	岗位4	岗位5	岗位6
11 B	总办事务	3 MS	秘书管理	B12.BMS101- 公司办公室守则	√	√	√	√	√	√	√
				B12.BMS102- 公司值班管理准则	√	√	√	√	√	√	√
				B12.BMS401- 公司印章证照管理制度	√	√	√	√	√	√	√
		4 WS	外事管理	B12.BWS101- 公司接待工作准则	√	√	√	√	√	√	√
				B12.BWS102- 接待礼仪标准	√	√	√	√	√	√	√
				B12.BWS103- 外事纪律	√	√	√	√	√	√	√
		5 XG	行政管理	B12.BXG201- 房屋维护制度	√	√	√	√	√	√	√
				B12.BXG202- 设备维护制度	√	√	√	√	√	√	√
				B12.BXG203- 公司复印机管理标准	√	√	√	√	√	√	√
				B12.BXG204- 公司文具用品管理标准	√	√	√	√	√	√	√
				B12.BXG205- 硬件设施检查管理	√	√	√	√	√	√	√
				B12.BXG301- 用电管理制度	√	√	√	√	√	√	√
				B12.BXG501- 办公室绿化标准	√	√	√	√	√	√	√
				B12.BXG502- 办公室布置标准	√	√	√	√	√	√	√
				B12.BXG503- 库房卫生安全制度	√	√	√	√	√	√	√
18 R	人力资源	5 ZR	综合管理	B12.RZR101- 员工识别证使用准则	√	√	√	√	√	√	√
				B12.RZR102- 员工行为规范	√	√	√	√	√	√	√
				B12.RZR103- 职级行为标准	√	√	√	√	√	√	√
				B12.RZR104- 员工考勤管理制度	√	√	√	√	√	√	√
20 W	文化宣传	1 QY	企业文化	B12.WQY501- 员工工位标识管理制度	√	√	√	√	√	√	√
21 X	信息技术	1 XT	系统管理	B12.XXT401- 电脑室紧急情况处理准则	√					√	√
22 Y	运营管理	1 AH	安技环保	B12.YAH101- 安全着装规范	★	√	√	√	√	√	√
				B12.YAH501- 现场安全管理制度	★	√	√	√	√	√	√

注：★为职能主管及管理制度的制定部门；√为职能协同及制度适用部门。

（二）组织职能文件（B13）

组织职能文件包括职能管理程序文件、职能作业指导文件和职能作业记录文件。它是用于规定管控标准的操作性文件之一，为实施质量管理体系要素提供方案细则、标准和规范。它可将各种专业管理体系和法规要求落实到统一的职能管理程序中。

依据表 10-1 组织管理体系基础文件总体架构，组织职能文件的大类码为 B13，文件主体分类结构引用组织职能主体结构，对组织职能文件细分结构的一级分组引用质量管理体系标准文件分类：B 类为职能管理程序文件，C 类为职能作业指导文件，D 类为职能作业记录文件。由此，组织职能文件分类结构与质量管理体系文件分类结构一致。

【一体化 14】 组织职能文件分类结构与质量管理体系文件分类结构一致。

1. 组织职能管理程序文件

每一个独立职能都建立对应的职能管理程序。依照表 10-2 组织管理体系基础文件统一分类结构形式，建立如表 10-9 组织职能管理程序文件分类结构形式。

表 10-9　组织职能管理程序文件分类结构形式

大类	中类	小类	
B13	独立职能结构	B	序号

2. 组织职能作业指导文件结构

组织职能作业指导文件为微观制度文件，是职能管理程序实施的支持性、辅助性文件，是有关具体职能活动作业适用的各种法律、法规、要求、制度、规定、规则、准则、标准、指导等，是保证过程、活动、场所质量的最基础的文件（包括外来文件），为开展纯技术性或操作性的活动提供指导。组织职能作业指导文件可以是详细的书面描述、流程、图表、模型、注释、规范、手册、图片、录像，或它们的组合，按照职能活动的管理或技术属性可分为管理性文件和技术性文件。如果职能管理程序中对职能作业单元的要求描述足够详细，则不需要编制作业指导文件。

每个独立职能仅有一个管理程序文件，但可以有若干个作业指导文件。依照表 10-2 组织管理体系基础文件统一分类结构形式，建立如表 10-10 组织职能作业指导文件分类结构形式。

表 10-10　组织职能作业指导文件分类结构形式

大类	中类	小类		
B13	独立职能结构	C	分组	序号

3. 组织职能作业记录文件结构

组织职能记录文件由组织职能活动内容描述规定（见图 6-5 职能活动内容描述乌龟图），是通过执行职能管理程序输出的各类文件，如各种报表、管理台账、工作文件等。

每个独立职能仅有一个管理程序文件，但可以有若干个作业记录文件。依照表 10-2 组织管理体系基础文件统一分类结构形式，建立如表 10-11 组织职能作业记录文件分类结构形式。

表 10-11　组织职能作业记录文件分类结构形式

大类	中类	小类		
B13	独立职能结构	D	分组	序号

有些职能作业记录文件由于专业管理的需要，可对文件分类结构的“小类”部分的细分结构部分做个性化细分。

【例 10-4】某公司其经济合同文件属于经济合同职能作业记录文件，依据表 10-11 组织职能作业记录文件分类结构形式，进一步细化分组，制定经济合同文件分类结构标准，见表 10-12 某公司经济合同文件分类结构形式。

表 10-12　某公司经济合同文件分类结构形式

大类	中类	小类				
B13	独立职能结构	D	合同类别	合同登记号	文件组号	序号

合同类别：合同属性代码 + 标的类别代码。

合同属性代码：进口——I（Import）、出口——E（Export）、内购——P（Purchase）、

内销——S（Sell）、其他——O（Other）。

标的类别代码：货物——G（Goods）、运输——T（Transport）、服务——S（Service）、合作——C（Cooperation）。

如经济合同为进口货物合同时，则合同类别为 IG。

合同登记号为合同管理台账的年份内合同登记顺序号；文件组号为合同文件中多类文件的分组号。

4. 组织职能文件的名称规范

职能的管理程序文件、作业指导文件和作业记录文件，其文件名称可以规范、简化如下。

（1）由于职能文件出自独立职能活动，而独立职能有自己规范长度的关键词名称，因此，独立职能的管理程序文件、作业指导文件组和记录文件组的名称可以统一文件名称结构。

（2）职能文件的主名为独立职能的关键词，后缀为“管理程序”“作业指导”和“作业记录”。

（3）由于独立职能的管理程序后缀名称带有通用属性的“管理”字样，因此独立职能关键词名称在命名时须避免带有“管理”字样。

5. 组织职能文件清单

按照独立职能与其管理程序文件、作业指导文件和作业记录文件的对应性，可建立组织职能文件清单矩阵。

【例 10-5】某公司按照表 6-17 某公司职能主体结构，建立组织职能文件清单，并选择统一职能文件名称结构，见表 10-13 某公司职能文件清单（B13）。本例中对每个独立职能仅设立 1 个作业文件组和 1 个记录文件组。实际上每个独立职能对应有不同数量的文件，如表中“总办事务—秘书管理—公文处理”独立职能的若干基础文件。

6. 组织职能管理程序文件的建立

组织职能管理程序文件的建立，可以按照 ISO 9001 对程序文件的相关规定设计文件格式和内容。

【例 10-6】《质量损失管理程序》。

依照 ISO 9001 对程序文件的要求设计文件格式，将已经建立的表 6-28 质量损失管理程序和表 7-22 质量损失管理部门职责，按格式进行编辑。

表 10-13　某公司职能文件清单（B13）

部门		处室		独立职能		B13.B- 组织职能管理程序文件	B13.C- 组织职能作业指导文件组	B13.D- 组织职能作业记录文件组
B	总办事务	JC	决策管理	BG	总办规划	B13.BJCBG.B1- 总办规划管理程序	B13.BJCBG.C1- 总办规划作业指导	B13.BJCBG.D101- 总办规划记录
				ZJ	主题决策	B13.BJCZJ.B1- 主题决策管理程序	B13.BJCZJ.C1- 主题决策作业指导	B13.BJCZJ.D101- 主题决策记录
		MD	保密档案	BM	保密工作	B13.BMDBM.B1- 保密工作管理程序	B13.BMDBM.C1- 保密工作作业指导	B13.BMDBM.D101- 保密工作记录
				DA	档案保存	B13.BMDDA.B1- 档案保存管理程序	B13.BMDDA.C1- 档案保存作业指导	B13.BMDDA.D101- 档案保存记录
		MS	秘书管理	GW	公文处理	B13.BMSGW.B1- 公文处理管理程序	B13.BMSGW.C1- 公文处理作业指导 B13.BMSGW.C2-OA 系统作业指导	B13.BMSGW.D101- 公文发放登记表 B13.BMSGW.D102- 公文收存登记表 B13.BMSGW.D103- 公文回收登记表
				HY	会议组织	B13.BMSHY.B1- 会议组织管理程序	B13.BMSHY.C1- 会议组织作业指导	B13.BMSHY.D101- 会议组织记录
				JF	接待服务	B13.BMSJF.B1- 接待服务管理程序	B13.BMSJF.C1- 接待服务作业指导	B13.BMSJF.D101- 接待服务记录
				WL	对外联络	B13.BMSWL.B1- 对外联络管理程序	B13.BMSWL.C1- 对外联络作业指导	B13.BMSWL.D101- 对外联络记录
				YZ	印鉴证照	B13.BMSYZ.B1- 印鉴证照管理程序	B13.BMSYZ.C1- 印鉴证照作业指导	B13.BMSYZ.D101- 印鉴证照记录
		WS	外事管理	HG	护照统管	B13.BWSHG.B1- 护照统管管理程序	B13.BWSHG.C1- 护照统管作业指导	B13.BWSHG.D101- 护照统管记录
				WS	外事服务	B13.BWSWS.B1- 外事服务管理程序	B13.BWSWS.C1- 外事服务作业指导	B13.BWSWS.D101- 外事服务记录

续表

部门		处室		独立职能		B13.B- 组织职能管理程序文件	B13.C- 组织职能作业指导文件组	B13.D- 组织职能作业记录文件组
B	总办事务	XG	行政管理	AB	安全保卫	B13.BXGAB.B1- 安全保卫管理程序	B13.BXGAB.C1- 安全保卫作业指导	B13.BXGAB.D101- 安全保卫记录
				CD	车队事务	B13.BXGCD.B1- 车队事务管理程序	B13.BXGCD.C1- 车队事务作业指导	B13.BXGCD.D101- 车队事务记录
				HQ	后勤保障	B13.BXGHQ.B1- 后勤保障管理程序	B13.BXGHQ.C1- 后勤保障作业指导	B13.BXGHQ.D101- 后勤保障记录
				YP	设备用品	B13.BXGYP.B1- 设备用品管理程序	B13.BXGYP.C1- 设备用品作业指导	B13.BXGYP.D101- 设备用品记录
C	财务管理	CB	成本管理	CB	成本分析	B13.CCBCB.B1- 成本分析管理程序	B13.CCBCB.C1- 成本分析作业指导	B13.CCBCB.D101- 成本分析记录
				CF	财务分析	B13.CCBCF.B1- 财务分析管理程序	B13.CCBCF.C1- 财务分析作业指导	B13.CCBCF.D101- 财务分析记录
				CG	财务规划	B13.CCBCG.B1- 财务规划管理程序	B13.CCBCG.C1- 财务规划作业指导	B13.CCBCG.D101- 财务规划记录
				QY	全面预算	B13.CCBQY.B1- 全面预算管理程序	B13.CCBQY.C1- 全面预算作业指导	B13.CCBQY.D101- 全面预算记录
		ZC	综合管理	KJ	会计业务	B13.CZCKJ.B1- 会计业务管理程序	B13.CZCKJ.C1- 会计业务作业指导	B13.CZCKJ.D101- 会计业务记录
				ZC	资金筹措	B13.CZCZC.B1- 资金筹措管理程序	B13.CZCZC.C1- 资金筹措作业指导	B13.CZCZC.D101- 资金筹措记录
				ZF	资产费用	B13.CZCZF.B1- 资产费用管理程序	B13.CZCZF.C1- 资产费用作业指导	B13.CZCZF.D101- 资产费用记录
⋮	⋮	⋮	⋮	⋮	⋮	⋮	⋮	⋮

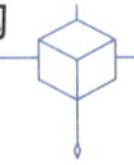

×××有限公司

文件名称	B13.KZKZS.B1- 质量损失管理程序		
职能文件	发布单位	职能对象	发布时间
质量损失	科技部		
程序版本	A/0	发布文号	

1.0 文件目的

为加强公司产品质量管理，理顺质量损失的核算、分析和考核等管理工作流程，规范产品质量损失管理，准确掌握总公司及各一级子公司质量损失总体情况，分析质量损失的构成和发生的原因，采取整改措施，控制和降低质量损失，特制定本办法。

2.0 适用范围（四维范围）

本管理程序适用于本公司及各一级子公司质量损失管理及相关考核。

3.0 相关术语

3.1 质量损失：企业在生产、经营过程和活动中，由于产品的质量问题而导致的损失。包括内部质量损失和外部质量损失。

3.2 质量损失率：一定时期内，企业质量损失占同期销售收入的比重。

3.3 质量损失费用：已经批量生产的产品发生质量问题后，分析质量问题原因，制定纠正措施并实施纠正所产生的费用。处置质量问题过程中采用的预防措施费用不纳入质量损失范畴。各一级子公司维持固定售后服务团队日常工作的费用不纳入质量损失的归集范围。

3.4 内部质量损失：产品交付前因不满足规定质量要求而产生损失的费用。

3.5 外部质量损失：产品交付后因不满足规定的质量要求，导致索赔、退货、修理、更换等损失的费用。

第1页共5页

4.0 职责单位

部门	职责	
科技部	(一) 负责组织制定总公司质量损失管理办法，确定质量损失管理工作流程 (二) 负责会同公司财务部共同确定质量损失的归集范围、构成类别和核算口径 (三) 负责会同总公司各事业部确定各一级子公司质量损失率年度考核指标，并对其质量损失率指标完成情况提出考核建议 (四) 负责会同总公司各事业部督促、指导各一级子公司做好降低质量损失工作	
财务部	(一) 负责将质量损失纳入财务全面预算和决算管理体系，对总公司质量损失实际发生情况进行核算，定期发布 (二) 负责根据质量损失的归集范围、构成类别和核算口径，建立质量损失管理相关财务科目 (三) 负责督促、指导各一级子公司财务部门建立统一的质量损失管理财务科目	
事业部	(一) 负责会同科技部共同确定各一级子公司年度质量损失率考核指标 (二) 负责按分管业务范围督促、指导各一级子公司开展质量整改工作，有效地降低质量损失 (三) 负责会同科技部提出各一级子公司年度质量损失率指标完成情况的考核建议	
运营部	负责将质量损失率考核指标纳入各一级子公司资产经营责任制考核体系并实施考核	
子公司	(一) 负责按照本办法的规定，确定本公司质量损失归集范围、构成类别和核算口径，建立质量损失管理和考核体系，将总公司下达的质量损失率指标分解落实到相关部门 (二) 负责将质量损失纳入本公司全面预算管理，按照总公司质量损失财务核算科目的要求，建立本公司对应的财务核算科目 (三) 负责确定本公司质量损失管理工作职责和分工，建立管理工作流程，制定或修订管理办法，规范质量损失的管理，建立并完善本公司质量损失管控体系 (四) 负责根据总公司质量损失管理工作要求，结合本公司实际情况，制定本公司的质量损失相关表单和流转程序，规范质量损失的审批过程 (五) 负责开展本单位质量损失数据收集、核算、分析和上报工作 (六) 负责本公司下属公司质量损失工作的指导、推进、监督	

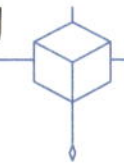

×××有限公司　　　　　　　　　　　　文件编码：B13.KZKZS.B1

5.0 工作程序

程序	作业	要求	文件	协同
指标制定	提出指标	参考相关历史数据，每年年初根据公司质量损失总体目标和各一级子公司实际情况，提出各一级子公司年度质量损失率考核指标建议。数据指标：质量损失率	转《各一级子公司年度质量损失率考核指标建议》	科技部、产品部
	指标审批	指标审批		
	纳入考核	考核指标纳入各一级子公司年度资产经营责任制考核指标范围，并下达执行	建立《各一级子公司年度资产经营责任制考核指标》	运营部
指标落实	指标分解	各一级子公司分解公司下发的质量损失率指标，质量损失率指标须分解到具体产品、项目		子公司
	责任落实	制定相关保证措施，落实责任单位		
	纳入计划	纳入本公司年度工作计划		
指标上报	上报财务	各一级子公司财务部门每月按照本办法的规定，将上月本公司质量损失核算数据上报总公司财务部	上报《质量损失核算》	子公司
	上报科技	同时由质量管理部门每月纳入质量月报并对数据进行分析		
分析反馈	质量分析	各一级子公司相关职能部门对产品项目质量损失情况进行分析、制定相关措施进行改进		子公司
	报告反馈	形成分析整改报告反馈质量管理部门	上报《质量分析整页报告》	
	控制情况	各一级子公司质量管理部门汇总、分析各产品项目质量损失指标控制情况，并对相关问题进行协调和推进		
	上报公司	形成月度报告，相关内容纳入质量月报，按期上报公司	上报《质量月报》	

第3页共5页

文件编码：B13.KZKZS.B1　　　　质量损失管理程序

续表

程序	作业	要求	文件	协同
核算发布	数据核算	每月将各一级子公司上月的质量损失数据进行核算		财务部
	数据发布	发布	发布《质量损失核算》	
问题督导	对下督导	根据财务部发布的各一级子公司质量损失数据，对存在问题的子公司进行督导		产品部
建议反馈	建议反馈	年终前根据财务部发布的各一级子公司质量损失数据和子公司上报的年度质量损失核算数据，将分管业务范围内产品项目质量损失情况及考核建议反馈科技部	上报《产品项目质量损失情况及考核建议》	产品部
实施考核	建议提报	科技部形成质量损失总体考核建议报运营管理部	转《质量损失总体考核建议》	科技部
	实施考核	运营管理部实施考核	发布《各一级子公司年度资产经营责任制考核指标》	运营部

第4页共5页

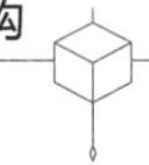

文件编码：B13.KZKZS.B1　　　　质量损失管理程序

6.0 职能作业文件

B13.KZKZS.C1- 质量损失类别设置

B13.KZKZS.C2- 质量损失类别编号设置规则

B13.KZKZS.C3- 质量损失类别的确定和质量损失的预算、核算的原则

7.0 输入文件

B13.KZKZS.D101-《各一级子公司年度质量损失率考核指标建议》(去年)

D103-《质量损失核算》(子公司)

D104-《质量分析整改报告》(子公司)

D105-《质量月报》(子公司)

8.0 输出文件

B13.KZKZS.D103-《质量损失核算》(发布)

B13.KZKZS.D101-《各一级子公司年度质量损失率考核指标建议》

D102-《各一级子公司年度资产经营责任制考核指标》

D106-《产品项目质量损失情况及考核建议》

D107-《质量损失总体考核建议》

编制人		审核人	
批准签发		批准日期	
修订情况			

第 5 页共 5 页

（三）组织职能过渡文件（B14）

1. 组织职能过渡文件分类结构形式

组织职能过渡文件是在执行职能管理程序或执行临时职能活动的作业任务中产生的各类文件，属于组织职能活动输出的过渡文件，需要统一编制过渡文件代码。

依照表 10-1 组织管理体系基础文件总体架构，组织职能过渡文件大类码为 B14，结合表 10-2 组织管理体系基础文件统一分类结构形式，建立如表 10-14 组织职能过渡文件分类结构形式。

表 10-14　组织职能过渡文件分类结构形式

大类	中类	小类		
B14 （可省略）	独立职能结构 （文件组用字母码，具体文件用汉字码）	年份 + 职能工号	文件分组	序号

2. 组织职能过渡文件基本功用

职能过渡文件有如下基本功用：

（1）组织单位向员工分派任务时，以过渡文件小类的文件细分代码作为其任务工号。

（2）过渡文件是最完整的第一手员工原始工作记录文件，可用于记录成文工作量。

（3）如果过渡文件的目标文件属于表 10-1 组织管理体系基础文件总体架构中规定的文件，则成文后需将其按标准名称和代码复制为目标文件。例如，企业技术部按职能管理程序制定，包括产品标准、工艺标准、检查试验方法标准的职能作业指导文件，编辑这些文件时首先编有过渡文件代码，文件编制完成后复制为相应职能标准名称的作业指导文件。另外，产生过渡文件的职能活动与拥有或使用这些文件的职能活动不一定一致。

（4）组织职能过渡文件是组织活动产生的所有流水文件，如果档案文件按文件产生的流水号归档，而非按归档时间编号，则过渡文件分类编码与档案文件分类编码具有一致性，而那些过渡文件作为存档文件需遵循档案管理办法。

【一体化 15】 职能过渡文件分类结构与档案文件分类结构一致。

【例 10-7】 某公司职能过渡文件分类结构及文件代码。

按照表 10-14 组织职能过渡文件结构形式，建立表 10-15 某公司职能过渡文件分类结构及文件代码。

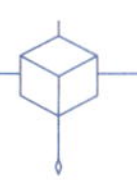

表 10-15　某公司职能过渡文件分类结构及文件代码

独立职能结构	文件细分结构（任务工号）			过渡文件代码及文件名称
独立层	年份职能工号	文件分组	文件序号	
经济合同	2019.066	1	1	经济合同 .2019.066.1.1- 主合同
经济合同	2019.066	2	1	经济合同 .2019.066.2.1- 附件
经济合同	2019.066	3	1	经济合同 .2019.066.3.1- 分批订单
经济合同	2019.066	4	1	经济合同 .2019.066.4.1- 律师审核意见
审计风险	2019.005	1	2	审计风险 .2019.005.1.2- 关于融资性贸易风险化解情况报告（2 月）
审计风险	2019.005	1	3	审计风险 .2019.005.1.3- 关于融资性贸易风险化解情况报告（3 月）
审计风险	2019.005	2	1	审计风险 .2019.005.2.1- 融资性贸易风险化解数据库（2 月）
审计风险	2019.005	2	2	审计风险 .2019.005.2.2- 融资性贸易风险化解数据库（3 月）
审计风险	2019.005	3		审计风险 .2019.005.3- 各类风险情况表
⋮	⋮	⋮	⋮	⋮

该过渡文件主体结构采用独立职能结构，独立职能代码采用汉字层码；“年份职能工号”是独立职能任务在年份内排序号，为了避免将“年份职能工号”中的工号误当做日期而避免选用 4 位数字代码。

四、组织单位基础文件（C00）

组织单位基础文件包括组织单位职能文件和组织岗位职能文件。

（一）组织单位职能文件（C12）

1. 组织单位职能文件分类结构形式

依据表 10-1 组织管理体系基础文件总体架构，组织单位职能文件大类码为 C12，文件主体结构引用组织单位主体结构，结合表 10-2 组织管理体系基础文件统一分类结构形式，建立表 10-16 组织单位职能文件分类结构形式。

表 10-16　组织单位职能文件分类结构形式

大类	中类						职能文件名
	部门层			处室层			
	数字层码	字母层码	部门名称	数字层码	字母层码	处室名称	
C12							

注：根据需要选择数字层码，或字母层码，或汉字层码（单位简称）。

【一体化 16】 组织单位职能文件分类结构与组织单位结构一致。

2. 组织单位职能文件清单（C12）

【例 10-8】依据表 6-2 某公司单位主体结构，按照表 10-16 组织单位职能文件分类结构形式，建立表 10-17 某公司单位职能文件清单。

表 10-17　某公司单位职能文件清单（C12）

部门层			处室层			职能文件名
数字层码	字母层码	部门简称	数字层码	字母层码	处室简称	
11	B	总办事务	0	00		C12.B00- 总办事务部职能
			1	JC	决策管理	C12.BJC- 决策管理处职能
			2	MD	保密档案	C12.BMD- 保密档案处职能
			3	MS	秘书管理	C12.BMS- 秘书管理处职能
			4	WS	外事管理	C12.BWS- 外事管理处职能
			5	XG	行政管理	C12.BXG- 行政管理处职能
12	C	财务会计	0	00		C12.C00- 财务会计部职能
			1	CB	成本管理	C12.CCB- 成本管理处职能
			2	ZC	综合管理	C12.CZC- 综合管理处职能
13	F	法律事务	0	00		C12.F00- 法律事务部职能
			1	FS	法律审核	C12.FFS- 法律审核处职能
			2	FW	法律事务	C12.FFW- 法律事务处职能
14	J	市场经营	0	00		C12.J00- 市场经营部职能
			1	SC	市场管理	C12.JSC- 市场管理处职能
			2	XK	项目开发	C12.JXK- 项目开发处职能
15	K	科学技术	0			C12.K00- 科学技术部职能
			1	JS	技术研究	C12.KJS- 技术研究处职能
			2	ZK	综合管理	C12.KZK- 综合管理处职能

续表

部门层			处室层			职能文件名
数字层码	字母层码	部门简称	数字层码	字母层码	处室简称	
16	P	产品事业	0	00		C12.P00- 产品事业部职能
			1	PG	产品管理	C12.PPG- 产品管理处职能
			2	PY	产品研发	C12.PPY- 产品研发处职能
17	Q	企业管理	0	00		C12.Q00- 企业管理部职能
			1	TK	体系控制	C12.QTK- 体系控制处职能
			2	TX	体系建设	C12.QTX- 体系建设处职能
			3	ZQ	综合管理	C12.QZQ- 综合管理处职能
18	R	人力资源	0	00		C12.R00- 人力资源部职能
			1	PX	教育培训	C12.RPX- 教育培训处职能
			2	RK	人资管控	C12.RRK- 人资管控处职能
			3	RZ	人资配置	C12.RRZ- 人资配置处职能
			4	XF	薪资福利	C12.RXF- 薪资福利处职能
			5	ZR	综合管理	C12.RZR- 综合管理处职能
19	S	审计风险	0	00		C12.S00- 审计风险部职能
			1	NK	内控风险	C12.SNK- 内控风险处职能
			2	SJ	审计管理	C12.SSJ- 审计管理处职能
20	W	文化宣传	0	00		C12.W00- 文化宣传部职能
			1	QY	企业文化	C12.WQY- 企业文化处职能
			2	XJ	宣传教育	C12.WXJ- 宣传教育处职能
21	X	信息技术	0	00		C12.X00- 信息技术部职能
			1	XT	系统管理	C12.XXT- 系统管理处职能
			2	XX	信息管理	C12.XXX- 信息管理处职能
22	Y	运营管理	0	00		C12.Y00- 运营管理部职能
			1	AH	安技环保	C12.YAH- 安技环保处职能
			2	TJ	综合统计	C12.YTJ- 综合统计处职能
			3	WG	物资管理	C12.YWG- 物资管理处职能
			4	YX	运行管理	C12.YYX- 运行管理处职能
23	Z	战略发展	0	00		C12.Z00- 战略发展部职能
			1	GH	规划管理	C12.ZGH- 规划管理处职能
			2	HG	合资管理	C12.ZHG- 合资管理处职能
			3	TZ	资产投资	C12.ZTZ- 资产投资处职能
			4	XM	项目投资	C12.ZXM- 项目投资处职能

3. 组织单位职能文件的建立

【**例 10-9**】某公司各单位职能文件的建立，结合表 7-20 某公司运营部“独立职能—岗位”矩阵、表 10-6 某公司管理制度文件清单、表 10-8 组织“管理制度—岗位”矩阵，建立表 10-18 组织部门及岗位职能范围。

表 10-18　组织部门及岗位职能范围

部门：运营管理部　　　　文件代码：C13.Y00

职能主管单位				管理程序与管理制度	部门	岗位1	岗位2	岗位3	岗位4	岗位5	岗位6
层码	部门	层码	处室								
				管理程序（B13）							
11 B	总办事务	2 MD	保密档案	B13.BMDBM.B1- 保密工作管理程序	√	★			√		
				B13.BMDDA.B1- 档案保存管理程序	√	★			√		
		3 MS	秘书管理	B13.BMSGT.B1- 沟通协商管理程序	√	★			√		
				B13.BMSGW.B1- 公文处理管理程序	√	★			√		
		4 WS	外事管理	B13.BWSWS.B1- 外事服务管理程序	√	★			√		
				B13.BWSHG.B1- 护照管理管理程序	√	★			√		
		5 XG	行政管理	B13.BXGYP.B1- 设备用品管理程序	√	★			√		
15 K	科学技术	2 ZK	综合管理	B13.KZKBZ.B1- 标准体系管理程序	√		★	√			
17 Q	企业管理	1 TK	体系控制	B13.QTKGG.B1- 工作改进管理程序	√		√	★			
				B13.QTKGP.B1- 管理评审管理程序	√		√	★			
				B13.QTKJZ.B1- 纠正措施管理程序	√		√	★			
				B13.QTKTA.B1- 提案改善管理程序	√		√	★			
				B13.QTKYF.B1- 预防措施管理程序	√		√	★			
				B13.QTKZZ.B1- 主题支持管理程序	√		√	★			

续表

职能主管单位				管理程序与管理制度	部门	岗位1	岗位2	岗位3	岗位4	岗位5	岗位6
层码	部门	层码	处室								
17 Q	企业管理	2 TX	体系建设	B13.QTXBJ.B1- 标准建立管理程序	√		√	★			
				B13.QTXJL.B1- 记录控制管理程序	√		√	★			
				B13.QTXNH.B1- 内部审核管理程序	√		√	★			
				B13.QTXTX.B1- 体系建立管理程序	√		√	★			
				B13.QTXWJ.B1- 文件控制管理程序	√		√	★			
				B13.QTXZD.B1- 制度建设管理程序	√		√	★			
		3 ZQ	综合管理	B13.QZQHT.B1- 经济合同管理程序	√		√	★			
18 R	人力资源	1 PX	教育培训	B13.RPXPX.B1- 职业培训管理程序	√	√			★		
				B13.RPXWW.B1- 委外培训管理程序	√	√			★		
		2 RK	人资管控	B13.RRKGF.B1- 工作分析管理程序	√	√			★		
				B13.RRKRF.B1- 任务分派管理程序	√	√			★		
				B13.RRKRJ.B1- 人员绩效管理程序	√	√			★		
		3 RZ	人资配置	B13.RRZCC.B1- 出国审查管理程序	√	√			★		
				B13.RRZXP.B1- 招选聘用管理程序	√	√			★		
		5 ZR	综合管理	B13.RZRDZ.B1- 单位职能管理程序	√	√			★		
				B13.RZRGZ.B1- 岗位职能管理程序	√	√			★		
20 W	文化宣传	1 QY	企业文化	B13.WQYPP.B1- 品牌建设管理程序	√					★	√
		2 XJ	宣传教育	B13.WXJWZ.B1- 网站建设管理程序	√					★	√

续表

职能主管单位				管理程序与管理制度	部门	岗位1	岗位2	岗位3	岗位4	岗位5	岗位6
层码	部门	层码	处室								
21 X	信息技术	1 XT	系统管理	B13.XXTXT.B1- 系统建设管理程序	√					√	★
				B13.XXTXX.B1- 信息系统管理程序	√					√	★
		2 XX	信息管理	B13.XXXXZ.B1- 信息资源管理程序	√					√	★
22 Y	运营管理	1 AH	安技环保	B13.YAHAQ.B1- 健康安全管理程序	★	★			√		
				B13.YAHHB.B1- 环境保护管理程序	★	★			√		
				B13.YAHYJ.B1- 应急处置管理程序	★	★			√		
		2 TJ	综合统计	B13.YTJTJ.B1- 综合统计管理程序	★		★	√			
				B13.YTJZB.B1- 指标体系管理程序	★		★	√			
		3 WG	物资管理	B13.YWGGY.B1- 物资供应管理程序	★	√			★		
				B13.YWGTC.B1- 统一采购管理程序	★	√			★		
		4 YX	运行管理	B13.YYXFM.B1- 方针目标管理程序	★					★	√
				B13.YYXHP.B1- 事后评价管理程序	★					√	★
				B13.YYXJX.B1- 单位绩效管理程序	★					√	★
				B13.YYXMG.B1- 目标规划管理程序	★					★	√
				B13.YYXSS.B1- 计划实施管理程序	★					★	√
				B13.YYXYC.B1- 预测分析管理程序	★					√	★
				B13.YYXYG.B1- 运营规划管理程序	☆					★	√

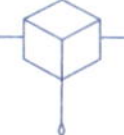

续表

职能主管单位				管理程序与管理制度	部门	岗位1	岗位2	岗位3	岗位4	岗位5	岗位6
层码	部门	层码	处室								
22 Y	运营管理	4 YX	运行管理	B13.YYXYY.B1- 运营分析管理程序	★					√	★
				B13.YYXZJ.B1- 工作总结管理程序	★					★	√
23 Z	战略发展	1 GH	规划管理	B13.ZGHGC.B1- 规划支持管理程序	√					★	√
				B13.ZGHGH.B1- 战略规划管理程序	√					★	√
管理制度（B12）											
11 B	总办事务	2 MD	保密档案	B12.BMD101- 保密室管理准则	√	√	√	√	√	√	√
				B12.BMD201- 涉密电子设备管理	√	√	√	√	√	√	√
				B12.BMD501- 涉密电子设备标识管理	√	√	√	√	√	√	√
				B12.BMD502- 移动设备密级标识管理	√	√	√	√	√	√	√
		3 MS	秘书管理	B12.BMS101- 公司办公室守则	√	√	√	√	√	√	√
				B12.BMS102- 公司值班管理准则	√	√	√	√	√	√	√
				B12.BMS401- 公司印章证照管理制度	√	√	√	√	√	√	√
		4 WS	外事管理	B12.BWS101- 公司接待工作准则	√	√	√	√	√	√	√
				B12.BWS102- 接待礼仪标准	√	√	√	√	√	√	√
				B12.BWS103- 外事纪律	√	√	√	√	√	√	√
		5 XG	行政管理	B12.BXG201- 房屋维护制度	√	√	√	√	√	√	√
				B12.BXG202- 设备维护制度	√	√	√	√	√	√	√
				B12.BXG203- 公司复印机管理标准	√	√	√	√	√	√	√
				B12.BXG204- 公司文具用品管理标准	√	√	√	√	√	√	√
				B12.BXG205- 硬件设施检查管理	√	√	√	√	√	√	√
				B12.BXG301- 用电管理制度	√	√	√	√	√	√	√
				B12.BXG501- 办公室绿化标准	√	√	√	√	√	√	√
				B12.BXG502- 办公室布置标准	√	√	√	√	√	√	√
				B12.BXG503- 库房卫生安全制度	√	√	√	√	√	√	√

续表

职能主管单位				管理程序与管理制度	部门	岗位1	岗位2	岗位3	岗位4	岗位5	岗位6
层码	部门	层码	处室								
18 R	人力资源	5 ZR	综合管理	B12.RZR101- 员工识别证使用准则	√	√	√	√	√	√	√
				B12.RZR102- 员工行为规范	√	√	√	√	√	√	√
				B12.RZR103- 职级行为标准	√	√	√	√	√	√	√
				B12.RZR104- 员工考勤管理制度	√	√	√	√	√	√	√
20 W	文化宣传	1 QY	企业文化	B12.WQY501- 员工工位标识管理制度	√	√	√	√	√	√	√
21 X	信息技术	1 XT	系统管理	B12.XXT401- 电脑室紧急情况处理准则	√					√	√
22 Y	运营管理	1 AH	安技环保	B12.YAH101- 安全着装规范	★	√	√	√	√	√	√
				B12.YAH501- 现场安全管理制度	★	√	√	√	√	√	√

注：表中标有“★”或“☆”的为主管单位职能，标“☆”的职能为分支职能，标有“√”的为协同职能。

（二）组织岗位职能文件（C13）

1. 组织岗位职能文件分类结构

由于岗位已作为组织单位的特殊层次，因而组织岗位职能文件是组织单位基础文件的特殊部分。依据表 10-1 组织管理体系基础文件总体架构，组织岗位职能文件大类码为 C13，文件主体结构引用组织单位结构。按照组织对岗位的职能标准和资格标准等要素，结合表 10-2 组织管理体系基础文件统一分类结构形式，建立如表 10-19 组织岗位职能文件分类结构形式。

表 10-19　组织岗位职能文件分类结构形式

主体结构				细分结构
维	部门层	处室层	岗位层	细分
C13	1 部门	1 处室	01 岗位	1 岗位职能标准 2 岗位资格标准
			02 岗位	
		2 处室	01 岗位	
			02 岗位	

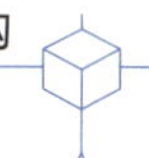

续表

<table>
<tr><th colspan="4">主体结构</th><th>细分结构</th></tr>
<tr><td rowspan="10">C13</td><td rowspan="5">2 部门</td><td rowspan="3">1 处室</td><td>01 岗位</td><td></td></tr>
<tr><td>02 岗位</td><td></td></tr>
<tr><td>03 岗位</td><td></td></tr>
<tr><td rowspan="2">2 处室</td><td>01 岗位</td><td></td></tr>
<tr><td>02 岗位</td><td></td></tr>
<tr><td rowspan="5">3 部门</td><td rowspan="4">1 处室</td><td>01 岗位</td><td></td></tr>
<tr><td>02 岗位</td><td></td></tr>
<tr><td>03 岗位</td><td></td></tr>
<tr><td>04 岗位</td><td></td></tr>
<tr><td>2 处室</td><td>01 岗位</td><td></td></tr>
</table>

2. 组织岗位职能文件清单（C13）

【例 10-10】依照表 6-4 某公司岗位维成员词典，及表 10-19 组织岗位职能文件分类结构形式，建立表 10-20 组织岗位职能文件清单（C13）。

3. 岗位职能范围

岗位职能范围有以下几点：

（1）组织规定的岗位职能责任；

（2）管理程序中相关角色的责任；

（3）管理制度中规定的责任；

（4）内部兼职和临时分派任务的岗位责任。

4. 岗位职能建立

每一个岗位包含若干个独立职能，一个独立职能涉及若干个岗位，某岗位人员仅负责其中的部分作业。但考虑到各岗位之间的协同关系，建立岗位职能标准，直接将独立职能管理程序整个纳入职能范围，具体执行时依管理程序的规定执行，而不必把具体岗位的职责从管理程序中提出来。

表 10-20 组织岗位职能文件清单（C13）

部门层		处室层		岗位层	岗位与代码		C13.00000.1- 组织岗位职能文件清单	C13.00000.2- 组织岗位资格标准文件清单
0		00		01	00001	董事长	C13.00001.1- 董事长岗位职能	C13.00001.2- 董事长岗位资格标准
0		00		02	00002	总经理	C13.00002.1- 总经理岗位职能	C13.00002.2- 总经理岗位资格标准
0		00		03	00003	副总经理	C13.00003.1- 副总经理岗位职能	C13.00003.2- 副总经理岗位资格标准
0		00		04	00004	财务总监	C13.00004.1- 财务总监岗位职能	C13.00004.2- 财务总监岗位资格标准
B	总办事务	00		01	B0001	总办主任	C13.B0001.1- 总办主任岗位职能	C13.B0001.2- 总办主任岗位资格标准
		00		02	B0002	副主任	C13.B0002.1- 总办副主任岗位职能	C13.B0002.2- 总办副主任岗位资格标准
		JC	决策管理	01	BJC01	决策管理 . 处长	C13.BJC01.1- 决策管理 . 处长岗位职能	C13.BJC01.2- 决策管理 . 处长岗位资格标准
				02	BJC02	决策管理 . 副处	C13.BJC02.1- 决策管理 . 副处岗位职能	C13.BJC02.2- 决策管理 . 副处岗位资格标准
				03	BJC03	决策管理 . 岗位 03	C13.BJC03.1- 决策管理 . 岗位 03 岗位职能	C13.BJC03.2- 决策管理 . 岗位 03 岗位资格标准
				04	BJC04	决策管理 . 岗位 04	C13.BJC04.1- 决策管理 . 岗位 04 岗位职能	C13.BJC04.2- 决策管理 . 岗位 04 岗位资格标准
				05	BJC05	决策管理 . 岗位 05	C13.BJC05.1- 决策管理 . 岗位 05 岗位职能	C13.BJC05.2- 决策管理 . 岗位 05 岗位资格标准
		MD	保密档案	01	BMD01	保密档案 . 处长	C13.BMD01.1- 保密档案 . 处长岗位职能	C13.BMD01.2- 保密档案 . 处长岗位资格标准
				02	BMD02	保密档案 . 岗位 02	C13.BMD02.1- 保密档案 . 岗位 02 岗位职能	C13.BMD02.2- 保密档案 . 岗位 02 岗位资格标准
				03	BMD03	保密档案 . 岗位 03	C13.BMD03.1- 保密档案 . 岗位 03 岗位职能	C13.BMD03.2- 保密档案 . 岗位 03 岗位资格标准
		MS	秘书管理	01	BMS01	秘书管理 . 处长	C13.BMS01.1- 秘书管理 . 处长岗位职能	C13.BMS01.2- 秘书管理 . 处长岗位资格标准
				02	BMS02	秘书管理 . 岗位 02	C13.BMS02.1- 秘书管理 . 岗位 02 岗位职能	C13.BMS02.2- 秘书管理 . 岗位 02 岗位资格标准
				03	BMS03	秘书管理 . 岗位 03	C13.BMS03.1- 秘书管理 . 岗位 03 岗位职能	C13.BMS03.2- 秘书管理 . 岗位 03 岗位资格标准
				04	BMS04	秘书管理 . 岗位 04	C13.BMS04.1- 秘书管理 . 岗位 04 岗位职能	C13.BMS04.2- 秘书管理 . 岗位 04 岗位资格标准
		WS	外事管理	01	BWS01	外事管理 . 处长	C13.BWS01.1- 外事管理 . 处长岗位职能	C13.BWS01.2- 外事管理 . 处长岗位资格标准
				02	BWS02	外事管理 . 岗位 02	C13.BWS02.1- 外事管理 . 岗位 02 岗位职能	C13.BWS02.2- 外事管理 . 岗位 02 岗位资格标准
				03	BWS03	外事管理 . 岗位 03	C13.BWS03.1- 外事管理 . 岗位 03 岗位职能	C13.BWS03.2- 外事管理 . 岗位 03 岗位资格标准
⋮	⋮	⋮	⋮	⋮	⋮	⋮	⋮	⋮

【例 10-11】某公司运营部员工岗位职能标准。

依据表 10-18 组织部门及岗位职能范围，建立表 10-21 岗位职能标准。

表 10-21　岗位职能标准

岗位：运行管理．岗位 5　　　　文件编号：C13.YYX05.1

职能主管单位				职能管理程序与现场管理制度	部门	岗位5	职责描述
层码	部门	层码	处室				
职能管理程序（B12）							
20 W	文化宣传	1 QY	企业文化	B12.WQYPP.B1- 品牌建设管理程序	√	★	
		2 XJ	宣传教育	B12.WXJWZ.B1- 网站建设管理程序	√	★	
21 X	信息技术	1 XT	系统管理	B12.XXTXT.B1- 系统建设管理程序	√	√	
				B12.XXTXX.B1- 信息系统管理程序	√	√	
		2 XX	信息管理	B12.XXXXZ.B1- 信息资源管理程序	√	√	
22 Y	运营管理	4 YX	运行管理	B12.YYXFM.B1- 方针目标管理程序	★	★	
				B12.YYXHP.B1- 事后评价管理程序	★	√	
				B12.YYXJX.B1- 单位绩效管理程序	★	√	
				B12.YYXMG.B1- 目标规划管理程序	★	★	
				B12.YYXSS.B1- 计划实施管理程序	★	★	
				B12.YYXYC.B1- 预测分析管理程序	★	√	
				B12.YYXYG.B1- 运营规划管理程序	☆	★	
				B12.YYXYY.B1- 运营分析管理程序	★	√	
				B12.YYXZJ.B1- 工作总结管理程序	★	★	
23 Z	战略发展	1 GH	规划管理	B12.ZGHGC.B1- 规划支持管理程序	√	★	
				B12.ZGHGH.B1- 战略规划管理程序	√	★	
公司管理制度（C12）							
11 B	总办事务	2 MD	保密档案	C12.BMD101- 保密室管理准则	√	√	
				C12.BMD201- 涉密电子设备管理	√	√	
				C12.BMD501- 涉密电子设备标识管理	√	√	
				C12.BMD502- 移动设备密级标识管理	√	√	
		3 MS	秘书管理	C12.BMS101- 公司办公室守则	√	√	
				C12.BMS102- 公司值班管理准则	√	√	
				C12.BMS401- 公司印章证照管理制度	√	√	

续表

职能主管单位				职能管理程序与现场管理制度	部门	岗位 5	职责描述
层码	部门	层码	处室				
11 B	总办事务	4 WS	外事管理	C12.BWS101- 公司接待工作准则	√	√	
				C12.BWS102- 接待礼仪标准	√	√	
				C12.BWS103- 外事纪律	√	√	
		5 XG	行政管理	C12.BXG201- 房屋维护制度	√	√	
				C12.BXG202- 设备维护制度	√	√	
				C12.BXG203- 公司复印机管理标准	√	√	
				C12.BXG204- 公司文具用品管理标准	√	√	
				C12.BXG205- 硬件设施检查管理	√	√	
				C12.BXG301- 用电管理制度	√	√	
				C12.BXG501- 办公室绿化标准	√	√	
				C12.BXG502- 办公室布置标准	√	√	
				C12.BXG503- 库房卫生安全制度	√	√	
18 R	人力资源	5 ZR	综合管理	B12.RZR101- 员工识别证使用准则	√	√	
				B12.RZR102- 员工行为规范	√	√	
				B12.RZR103- 职级行为标准	√	√	
				B12.RZR104- 员工考勤管理制度	√	√	
20 W	文化宣传	1 QY	企业文化	C12.WQY501- 员工工位标识管理制度	√	√	
21 X	信息技术	1 XT	系统管理	C12.XXT401- 电脑室紧急情况处理准则	√	√	
22 Y	运营管理	1 AH	安技环保	C12.YAH101- 安全着装规范	★	√	
				C12.YAH501- 现场安全管理制度	★	√	

注：表中标有“★”或“☆”的为主管单位与其独立职能的交集，标“☆”的职能为分支职能。标有“√”的为协同单位与相关独立职能的交集。

一些重要岗位人员，其岗位职责标准的描述涉及 ISO 9001 标准的符合与落实。ISO 9001 体系中的领导作用和承诺（参见表 6-11 ISO 9001 ：2015 标准条款与职能设立对照表“5 领导作用”），在认证中需对“领导作用”具体落实，需加入相应职能管理程序中，完善有关的过程。

【例 10-12】ISO 9001 标准 5.1.1 总则，总经理在质量管理体系的实施和运行过程

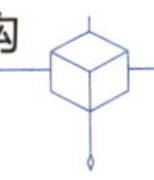

中应发挥领导作用和做出承诺，相关内容通过职能管理程序来落实。见表10-22落实领导作用和承诺的相关独立职能。

表 10-22 落实领导作用和承诺的相关独立职能

	5.1 领导作用和承诺	领导作用的落实
a	对质量管理体系的承担责任有效性	为组织基于ISO9001质量管理体系建立提供资源支持，在“管理评审”管理程序中，通过主持“会议评审”，确定体系的有效性、必要时改进并提升有效性，督促认证审核负面发现的整改，并在“评审决议”过程做出结论，提出改进建议；最后“批准报告”。在“方针目标”管理程序中负责按总部下发的公司年度经营目标（销量与利润），制定公司年度计划并通过“计划实施”管理程序落实
b	确保制定质量管理体系的质量方针和质量目标，并与组织环境和战略方向相一致	按照“方针目标”管理程序，发布质量方针，组织各部门经理制定并发布年度质量目标，督促各部门层层分解落实公司质量目标
c	确保质量管理体系要求融入组织的业务流程	通过“体系建立”，坚持全面一体化，包含质量管理体系标准所有要素要求，通过“质量手册”管理程序，明确相关部门的管理职能，满足本条款要求
d	促进使用过程方法和基于风险的思维	通过“风险控制”职能管理程序，使用乌龟图方法来确保五个方面的输入是充分与适宜的，且输入与输出建立各相关职能关联结构。同时，从宏观、中观、微观建立PDCA（计划、执行、检查、处理）控制过程，风险与机遇评价结果也融于对应管理程序之中
e	确保获得质量管理体系所需的资源	通过“体系建立”职能管理程序，审查每个职能程序过程使用乌龟图，保证五个方面的输入充分，其中三个方面的输入就直接与资源（人力资源：技能素质、职责与授权。物力资源：设备设施与工具）有关，发现资源配置不充分时，要求予以补充，这是最高管理者最主要的职责之一
f	沟通有效的质量管理和符合质量管理体系要求的重要性	通过建立“提案改善”和“工作改进”职能管理程序，鼓励员工提交质量改进提案，保证质量管理体系及遵守其要求的价值与利益
g	确保实现质量管理体系的预期结果	通过制定发布年度最重要的质量管理体系输出目标——质量目标，并辅以监视与测量，通过“预防措施”和“纠正措施”管理程序持续加以改进，确保组织质量管理体系实现自身确定的预期结果
h	促使、指导和支持员工努力提供质量管理体系的有效性	通过“提案改善”管理程序，促进全员质量管理沟通、指导与培训活动，提升全员质量管理意识技能，再通过绩效考核、薪酬福利持续提升、激励机制切实执行、鼓励与奖励员工质量改进提案等活动，激发员工参与质量活动并主动改进其工作绩效的主动性、积极性与持久性，从而为组织的质量管理及其业绩的持续提升打下最坚实的基础

续表

	5.1 领导作用和承诺	领导作用的落实
i	推动改进	通过建立"提案改善"管理程序，策划与有效实施有利于员工持续改进的氛围与机制，激发员工质量管理改进的创造力、热情、主动性与持久性
j	支持其他管理者履行相关领域的职责	通过建立包括"方针目标"、"工作改进"、"单位绩效"等各种职能管理程序，对每项质量管理活动中各级管理者进行充分授权与职责分配，专项质量改进计划、质量方针的层层分解落实并实行质量管理 BSC 指标考核，以及管理层质量管理奖、进步奖设置等来提升与激发各级质量管理者的带头、示范、指导作用

根据表 10-22 落实领导作用和承诺的相关独立职能，领导作用的落实相当于对高层管理者应尽职能的规定，需建立领导作用和承诺部分的岗位责任制，见表 10-23 岗位职责标准（总经理）。

表 10-23　岗位职责标准

岗位：总经理　　　　文件代码：C13.00002.1

部门层		处室层		独立层		职责描述	质量标准
17 Q	企业 管理	1 TK	体系 控制	1 GG	工作 改进	鼓励员工提交质量改进提案，保证质量管理体系及遵守其要求的价值与利益	ISO 9001 质量管理体系标准 5.1.1 总则——领导作用和承诺
				2 GP	管理 评审	组织策划实施管理评审；定期评价组织的质量管理体系；通过主持"会议评审"来确定体系的有效性，必要时改进并提升有效性，督促认证审核负面发现的整改，并在"评审决议"过程做出结论，提出改进建议；最后"批准报告"	周期符合计划，信息充分准确，有评价依据，措施符合要求
				5 TA	提案 改善	鼓励员工提交质量改进提案，保证质量管理体系及遵守其要求的价值与利益；奖励员工质量改进提案等活动，激发员工参与质量活动并主动改进其绩效的主动性、积极性与持久性，从而为组织的质量管理及其业绩的持续提升打下最坚实的基础；策划与有效实施有利于员工持续改进的氛围与机制，激发员工质量管理改进的创造力、热情、主动性与持久性	ISO 9001 质量管理体系标准 5.1.1 总则——领导作用和承诺
		2 TX	体系 建设	3 NH	内部 审核	管理层成员控制管理承诺五个方面的责任落实，并起草报告	满足顾客和法律规范

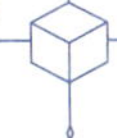

续表

部门层		处室层		独立层		职责描述	质量标准
17 Q	企业管理	2 TX	体系建设	4 SC	质量手册	坚持全面一体化，包含质量管理体系标准所有要素要求，通过组织《管理体系手册》作为具体体现	ISO 9001 质量管理体系标准 5.1.1 总则——领导作用和承诺
				5 TX	体系建立	审查每个职能程序过程使用乌龟图，保证输入充分，其中有的与资源有关（即人力资源与技能素质、职责与授权有关，物力资源与设备设施与工具有关），发现资源配置不充分时，要求予以补充，这是最高管理者最主要的职责之一；明确 ISO 9001 的基本要求，过程是否被识别并适当规定，是否已经被分配，建立组织管理体系组织结构，负责制定各职能部门的权限并进行有效沟通	ISO 9001 质量管理体系标准 5.1.1 总则——领导作用和承诺，明确总体要求；责权明确；沟通方式适合
				6 WJ	文件控制	掌控体系文件数量和详略程度；有责任使文件与实际相符；组织编写复合标准要求的文件化的质量手册	详略得当，与实际相符；符合条款要求
				7 ZD	制度建设	程序是否得到实施和保持；在实现所要求的结构方面，过程是否有效	明确体系建立的思路
19 S	审计风险	1 NK	内控风险	1 FK	风险控制	从宏观、中观、微观建立 PDCA 控制过程，风险与机遇评价结果也融于对应管理程序之中	ISO 9001 质量管理体系标准 5.1.1 总则——领导作用和承诺
22 Y	运营管理	3 WG	物资管理	1 GY	物资供应	提供满足体系运行和顾客需要的资源；对资源配备计划进行控制；动态地确定、提供、调整资源	有计划控制；具备适当资源
		4 YX	运行管理	1 FM	方针目标	发布质量方针，组织各部门经理制定并发布年度质量目标，督促各部门层层分解落实公司质量目标；组织提供形成文件的质量方针，负责质量方针的批准和控制，负责对质量方针进行沟通培训，为制定质量目标提供框架，负有质量目标的制定与实施的责任，对质量目标实施考核，对质量目标进行评审，负责按总部下发的公司年度经营目标（销量与利润）制定公司年度计划；对每项质量管理活动中各级管理者的充分授权与职责分配，专项质量改进计划、质量方针的层层分解落实	ISO 9001 质量管理体系标准 5.1.1 总则——领导作用和承诺，方针符合要求，有持续记录，方针目标有框架关系；目标落实，符合总体要求可定量考核

续表

部门层		处室层		独立层		职责描述	质量标准
22 Y	运营管理	4 YX	运行管理	2 JD	监督测量	通过制定发布年度最重要的质量管理体系输出目标——质量目标，并辅以监视与测量，确保组织质量管理体系实现自身确定的预期结果	ISO 9001 质量管理体系标准 5.1.1 总则——领导作用和承诺
				3 JX	单位绩效	对每项质量管理活动中各级管理者的充分授权与职责分配，用专项质量改进计划、质量方针的层层分解落实、质量管理 BSC 指标考核，以及管理层质量管理奖、进步奖设置等来提升与激发各级质量管理者的带头、示范、指导作用	ISO 9001 质量管理体系标准 5.1.1 总则——领导作用和承诺
				5 SS	计划实施	对年度经营目标（销量与利润），制定公司年度计划落实	ISO 9001 质量管理体系标准 5.1.1 总则——领导作用和承诺

五、组织对象基础文件（D 类）

组织对象基础文件是有关对象的标准信息，是所有部门单位或所有职能活动涉及对象的共用信息，需遵从该统一标准。参见表 10-1 组织管理体系基础文件总体架构和表 10-2 组织管理体系基础文件统一分类结构形式。

每个组织的对象基础文件都属于组织管理体系的个性部分，在此省略。

六、组织资源基础文件（E 类）

组织资源基础文件是有关各种资源的标准信息，是所有部门单位或所有职能活动涉及资源的共用信息，需遵从该统一标准。参见表 10-1 组织管理体系基础文件总体架构和表 10-2 组织管理体系基础文件统一分类结构形式。

每个组织的资源基础文件都属于组织管理体系的个性部分，在此省略。

七、组织管理体系基础文件（清单）

根据表 10-1 组织管理体系基础文件总体架构，建立所有文件分类结构，编制各类文件代码，汇总建立表 10-24 组织管理体系基础文件（清单 A00）。

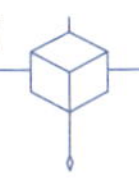

表 10-24　组织管理体系基础文件（清单 A00）

文件代码	文件或文件词典文件名
A- 总体文件	
A01	**A01- 组织管理体系手册（目录）**
B- 职能文件	
B00	**B00- 组织职能基础文件**
B11	B11- 组织职能维文件（说明）
B11.1	B11.1- 组织职能结构文件
B12	B12- 组织管理制度文件清单
B13	B13- 组织职能文件清单
B13.B	B13.B- 组织职能管理程序文件
B13.C	B13.C- 组织职能作业指导文件
B13.D	B13.D- 组织职能作业记录文件
B14	B14- 组织职能过渡文件清单
B15	B15- 组织管理效能指标文件（说明）
B15.1	B15.1- 组织职能综合信息指标词典文件
B15.2	B15.2- 组织职能数据信息指标词典文件
B16	B16- 组织管理体系评价指标文件
C- 单位文件	
C00	**C00- 组织单位基础文件**
C11	C11- 组织单位维文件（说明）
C11.1	C11.1- 组织单位结构文件
C11.2	C11.2- 组织单位词典文件
C12	C12- 组织单位职能文件清单
C13	C13- 组织岗位职能文件清单
D- 对象文件	
D00	**D00- 组织对象基础文件**
D11	D11- 组织项目维文件（说明）
D11.1	D11.1- 组织项目分类结构文件
D11.2	D11.2- 组织项目词典文件
D12	D12- 组织项目基础文件
D13	D13- 组织项目评价指标文件

续表

文件代码	文件或文件词典文件名
D21	D21- 组织顾客维文件（说明）
D21.1	D21.1- 组织顾客分类结构文件
D21.2	D21.2- 组织顾客词典文件
D22	D22- 组织顾客基础文件
D22.1	D22.1- 组织顾客档案基础文件
D23	D23- 组织顾客评价指标文件
D31	D31- 组织伙伴维文件（说明）
D31.1	D31.1- 组织伙伴分类结构文件
D31.2	D31.2- 组织伙伴词典文件
D32	D32- 组织伙伴基础文件
D32.1	D32.1- 组织伙伴档案基础文件
D33	D33- 组织伙伴评价指标文件
D41	D41- 组织对手维文件（说明）
D41.1	D41.1- 组织对手分类结构文件
D41.2	D41.2- 组织对手词典文件
D42	D42- 组织对手基础文件
D42.1	D42.1- 组织对手档案基础文件
D43	D43- 组织对手评价指标文件
E- 资源文件	
E00	**E00- 组织资源基础文件**
E11	E11- 组织人力资源维文件（说明）
E11.1	E11.1- 组织人力资源分类结构文件
E11.2	E11.2- 组织人力资源词典文件
E12	E12- 组织人力资源基础文件
E13	E13- 组织人力资源评价指标文件
E21	E21- 组织财力资源维文件（说明）
E21.1	E21.1- 组织财力资源分类结构文件
E21.2	E21.2- 组织财力资源词典文件
E22	E22- 组织财力资源基础文件
E23	E23- 组织财力资源评价指标文件
E31	E31- 组织物力资源维文件（说明）

续表

文件代码	文件或文件词典文件名
E31.1	E31.1- 组织物力资源分类结构文件
E31.2	E31.2- 组织物力资源词典文件
E32	E32- 组织物力资源基础文件
E32.1	E32.1- 组织房屋设备分类结构与代码文件
E32.2	E32.2- 组织办公设备分类结构与代码文件
E32.3	E32.3- 组织物资能源分类结构与代码文件
E32.4	E32.4- 组织产品服务分类结构与代码文件
E33	E33- 组织物力资源评价指标文件
E41	E41- 组织信息资源维文件（说明）
E41.1	E41.1- 组织信息资源分类结构文件
E41.2	E41.2- 组织信息资源词典文件
E42	E42- 组织信息资源基础文件
E43	E43- 组织信息资源评价指标文件

第十一章 组织四维管理体系文件系统模型

一、组织四维管理体系文件系统模型构建

（一）组织四维管理体系文件系统模型建立

组织四维管理体系文件系统模型主要应用于组织动态运行过程，通过输出组织职能过渡文件，记录和描述组织职能活动相关事物的动态变化。建立组织四维管理体系基础文件后，根据图 9-3 组织四维管理体系动态信息模型，将“职能输出信息”维按信息形态分化为“文件”维，建立成为如图 11-1 组织四维管理体系文件系统模型。

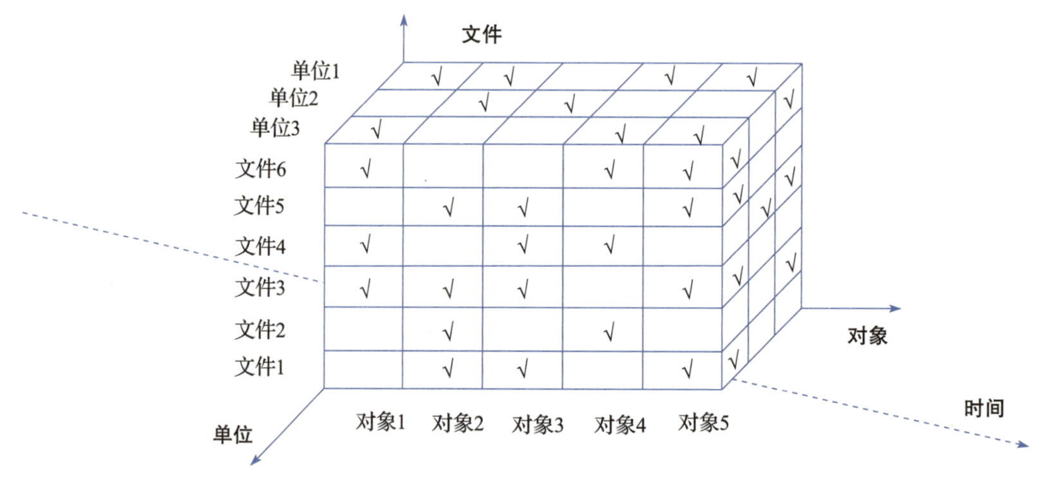

图 11-1　组织四维管理体系文件系统模型

组织四维管理体系文件系统模型，以多维数学坐标方法度量文件单元，建立以“文件单元”为因变量，以“单位”“文件”“对象”和“时间”为自变量的文件度量函

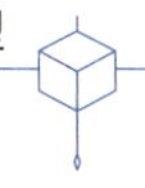

数，见公式（11-1）。

$$文件单元 = f（单位，文件，对象，时间） \quad （11-1）$$

例如，某安装工程公司的某工队、某类文件、某工程、某时间的文件单元的维变量为：工队、文件、工程和时间，则文件单元度量函数见公式（11-2）。

$$文件单元 = f（工队，文件，工程，时间） \quad （11-2）$$

（二）组织四维管理体系文件系统模型维成员矩阵

组织四维管理体系文件系统模型的应用，首先与组织四维管理系统模型所选定的维一致，对应表 7-4 组织四维管理系统基本维及其维成员；其次通过选择各维成员的层次，选定各维“计量单位”的大小，确定文件维成员组，形成多维矩阵形式，确定文件单元坐标范围，即维度空间。具体应用模型时，需在每个维成员组中选择所需维成员，相当于选取度量文件单元的坐标值，见表 11-1 组织四维管理体系文件系统基本维成员矩阵。

表 11-1　组织四维管理体系文件系统基本维成员矩阵

单位维	文件维	对象维			时间维
		内部维	外部维	资源维	
选定单位维成员组	选定文件维成员组	内部对象维成员组	外部对象维成员组	选定资源维成员组	选定时间维成员组

文件的时间维成员有很多概念，如：文件下发时间、文件到达时间、领导签批时间、领导批转时间、任务下达时间、任务立项时间、任务计划时间、任务完成时间、期末统计时间等，因而各种文件的时间概念不是固定的，在文件系统的应用中不做特别说明时为文件输出时间。

（三）组织四维管理体系文件系统模型的应用

组织四维管理体系文件系统模型建立了组织信息文件坐标化处理及存储的标准。

1. 维文件名

电子文件可以以文件单元的各维成员代码组合作为文件名前缀，这样的前缀称为维前缀，这样的文件名称为维文件名。

维前缀的维成员组合方法：每个维成员的组成要素之间用“.”分隔（手写用“+”号）；常数用“”引起来；每个维成员用“[ ]”括起来；维成员之间用“-”分隔；文件附注用“( )”括起来。

维前缀的维成员代码组合顺序需要根据实际需要确定。维文件名基本结构形式如下：

[单位]-[对象]-[时间]-[文件]-文件名称（后缀）

维文件名的应用，一般按照负责文件的输入、接收、处理和存储单位的管理需要，对输出、提供文件的单位提出维文件名的统一要求，做出相关规定。执行职能管理程序输出的文件都是“文件”维的职能文件名，当文件需要传输给其他单位时，则需要按文件接收单位的要求变换为指定维文件名的文件。

2. 合同文件的维文件名与合同编号

组织的经济合同一般由组织的专门单位管理，统一规定经济合同电子文件维文件名及合同编号。组织的一些单位开展业务活动会编制经济合同文件，一方面，在合同文件的编制过程，需要从过渡文件名复制变换为按统一规定的如表 10-12 某公司经济合同文件分类结构形式；另一方面，可从该合同文件维前缀中选取必要的合同管理要素，作为合同编号，使两者一致。

【例 11-1】某公司合同编号方法，依据表 10-12 某公司经济合同文件分类结构形式，形成表 11-2 经济合同维文件名结构。

表 11-2　经济合同维文件名结构

单位	时间	对象	文件			名称
			独立职能	合同类别	合同登记号	
部门代码	年份时间	对方或项目代码	独立职能代码	D. 类别	合同登记号	文件名称

按表 11-2 经济合同维文件名结构，选择如表 11-3 经济合同编号结构。

表 11-3　经济合同编号结构

单位	时间		对象	文件			名称
				独立职能	合同类别	合同登记号	
公司 LOGO 与部门代码	年份	月日	对方或项目代码	独立职能代码	D. 类别	合同登记号	文件名称
CRRCIC.12	2019	（缺省）	（缺省）	（缺省）	IG	019	—

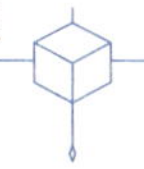

合同文件编号举例：CRRCIC.12 - 2019 -IG.019.1

合同文件编号说明：

［**单位**］：合同文件属于对外文件，“单位”部分代码可选择用公司 LOGO，或用公司的英文缩写。“CRRCIC”为公司 LOGO，12 为国际项目二部代码。

［**时间**］：按合同设立的年份，因此“时间”维选“年份”时间常数。

［**对象**］：对象代码是指合同对方单位的代码或合同项目代码，可以选择缺省。

［**独立职能**］：由经办单位输出经济合同文件所执行的独立职能及其管理程序。可以选择缺省。

［**类别**］：合同文件分类，见表 10-12 某公司经济合同文件分类结构形式。

［**合同登记号**］：是指合同登记台账的登记号。

3. 管理人员工作任务分配

【例 11-2】员工工作任务分配台账

某项工作任务是依照“工作改进管理程序”对“B13.QTKGG.D101- 经济合同登记簿”内容进行改进，增加财务所需内容。《经济合同登记簿》属于“经济合同”职能活动的记录文件，首先将该改进工作任务录入表 11-4 员工工作任务分配台账，工号为“工作改进 .2019.015”，即执行“工作改进”职能的 2019 年度任务事项第 015 项，输出文件为过渡文件。完成《经济合同登记簿》文件改进任务后，需将台账中录入的该过渡文件复制为目标文件：“B13.QTKGG.D101- 经济合同登记簿（A/1）”，转入标准名称的基础文件系列。

表 11-4　员工工作任务分配台账

单位	文件				时间	
岗位人员	独立职能	年份职能工号	任务依据［文件号］备注	任务事项输出文件	下达日期	计划完成日期
张三	工作改进	2019.015	工作改进管理程序	对《经济合同登记簿》进行修改完善，增加财务所需内容		
李四	审计风险	2019.003.5.1	《关于做好 2019 年全面风险管理工作及年度风险评价有关事项的通知》	附件 5：《2019 年企业专项风险检查情况统计表（1 月）》		
⋮	⋮	⋮	⋮	⋮		

注：任务工号中任务年份后面的代码为职能工号，而非月份。

二、组织管理体系文件系统关联结构

（一）职能记录文件系统关联结构

组织运行的系统方法是注重物质和能量在事物运动变化过程中的作用；而信息方法是把研究对象看作一个信息系统，通过分析系统的信息流程来把握事物规律的方法，以信息的运动作为分析和处理问题的基础，把系统有目的的运动抽象为信息的变换，把管理过程抽象为信息过程。组织各职能单元活动的关联，构成工作流程网，而职能单元信息关联构成信息流程网，外在表现形式为职能记录文件之间的关联，信息流需通过工作流进行控制，见图 11-2 职能活动系统与职能记录文件系统的关系。

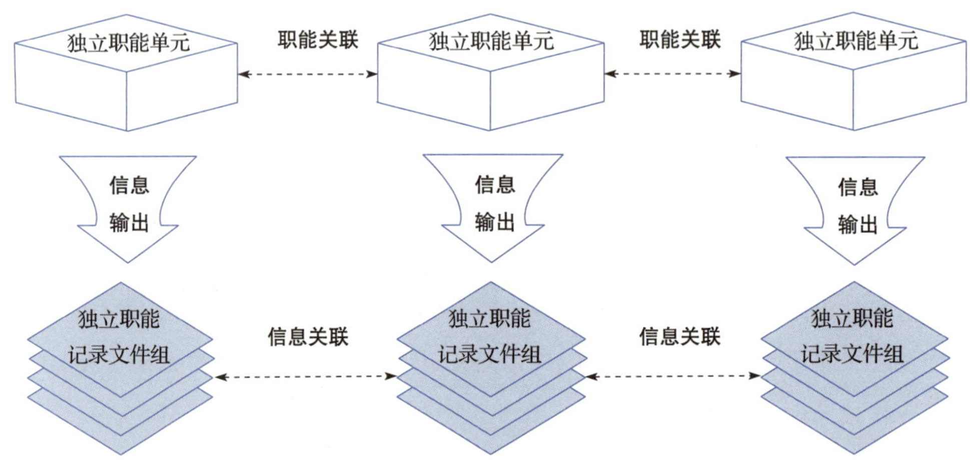

图 11-2　职能活动系统与职能记录文件系统的关系

信息关联是信息运动形式，构成管理系统信息流，如生产产品的过程，其中伴随有设计图纸、工艺文件、生产大纲等信息流。信息流既反映职能活动和资源的质与量状况，也按照管理控制引导职能活动向最优效能的方向运动。

职能活动输出记录文件，其中输出给其他职能单元的文件属于关联文件，组织职能有若干层次，对于不同层次的职能活动拥有不同的关联文件，关联是相对同一层次单元的，见图 11-3 职能输出文件与其关联文件。

图中下层单元 11、单元 12、单元 13 是上层单元 1 的内部子单元；下层单元之间除包含上层单元 1 与单元 2 的关联文件 A 和 B 外，还有关联文件 C 和 D。下层单元的 C、D 关联文件从上层单元 1 的角度属于内部关联文件或存储文件，不属于与外部单元的关联文件。

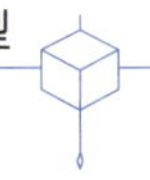

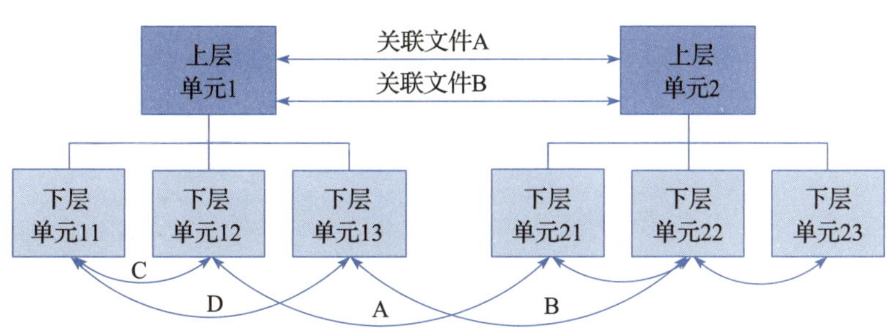

图 11-3 职能输出文件与其关联文件

【一体化 17】 组织职能记录文件组关联结构与组织职能关联结构一致。

组织职能活动单元之间的关联决定职能记录文件组之间的关联，职能记录文件组之间的关联描述了组织职能活动单元之间的信息关联，因而这两个系统的关联结构一致，只是两者系统元素的属性完全不同，见图 11-4 组织职能记录文件组关联结构。

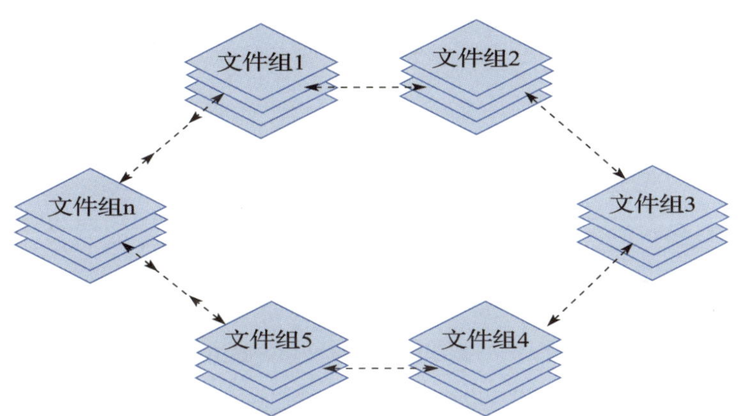

图 11-4 组织职能记录文件组关联结构

按照图 11-3 职能输出文件与其关联文件，每个独立职能活动输出的文件组中，既有对外输出的文件组，与其他独立职能形成关联和信息表达，也有内部的关联文件组。所谓内部文件是独立职能活动内部所需要的文件，如管理信息台账文件，时时保持文件信息的更新；内部的若干文件，从作业级职能单元的角度，存在输入和输出，是相对的对外关联文件，但并不将文件输出给其他的独立职能活动。从信息文件的角度，各独立职能的记录文件组都是同等地位的文件，相互之间是平等的关联关系，见图 11-5 组织职能记录文件组展开关联结构。

图 11-5 组织职能记录文件组展开关联结构，细化了文件关联结构的表达，但无论多么详细、复杂，都可表达为如图 11-6 组织职能记录文件关联结构。

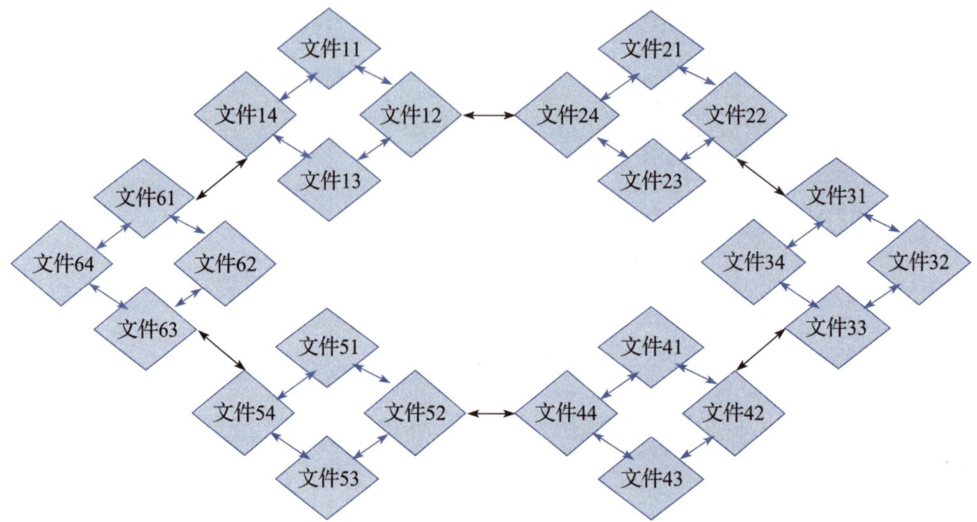

图 11-5　组织职能记录文件组展开关联结构

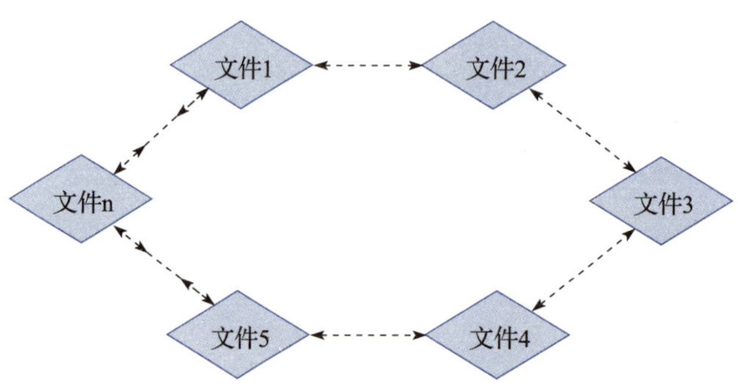

图 11-6　组织职能记录文件关联结构

（二）职能记录文件的关联方式

职能活动的关联表现为职能文件之间的关联，职能记录文件的关联则通过职能管理程序规定文件的输入和输出。职能活动过程伴随信息文件从产生到传输，经过反馈再一次重新输入的过程。组织全部职能管理程序及其输入输出文件，构成组织运行全面办公自动化（Office Automation，OA）系统信息流。

组织信息文件的关联过程，反映信息论的特征：一是输出信息和输入信息具有针对性和目的性；二是发出信息和接受信息双方都具有主动性；三是关联信息具有一定的依据性和可调性，见【例 10-6】《质量损失管理程序》“7.0 输入文件” 和 “8.0 输出文件”。

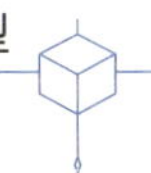

（三）组织职能记录文件关联结构的建立

建立组织职能记录文件关联结构，是以组织职能管理程序的记录文件为依据，建立组织所有独立职能关联文件的集合，见表 11-5 独立职能记录文件关联表。

表 11-5　独立职能记录文件关联表

职能主体结构		关联文件		
部门层	独立层	流向	关联单位	文件及代码
部门 1	职能 1	输入		
		输出		
	职能 2	输入		

注：关联单位的输入文件及代码与其输出文件及代码相同。

【**例 11-3**】某企业各部门独立职能记录文件关联表，见表 11-6。

表 11-6　某企业各部门独立职能记录文件关联表

职能主体结构		关联		
部门层	独立层	流向	关联单位	文件及代码
综合		输入	供应	采购申请
			销售	销售合同
			财务	付款报批
			生产	生产申请
		输出	供应	采购批复
			财务	
			生产	生产批复
供应		输入	生产	生产计划
			综合	采购批复
		输出	财务	采购申请、采购明细
生产		输入	销售	销售订单
		输出	供应	生产计划
			销售	产量明细
			人资	绩效考勤
销售		输入	生产	产量明细
		输出	综合	销售合同
			生产	销售订单

续表

<table>
<tr><th colspan="2">职能主体结构</th><th colspan="3">关联</th></tr>
<tr><th>部门层</th><th>独立层</th><th>流向</th><th>关联单位</th><th>文件及代码</th></tr>
<tr><td rowspan="2">人资</td><td rowspan="2"></td><td>输入</td><td>生产</td><td>绩效考勤</td></tr>
<tr><td>输出</td><td>综合</td><td>薪酬批复</td></tr>
<tr><td rowspan="3">财务</td><td rowspan="3"></td><td rowspan="2">输入</td><td>综合</td><td>采购批复
采购明细</td></tr>
<tr><td>销售</td><td>销售合同</td></tr>
<tr><td>输出</td><td>综合</td><td>付款报批</td></tr>
</table>

（四）组织职能记录文件关联结构的应用

流程梳理是ERP应用必要的工作内容，建立企业ERP信息管理系统，需先梳理各部门职能数据信息记录文件的流程。建立组织职能数据信息记录文件关联结构是全部职能管理程序产生的数据信息记录文件关联的集成。

【例 11-4】 某企业生产领域管理职能包括供应管理、生产管理、销售管理、财务管理、人力管理和综合管理六大部门模块，每一部门模块内有若干独立职能活动输入和输出的数据信息记录文件关联。同时，各部门模块相互之间有相应的文件关联接口，组合形成组织范围的职能记录文件关联及信息链，见图 11-7 某企业生产领域六大模块关联结构。

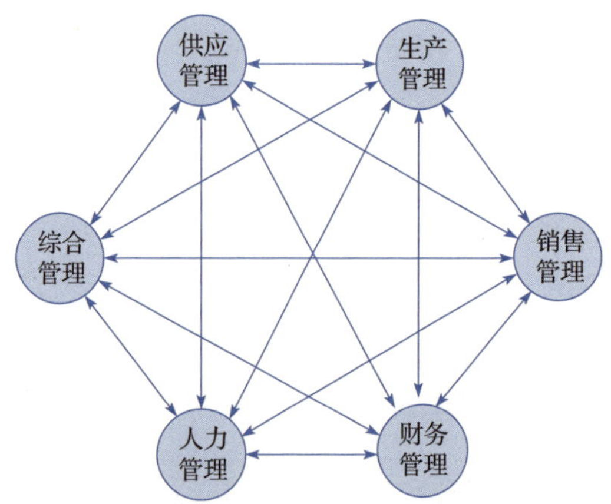

图 11-7　某企业生产领域六大模块关联结构

管理模块关联图绘制方法：在职能关联图的每两个职能单元关联线上标注关联文件；内部信息文件标注在无接收单元的单箭头线上；将与外部关联的职能单元置于部门模块图的外圈，并以虚线圆表示；另外，组织的外部关联单位以长方形表示。根据部门独立职能之间的关联，绘制生产领域管理模块关联图。

各部门管理模块关联图有以下几种。

一是财务管理模块关联图，见图 11-8。

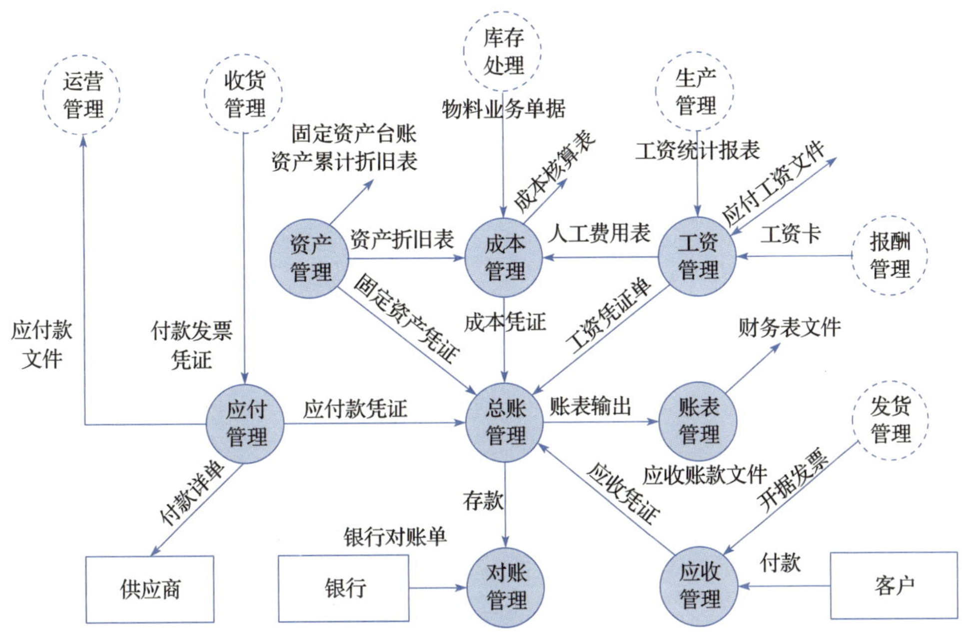

图 11-8　财务管理模块关联图

二是供应管理模块关联图，见图 11-9。

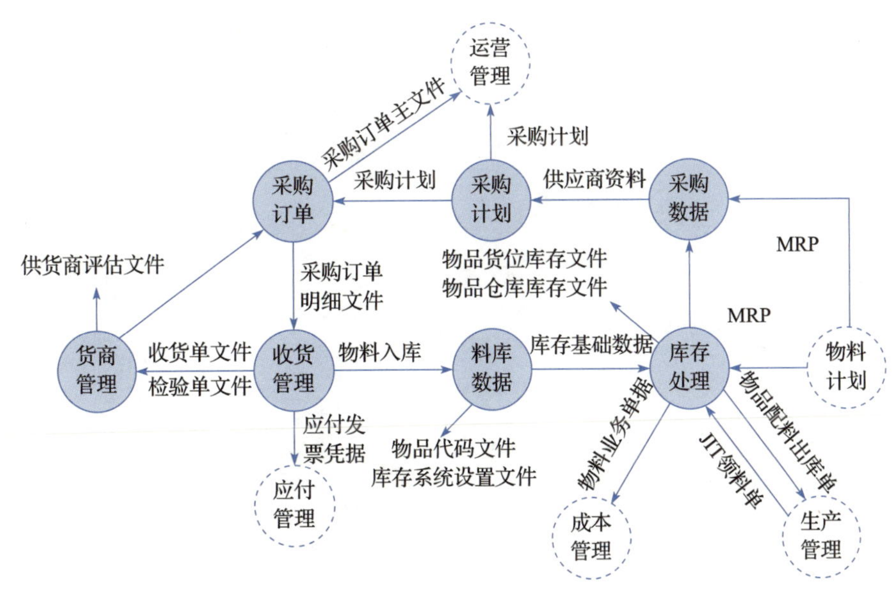

图 11-9　供应管理模块关联图

三是生产管理模块关联图，见图 11-10。

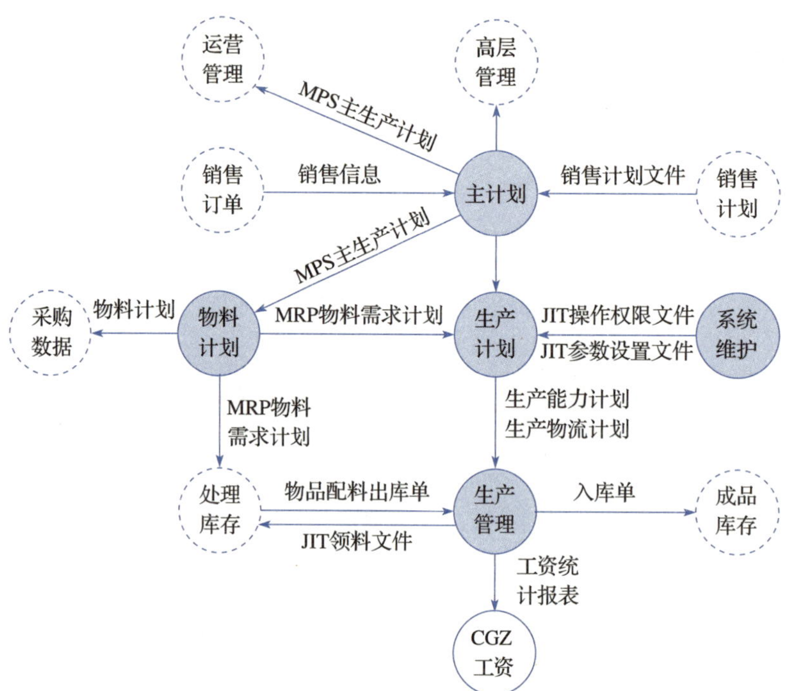

图 11-10　生产管理模块关联图

四是销售管理模块关联图，见图 11-11。

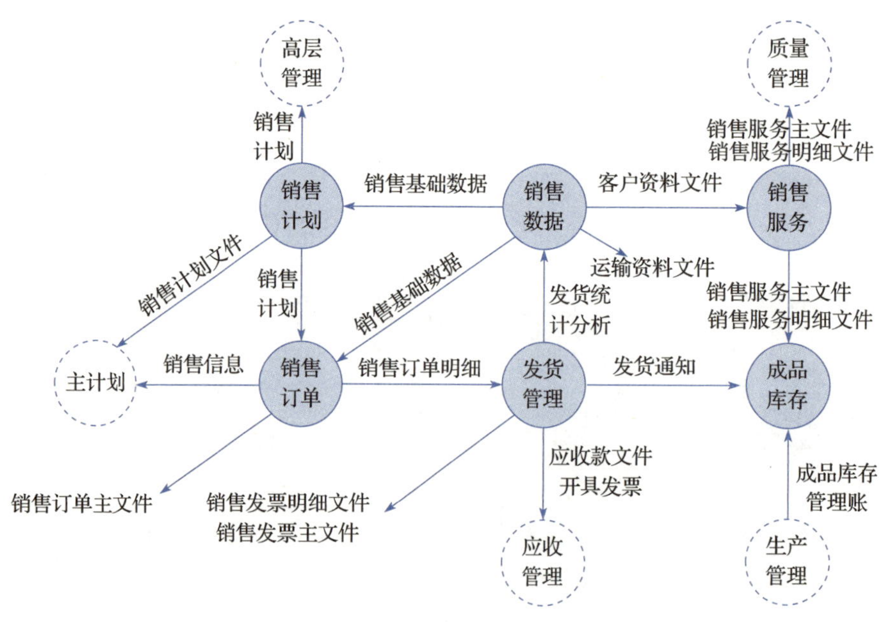

图 11-11　销售管理模块关联图

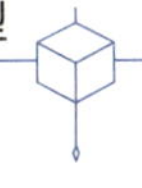

五是人力管理模块关联图，见图 11-12。

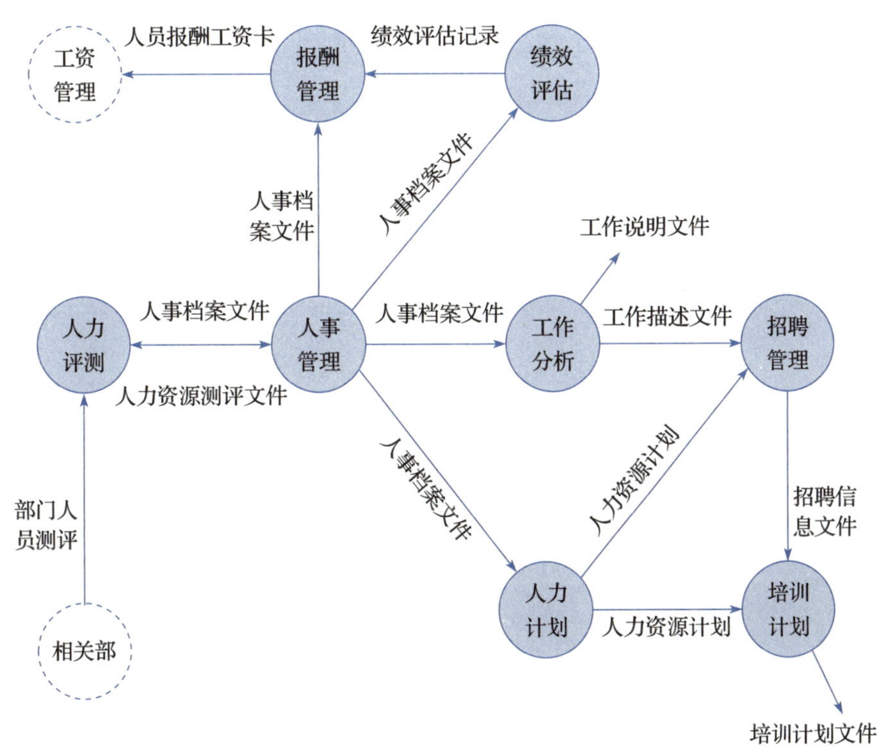

图 11-12　人力管理模块关联图

六是综合管理模块关联图，见图 11-13。

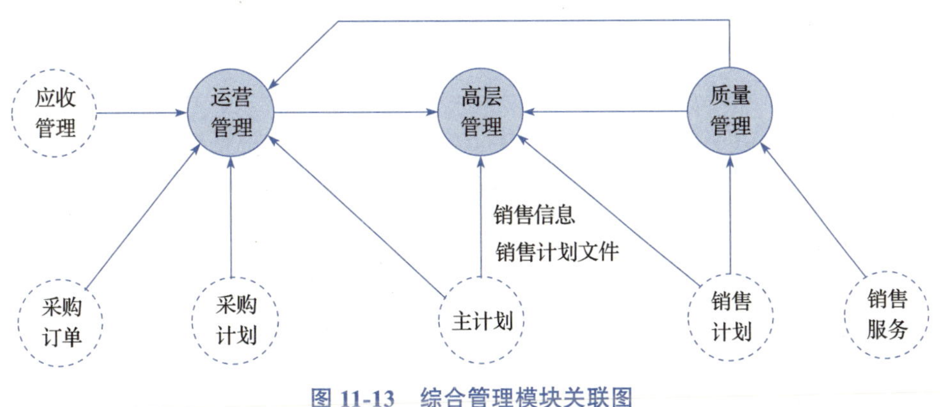

图 11-13　综合管理模块关联图

七是集成生产领域管理模块关联图。将六个部门的管理模块关联图相接，让不同部门关联图中相同职能元素的虚线单元和实线单元合并在一个实线单元，则合并为下图 11-14 某企业生产领域管理模块关联图。

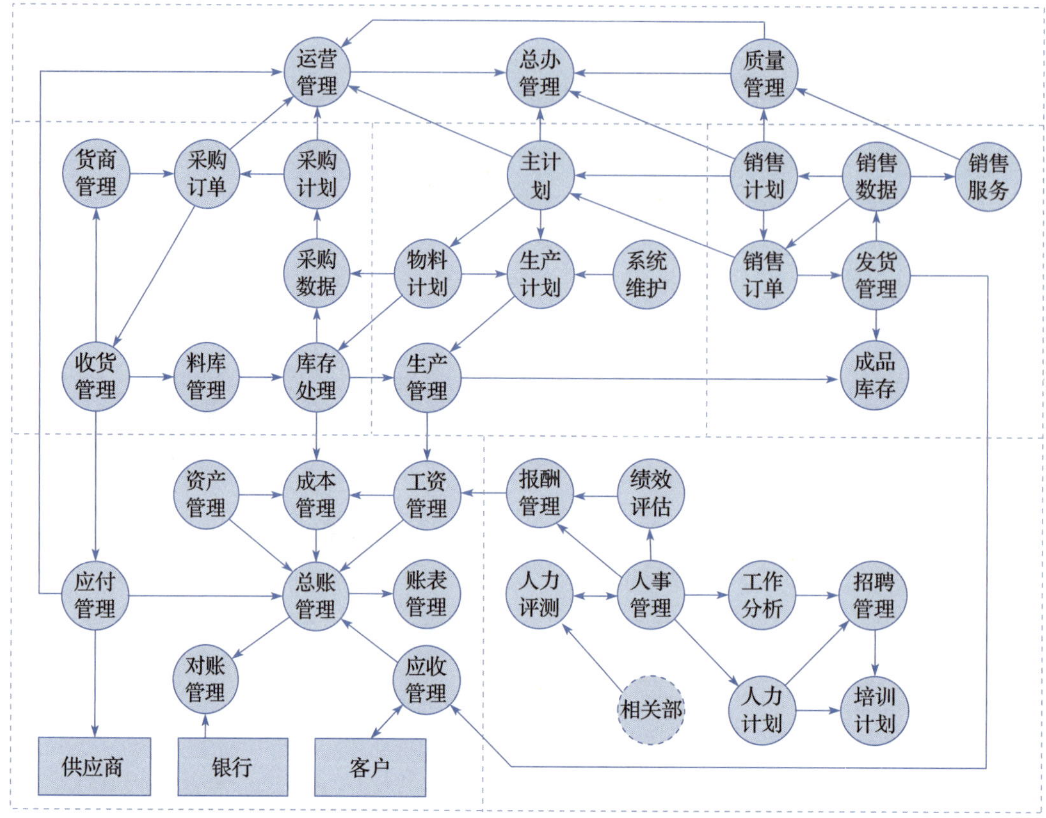

图 11-14　某企业生产领域管理模块关联图

根据模块关联图，建立数据文件关联表，为 ERP 系统建设提供业务模块及其流程，见表 11-7 某企业生产领域管理模块文件关联表。

表 11-7　某企业生产领域管理模块文件关联表

职能主体结构		关联		
部门层	独立层	流向	关联单位	
C 财务	CB 成本管理	输入	供应	GCL-D-1- 物料业务单据
				CCB-D-1- 成本核算表
				CCB-D-2- 成本凭证
	DZ 对账管理	输入	银行	
				CDZ-D-1- 银行对账单
	GZ 工资管理	输入	人劳	RBC-D-1
			生产	SSC-D-1

续表

职能主体结构		关联		
部门层	独立层	流向	关联单位	
C 财务	GZ 工资管理			CGZ-D-1- 人工指标表
				CGZ-D-2- 工资凭证单
				CGZ-D-3- 应付工资文件
	YF 应付管理	输入	供应	GSH-D-2
		输出	供应商	CYF-D-1- 付款详单
				CYF-D-2- 付款凭证
		输出	综合	CYF-D-3- 应付款文件
	YS 应收管理	输入	销售	XFH-D-2
			销售	XFH-D-3
			客户	
				CYS-D-1- 收款凭证
	ZB 账表管理			CZB-D-1- 财务账表文件
	ZC 资产管理			CZC-D-1- 固定资产台账
				CZC-D-2- 固定资产凭证
				CZC-D-3- 资产累计折旧表
				CZC-D-4- 资产折旧表
	ZZ 总账管理			CZZ-D-1- 账表输出
				CZZ-D-2- 存款
G 供应	DD 采购订单	输出	综合	GDD-D-1- 采购订单主文件
				GDD-D-2- 采购订单明细文件
	SJ 采购数据	输入	生产	SWJ-D-1
				GSJ-D-1- 基础数据
				GSJ-D-2- 供应商资料
	JH 采购计划	输出	综合	GJH-D-1- 采购计划
		输出	综合	GJH-D-2- 材料备件价单
	CL 库存处理	输出	财务	GCL-D-1- 物料业务单据
		输出	生产	GCL-D-2- 物品配料出库单
		输入	生产	SWJ-D-1

续表

职能主体结构		关联		
部门层	独立层	流向	关联单位	
G 供应	CL 库存处理			GCL-D-3- 物品货位库存文件
				GCL-D-4- 物品仓库库存文件
	HS 货商管理			GHS-D-1- 供货商评估文件
	LK 料库管理			GLK-D-1- 物品代码文件
				GLK-D-2- 库存基础数据
				GLK-D-3- 库存系统设置文件
	SH 收货管理			GSH-D-1- 物料入库
		输出	财务	GSH-D-2- 付款发票凭据
				GSH-D-3- 收货单文件
				GSH-D-4- 检验单文件
R 人劳	BC 报酬管理	输出	财务	RBC-D-1- 人员报酬工资卡
	FX 工作分析			RFX-D-1- 工作描述文件
				RFX-D-2- 工作说明文件
	JX 绩效评估			RJX-D-1- 绩效评估记录
	PX 培训计划			RPX-D-1- 培训计划文件
	RJ 人力计划			RRJ-D-1- 人力资源计划
	RP 人力评测	输入	相关部门	
				RRP-D-1- 人力资源评测文件
	RS 人事管理			RRS-D-1- 人事档案文件
	ZP 招聘管理			RZP-D-1- 招聘信息文件
S 生产	WJ 物料计划	输出	供应	SWJ-D-1-MRP（物料需求计划）

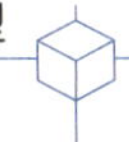

续表

职能主体结构		关联		
部门层	独立层	流向	关联单位	
S 生产	WJ 物料计划	输出	供应	
	ZJ 主计划			SZJ-D-1-MPS（主生产计划）
		输出	综合	
		输出	综合	SZJ-D-2- 中期生产规划
	SJ 生产计划			SSJ-D-1-JIT 任务文件
				SSJ-D-2- 生产能力计划
				SSJ-D-3- 生产物流计划
	SC 生产管理	输出	财务	SSC-D-1- 工资统计报表
		输入	供应	GCL-D-2
		输出	供应	SSC-D-2-JIT 零库存领料单
				SSC-D-3- 看板卡文件
				SSC-D-4- 产品送检表
		输出	销售	SSC-D-5- 入库单
	WH 系统维护			SWH-D-1-JIT 操作权限文件
				SWH-D-2-JIT 参数设置文件
X 销售	FH 发货管理			XFH-D-1- 发货通知
		输出	财务	XFH-D-2- 应收款文件
		输出	财务	XFH-D-3- 开据发票
				XFH-D-4- 销售发票主文件
				XFH-D-5- 销售发票明细文件
				XFH-D-6- 发货统计分析
	CP 成品库存	输入	生产	SSC-D-5
				XKC-D-1 成品库存管理账
	XD 销售订单	输出	生产	XXD-D-1- 销售信息
				XXD-D-2- 销售订单主文件
				XXD-D-3- 销售订单明细
	XF 销售服务			XXF-D-1- 销售服务主文件
				XXF-D-2- 销售服务明细文件

续表

职能主体结构		关联		
部门层	独立层	流向	关联单位	
X 销售	XJ 销售计划	输出	生产	XXJ-D-1- 销售计划文件
		输出	综合	
				XXJ-D-2- 销售计划
	XS 销售数据			XXS-D-1- 销售基础数据
				XXS-D-2- 运输资料文件
				XXS-D-3- 客户资料文件
Z 综合	GC 高层管理	输入		SZJ-D-1
				ZZB-D-1- 远期计划指标
		输入		SZJ-D-2
				ZZB-D-2- 行政指标预算
	ZL 质量管理	输入		XXJ-D-1
				ZZL-D-1- 产品质量指标文件
		输入		XXF-D-1
		输入		XXF-D-2
				ZZL-D-2- 质量分析报告
	YY 运营管理	输入		CYF-D-3
		输入		GDD-D-1
		输入		GDD-D-2
				ZYY-D-1- 综合统计报表
		输入		GJH-D-1
		输入		GJH-D-2
		输入		SZJ-D-1
		输入		SZJ-D-2
				ZYY-D-2- 绩效考核评价

注：未标注“输入”或“输出”的文件，属于部门输出的内部关联文件

组织管理体系指标系统分类结构

一、组织管理体系指标总体架构

（一）组织指标属性要素

1. 指标概念

指标是指预期中计划达到的指数、规格、标准，一般由“名称”和“指标值”两部分构成。详细而言，指标有名称、有定义、有标准、有结果，它体现了事物范围的规定性和结果的规定性两个方面的概念特征。不具备这两个特征的信息为非指标信息，如标识性、备注性信息等。

2. 组织管理效能指标与组织管理评价指标

组织管理体系基础指标，一方面是反映组织运行状况的管理效能指标，如经营指标；另一方面是反映组织管理状况的管理评价指标。因此，按照指标这两个方面的用途属性，组织的信息指标分为组织管理效能指标和组织管理评价指标。

3. 综合信息指标和数据信息指标

从信息技术的角度，信息形态分为结构化信息（Structured Information）和非结构化信息（Unstructured Information）两种不同的形态。结构化信息是指能用确定的模型或语言描述，同时伴随着数学方法及计算机的应用，并可以通过算法产生结果的数字信息。非结构化信息（包括半结构化信息）是无法完全作为数据信息进行运算处理的综合信息，如文字、符号、图形、视频、声频等。为简化不同信息属性概念，本文将数据信息、结构化信息、定量信息视为同义词，互为代名词；将综合信息、非结构化信息、定性信息视为同义词，互为代名词。数据信息可以作为综合信息的构成部分及补充，也可以将数据信息视为综合信息的数字化或特例。例如，企业年度经营情况报告的综合信息，包含数据、图形、表格、图片等信息。

指标按照其指标值的形态分为综合信息指标和数据信息指标，综合信息指标是数据指标的上个层次的指标。

（二）职能单元指标化

职能单元本身“有名称、有描述、有要求、有结果”，符合指标的概念特征，见表 12-1 职能单元要素与指标要素对照。

表 12-1　职能单元要素与指标要素对照

职能单元要素	指标要素
单元简称	指标名称
单元描述	指标定义
单元要求	指标标准
活动结果	指标值

职能单元与职能综合信息指标是同一事物的不同属性概念，可完全一体化。职能单元指标化，即所有的职能单元都具有指标属性。由此，将职能综合信息指标简称为职能指标。

【一体化 18】 职能单元与职能指标一体化。

组织职能结构也是组织职能指标分类结构，组织职能维成员也是组织职能指标维成员，两者的代码也完全一致。

【一体化 19】 组织职能指标分类结构与组织职能结构一体化。

（三）综合信息指标数字化

数字化是指将定性的、非结构化的综合信息通过一定的方式用数字来表达的过程。数字化会带来更大范围的管理数据化及组织数据化转型。

为了将综合信息指标纳入数据指标的管理方法，需通过数字化方法将其变为数据信息指标，即将指标值的综合信息进行定性分类并用数字来表达，使更多的综合信息指标作为数据指标来应用，扩展了指标的应用空间，为管理智能化创造基础条件。

【例 12-1】风险评价风险度指标值的数字化。

根据所辨别的风险事件发生的可能性和后果的严重性，决定其风险度指标的大小，确定风险等级，见表 12-2 风险度指标值。

表 12-2　风险度指标值（R=L×S）

可能性（L） \ 严重性（S）	1	2	3	4	5
1	1	2	3	4	5
2	2	4	6	8	10
3	3	6	9	12	15
4	4	8	12	16	20
5	5	10	15	20	25

R——危险性或风险度分值；

L——发生事故的可能性或概率；

S——发生事故的严重性。

危险性或风险度指标值：

（1）轻微（R=1—3）；

（2）低等（R=4—8）；

（3）中等（R=9—12）；

（4）重大（R=15—16）；

（5）巨大（R=20—25）。

（四）组织管理体系指标总体架构

组织管理体系指标对应组织四维管理体系的静态信息和动态信息（见图 9-2、图 9-3），分为组织管理评价指标和组织管理效能指标。组织管理评价指标反映组织管理体系建设与实施状况，按照组织各维全面反映相关管理状况，包括对组织职能管理、组织单位管理、组织对象管理和组织资源管理的评价指标。

组织管理效能指标是反映组织运行中职能活动结果状况的指标，即组织职能管理效能指标，包括组织职能指标和组织数据指标，是组织综合统计管理的主要指标。反映在各维方面的效能指标，是对组织职能管理效能指标的分解，涉及不同维的绩效考核。因而，效能指标从类别上仅设立组织职能管理效能指标，并可按照相关维进行细分。

另外，根据指标信息形态，无论是效能指标还是评价指标，都拥有各自的综合信息指标和数据信息指标。综上所述，建立表 12-3 组织管理体系指标总体架构。

表 12-3　组织管理体系指标总体架构

属性	维指标及其大类码	综合信息指标（1）	数据信息指标（2）
组织管理效能指标	A- 组织职能管理效能指标	A1- 组织职能指标	A2- 组织数据指标
组织管理评价指标	B- 组织职能管理评价指标	B1- 组织职能管理评价综合信息指标	B2- 组织职能管理评价数据信息指标
	C- 组织单位管理评价指标	C1- 组织单位管理评价综合信息指标	C2- 组织单位管理评价数据信息指标
	D- 组织对象管理评价指标	D1- 组织对象管理评价综合信息指标	D2- 组织对象管理评价数据信息指标
	E- 组织资源管理评价指标	E1- 组织资源管理评价综合信息指标	E2- 组织资源管理评价数据信息指标

（五）组织管理体系指标统一分类结构形式

组织管理体系所有指标统一分类编码，依据图 9-4 组织管理体系基础信息分类结构组成，建立表 12-4 组织管理体系指标统一分类结构形式，其中大类编码按表 12-3 组织管理体系指标总体架构进行编码。

表 12-4　组织管理体系指标统一分类结构形式

大类	中类	小类		
整体分类	指标主体结构	指标细分结构		
A? 管理效能指标	组织职能主体结构	程序	作业	标识
B?-E? 管理评价指标	组织维主体结构	细分 1	细分 2	标识

注：“?”为相关指标大类编码。

（六）组织管理指标分类结构类型

由表 12-4 组织管理体系指标统一分类结构形式，组织管理指标分类结构由指标主体结构和指标细分结构组成；其中细分结构从分类逻辑上，有树形结构、矩阵结构和混合结构三种类型。

1. 指标树形结构

指标树形结构是指标细分结构为树形分类结构，见表 12-5 指标树形结构形式。

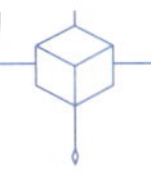

表 12-5　指标树形结构形式

<table>
<tr><th rowspan="2">指标主体结构</th><th colspan="3">细分结构</th></tr>
<tr><th>细分 1</th><th>细分 2</th><th>细分 3</th></tr>
<tr><td rowspan="14">组织职能主体结构</td><td rowspan="2">指标 1</td><td rowspan="2">指标 11</td><td></td></tr>
<tr><td></td></tr>
<tr><td rowspan="7">指标 1</td><td rowspan="2">指标 11</td><td></td></tr>
<tr><td></td></tr>
<tr><td rowspan="3">指标 12</td><td></td></tr>
<tr><td></td></tr>
<tr><td></td></tr>
<tr><td rowspan="2">指标 13</td><td></td></tr>
<tr><td></td></tr>
<tr><td rowspan="5">指标 2</td><td rowspan="3">指标 21</td><td></td></tr>
<tr><td></td></tr>
<tr><td></td></tr>
<tr><td rowspan="2">指标 22</td><td></td></tr>
<tr><td></td></tr>
</table>

2. 指标矩阵结构

指标矩阵结构是指标细分结构为多重属性矩阵结构，并由各层次属性要素通过矩阵关系组合成一系列指标概念元素，见表 12-6 指标矩阵结构形式。

表 12-6　指标矩阵结构形式

<table>
<tr><th rowspan="2">指标主体结构</th><th colspan="3">细分结构</th></tr>
<tr><th>属性 1</th><th>属性 2</th><th>属性 3</th></tr>
<tr><td>组织职能主体结构</td><td>要素 1
要素 2
要素 3</td><td>要素 1
要素 2</td><td>要素 1
要素 2
要素 3
要素 4</td></tr>
</table>

指标矩阵结构可清晰表达指标概念的要素构成，表达各层次属性要素之间任意的多层次矩阵组合关系，是解决复杂要素组合关系及编码的简捷有效的技术方法。

3. 指标混合分类结构

指标混合分类结构是指标的细分结构中既有树形结构，也有矩阵结构。

（七）组织指标编码方法

（1）组织数据指标代码一般选用数字代码，并且它作为组织管理体系数据指标系统模型坐标值，在应用项目整体范围内需统一代码长度。

（2）无论指标系统是树形分类结构还是矩阵分类结构，编制指标维成员代码的方法都是从上层到下层，在每一个层次顺序选择一个属性元素或要素的层次代码。所不同的是树形分类的上层次只有一个元素选项，而矩阵分类上、下层次都有多个要素选项。

（3）指标细分每个层次用来表达相关要素属性的概念，但指标属性要素层次并非越多越好。指标分类结构层次设置需要考虑指标编码长度的适宜性，代码过长会降低应用的方便性并加大出错概率；代码过短会使标识属性的层次不足，易出现标识混乱。实际应用中需应用信息分类编码技术方法，在满足表达分类要素属性的前提下，使分类结构扁平化，尽可能少层次，缩短码位。

（4）将对象要素码镶嵌到指标细分结构的方式，很好地解决了不设立对象维时，对象属性指标的编码问题，但指标代码长度一般比不涉及对象要素的指标代码码位更长，因而对此类代码结构的设计需应用编码技术和技巧，见表 12-7 数据指标对象要素组合矩阵结构形式示意。

表 12-7　数据指标对象要素组合矩阵结构形式示意

<table>
<tr><th>主体结构</th><th colspan="2">指标类别属性</th><th colspan="5">对象属性要素</th><th colspan="2">统计属性要素</th><th></th></tr>
<tr><td rowspan="13">组织职能主体结构</td><td rowspan="2">1 属性</td><td>1 属性</td><td>1 属性</td><td>1 属性</td><td>1 属性</td><td>0</td><td>0</td><td>0</td><td>0</td><td rowspan="2"></td></tr>
<tr><td>2 属性</td><td>2 属性</td><td>2 属性</td><td>2 属性</td><td>0</td><td>0</td><td>0</td><td>0</td></tr>
<tr><td>2 属性</td><td rowspan="2">3 属性</td><td colspan="5" rowspan="2">产品代码结构</td><td rowspan="2">1 属性</td><td>1 属性</td><td rowspan="2">资源指标</td></tr>
<tr><td>3 属性</td><td>2 属性</td></tr>
<tr><td rowspan="3">1 属性</td><td>1 属性</td><td>1 属性</td><td>1 属性</td><td>1 属性</td><td>0</td><td>0</td><td>1 属性</td><td>1 属性</td><td rowspan="4"></td></tr>
<tr><td rowspan="2">2 属性</td><td>1 属性</td><td>1 属性</td><td>1 属性</td><td>0</td><td>0</td><td>2 属性</td><td>2 属性</td></tr>
<tr><td>2 属性</td><td>2 属性</td><td>2 属性</td><td>0</td><td>0</td><td>3 属性</td><td rowspan="2">3 属性</td></tr>
<tr><td>1 属性</td><td>1 属性</td><td>1 属性</td><td>1 属性</td><td>1 属性</td><td>0</td><td>0</td><td>4 属性</td></tr>
<tr><td rowspan="3">2 属性</td><td>1 属性</td><td rowspan="3">2 属性</td><td colspan="4" rowspan="3">设备代码结构</td><td colspan="2">01 属性</td><td rowspan="3">资源指标</td></tr>
<tr><td>2 属性</td><td colspan="2">02 属性</td></tr>
<tr><td>3 属性</td><td colspan="2">03 属性</td></tr>
<tr><td>1 属性</td><td>1 属性</td><td>1 属性</td><td>1 属性</td><td>1 属性</td><td>0</td><td>0</td><td>0</td><td>0</td><td rowspan="2"></td></tr>
<tr><td>2 属性</td><td>2 属性</td><td>2 属性</td><td>2 属性</td><td>2 属性</td><td>0</td><td>0</td><td>0</td><td>0</td></tr>
</table>

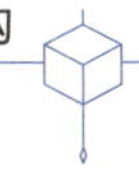

（5）如果由于少部分指标分类的标识属性要素过多而使代码过长时，可作为特殊的个案进行处理，选择“升维方式”设立相关要素维，不纳入统一的指标分类结构。

（6）建立指标分类结构后，需要建立指标词典库。如果指标分类结构为矩阵结构，完全列出所有能够组合出来的指标项将数量庞大，其中包含大量的不常用指标。实际上，没必要将指标项都组合出来，较实用的方法是依据指标矩阵分类结构，仅组合出所需要的指标项及其代码纳入指标词典，其他的可随时添加。

二、组织管理效能指标

（一）组织职能指标（A1）

按照表 12-3 组织管理体系指标总体架构，其中组织职能指标的大类码为 A1，结合表 12-4 组织管理体系指标统一分类结构形式，建立表 12-8 组织职能指标分类结构形式。

表 12-8　组织职能指标分类结构形式

大类	中类	小类		
A1	组织职能主体结构	程序	作业	序号

（二）组织数据指标（A2）

按照表 12-3 组织管理体系指标总体架构，其中组织数据指标的大类码为 A2，结合表 12-4 组织管理体系指标统一分类结构形式，建立表 12-9 组织数据指标分类结构形式。

表 12-9　组织数据指标分类结构形式

大类	中类	小类		
		细分结构		
A2	组织职能主体结构	细分 1	细分 2	序号

1. 组织数据指标树形分类结构

组织数据指标树形分类结构形式，为表 12-5 指标树形分类结构形式。

【例 12-2】某公司数据指标分类结构的主体结构为表 6-17 某公司职能主体结构，细分结构为“分组 + 序号”结构，见表 12-10 某公司数据指标分类结构。

表 12-10　某公司数据指标分类结构

部门层	处室层	独立层	分组	序号	指标名称	子项
11 总办 事务	1 决策管理	1 总办规划				
		2 主题决策				
	2 保密档案	1 保密工作				
		2 档案保存				
	3 秘书管理	1 公文处理				
		2 会议组织				
		3 接待服务		01	会议费	
		4 对外联络		01	业务招待费	
		5 印鉴证照				
	4 外事管理	1 护照统管		01	出国经费	
		2 外事服务				
	5 行政管理	1 安全保卫				
		2 车队事务		01	汽车购置费	
				02	汽车维修费	
		3 后勤保障		01	餐费补贴	
				02	理发券补贴	
				03	办公费	
				04	车船使用税	
				05	水电费	
				06	运输费	
				07	取暖费	
				08	计划生育费	
				09	劳动保护费	
				10	员工体检与预防	
				11	租赁费	
				12	产权楼维修费	
				13	绿化费	
				14	员工物业费	
				15	协会会费	

续表

部门层	处室层	独立层	分组	序号	指标名称	子项
11 总办事务	5 行政管理	4 设备用品		01	购买办公设备费	
				02	办公设备维修费	
				03	低值易耗品费	
12 财务管理	1 成本管理	1 成本分析				
		2 财务分析				
		3 财务规划				
		4 全面预算				
	2 综合管理	1 会计业务	0 分组总计	01	资产总计	
				02	负债合计	
				03	归属于母公司所有者权益	
				04	所有者权益合计	
				05	负债和所有者权益合计	
			1 流动资产	01	货币资金	
				02	交易性流动资产	
				03	应收票据	
				04	应收股利	
				05	应收账款	1 单位 A
				06	其他应收款	
				07	预付款项	
				08	存货	1 原材料
						2 库存商品
				09	一年内到期流动资产	
				19	其他流动资产	

续表

部门层	处室层	独立层	分组	序号	指标名称	子项
12 财务管理	2 综合管理	1 会计业务	2 非流动资产	01	可供出售金融资产	
				02	持有至到期投资	
				03	长期应收款	
				04	长期股权投资	
				05	投资性房地产	
				06	固定资产原值	
				07	累计折旧（减）	
				08	固定资产净值	
				09	固定资产净值准备（减）	
				10	固定资产净额	
				11	工程物资	
				12	在建工程	
				13	固定资产清理	
				14	生产性生物资产	
				15	汽油资产	
				16	无形资产	
				17	开发支出	
				18	商誉	
				19	长期待摊费用	
				20	递延所得税资产	
				21	其他非流动资产	
			3 流动负债	01	短期借款	
				02	交易性金融负债	
				03	应付票据	
				04	应付账款	

续表

部门层	处室层	独立层	分组	序号	指标名称	子项
12 财务管理	2 综合管理	1 会计业务	3 流动负债	05	预收款项	
				06	应付职工薪酬	1 应付工资
						2 应付福利费
				07	应付税费	
				08	应付利息	
				09	应付股利	
				10	其他应付款	
				11	一年内到期的非流动负债	
				12	其他流动负债	
			4 非流动负债	01	长期借款	
				02	应付债券	
				03	长期应付款	
				04	专项应付款	
				05	预计负债	
				06	递延所得税负债	
				07	其他非流动负债	
			5 所有者权益	01	实收资本（股本）	
				02	资本公积	
				03	库存股（减）	
				04	盈余公积	
				05	未分配利润	
				06	外币报表折算差额	
				07	少数股东权益	
				08	上级母公司控股比例（%）	
			6 收入	01	营业收入	1 主营业务收入
						2 其他业务收入

续表

部门层	处室层	独立层	分组	序号	指标名称	子项
12 财务管理	2 综合管理	1 会计业务	6 收入	02	营业成本	1 主营业务成本
						2 其他业务成本
				03	营业税及附加	
				04	销售费用	
				05	管理费用	
				06	财务费用	1 利息支出净额
				07	资产减值损失	
				08	公允价值变动收益	
				09	投资收益	1 对联营企业和合营企业的投资收益
				10	营业利润	
				11	营业外收入	
				12	营业外支出	1 非流动资产处置损失
				13	利润总额	
				14	所得税费用	
				15	净利润	
				16	少数股东损益	
				17	归属于母公司所有者净利润	
				18	每股收益	
				19	基本每股收益	
				20	稀释每股收益	
		2 资金筹措				
		3 资产费用		01	折旧费	
				02	税金	
				03	无形资产摊销	
				04	车辆保险费	
				05	审计、签证费	
				06	咨询费	
				07	差旅费	
				09	其他	

续表

部门层	处室层	独立层	分组	序号	指标名称	子项
13 法律事务	1 法律审核	1 法律风险				
		2 规章审核				
		3 合同审核		01	经济合同法务审核完成率	
				02	经济合同法务实际审核份数	
				03	经济合同法务应审核份数	
		4 决策审核				
		5 项目审核				
	2 法律事务	1 知识产权		01	商标注册费	
		2 法务规划				
		3 法务基础				
		4 法制宣教				
		5 受托诉讼		01	诉讼费	
				02	法律顾问费	
				03	专题处理费	
		6 职业资格				
14 市场经营	1 市场管理	1 市场环境				
		2 经营规划				
		3 市场分析				
		4 市场宣传				
		5 市场营销				
		6 市场支持				
	2 项目开发	1 总包项目				
		2 出口项目				
		3 进口项目				
		4 内贸项目				
15 科学技术	1 技术研究	1 科研开发				
		2 项目研究		01	科研项目经费	
		3 专利技术				

续表

部门层	处室层	独立层	分组	序号	指标名称	子项
15 科学技术	2 综合管理	1 标准体系				
		2 科技规划				
		3 质量改进				
		4 质量损失				
16 产品事业	1 产品管理	1 不合格品				
		2 产能配置				
		3 可追溯性				
		4 产品标准				
		5 产品分析				
		6 产品规划				
		7 产品考核				
		8 产品要求				
	2 产品研发	1 技术合作				
		2 产品研发				
17 企业管理	1 体系控制	1 工作改进				
		2 管理评审				
		3 沟通协商				
		4 纠正措施				
		5 企管规划				
		6 提案改善				
		7 预防措施				
		8 主题支持				
	2 体系建设	1 标准建立				
		2 记录控制				
		3 内部审核				
		4 质量手册				
		5 体系建立				
		6 文件控制				
		7 制度建设				
		8 知识体系				
	3 综合管理	1 经济合同				
		2 数据分析				
		3 协会管理				
		4 成果转化				

续表

部门层	处室层	独立层	分组	序号	指标名称	子项
18 人力资源	1 教育培训	1 评审鉴定				
		2 能力培训				
		3 委外培训				
	2 人资管控	1 工作分析				
		2 任务分派				
		3 人资规划				
		4 人员绩效				
		5 人资诊断				
		6 职位评价				
	3 人资配置	1 出国审查				
		2 劳动关系				
		3 劳动工资				
		4 招选聘用				
	4 薪资福利	1 员工福利				
		2 工资薪酬				
	5 综合管理	1 单位职能				
		2 岗位职能				
		3 组织人事				
		4 人资信息				
19 审计风险	1 内控风险	1 风控控制				
		2 风控评估				
	2 审计管理	1 财务监督				
		2 财务审计				
		3 内部审计	2 境外	01	境外公司内部审计完成率	
				02	境外公司内审实际数量	
				03	境外公司数量	
		4 审计规划				
		5 营销审计				
20 文化宣传	1 企业文化	1 参展项目		01	展览费	

续表

部门层	处室层	独立层	分组	序号	指标名称	子项
20 文化宣传	1 企业文化	2 品牌建设		01	品牌建设费	
				02	广告费	
		3 文化规划				
	2 宣传教育	1 网站建设				
		2 新闻宣传		01	宣传费	
21 信息技术	1 系统管理	1 系统建设		01	计算机购置费	
				02	计算机维修费	
				03	计算机配件费	
				04	信息网络费	
		2 信息系统				
	2 信息管理	1 信息安全	2 出境	01	携带出境电子设备安全处理率	
				02	携带出境电子设备安全处理数量	
				03	携带出境电子设备数量	
		2 信息规划				
		3 信息资源				
22 运营管理	1 安技环保	1 健康安全				
		2 环境保护				
		3 应急响应				
	2 综合统计	1 综合统计				
		2 指标体系				
	3 物资管理	1 物资供应				
		2 统一采购				
	4 运行管理	1 方针目标				
		2 监督测量				
		3 单位绩效				
		4 生产控制				
		5 计划实施				
		6 预测分析				
		7 运营规划				

续表

部门层	处室层	独立层	分组	序号	指标名称	子项
22 运营 管理	4 运行管理	8 运营分析				
		9 工作总结				
23 战略 发展	1 规划管理	1 规划支持				
		2 战略规划				
	2 合资管理	1 国际合作				
		2 合资合作				
	3 资产投资	1 长期投资				
		2 固资投资				
	4 项目投资	1 项目审批				
		2 投资统计				
		3 验收项目				

依据表 12-10 某公司数据指标分类结构，建立表 12-11 某公司数据指标词典。

表 12-11　某公司数据指标词典（A2）

代码	指标名称	单位	算码	依码	备注
A2.11320010	会议费	元			
A2.11330010	业务招待费	元			
A2.11420010	出国经费	元			
A2.11520010	汽车购置费	元			
A2.11520020	汽车维修费	元			
A2.11530010	餐费补贴	元			
A2.11530020	理发券补贴	元			
A2.11530030	办公费	元			
A2.11530040	车船使用税	元			
A2.11530050	水电费	元			
A2.11530060	运输费	元			
A2.11530070	取暖费	元			
A2.11530080	计划生育费	元			
A2.11530090	劳动保护费	元			
A2.11530100	员工体检与预防	元			

续表

代码	指标名称	单位	算码	依码	备注
A2.11530110	租赁费	元			
A2.11530120	产权楼维修费	元			
A2.11530130	绿化费	元			
A2.11530140	员工物业费	元			
A2.11530150	协会会费	元			
A2.11540010	购买办公设备费	元			
A2.11540020	办公设备维修费	元			
A2.11540030	低值易耗品费	元			
A2.12210010	资产总计	元			
A2.12210020	负债合计	元			
A2.12210030	归属于母公司所有者权益	元			
A2.12210040	所有者权益合计	元			
A2.12210050	负债和所有者权益合计	元			
A2.12211000	流动资产	元			
A2.12211010	货币资金	元			
A2.12211020	交易性流动资产	元			
A2.12211030	应收票据	元			
A2.12211040	应收股利	元			
A2.12211050	应收账款	元			
A2.12211060	其他应收款	元			
A2.12211070	预付款项	元			
A2.12211080	存货	元			
A2.12211081	原材料	元			
A2.12211082	库存商品	元			
A2.12211090	一年内到期流动资产	元			
A2.12211190	其他流动资产	元			
A2.12212000	非流动资产	元			
A2.12212010	可供出售金融资产	元			
A2.12212020	持有至到期投资	元			
A2.12212030	长期应收款	元			
A2.12212040	长期股权投资	元			

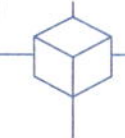

续表

代码	指标名称	单位	算码	依码	备注
A2.12212050	投资性房地产	元			
A2.12212060	固定资产原值	元			
A2.12212070	累计折旧（减）	元			
A2.12212080	固定资产净值	元			
A2.12212090	固定资产净值准备（减）	元			
A2.12212100	固定资产净额	元			
A2.12212110	工程物资	元			
A2.12212120	在建工程	元			
A2.12212130	固定资产清理	元			
A2.12212140	生产性生物资产	元			
A2.12212150	汽油资产	元			
A2.12212160	无形资产	元			
A2.12212170	开发支出	元			
A2.12212180	商誉	元			
A2.12212190	长期待摊费用	元			
A2.12212200	递延所得税资产	元			
A2.12212210	其他非流动资产	元			
A2.12213000	流动负债	元			
A2.12213010	短期借款	元			
A2.12213020	交易性金融负债	元			
A2.12213030	应付票据	元			
A2.12213040	应付账款	元			
A2.12213050	预收款项	元			
A2.12213060	应付职工薪酬	元			
A2.12213061	应付工资	元			
A2.12213062	应付福利费	元			
A2.12213070	应付税费	元			
A2.12213080	应付利息	元			
A2.12213090	应付股利	元			
A2.12213100	其他应付款	元			
A2.12213110	一年内到期的非流动负债	元			

续表

代码	指标名称	单位	算码	依码	备注
A2.12213120	其他流动负债	元			
A2.12214000	非流动负债	元			
A2.12214010	长期借款	元			
A2.12214020	应付债券	元			
A2.12214030	长期应付款	元			
A2.12214040	专项应付款	元			
A2.12214050	预计负债	元			
A2.12214060	递延所得税负债	元			
A2.12214070	其他非流动负债	元			
A2.12215000	所有者权益	元			
A2.12215010	实收资本（股本）	元			
A2.12215020	资本公积	元			
A2.12215030	库存股（减）	元			
A2.12215040	盈余公积	元			
A2.12215050	未分配利润	元			
A2.12215060	外币报表折算差额	元			
A2.12215070	少数股东权益	元			
A2.12215080	上级母公司控股比例	%			
A2.12216010	营业收入	元			
A2.12216011	主营业务收入	元			
A2.12216012	其他业务收入	元			
A2.12216020	营业成本	元			
A2.12216021	主营业务成本	元			
A2.12216022	其他业务成本	元			
A2.12216030	营业税及附加	元			
A2.12216040	销售费用	元			
A2.12216050	管理费用	元			
A2.12216060	财务费用	元			
A2.12216061	利息支出净额	元			
A2.12216070	资产减值损失	元			
A2.12216080	公允价值变动收益	元			

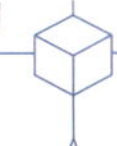

续表

代码	指标名称	单位	算码	依码	备注
A2.12216090	投资收益	元			
A2.12216091	对联营企业和合营企业的投资收益	元			
A2.12216100	营业利润	元			
A2.12216110	营业外收入	元			
A2.12216120	营业外支出	元			
A2.12216121	非流动资产处置损失	元			
A2.12216130	利润总额	元			
A2.12216140	所得税费用	元			
A2.12216150	净利润	元			
A2.12216160	少数股东损益	元			
A2.12216170	归属于母公司所有者净利润	元			
A2.12216180	每股收益	元			
A2.12216190	基本每股收益	元			
A2.12216200	稀释每股收益	元			
A2.12220000	资金筹措	元			
A2.12230000	资产费用	元			
A2.12230010	折旧费	元			
A2.12230020	税金	元			
A2.12230030	无形资产摊销	元			
A2.12230040	车辆保险费	元			
A2.12230050	审计、签证费	元			
A2.12230060	咨询费	元			
A2.12230070	差旅费	元			
A2.12230090	其他	元			
A2.13130010	经济合同法务审核完成率	%		A2.13130020 A2.13130030	
A2.13130020	经济合同法务实际审核份数	份			
A2.13130030	经济合同法务应审核份数	份			
A2.13210010	商标注册费	元			
A2.13250010	诉讼费	元			
A2.13250020	法律顾问费	元			

续表

代码	指标名称	单位	算码	依码	备注
A2.13250030	专题处理费	元			
A2.15120010	科研项目经费	元			
A2.19232010	境外公司内部审计完成率	%		A2.19232020 A2.19232030	
A2.19232020	境外公司内审实际数量	家			
A2.19232030	境外公司数量	家			
A2.20110010	展览费	元			
A2.20120010	品牌建设费	元			
A2.20120020	广告费	元			
A2.20220010	宣传费	元			
A2.21110010	计算机购置费	元			
A2.21110020	计算机维修费	元			
A2.21110030	计算机配件费	元			
A2.21110040	信息网络费	元			
A2.21212010	携带出境电子设备安全处理率	%		A2.21212020 A2.21212030	
A2.21212020	携带出境电子设备安全处理数量	台			
A2.21212030	携带出境电子设备数量	台			

注：算码为指标的计算方法代码；依码为指标计算所依据的两个以内的指标代码。

【**例 12-3**】某公司综合统计数据指标分类结构表（a），见表 12-12。

表 12-12　某公司综合统计数据指标分类结构表（a）

<table>
<tr><th>独立层</th><th>D</th><th>E</th><th>F</th><th>G</th><th>H</th><th>I</th></tr>
<tr><td rowspan="7">综合统计</td><td rowspan="5">1 产值</td><td rowspan="5">1 工业总产值
2 工业销售产值</td><td rowspan="5">1 不变价
2 现行价</td><td>1 成品产值</td><td></td><td></td></tr>
<tr><td rowspan="3">2 工业性作业</td><td colspan="2">01 外委加工</td></tr>
<tr><td colspan="2">02 外委修理</td></tr>
<tr><td colspan="2">03 专项工修</td></tr>
<tr><td>3 来料原值</td><td></td><td></td></tr>
<tr><td rowspan="2">3 净值</td><td>1 工业净产值</td><td>1 不变价</td><td>1 分配法</td><td>1 应交利税</td><td>1 应交税金</td></tr>
<tr><td>2 工业增加值</td><td>2 现行价</td><td>2 生产法</td><td>1 产值中物耗</td><td></td></tr>
<tr><td>⋮</td><td>⋮</td><td>⋮</td><td>⋮</td><td>⋮</td><td>⋮</td><td>⋮</td></tr>
</table>

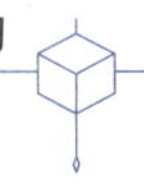

【例 12-4】模拟 IBM 公司市场营销数据指标树形分类结构及代码，见表 12-13 IBM 数据指标分类结构及其代码。

表 12-13　IBM 数据指标分类结构及其代码

<table>
<tr><th>部门层</th><th>职能层</th><th>细分层</th><th>指标</th><th>代码</th><th>指标名称</th><th>计量单位</th></tr>
<tr><td rowspan="4">1 财务</td><td rowspan="3">1</td><td rowspan="2">3</td><td>1 销售额</td><td>1131</td><td>销售额</td><td>$</td></tr>
<tr><td>4 利润额</td><td>1134</td><td>利润额</td><td>$</td></tr>
<tr><td></td><td></td><td></td><td></td><td></td></tr>
<tr><td>2</td><td></td><td></td><td></td><td></td><td></td></tr>
<tr><td rowspan="4">4 营销</td><td rowspan="3">1 市场营销</td><td rowspan="2">1</td><td>1 签约额</td><td>4111</td><td>签约额</td><td>$</td></tr>
<tr><td>2 履约额</td><td>4112</td><td>履约额</td><td>$</td></tr>
<tr><td></td><td></td><td></td><td></td><td></td></tr>
<tr><td>2</td><td></td><td></td><td></td><td></td><td></td></tr>
</table>

2. 组织数据指标矩阵分类结构

一些指标概念的构成涉及许多不同的属性要素，例如，工业总产值指标涉及不变价和现行价，指标的分类需对这些要素进行组合。另外，对于涉及管理对象的数据指标，有时在不考虑设立管理对象维的情况下，将对象属性作为数据指标的分类属性来对待，需要在指标结构中嵌入对象属性要素，形成指标细分的矩阵结构。

【例 12-5】某公司综合统计数据指标分类结构表（b），见表 12-14。

表 12-14　某公司综合统计数据指标分类结构表（b）

<table>
<tr><th>独立层</th><th>D</th><th>E</th><th>F</th><th>G</th><th>H</th><th>I</th></tr>
<tr><td rowspan="10">综合统计</td><td rowspan="5">1 产值</td><td rowspan="5">1 工业总产值
2 工业销售产值</td><td rowspan="5">1 不变价
2 现行价</td><td>1 成品产值</td><td></td><td></td></tr>
<tr><td rowspan="3">2 工业性作业</td><td colspan="2">01 外委加工</td></tr>
<tr><td colspan="2">02 外委修理</td></tr>
<tr><td colspan="2">03 专项工修</td></tr>
<tr><td>3 来料原值</td><td></td><td></td></tr>
<tr><td rowspan="3">2 产量</td><td>1 商品</td><td colspan="4" rowspan="3">（产品代码）</td></tr>
<tr><td>2 新产品</td></tr>
<tr><td>3 优质品</td></tr>
<tr><td rowspan="2">3 净值</td><td>1 工业净产值</td><td>1 不变价</td><td>1 分配法</td><td>1 应交利税</td><td>1 应交税金</td></tr>
<tr><td>2 工业增加值</td><td>2 现行价</td><td>2 生产法</td><td>1 产值中物耗</td><td></td></tr>
</table>

续表

<table>
<tr><th>独立层</th><th>D</th><th>E</th><th>F</th><th>G</th><th>H</th><th>I</th></tr>
<tr><td rowspan="7">综合统计</td><td rowspan="6">4 效果</td><td>1 经济评价</td><td colspan="2">01 现价产品销售率
02 新产品产值率
03 工业净产值率
⋮</td><td colspan="2" rowspan="6">（产品特征码）</td></tr>
<tr><td>2 完成率</td><td colspan="2">01 品种
02 项件
03 按项
⋮</td></tr>
<tr><td rowspan="3">3 周期与均衡</td><td rowspan="2">1 周期</td><td>1 组装</td></tr>
<tr><td>2 在厂日数</td></tr>
<tr><td>2 均衡率</td><td></td></tr>
<tr><td>4</td><td></td><td></td></tr>
<tr><td>⋮</td><td>⋮</td><td>⋮</td><td>⋮</td><td>⋮</td><td>⋮</td></tr>
</table>

【例 12-6】某些数据指标在涉及产品对象不多的情况下，为了缺省指标应用中的对象维，将产品属性作为数据指标分类的属性。模拟 IBM 公司数据指标，见表 12-15 IBM 数据指标矩阵分类结构。

表 12-15　IBM 数据指标矩阵分类结构

<table>
<tr><th>部门</th><th>职能</th><th>环节</th><th>细目</th><th>属性</th></tr>
<tr><td rowspan="4">1 财务</td><td rowspan="3">1</td><td rowspan="2">3</td><td>1 销售额</td><td rowspan="2">1 软件产品
2 存储产品
3 系统产品
4 网络安全
5 零售终端
6 打印产品</td></tr>
<tr><td>4 利润额</td></tr>
<tr><td></td><td></td><td></td></tr>
<tr><td>2</td><td></td><td></td><td></td></tr>
<tr><td rowspan="4">4 营销</td><td rowspan="4">1 市场营销</td><td rowspan="2">2</td><td>1 签约额</td><td rowspan="2">1 软件产品
2 存储产品
3 系统产品
4 网络安全
5 零售终端
6 打印产品</td></tr>
<tr><td>2 履约额</td></tr>
<tr><td></td><td></td><td></td></tr>
<tr><td></td><td></td><td></td></tr>
</table>

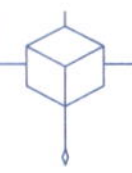

依据表 12-15 IBM 数据指标矩阵分类结构，建立表 12-16 IBM 产品数据指标代码词典。

表 12-16　IBM 产品数据指标代码词典

代码	指标名称	计量单位
11310	销售额	$
11311	销售额 - 软件产品	$
11312	销售额 - 存储产品	$
11313	销售额 - 系统产品	$
11314	销售额 - 网络安全	$
11315	销售额 - 零售终端	$
11316	销售额 - 打印产品	$
11340	利润额	$
11341	利润额 - 软件产品	$
11342	利润额 - 存储产品	$
11343	利润额 - 系统产品	$
11344	利润额 - 网络安全	$
11345	利润额 - 零售终端	$
11346	利润额 - 打印产品	$
⋮	⋮	⋮
41210	签约额	$
41211	签约额 - 软件产品	$
41212	签约额 - 存储产品	$
41213	签约额 - 系统产品	$
41214	签约额 - 网络安全	$
41215	签约额 - 零售终端	$
41216	签约额 - 打印产品	$
41220	履约额	$
41221	履约额 - 软件产品	$
41222	履约额 - 存储产品	$
41223	履约额 - 系统产品	$
41224	履约额 - 网络安全	$
41225	履约额 - 零售终端	$
41226	履约额 - 打印产品	$
⋮	⋮	⋮

3. 组织数据指标系统完善

组织数据指标的设立，除满足本组织经营管理需要外，也需要满足上级单位评价考核组织管理效能的指标要求，需对本组织的指标体系进行完善，并明晰上级单位所重视的指标。

【例 12-7】某总公司深入推进提质增效工作，向所属子公司下达管理效能指标。子公司需要根据总公司下达的专项工作数据指标，按照对口部门完善本公司相关数据指标体系。总公司下发如表 12-17 提质增效经营指标。

表 12-17　提质增效经营指标

对口部门	专项工作	序号	数据指标	年度目标	年化值
C 财务部	主要经营指标	1	营业收入		
		2	归母净利润（利润总额）		
	压降“两金”	3	应收账款		N/A
		4	1 年以上逾期应收款项		N/A
	降低各项费用	5	期间费用降低额		
J 经营部	国际化经营	6	国际业务签单		
		7	国际业务收入		
K 科技部	科技经费与质量损失	8	科研经费投入		N/A
		9	质量损失额		N/A
S 审计部	强化风险化解	10	已化解完成金额		N/A
R 人资部	控制劳动用工	11	员工总量		N/A
Y 运营部	亏损企业治理	12	亏损企业数量		N/A
		13	亏损总金额		
	压降“两金”	14	“两金”总额		N/A
	压降“两金”	15	存货		N/A
		16	1 年以上存货		N/A
Y 运营部	降低采购成本	17	采购成本降低金额		—
		18	集采率		N/A
	提高内部配套	19	关键零部件配套率		N/A
		20	重要零部件配套率		N/A
		21	一般零部件配套率		N/A
	杜绝浪费	22	增利金额		—

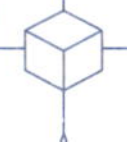

续表

对口部门	专项工作	序号	数据指标	年度目标	年化值
Z 战略部	固定资产投资	23	固定资产投资总额		—
	低效无效资产处置，盘活土地资产	24	低效无效资产处置率		N/A
		25	低效无效资产账面净值		—
		26	土地收益		N/A

三、组织管理评价指标

组织管理评价指标与组织管理效能指标的主要区别：管理评价指标是对现行管理体系建设状况、组织内部管理环境的评价，而管理效能指标是对组织运行的职能活动结果状况的评价。前者是组织长期建设累积的状况，后者是报告期内能量和资源投入的结果。

如表 12-3 组织管理体系指标总体架构所示，组织管理评价指标的建立对应各基本维，包括组织职能管理评价指标、组织单位管理评价指标、组织对象管理评价指标和组织资源管理评价指标，每种评价指标都包括其综合信息指标和数据信息指标。依照表 12-4 组织管理体系指标统一分类结构形式，综合信息指标和数据信息指标两者的中类相同，因此可以按照表 12-18 组织管理评价指标分类的形式来分类。（应用参见表 12-24 某公司对供应商评价定性指标和 KPI 指标）。

表 12-18　组织管理评价指标分类

组织职能结构			（1）综合信息指标		（2）数据信息指标	
主体结构	程序 / 环节	作业 / 要素	评价指标	得分标准	评价指标	得分标准
（对应大类的主体结构）	1 环节	1 要素	1. 综合指标		1. 数据指标	
			2. 综合指标		2. 数据指标	
		2 要素	1. 综合指标			
			2. 综合指标		1. 数据指标	
	2 环节	1 要素	1. 综合指标		2. 数据指标	
			2. 综合指标			

（一）组织职能管理评价指标（B）

按照表 12-3 组织管理体系指标总体架构，其中组织职能管理评价指标的大类码为 B，其综合信息评价指标大类码为 B1，数据信息评价指标大类码为 B2，结合表 12-4 组织管理体系指标统一分类结构形式，B1 类综合信息指标和 B2 类数据信息指标分别分类，依照表 12-19 组织职能管理评价指标分类结构形式。

表 12-19　组织职能管理评价指标分类结构形式

<table>
<tr><th>大类</th><th>中类</th><th colspan="3">小类</th></tr>
<tr><td rowspan="2">B1/B2</td><td rowspan="2">组织职能主体结构</td><td colspan="2">细分</td><td>标识</td></tr>
<tr><td>程序</td><td>作业</td><td>序号</td></tr>
</table>

（二）组织单位管理评价指标（C）

组织单位管理评价主要是对具体组织单位现场有关资源管理与环境管理方面的评价。

按照表 12-3 组织管理体系指标总体架构，其中组织单位管理评价指标的大类码为 C，结合表 12-4 组织管理体系指标统一分类结构形式，建立表 12-20 组织单位管理评价指标分类结构形式和表 12-20 组织单位管理评价指标应用。

表 12-20　组织单位管理评价指标分类结构形式

<table>
<tr><th rowspan="2">大类</th><th>中类</th><th colspan="3">小类</th></tr>
<tr><th>组织单位结构</th><th>要素</th><th>分组</th><th>序号</th></tr>
<tr><td>C1/C2</td><td></td><td>1 人员
2 设备
3 物料
4 方法
5 环境</td><td></td><td></td></tr>
</table>

表 12-21　组织单位管理评价指标应用

<table>
<tr><th>主体结构</th><th>要素</th><th>管理要求</th><th>分值</th><th>评分标准</th><th>分值</th></tr>
<tr><td rowspan="5">（评价单位代码）</td><td>人</td><td rowspan="5">（组织或上级评价要求）</td><td></td><td></td><td></td></tr>
<tr><td>机</td><td></td><td></td><td></td></tr>
<tr><td>物</td><td></td><td></td><td></td></tr>
<tr><td>法</td><td></td><td></td><td></td></tr>
<tr><td>环</td><td></td><td></td><td></td></tr>
</table>

单位现场管理评价的方式与单位效能职能评价方式相同，每一个制度条款都是一个综合信息指标，得分为其数字化的数据信息评价指标。

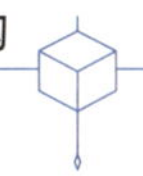

（三）组织对象管理评价指标（D）

按照表 12-3 组织管理体系指标总体架构，其中组织对象管理评价指标的大类码为 D，结合表 12-4 组织管理体系指标统一分类结构形式，建立表 12-22 组织对象管理评价指标分类结构形式。

表 12-22 组织对象管理评价指标分类结构形式

大类	中类	小类		
D1/D2	组织对象结构	分组 1	分组 2	序号

【例 12-8】供应商管理评价指标。

某公司有关供应商（伙伴）管理职能相关的衡量性 KPI 数据指标，通过职能管理程序输出，相关的对象、资源评价指标的代码属于各自独立的指标系统，承载这些指标的文件代码为相应职能记录文件代码，见表 12-23 某公司对供应商评价定性指标和 KPI 指标。

表 12-23 某公司对供应商评价定性指标和 KPI 指标

环节定性指标及代码	标准描述	定量评价指标 KPI	指标代码
D1. 11 供应链配送可靠性	正确的产品，到达正确的地点，正确的时间，正确的产品包装和条件，正确的质量，正确的文件资料，送达正确的客户	1 配送准时率	D2.111
		2 完成率	D2.112
		3 完好订单履行率	D2.113
D1. 12 供应链反应	供应链将产品送达客户的速度	1 订单完成提前期	D2.121
D1. 13 供应链的柔性	供应链面对市场变化获得和维持竞争优势的灵活性	1 供应链响应时间	D2.131
		2 生产的柔性	D2.132
D1. 14 供应链的成本	供应链运营所耗成本	1 产品销售成本	D2.141
		2 供应链管理总成本	D2.142
		3 增值生产力	D2.143
		4 产品保证成本	D2.144
		5 产品退货处理成本	D2.145
D1. 15 供应链管理的资产利用率	利用资本的有效性，包括各项资本的利用：固定资本和运营资本	1 现金周转时间	D2.151
		2 供应库存总天数	D2.152
		3 净资产周转次数	D2.153

有关供应商管理职能相关的衡量性 KPI 数据指标的应用，可依照表 12-23 某公司对供应商评价定性指标和 KPI 指标，建立表 12-24 某公司对供应商评价的 KPI 指标对照表。

表 12-24 某公司对各供应商评价的 KPI 指标对照表

指标代码	评价指标 KPI	计量单位	供应商 A	供应商 B	供应商 C
D2.111	配送准时率				
D2.112	完成率				
D2.113	完好订单履行率				
D2.121	订单完成提前期				
D2.131	供应链响应时间				
D2.132	生产的柔性				
D2.141	产品销售成本				
D2.142	供应链管理总成本				
D2.143	增值生产力				
D2.144	产品保证成本				
D2.145	产品退货处理成本				
D2.151	现金周转时间				
D2.152	供应库存总天数				
D2.153	净资产周转次数				

（四）组织资源评价指标（E）

按照表 12-3 组织管理体系指标总体架构，其中组织资源管理评价指标的大类码为 E，结合表 12-4 组织管理体系指标统一分类结构形式，建立表 12-25 组织资源管理评价指标分类结构形式。

表 12-25 组织资源管理评价指标分类结构形式

大类	中类	小类		
E1/E2	组织资源结构	分组 1	分组 2	序号

四、组织管理体系指标应用

【例 12-9】某总公司对子公司绩效考核评价，见表 12-26 公司部门绩效评价表。其中 KPI 为组织管理效能数据指标，GS 为组织职能管理评价指标。每一个 GS 职能指标都有一套独立的评价标准，例如表 6-25 经济合同管理评价指标评分标准，其中

将各明细指标值数字化，汇总后将每个独立职能评价总分填写到绩效评价表的 GS 指标处。该考核内容为总公司对子公司的考核内容，因此所有管理指标编码按照总公司的管理指标代码标准。

表 12-26　公司部门绩效评价表

部门：综合管理部

KPI 指标（考核分值 100 分，权重 60%）							
职能	指标代码	效能数据指标名称	单位	考核值	实际完成	权重	考核得分
经济合同	A2.13130010	公司经济合同法务审核完成率	%	100		40%	
	A2.13130020	公司经济合同法务实审份数	份			—	
	A2.13130030	公司经济合同应审份数	份			—	
审计风险	A2.19232010	对境外子公司内部审计完成率	%	100		40%	
	A2.19232020	境外子公司实际内审数	个			—	
	A2.19232030	境外子公司数量	个			—	
信息安全	A2.21210010	携带出境电子设备安全处理率	%	100		20%	
	A2.21212020	携出境电子办公设备安全处理数	台			—	
	A2.21212030	携带出境电子办公设备数	台			—	
		指标值合计				**100%**	
GS 指标（考核分值 100 分，权重 40%）							
维	指标代码	职能评价指标		考核值	实际完成	权重	考核得分
职能评价	B1.1121	保密工作指标	分	100		7%	
	B1.1122	档案工作指标	分	100		5%	
	B1.1320	法律事务指标	分	100		6%	
	B1.1416	市场支持指标	分	100		7%	
	B1.1726	制度建设指标	分	100		8%	
	B1.1732	经济合同指标	分	100		9%	
	B1.1900	审计风险指标	分	100		10%	
	B1.2010	企业文化指标	分	100		5%	
	B1.2120	信息管理指标	分	100		6%	
	B1.2210	安技环保指标	分	100		5%	
	B1.2243	单位绩效指标	分	100		5%	
	B1.2247	运营规划指标	分	100		10%	

续表

GS 指标（考核分值 100 分，权重 40%）							
维	指标代码	职能评价指标		考核值	实际完成	权重	考核得分
职能评价	B1.2312	战略规划指标	分	100		8%	
	B1.2330	资产投资指标	分	100		9%	
		部门职能工作质量	**分**	—	—	**100%**	
维	指标代码	单位评价指标		考核值	实际完成	权重	考核得分
单位评价	C1.2631	人员管理指标	分	100		40%	
	C1.2632	设备管理指标	分	100		10%	
	C1.2633	物料管理指标	分	100		10%	
	C1.2634	方法管理指标	分	100		10%	
	C1.2635	环境管理指标	分	100		30%	
		部门现场工作质量	**分**	—	—	**100%**	

部门负责人：　　　　　　　　　　　　公司领导：

组织四维管理体系效能指标系统模型

一、组织四维管理体系效能指标系统模型构建

（一）组织四维管理体系效能指标系统模型的建立

组织四维管理体系效能指标系统模型，主要表达组织动态运行过程组织效能指标的动态变化情况。依照图 9-3 组织四维管理体系动态信息模型，将“职能输出信息”维按信息形态分化为“指标”维，由此，建立图 13-1 组织四维管理体系效能指标系统模型。

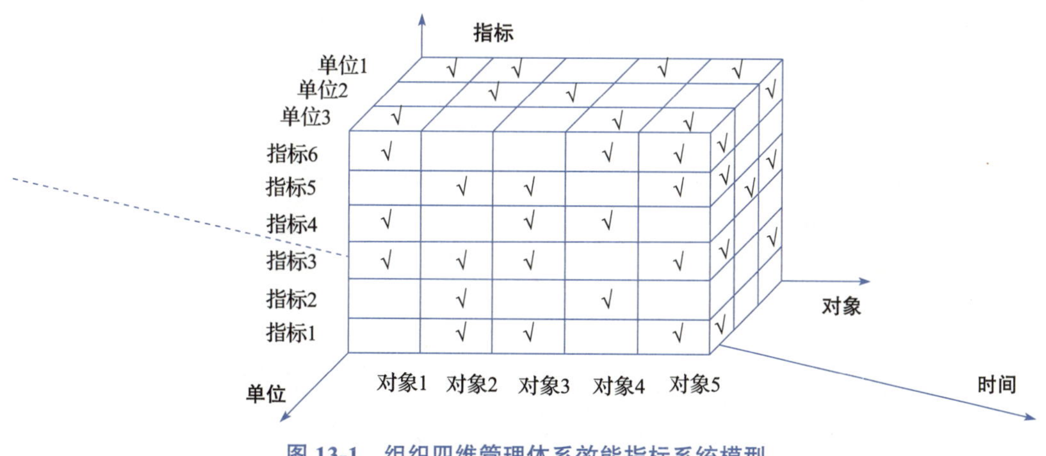

图 13-1　组织四维管理体系效能指标系统模型

组织四维管理体系效能指标系统模型以多维数学坐标方法来度量指标单元，建立以“指标单元”为因变量，以“单位”“指标”“对象”和“时间”为自变量的指标度量函数，见公式（13-1）。

$$指标单元 = f（单位，指标，对象，时间） \quad (13\text{-}1)$$

例如，某安装工程公司的某工队、某工程、某指标、某时间的维变量为：工队、指标、工程和时间，则指标单元度量函数为

$$指标单元 = f（工队，指标，工程，时间） \quad (13\text{-}2)$$

（二）组织四维管理体系效能指标系统模型维成员矩阵

建立组织效能指标系统模型基本维成员矩阵，首先与组织四维管理系统模型所选的维一致，对应表 7-4 组织四维管理系统基本维及其维成员，将“职能维”替换为“指标维”，见表 13-1 组织效能指标系统模型基本维成员矩阵。

表 13-1　组织效能指标系统模型基本维成员矩阵

单位维	指标维	对象维			时间维
		内部维	外部维	资源维	
选定单位维成员组	选定指标维成员组	内部对象维成员组	外部对象维成员组	选定资源维成员组	选定时间维成员组

在组织效能指标系统模型应用中，通过选择各维成员的层次，选定各维“计量单位”的大小，确定指标单元坐标范围，也即确定指标的维成员组，形成多维矩阵结构。维成员矩阵是对多维模型的平面化表达，通过维成员坐标矩阵化建立模型多维信息与平面表二维信息的对应关系。

组织管理效能指标（见表 12-3 组织管理体系指标总体架构）包括组织职能指标和组织数据指标两种类型，每种指标系统需按照指标类型选用相应属性的维成员，见表 13-2 各类型指标维成员矩阵。

表 13-2　各类型指标维成员矩阵

指标系统模型维	单位维	指标维	对象维	时间维
指标系统模型维	单位维	职能指标维	对象维	时间维
		数据指标维		

二、组织职能指标系统模型的应用

经理信息系统（Executive Information System，EIS）也称为主管信息系统，是

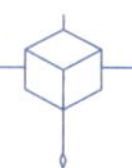

服务于组织高层管理者的一类特殊信息系统，能够使高管们得到更快更广泛的信息。EIS 首先是一个“组织状况报道系统”，能够以指标信息形式，迅速、方便、直观地（用图表）提供综合信息，并可以预警与控制“成功关键因素”相关的问题。EIS 也是一个“人际沟通系统”，也可以以非指标信息形式，通过网络下达命令，提出行动要求，与其他管理者讨论、协商、确定工作分配，进行工作控制和验收、审核等。

职能指标值为职能单元活动输出的信息，职能指标涉及几个维的维成员，就属于几个维的应用。

（一）组织“单位—对象—职能指标—时间”四维应用

【例 13-1】某建筑工程公司中长期规划，各维成员采用汉字代码，见表 13-3 公司中期职能指标计划。

表 13-3　公司中期职能指标计划

部门	对象	职能指标	总计	第 1 年	第 2 年	第 3 年
运营部	项目一	1 项目目标				
运营部	项目一	2 项目范围				
运营部	项目一	3 项目时间				
运营部	项目一	4 项目质量				
运营部	项目二	1 项目目标				
运营部	项目二	2 项目范围				
运营部	项目二	3 项目时间				
运营部	项目二	4 项目质量				
采购部	项目一	5 项目采购				
采购部	项目二	5 项目采购				
财务部	项目一	6 项目成本				
财务部	项目二	6 项目成本				
人资部	项目一	7 项目组织				
人资部	项目二	7 项目组织				
公关部	项目一	8 项目环境				
公关部	项目二	8 项目环境				
法务部	项目一	9 项目风险				
法务部	项目二	9 项目风险				

（二）组织“单位—对象—职能指标”三维应用

【例 13-2】某建筑工程公司各部门定期对各工程项目的业务进展情况分析简报，按照职能指标名称为提纲进行汇总，见表 13-4 各部门各工程项目业务简报汇总。

表 13-4　各部门各工程项目业务简报汇总

时间：　　年　　月　　日

部门	项目	职能指标	进展分析简报
运营部	项目一部	1 项目目标	
运营部	项目一部	2 项目范围	
运营部	项目一部	3 项目时间	
运营部	项目一部	4 项目质量	
运营部	项目二部	1 项目目标	
运营部	项目二部	2 项目范围	
运营部	项目二部	3 项目时间	
运营部	项目二部	4 项目质量	
采购部	项目一部	5 项目采购	
采购部	项目二部	5 项目采购	
财务部	项目一部	6 项目成本	
财务部	项目二部	6 项目成本	
人资部	项目一部	7 项目组织	
人资部	项目二部	7 项目组织	
公关部	项目一部	8 项目环境	
公关部	项目二部	8 项目环境	
法务部	项目一部	9 项目风险	
法务部	项目二部	9 项目风险	

（三）组织“职能指标—单位”二维应用

以组织职能指标分类结构作为组织各级单位统一的计划、总结提纲结构，职能指标维成员名称作为提纲标题。当部门的各岗位人员上报计划或总结时，可通过“合并同类项”快速完成计划或总结汇总工作。

【一体化 20】组织职能活动计划总结提纲结构与职能指标分类结构一致。

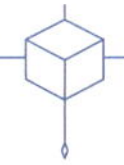

1. 组织方针目标分解

目标管理（Management by Objective，MBO）是以目标为导向，以人为中心，以成果为标准，使组织和个人取得最佳业绩的现代管理方法。目标管理是指在组织个体员工的积极参与下，自上而下地确定工作目标，并在工作中实行“自我控制”，自下而上地保证目标实现的一种管理办法。

（1）组织目标计划指标需要通过四维矩阵分解到其他维和各层次维成员，主要将组织职能计划按组织单位维分解落实，见表 13-5 组织目标计划二维分解。

表 13-5　组织目标计划二维分解

目标计划结构				单位维	组织								
					部门 1			部门 2				部门 3	
					处室 1	处室 2	处室 3	处室 4	处室 5	处室 6	处室 7	处室 8	处室 9
职能维				价值链	◆	◆	◆	◆	◆	◆	◆	◆	◆
组织职能	部门职能 1	处室职能 1	独立 1	◆	★	★	★		★			★	
			独立 2	◆	★	★		★	★				★
			独立 3	◇	☆	☆				☆			
		处室职能 2	独立 1	◆		★	★				★		★
			独立 2	◆	★	★							
			独立 3	◆		★	★		★				
			独立 4	◆	★	★						★	★
			独立 5	◇				☆			☆		
			独立 6	◇		☆	☆		☆			☆	
		处室职能 3	独立 1	◇	☆			☆	☆				☆
			独立 2	◇	☆	☆				☆			
	部门职能 2	处室职能 4	独立 1	◆			★	★			★		★
			独立 2	◆	★			★					
			独立 3	◇		☆	☆		☆				
			独立 4	◇	☆							☆	☆
		处室职能 5	独立 1	◆				★	★				
			独立 2	◆		★	★		★			★	
		处室职能 6	独立 1	◆	★			★	★	★			★
			独立 2	◇	☆	☆				☆			

续表

目标计划结构				单位维	组织								
					部门 1			部门 2				部门 3	
					处室 1	处室 2	处室 3	处室 4	处室 5	处室 6	处室 7	处室 8	处室 9
组织职能	部门职能 2	处室职能 7	独立 1	◆			★				★		★
			独立 2	◇	☆	☆							
	部门职能 3	处室职能 8	独立 1	◆		★	★		★			★	
			独立 2	◇	☆	☆						☆	☆
		处室职能 9	独立 1	◇				☆		☆	☆		
			独立 2	◇		☆							☆

注：表中◆为分支职能的计划和绩效，◇为辅助职能的计划和绩效。

（2）目标计划与实际完成的结构对称性。

由于“目标计划”和“实际完成”两种属性指标具有对称的、完全相同的分类结构。按照表 13-5 组织目标计划二维分解，逐级检查和总结目标计划执行情况，由基层到高层对实施情况进行反馈，按树形从低到高传输检查汇总信息。例如，各级单位执行经营分析管理程序，一方面，每个单位都以统一的职能单元名称为提纲，呈报问题分析报告；另一方面，上层次单位通过“合并同类项”进行总结合并整理，逐层上报，见表 13-6 目标计划与完成情况的信息结构对称性。

表 13-6　目标计划与完成情况的信息结构对称性

计划（事前）				实施（事中）	检查、总结（事后）			
组织层	部门层	处室层	独立层	实施过程	独立层	处室层	部门层	组织层
规划计划	◆	◆	◆	◆	◆	◆	◆	完成情况
			◆	◆	◆			
			◇	◆	◇			
		◆	◆	◆	◆	◆		
			◆	◆	◆			
			◆	◆	◆			
			◆	◆	◆			
			◇	◆	◇			
			◇	◆	◇			

续表

<table>
<tr><th colspan="4">计划（事前）</th><th>实施（事中）</th><th colspan="4">检查、总结（事后）</th></tr>
<tr><th>组织层</th><th>部门层</th><th>处室层</th><th>独立层</th><th>实施过程</th><th>独立层</th><th>处室层</th><th>部门层</th><th>组织层</th></tr>
<tr><td rowspan="16">规划计划</td><td rowspan="2">◆</td><td rowspan="2">◆</td><td>◇</td><td>◆</td><td>◇</td><td rowspan="2">◆</td><td rowspan="2">◆</td><td rowspan="16">完成情况</td></tr>
<tr><td>◇</td><td>◆</td><td>◇</td></tr>
<tr><td rowspan="10">◆</td><td rowspan="4">◆</td><td>◆</td><td>◆</td><td>◆</td><td rowspan="4">◆</td><td rowspan="10">◆</td></tr>
<tr><td>◆</td><td>◆</td><td>◆</td></tr>
<tr><td>◇</td><td>◆</td><td>◇</td></tr>
<tr><td>◇</td><td>◆</td><td>◇</td></tr>
<tr><td rowspan="2">◆</td><td>◆</td><td>◆</td><td>◆</td><td rowspan="2">◆</td></tr>
<tr><td>◆</td><td>◆</td><td>◆</td></tr>
<tr><td rowspan="2">◆</td><td>◆</td><td>◆</td><td>◆</td><td rowspan="2">◆</td></tr>
<tr><td>◇</td><td>◆</td><td>◇</td></tr>
<tr><td rowspan="2">◆</td><td>◆</td><td>◆</td><td>◆</td><td rowspan="2">◆</td></tr>
<tr><td>◇</td><td>◆</td><td>◇</td></tr>
<tr><td rowspan="4">◆</td><td rowspan="2">◆</td><td>◆</td><td>◆</td><td>◆</td><td rowspan="2">◆</td><td rowspan="4">◆</td></tr>
<tr><td>◇</td><td>◆</td><td>◇</td></tr>
<tr><td rowspan="2">◆</td><td>◇</td><td>◆</td><td>◇</td><td rowspan="2">◆</td></tr>
<tr><td>◇</td><td>◆</td><td>◇</td></tr>
</table>

注：表中◆为分支职能的计划和绩效，◇为辅助职能的计划和绩效。

2."职能指标—单位"矩阵

【例 13-3】某公司职能指标计划按部门分解，见表 13-7 各部门职能指标计划。

表 13-7 各部门职能指标计划

职能指标	公司	部门 1	部门 2	部门 3	部门 4	部门 5	部门 6
01 战略规划							
02 经营计划							
03 公司运营							
04 公司考核							
05 投资预算							
06 审计风险							
07 经济合同							
08 法律事务							

续表

职能指标	公司	部门 1	部门 2	部门 3	部门 4	部门 5	部门 6
09 制度建设							
10 信息建设							
11 安全工作							
12 保密工作							
13 企业文化							
14 档案工作							

【例 13-4】某公司规模较小，除了总办、财务部和销售部的职能外，其他大部分管理职能都集中由综合部管理。按照职能单元与职能指标一体化，部门职能也是职能指标，见表 13-8 某公司综合管理部职能及岗位责任范围。

表 13-8　某公司综合管理部职能及岗位责任范围

职能	岗位 1	岗位 2	岗位 3	岗位 4	岗位 5	岗位 6	备注
01 战略规划	★	√	√	√	√	√	
02 经营计划	★	√	√	√	√	√	
03 公司运营	√	★	√	√	√	√	
04 公司考核	√	★	√	√	√	√	
05 投资预算	√	★	√	√	√	√	
06 审计风险			★				
07 经济合同				★			
08 法律事务				★			
09 制度建设	√	√	√	★	√	√	
10 信息建设	√	√	√	√	★	√	
11 安全工作	√	√	√	√	★	√	
12 保密工作					★		
13 企业文化	√	√	√	√	√	★	
14 档案工作						★	

注：★为对应职能主管岗位；√为对应职能协同岗位。

（四）组织职能指标一维应用

对复杂的组织来说，其有效地运行需有纲举目张的效果；而战略规划结构就是组织所有职能活动计划的“纲”，使组织运行更具统一性和系统性。

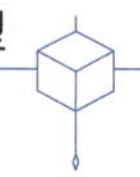

【一体化 21】 组织战略规划大纲结构与组织四维管理体系模型结构一致。

由于组织四维管理体系结构是为实现组织战略目标而建立的，因而，组织的宏观战略规划及所有目标计划结构应与组织四维管理体系模型结构一体化。

【例 13-5】以组织各维成员名称关键词作为提纲关键词，分别建立组织职能指标、单位、对象和时间维的各类规划和计划的结构，见表 13-9 组织总目标计划主体结构。

表 13-9　组织总目标计划主体结构

<table>
<tr><th>组织层目标</th><th>部门层职能</th><th>处室层职能</th><th>独立层职能</th></tr>
<tr><td rowspan="23">愿景目标
战略规划</td><td rowspan="10">◆</td><td rowspan="3">◆</td><td>◆</td></tr>
<tr><td>◆</td></tr>
<tr><td>◇</td></tr>
<tr><td rowspan="6">◆</td><td>◆</td></tr>
<tr><td>◆</td></tr>
<tr><td>◆</td></tr>
<tr><td>◆</td></tr>
<tr><td>◇</td></tr>
<tr><td>◇</td></tr>
<tr><td>◇</td><td>◇</td></tr>
<tr><td rowspan="10">◆</td><td rowspan="4">◆</td><td>◆</td></tr>
<tr><td>◆</td></tr>
<tr><td>◇</td></tr>
<tr><td>◇</td></tr>
<tr><td rowspan="2">◆</td><td>◆</td></tr>
<tr><td>◆</td></tr>
<tr><td rowspan="2">◆</td><td>◆</td></tr>
<tr><td>◇</td></tr>
<tr><td rowspan="2">◇</td><td>◇</td></tr>
<tr><td>◇</td></tr>
<tr><td rowspan="3">◇</td><td rowspan="2">◇</td><td>◇</td></tr>
<tr><td>◇</td></tr>
<tr><td>◇</td><td>◇</td></tr>
</table>

注：表中◆为分支战略规划，◇为辅助规划。

三、组织数据指标系统模型的应用

按照表 13-2 各类型指标维成员矩阵，建立组织数据指标系统维成员矩阵。用数学坐标方法来度量数据指标单元，为数据指标信息的过滤、筛选、排序、分类、统计等信息高效处理提供数学方法和条件。

（一）组织数据指标五维矩阵应用

“对象（区域—行业—产品）—数据指标—时间”五维矩阵（升维方式）。

【例 13-6】IBM 市场营销多维数据指标统计。

IBM 对其 AS/400 产品的销售方式堪称经典，其销售只有“唯一客户出口”，所有种类的产品销售仅由一个所在区域的销售人员面对客户；客户主要属于银行、保险等行业。每个销售人员需要与产品部门、区域部门和行业部门进行沟通协调，并一条龙完成每一笔交易，见图 8-5 IBM 组织单位矩阵关联结构。在矩阵中，产品部门需要各相关地区的职能部门协同，共同做好销售活动。销售额给区域部门、产品部门和行业部门三个领域部门都记上一笔业绩。虽然三个领域方面的部门销售业绩各不相同，但三个领域方面的总业绩是相同的。例如，大中华区全部分区销售总额，大中华区全部行业销售总额及大中华区全部产品（服务）销售总额，三者销售总额相同。

按照 IBM 的上述情形，模拟 IBM 职能指标体系模型的应用，为了对各部门业绩进行记录，需按照区域、行业、产品、时间和销售指标五个属性进行业绩统计。区域和行业维成员按照表 6-40 IBM 客户分类代码词典，产品维成员按照表 6-38 IBM 产品服务分类结构及代码（模拟），数据指标维成员按照表 12-16 IBM 产品数据指标代码词典，建立表 13-10 IBM 市场营销指标管理台账。

表 13-10　IBM 市场营销指标管理台账

区码	区域	业码	行业	品码	产品	标码	指标	月 01	累 01	月 02	累 02	月 03	累 03	季 1	……
	区域 1		行业 1		产品 1		销售指标 1								
	区域 1		行业 1		产品 1		销售指标 2								
	区域 1		行业 1		产品 2		销售指标 1								

续表

区码	区域	业码	行业	品码	产品	标码	指标	月01	累01	月02	累02	月03	累03	季1	……
	区域 1		行业 2		产品 1		销售指标 1								
	区域 1		行业 2		产品 1		销售指标 2								
	区域 1		行业 2		产品 2		销售指标 1								
	区域 1		行业 2		产品 2		销售指标 2								
	区域 2		行业 1		产品 1		销售指标 1								
	区域 2		行业 1		产品 1		销售指标 2								
	区域 2		行业 1		产品 2		销售指标 1								
	区域 2		行业 1		产品 2		销售指标 2								
	区域 2		行业 2		产品 2		销售指标 2								
	⋮		⋮		⋮		⋮								

（二）组织数据指标四维应用

“单位—对象—数据指标—时间”矩阵，见【例 13-7】。

【例 13-7】某安装工程公司的工程队、安装工程项目、费用指标管理，见表 13-11 某公司各工程队建设项目费用台账。

表 13-11　某公司各工程队建设项目费用台账

队码	工队	项码	项目	指标码	费用指标	月01	累01	月02	累02	月03	累03	季1	月04	累04	月05	……
	队 1		项 1		费用 1											
	队 1		项 1		费用 2											
	队 1		项 1		费用 3											

续表

队码	工队	项码	项目	指标码	费用指标	月01	累01	月02	累02	月03	累03	季1	月04	累04	月05	……
	队 1		项 2		费用 1											
	队 1		项 2		费用 2											
	队 1		项 2		费用 3											
	队 2		项 1		费用 1											
	队 2		项 1		费用 2											
	队 2		项 1		费用 3											
	队 2		项 2		费用 1											
	队 2		项 2		费用 2											
	队 2		项 2		费用 3											

（三）组织数据指标三维应用

“单位—数据指标—时间”矩阵，见【例 13-8】。

【**例 13-8**】某集团公司综合统计台账，见表 13-12。

表 13-12　某集团公司综合统计台账

企码	子企	代码	指标	计量单位	月 01	累 01	月 02	累 02	月 03	累 03	季 1	月 04	累 04	……
	子企 1		指标 1											
	子企 1		指标 2											
	子企 1		指标 3											
	子企 2		指标 1											
	子企 2		指标 2											
	子企 2		指标 3											
	子企 3		指标 1											
	⋮		⋮											

（四）组织数据指标二维应用

1.“数据指标—单位”维

【**例 13-9**】表 13-13 某公司各部门主要考核指标数值对照情况。

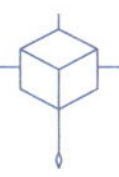

表 13-13　某公司各部门主要考核指标数值对照情况

代码	指标	计量单位	部门 1	部门 2	部门 3	部门 4	部门 5
	指标 1						
	指标 2						
	指标 3						
	指标 4						
	指标 5						
	指标 6						
	指标 7						

2. “产品对象—数据指标”维

【例 13-10】表 12-15 IBM 数据指标矩阵分类结构，是产品与数据指标两个维的组合矩阵，可变为表 13-14 产品销售指标信息汇总。

表 13-14　产品销售指标信息汇总

代码	产品名称	销售额	利润额	签约额	履约额
		（1131）	（1134）	（4121）	（4122）
1	软件产品				
2	存储产品				
3	系统产品				
4	网络安全				
5	零售终端				
6	打印产品				
⋮	⋮				

3. “数据指标—时间”维

由于组织职能对应指标可能存在增减或修改，必然使指标代码发生改变，但历史不可更改，因而需要建立指标代码历年变更对照表。当企业调用不同报告期的指标数据时，可以通过该对照组织各年度指标代码变更对照表找到不同时期、不同代码的相同指标及其指标数据，见表 13-15 组织各年度指标代码变更对照汇总。

表 13-15　组织各年度指标代码变更对照汇总

代码	指标	2016 年	2017 年	2018 年	2019 年	2020 年	2021 年
	指标 1						
	指标 2						
	指标 3						
	指标 4						
	指标 5						
	指标 6						
	指标 7						

四、组织职能指标系统关联结构

（一）组织职能指标系统关联结构一体化

按照职能单元与职能指标一体化，则组织职能指标关联结构与组织职能关联结构一体化。职能指标的关联，强调信息的输入和输出，而职能单元的关联，强调职能活动的协同和衔接，两者一体化具有功能互补性和完善性。

【一体化 22】 组织职能指标关联结构与组织职能关联结构一体化。

（二）组织职能指标系统关联结构应用

组织职能指标关联可应用于主题领域，选择主题范围的职能指标作为专项信息，表达目标主题与其他职能指标的相关性，进行实时传输汇集。某些职能指标值可以作为对主题的分析、判断和支持的依据，形成职能活动信息网的主题分析报告或结论，其中的一些主题报告信息也包含数据指标信息。职能指标关联结构提供定性信息关联的基础结构，是管理智能化的基础之一，按组织职能结构建立知识库，为人工智能报告提供基础关联条件。

五、组织数据指标系统关联结构

把管理者和管理对象沟通联系起来的是各种各样关联的信息。信息之所以称为信息，在于它的可传递性。

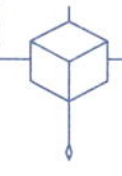

（一）组织数据指标系统关联结构的形成

文件如同一个打包盒，内有定性指标信息、定量指标信息和非指标信息三种不同形态的指标属性信息。职能数据指标存在于承载它的文件中，文件中的全部数据指标相当于一个数据指标组，将图 11-6 组织职能记录文件关联结构以数据指标组方式表达，同时将职能记录文件关联结构转化为数据指标组之间的关联，见图 13-2 组织数据指标组关联结构。

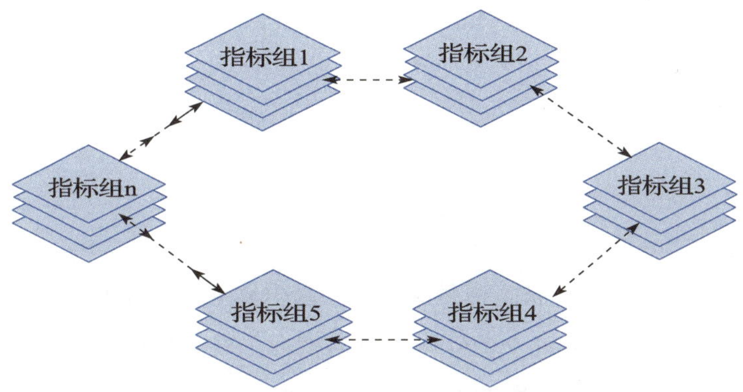

图 13-2　组织数据指标组关联结构

数据指标之间的关联既包括不同文件之间指标组的指标关联，也包括同一文件指标组内指标之间的关联，见图 13-3 组织数据指标组指标关联结构。

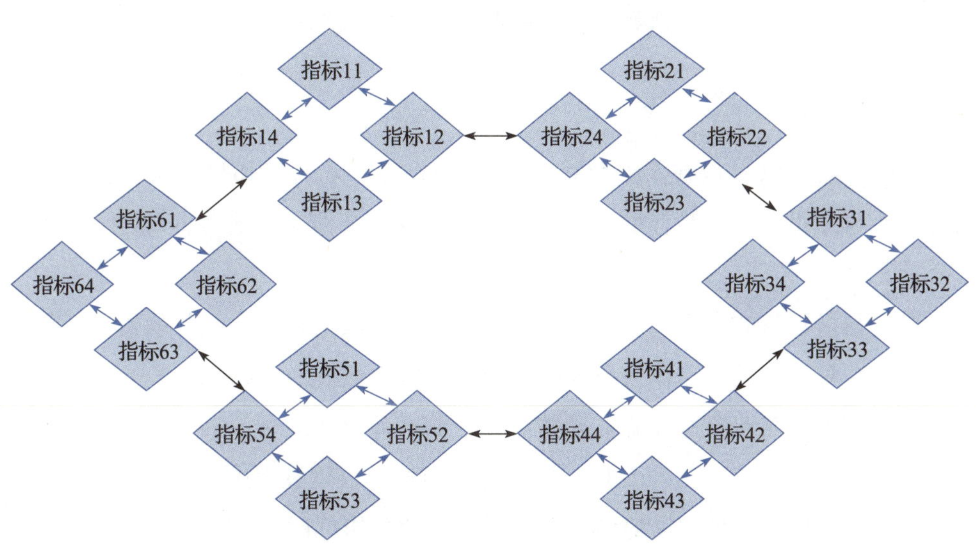

图 13-3　组织数据指标组指标关联结构

从信息处理的角度，数据指标之间的关联无论多么复杂，对数据指标的处理关系依从“指标对指标”的关联结构，而与是否存在指标组无关。因此，组织数据指标关联结构本质上可回归到图 13-4 组织数据指标关联结构。

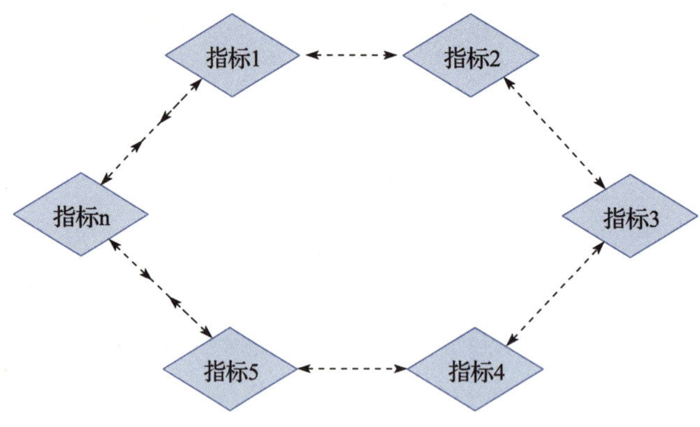

图 13-4　组织数据指标关联结构

图 13-4 组织数据指标关联结构是从图 8-6 组织职能关联结构分化成图 11-6 组织职能记录文件关联结构，再进一步分化为数据指标关联结构的。组织系统层次越细，其关联结构越复杂。但复杂的关联结构中包含着每一高层次的关联结构。

（二）组织数据指标的关联方式

一是以数据指标组文件的方式传输，形成数据指标的关联。

二是按照数据指标的计算等处理关系形成数据信息关联。

（三）组织数据指标函数化

函数的传统定义：设在某变化过程中有两个变量 x、y，如果对于 x 在某一范围内的每一个确定的值，y 都有唯一确定的值与它对应，那么就称 y 是 x 的函数，x 叫作自变量。

职能数据指标值的产生，遵循特定的计算方法，其过程符合函数的概念特征，可完全一体化。对于不需要计算的函数则视为直接赋常数值的函数。

【一体化 23】 组织数据指标与数据指标函数一体化。

指标函数（Index Function）狭义的概念是衡量对决策过程进行控制的效果的数量指标。本书的指标函数是广义的概念，包括所有数据指标的函数化。

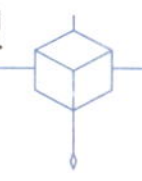

（四）组织数据指标关联结构应用

实际上，几乎所有的计算机管理的应用都需要梳理数据信息管理结构和信息的集中处理。

一是主要满足日常的数据指标值的计算和处理，为管理者提供履行职责所需要的信息，使管理者及时掌握营运状况。二是为主题进行数据分析等，包括最优化方案、风险分析等，通过对组织内部和外部数据的收集和处理来获得环境信息，并按相关职能管理程序过程的规定进行分析和传递，从而对经营活动做出调整，以实现对风险的把控。例如，根据组织数据指标系统建立和完善市场营销预测、分析系统数据库。三是为管理智能化提供关联结构及其信息。四是运行一体化的全面 ERP 系统，使市场营销活动成为事前有预测、行为有控制、结果有反馈的有机体，取得不断增长的营销效益。组织数据指标一体化管理，需建立全面 ERP 系统和数据指标管理信息系统，由中心数据库进行数据处理、输入和输出。数据指标信息需要存储在指定的指标台账文件中，或通过信息化管理，将所有指标的加工处理集中到“中心数据库”，避免数据指标在不同文件存储带来处理、查询和读取的麻烦和复杂性，可以在数据指标库集中处理后，生成含有任意指标组的文件。

第五篇

组织四维管理体系模型之控制论

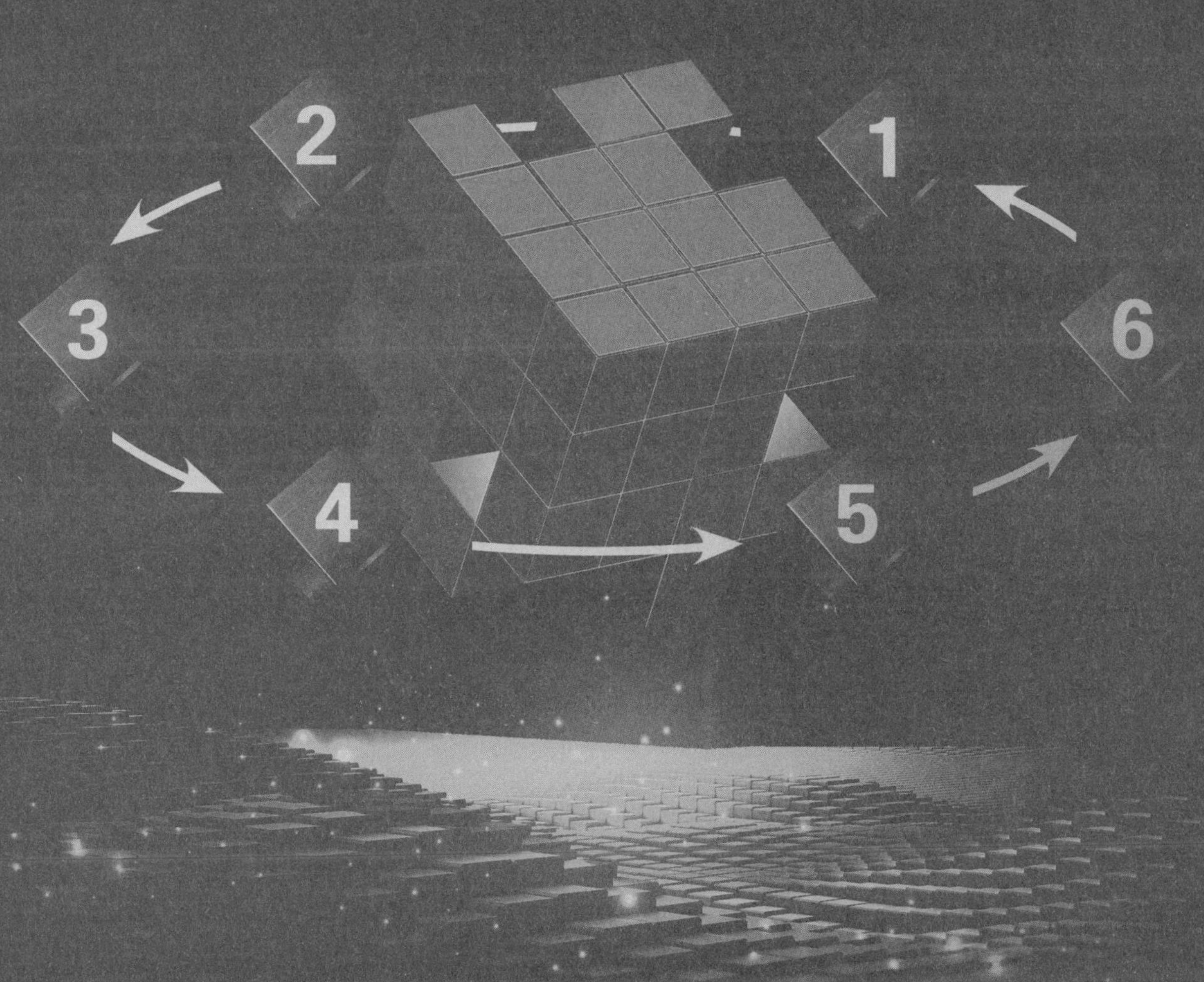

第十四章 组织四维管理体系控制模型

一、组织控制论的概念

组织作为一个动态的有机体，其绝大多数事物都会有多种发展的可能性，为了使事物向所希望的可能性发展就存在控制的必要性。控制（Controlling）是对被控制对象施加某种作用，使对象行为或变化过程符合或逼近目标，实现行为或过程的目的性。在管理中，控制是按既定目标计划、标准和方法对活动或工作进行对照检查，发现偏差，分析原因，进行纠正，以确保目标实现的过程。

信息论是研究如何消除对系统认识的不确定性的科学。控制论（Cybernetics）是研究动态系统在变化的环境条件下如何保持平衡状态或稳定状态的科学，研究如何消除行动主体在行为方面的不确定性。控制论以“功能方法”研究组织的各种系统，其基本特征是在动态过程中考查系统，注重信息的作用，因而，控制论是一门利用信息来进行调节和控制的科学。

控制论在组织管理体系模型创建中的应用独树一帜，本书称之为组织控制论。组织控制论是以一般控制论为基础理论和方法论，运用其思想、观点和方法，为创建组织管理体系模型探究组织管理体系控制系统模型的基本结构、共性规律和通用模式，旨在建立普遍适用的组织控制模型，即组织四维管理体系控制系统模型。

二、系统动态控制过程方法

（一）系统动态控制过程三步法

目标系统活动的控制有以下三个循环往复的基本过程：

（1）认识、分析事物面临的可能性空间；

（2）在可能性空间中选择某一状态为目标；

（3）实施行动，控制条件，使事物向既定的目标转化。这就是控制的“分析过程”“选择过程”和“行动过程”三个基本过程，简称“分析”“选择”“行动”，构成一个控制循环，见图 14-1 系统循环控制过程。

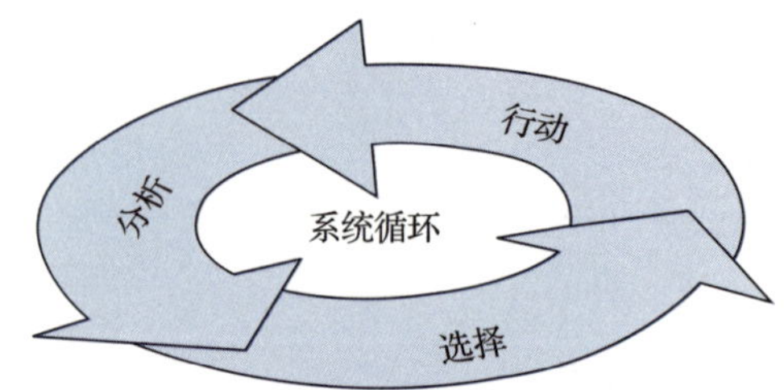

图 14-1　系统循环控制过程

目标系统活动在时间维上的动态控制过程包括单次控制系统和反馈控制系统。

1. 单次控制系统

单次控制系统称为开环控制系统（Open-Loop Control System），其特征是输出对输入没有影响。该系统结构简单，但对环境适应性差，控制精度低。系统单次控制时，“分析”“选择”“行动”三个过程在时间上属于“串联”的行动过程。例如，项目投资的单次控制过程。

一个控制过程，最重要的是“分析”过程，分析一旦不正确，后面的所有活动都会被带偏，所以从某种角度上来说，成或败起步就是结果。

【例 14-1】商业模式分析工具——商业画布。

商业模式画布（Business Model Canvas）是指一种可视化语言，是用来描述商业模式，分析和评估商业模式的一种通用语言；辅助梳理工具，可帮助创业者应用该商业模式分析方法，规划和调整商业模式方案，催生创意、降低猜测、寻找用户、查缺补漏、取精去糟。依此商业思维，遵循现成的逻辑思考，设计自己的商业模式，见图 14-2 商业模式分析画布。

商业模型分析画布几乎是全球最为时尚的、通用的商业项目策划分析工具，画布中所提出的问题仅仅作为商业思维引导，实际所要思考和落实的问题需根据实际项目具体创新、细化、完善，在网上可以找到丰富多彩的案例。

【例 14-2】价值工程项目的控制过程。

价值工程项目除前期的准备工作之外，整个项目主要分为分析阶段、创新阶段和实施阶段三个过程，这是价值工程系统活动的基本控制过程，见表 14-1 价值工程项目控制过程。

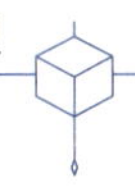

<table>
<tr><td>关键业务（我提供什么）
1. 产品形态是什么？
2. 产品最重要的基本、心理和附加三个功能是什么？</td><td>核心资源（我有什么）
1. 核心资源是什么？
2. 需要掌握什么核心资源？
3. 与用户关系如何？</td><td>重要伙伴（谁可帮我）
1. 需要哪些重要的战略合作伙伴？
2. 同行业竞争者是谁？
3. 在合作中获得了什么核心资源？</td><td>能量投入（我怎么做）
1. 为用户提供什么活动？
2. 具备哪些实力？
3. 有哪些能量、能力特点？</td></tr>
<tr><td>客户关系（怎么处好）
1. 怎样吸引用户？
2. 怎样留住用户？
3. 怎样维系用户？
4. AARRR 模型是怎样的？
RARRA 模型是怎样的？</td><td>价值主张（我的价值）
1. 向用户传递什么价值？
2. 解决用户哪些痛点？
3. 用户类型拆分、功能点拆分、价值类型拆分？</td><td>渠道道路（如何销售）
1. 怎样让客户接触到价值主张？
2. 销售渠道有哪些？
3. 传播渠道有哪些？</td><td>客户群类（我能帮谁）
1. 包括哪些地区、城市？
2. 年龄、家庭、性别、收入、职业、教育具体是什么？
3. 生活方式、个性是什么？</td></tr>
<tr><td colspan="2">成本分析（我要花多少）
商业模式运作下所引发的固定成本和变动成本包括：
1. 什么核心业务资源耗费成本最高？
2. 争取客户所需的花费有多少？
3. 销售产品所需花费有多少？
4. 网站架设费用有多少？
5. 人力资源费用有多少？
6. 时间成本、推广成本、研发成本？</td><td colspan="2">收入分析（我能赚多少）
通过向客户提供价值主张而获得的收入包括：
1. 盈利模式有哪些？
2. 每个收入来源占收入比例是多少？
3. 用户付费意愿如何？
4. 增值服务有哪些？
5. 竞争对手收入模式？</td></tr>
</table>

图 14-2　商业模式分析画布

表 14-1　价值工程项目控制过程

工作过程	分析阶段（分析过程）	创新阶段（选择过程）	实施阶段（行动过程）
工作步骤	收集资料 功能定义 功能理解 功能评价	方案创造 方案编写 方案评估	方案审批 方案实施 成果评价
对应问题	对象的功能是什么 对象的成本是多少 对象的价值是什么	有无他法实现同样功能 新方案的成本是多少 新方案能满足要求吗	如何保证新方案实施活动的效果如何

2. 反馈控制系统

反馈控制系统（Feedback Control System）又称为闭环控制系统（Closed-Loop Control System），其特征是它的输出是由输入和输出的回路共同控制的，系统的输入受到已输出信息的影响，把系统前面行动的结果带回给系统。该系统结构相对复杂，但对环境适应性强，控制精度高。

反馈控制系统相当于将单次控制系统的过程变成循环往复的控制过程，将前一单次控制过程的输出加入下一个单次控制过程的输入，强化信息反馈；并且各单次控制过程之间是错位“并联”的，即上一个循环的“行动”过程与下一个循环的“分析”和“选择”过程在时间上是同步的，它们之间是“并联”的；下一循环通过对上一循环“行动”进行“分析”和“选择”过程，同时对上一循环“行动”的状况反馈，依此来确定下一循环的“行动”。这样的三个过程是系统动态控制过程的三步法，见图 14-3 系统动态控制过程三步法。

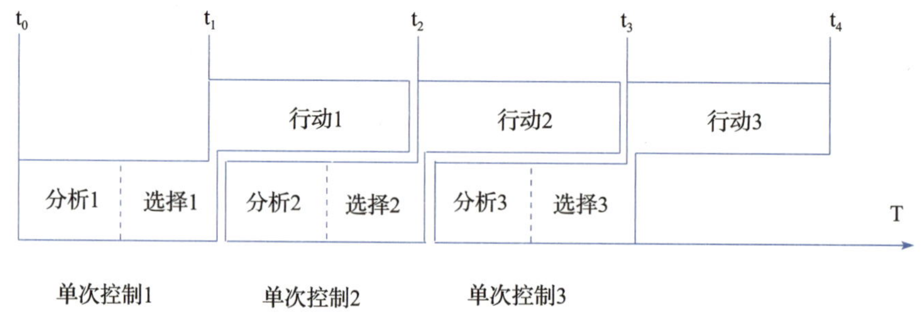

图 14-3　系统动态控制过程三步法

例如，某企业做出研发、生产某种产品的决策，产品投放市场一段时间后，由于规格型号不符合用户需要而滞销。该信息反馈回来后，企业决策机构立即决定改变产品的规格型号，使产品适销对路，增加了市场占有率。

（二）系统动态控制过程四步法

ISO9001-4.1 质量管理体系总要求提出：组织应按本标准的要求建立质量管理体系，形成文件，加以实施和保持，并持续改进其有效性。所谓“持续改进”，即要求组织按 PDCA 循环控制过程方法进行管理。PDCA 是 Plan（计划）、Do（执行）、Check（检查）和 Act（处理）的缩写，见图 14-4 系统控制 PDCA 法。

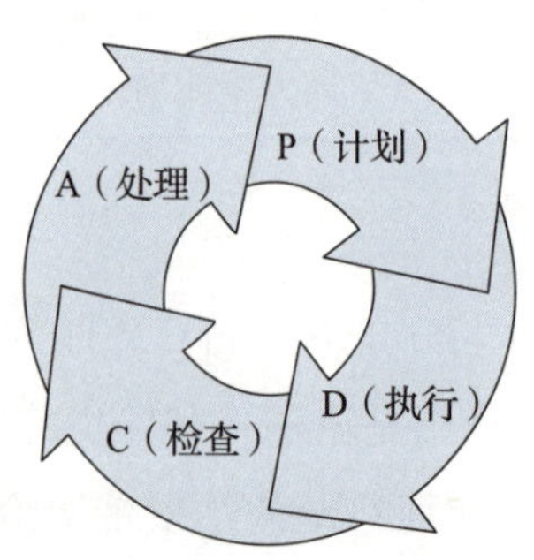

图 14-4　系统控制 PDCA 法

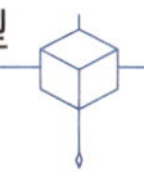

比较图 14-4 系统控制 PDCA 法和图 14-3 系统动态控制过程三步法，可见 PDCA 法的四个过程相当于三步法的双循环过程，可将 PDCA 法称为四步法，见图 14-5 系统动态控制过程四步法。

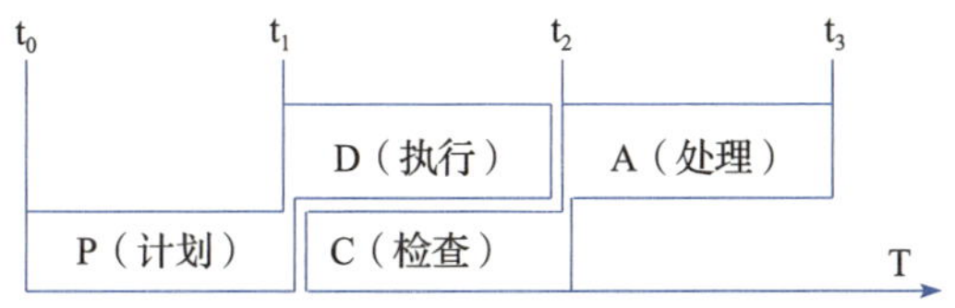

图 14-5　系统动态控制过程四步法

由于 C（检查）是对 D（执行）过程进行检查，属于同步过程，因此时间上两者是“并联”的状态。而 A（处理）是 D（执行）过程之后的下一周期实施行动的部分内容，时间上与 D（执行）过程是“串联”状态，见表 14-2 系统控制三步法与四步法对照。

表 14-2　系统控制三步法与四步法对照

阶段	事前控制		事中控制		事后控制	
三步法	分析 1	选择 1	行动 1	分析 2	选择 2	行动 2
四步法	P（计划）		D（执行）	C（检查）		A（处理）

显然，系统控制四步法是由特定控制功能组成的控制过程，具有对检查结果进行反馈和改进处置功能，并形成事前前馈控制（Feedforward Control）、事中同期控制（Synchronous Control）和事后反馈控制（Feedback Control），构成三道控制防线。

【例 14-3】项目管理的六个过程为：启动、计划、执行、检查、处理和收尾，除了启动和收尾过程外，中间四个过程为 PDCA 的循环过程，见图 14-6 项目管理的 PDCA 方法。

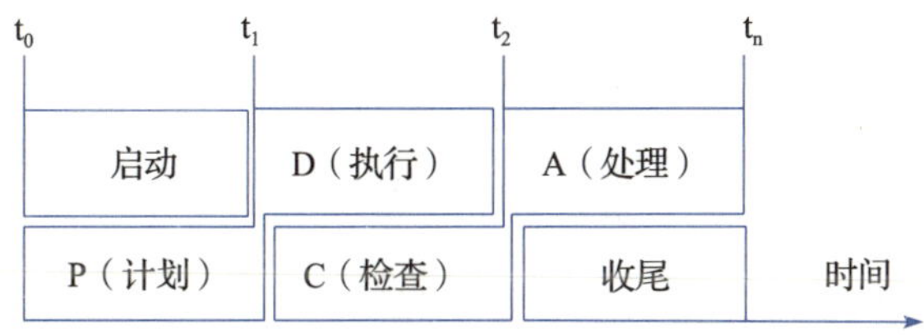

图 14-6　项目管理的 PDCA 方法

项目管理有若干职能，每个独立职能管理程序都是按照 PDCA 控制功能而设立的管理过程，见表 14-3 项目各独立职能管理程序的控制功能。

表 14-3 项目各独立职能管理程序的控制功能

独立职能	启动过程	P（计划）过程	D（执行）过程	C（检查）过程	A（处理）过程	收尾过程
1 项目整合	11 制定项目制度	12 制定管理计划	13 管理项目执行	14 监控项目工作	15 整体变更控制	16 结束项目阶段
2 项目范围		21 收集项目需求 22 定义项目范围	23 工作分解结构	24 核实项目范围 25 控制项目范围	26 调整项目范围	
3 项目时间		31 定义事项活动 32 排列活动顺序 33 估算活动资源 34 估算活动时间 35 制定进度计划	36 项目实施进度	37 项目实施问题	38 时间进度改进	
4 项目成本		41 估算项目成本 42 制定项目预算	43 实施成本计划	44 控制项目成本	45 成本计划改进	
5 项目质量		51 规划项目质量	52 实施质量保证	53 实施质量控制	54 质量改进	
6 项目人力		61 制定资源计划	62 组建项目团队 63 建设项目团队 64 管理项目团队	65 团队状态考察	66 项目人员调整	
7 项目沟通	71 识别干系人员	72 规划项目沟通	73 发布项目信息 74 管理干系人期望	75 报告项目绩效	76 反馈沟通信息	
8 项目风险管理		81 规划风险管理 82 识别项目风险 83 定性风险分析 84 定量风险分析 85 规划风险应对	86 实施风险管理	87 发现风险漏洞	88 风险管控完善	
9 项目采购管理		91 规划项目采购	92 实施项目采购	93 管理项目采购	94 项目采购调整	95 结束项目采购

当项目管理接近收尾时，项目资源从项目管理转移到运营管理，重新开始运营管理的 PDCA 过程。

（三）系统动态控制过程六步法

综合系统控制的三步法和四步法，归纳形成系统动态控制过程六步法，见表 14-4

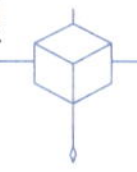

系统控制的过程方法及基本功能。三种系统控制方法只是控制过程的详略程度不同，本质功能相同。

表 14-4　系统控制的过程方法及基本功能

控制阶段	三步法	四步法	六步法	应用系统	基本功能
事前前馈控制	分析1	P（计划）	1 预测分析	分析系统	识别目标系统所需的过程及其在组织中的应用 确定这些过程的顺序、相互作用、把握现状、发现问题、预测分析、查找原因和区分主次 通过风险分析确认风险关键点
	选择1		2 目标计划	决断系统	确定系统目标，确定为确保这些过程的有效运作和控制所需的准则和方法 针对可能出现危及组织正常运作的风险制定预防措施 选择目标、选择适宜的解决措施，制定计划方案，制定标准，做好目标与资源的合理匹配，将资源投放到产生价值的地方。对目标进行系统化安排，评估这些解决措施的有效性并做出选择
事中同期控制	行动1	D（执行）	3 实施执行	执行系统	确保可以获得必要的资源和信息，以支持这些过程的运作，实施目标计划方案，实施选定的解决措施 把业务风险降低到可以接受的程度
	分析2	C（检查）	4 分析检查	监督系统	在实施过程对结果进行监控、测量、分析和评价，寻找实际结果与目标计划的关联，进行对比，跟踪工作进展，凭借切实可行的控制标准和测定手段，及时预告脱离正常或预期成果的信息，发现工作质量偏差，进行工作分析 对整个内控的建设及其运行状况进行监督，根据标准衡量执行成效，进行工作分析、成本分析和运营分析等
事后反馈控制	选择2	A（处置）	5 总结评价	反馈系统	通过质量检查发现现行制度中的不足和缺陷；既是对控制实施过程的评价，也是对制定标准、计量结果、分析差异、采取措施等过程的全面检查和评价，对工作进行总结
	行动2		6 改进处置	纠偏系统	确定改进目标，制定改进计划方案。根据改进计划方案，实施必要的措施，以实现对这些过程所策划的结果和对这些过程的持续改进，纠正实际执行情况偏离标准的偏差，不断完善；改善制度中的问题，找出原因，修补制度漏洞，做出全面改进

三、控制与管理

管理控制是在实际工作中，为达到某一预期的目的，对所需的各种资源和职能活动进行正确而有效地组织、计划、协调，并相应建立起一系列职能管理程序和管理制度的活动。

（一）管理概念定义中的管理职能和控制职能

一些管理学者及管理大师们对管理的概念各有自己独特的定义，从管理学的书籍里可以看到对管理概念的若干种表述。早期约法尔提出管理职能包括组织、指挥、协调、控制和计划五大管理职能。管理过程不一定等同于控制过程，只有管理过程具有“分析—选择—行动”控制功能才属于控制过程，控制功能也必须在管理过程产生作用才属于管理职能。有关管理定义中管理职能的演变，略作浅析，见表 14-5 管理定义中管理职能的演变。

表 14-5　管理定义中管理职能的演变

序号	管理所含职能的演变	浅析
1	组织、指挥、协调、控制、计划	一般管理不一定都包含完整的控制职能，但控制是高层次的管理方式，控制职能是重要的管理职能
2	组织、指挥、控制（含协调）、计划	管理的协调职能是低量级的控制职能，控制职能与组织职能包含协调职能，因此可以不单列协调职能
3	组织、领导（含指挥）、控制、计划	指挥职能是组织和领导的特有职能之一，依此把指挥职能并入组织职能和领导职能，可以不单列指挥职能
4	领导、组织、控制（含计划）	管理和控制都是确保目标计划实现的过程，然而，管理有计划职能，控制不一定具有计划职能；但当控制作为管理职能时，控制职能就包含了管理的计划职能，可以不单列计划职能
5	领导、组织、控制	控制职能包含了管理从宏观到微观的所有控制性、协调性功能的职能，这些过程也需要专业性的组织职能，而较高层次控制和组织过程需要相应的领导职能

从管理的定义中剔除重复性职能，进一步抽象、浓缩为可涵盖管理根本功能的领导、组织和控制三项职能。这三项职能可以简单理解为对应高层、中层和基层的管控职能，并将管理与控制融为一体，由此简捷定义高层次、高水准的管理。管理是为实现组织目标，提高管理效能，对一系列管理活动进行领导、组织和控制的过程。

（二）控制要素与管理要素

控制活动是具有控制功能的管理活动，控制是管理的高级手段与方式。组织的控制活动与管理活动具有一致的目的，控制活动具有明确的主体、客体（控制对象）、目标、环境、手段和程序，这些控制要素与管理要素具有一致性。

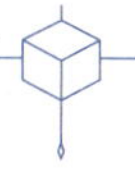

【一体化 24】 控制要素与管理要素一致。

（三）内控制度与管理程序

内部控制总目标与管理程序总目标一致，但组织的内控制度与一般的管理制度和管理程序有所区别，要点在“控”，即是否具有“控制”属性的职能管理过程。一些组织专设内控制度，是强调“控”的重要性和专业性，并由专门单位负责管理。实际上，只要职能管理程序中将内控的专业性控制功能与要求包含在内，并在管理程序条款中明确控制要求，即可实现内控制度与管理程序一体化，这符合组织管理体系全面一体化管理整合的思想，见表 6-14 组织各专业管理体系一体化结构形式。

【一体化 25】 内控制度与管理程序一体化。

（四）严格控制与松散控制

组织在职能管理程序中所采取的控制措施，并非越严格越好。严格控制是在员工实施职能管理程序的相对稳定性和确定性程度较高的情况下比较适合实行。松散控制是在员工实施职能管理程序的相对稳定性和确定性程度较低的情况下比较适合实行。

选择严格控制还是松散控制，取决于实现控制目标的控制效果，涉及评估员工的整体素质及严格控制的必要性，只有当控制措施的投入产出效果能达到预期目标，功效指标值在合理的范围，所采取的控制程度才是恰当的。因此，管理制度的制定并非越严越好。

四、组织四维管理体系控制系统模型构建

（一）控制属性职能与被控属性职能

1. 控制职能与被控职能属性

组织方针目标的实现基于所有职能活动，而这些职能在发挥功能作用时，其本身或是控制职能，或是被控职能。不是所有职能都具有控制的角色及功能，但所有职能都会在不同控制过程作为被控职能。控制职能无论是否正在产生控制功能作用，它都应具有控制属性。控制职能是职能的特殊功能属性，是能够产生控制作用的功能属性（见表 14-4 系统控制的过程方法及基本功能），如具有“分析”“计划”“实施”“检查”“评价”及“处置”等控制功能属性。控制职能与被控职能是相对存在的，只有

职能在产生控制作用时才成为控制职能，否则为被控职能，见图 14-7 控制属性职能与被控属性职能。

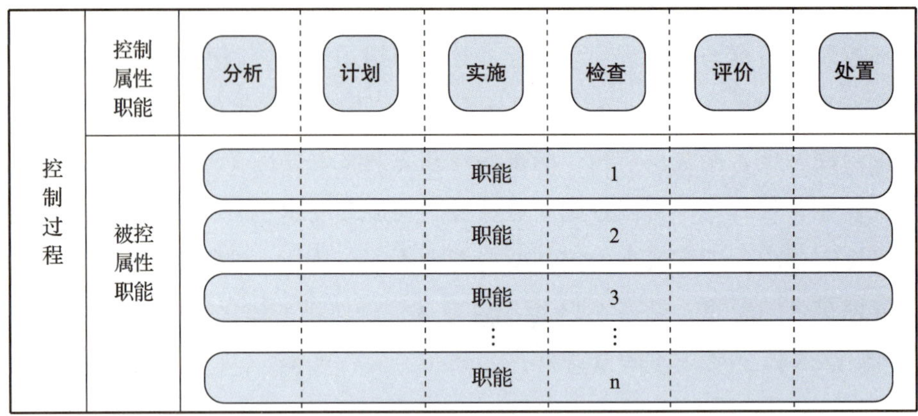

图 14-7　控制属性职能与被控属性职能

2. 控制职能与被控职能的关系

控制职能与被控职能的关系如同履带车辆的履带装置和车身装置，只有摩擦地面的履带才具备驱动力，履带上面部分则属于被驱动部分。当具有控制属性的职能“没轮到”其产生控制作用时则属于被控职能。控制职能控制的范围是被控所有职能范围。例如，目标计划管理程序作为控制职能的实施过程，针对的是所有职能范围的工作计划。“计划职能”产生控制作用时，其他具有“实施职能”“检查职能”和“处置职能”属性的职能此时则为被控职能，按照统一要求制定本职能范围的计划，见图 14-8 控制职能与被控职能的关系。

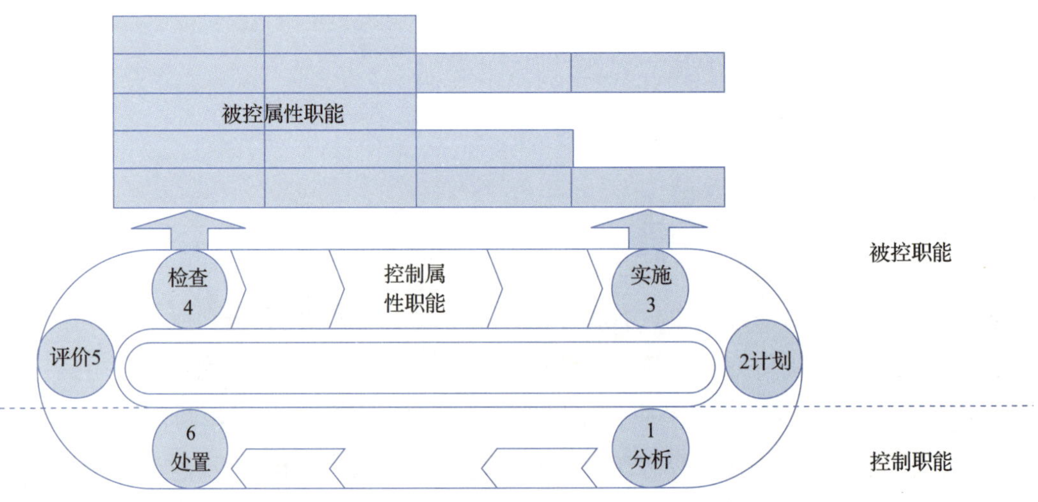

图 14-8　控制职能与被控职能关系

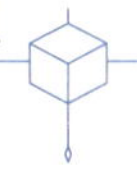

3. 整体统筹控制的作用

组织系统的驱动部分职能不一定是它最主要的功能。“驱动”的重要作用在于组织在所处的环境和具体作用对象情形下，通过组织整体性统筹控制，聚合组织的各种职能活动能量，形成步调一致及“1+1>2”的合力，体现系统质的作用和价值。被驱动的部分对不同的组织而言，既可能是无足轻重的“平板”，也可能是举足轻重的“重器”。组织管理体系中没有哪个职能具有绝对的重要性，职能的重要程度取决于组织的性质和方针目标。组织整体性统筹控制，主要通过建立组织职能控制功能层次结构和组织单位控制功能层次结构。

（二）组织职能控制功能层次结构

组织管理体系是一个多维度、多层次、多路径和多反馈回路的控制体系，管理活动是一个相互联系的目标与手段链。

1. 组织职能控制功能层次结构形式

依据表 14-4 系统控制的过程方法及基本功能，组织控制过程的功能见表 14-6 组织职能控制功能层次结构。

表 14-6　组织职能控制功能层次结构

阶段	事前		事中		事后	
三步法	分析 1	选择 1	行动 1	分析 2	选择 2	行动 2
四步法	P（计划）		D（执行）	C（检查）		A（处理）
六步法	1 预测分析	2 目标计划	3 实施执行	4 检查分析	5 总结评价	6 处置改进
控制功能	预测分析	目标计划	实施执行	分析检查	总结评价	改进处置
应用系统	分析系统	决断系统	执行系统	监督系统	反馈系统	纠偏系统

2. 职能宏观控制方式

组织宏观独立职能控制有以下三种方式。

（1）常规控制，是指每个控制过程都是通用的常规控制职能。

（2）专项控制，是指由于一些专业管理要求的原因，常规控制职能不能满足一些专项控制要求，而在相应过程设立的专项主题控制职能，如成本分析、质量改进等。

（3）全程控制，是指有的专项主题控制需要具有完整控制过程严谨的连续性控制，将六个控制过程整合为一个独立职能来进行全程管控，如项目控制、产品研发等。对于小规模组织，其宏观控制过程也可以将所有控制职能整合成一个控制领域来管控。

3. 职能中观控制功能层次

职能的独立层、程序层和作业层都存在控制属性职能和被控属性职能，通过职能管理程序，在各层次产生作用。职能各层次控制相当于大循环套着更精细的子循环控制，因而，组织职能维控制分类结构与组织职能细分层次结构一致。

【一体化 26】 组织职能控制功能层次结构与组织职能细分层次结构一致。

（三）组织单位控制功能层次结构

1. 管理层次

组织单位控制功能层次结构遵从管理主体分类结构。管理主体有不同的管理层次。管理层次是指组织管理者之间由一系列管理与被管理关系构成的等级链中的层次。一般而言，高层管理者（Top Managers）负责战略管理，决策组织各部门及其职能设置，特别是控制属性职能的设置责任，一般是部门层以上的管理者；中层管理者（Middle Managers）负责战术管理，决定职能管理程序建立，包括程序层和作业层控制的建立，一般是部门层和处室层管理者；基层管理者（Front-Line Managers）负责按职能管理程序开展作业的实施与岗位管控，一般是低于处室层以下的管理者。战略分层管理与控制由不同职级人员负责，不同管理层次之间相互嵌套、相互支撑和相互保障；通过上层控制指导下层控制，通过下层控制实现上层控制目标。虽然管理层次是按管理者划分的，但由于单位的负责人代表其所在的单位，因而，管理层次既是管理者责任层次，也是单位责任层次。

2. 组织单位控制功能层次结构形式

组织单位控制结构是各层管理者的职级结构，将“控制”责任纳入岗位责任制的范围，包括组织控制系统建设职责和控制职能实施过程中的责任。组织单位控制功能完全在职能管理程序中体现，并由此落实到岗位责任，而相关职能则落实到相应的单位，并在职能管理程序中对不同职级人员的控制责任加以明确和强化。因此，组织单位控制功能层次结构与岗位职级结构一致。

【一体化 27】 组织单位控制功能层次结构与岗位职级结构一致。

组织的战略是一种责任，很难脱离具体的职级而单纯从业务职能来划分，战略分级管理范围与单位层次分段范围对应一致，无论组织单位有多少个层次，都会有三个层段与战略、战术和作业三个层级对应，见表 14-7 组织单位控制功能层次结构。

表 14-7　组织单位控制功能层次结构

控制层级	战略级	战术级	作业级
责任单位	组织层	部门层	处室层及以下
责任人员	高层管理人员	中层管理人员	基层管理人员
控制功能	领导宏观战略管控	组织中观战术管控	落实微观作业管控
控制体系建立职责	战略决策、独立层职能设立	管理决策（决定）、管理程序制定	业务决策（选择）
控制体系实施职责	职能管理程序中的相应管控责任		

（1）高层管理人员负责战略级管控功能。

战略管理（Strategic Management）是指组织在制定关于其未来宏观的发展方向、目标和规划方案及对重大事项进行决策，并在实施过程中进行的一系列宏观职能管理活动，负责与外部特定环境进行联系，以及从事这些活动的艺术和科学，包括决策建立和完善组织一系列宏观制度和战略所需的职能。

战略控制（Strategic Control）是组织在战略管理过程中，依照控制方法不断监测和预测组织内部和外部环境的变化趋势，检查组织为达到战略目标所进行的各项宏观职能活动的进展情况，并判断已经发生的偏差，分析产生偏差的原因，决策是否调整战略目标，采取措施纠正或预防偏差，从而更好地实现组织的战略目标。

组织宏观战略管控是由高层管理人员领导和推动组织进行管理体系模型的构建，依据表 14-4 系统控制的过程方法及基本功能、图 14-7 控制属性职能与被控属性职能，根据组织自身的规模和控制的详略要求，通过对部门层单位设置一系列具有宏观控制属性和被控属性的独立职能，使组织管理体系形成 PDCA 控制机制，实现组织宏观战略管理。

（2）中层管理人员负责战术级管控功能。

战术管理（Tactical Management）是根据战略管理目标和规划方案，制定为实现这些战略目标和规划方案的中观目标计划和方案，负责分配资源，并按计划组织开展一系列职能管理活动，包括决定如何建立和完善职能管理程序、管理制度和战术控制功能。

战术控制（Tactical Control）是组织在战术管理过程中，依照控制方法不断监测和预测部门单位职能范围的内部和外部环境，职能管理程序的实施及实施效果，判断已经发生和将要发生的结果偏差，分析产生偏差的原因，采取措施纠正或预防偏差，以实现战术计划目标。

组织中观战术管理是中层管理人员按照职级岗位责任范围，依照组织战略管理和战略控制为组织各部门设置的独立职能，按表 6-20 组织职能结构形式、图 6-5 职能活动内容描述乌龟图，组织建立、完善和实施相关职能管理程序，建立组织价值链关联结构，明确沟通线、控制线、责任线和决策线，实现战术级职能管控目标。无论是控制职能还是被控职能，其分解的程序层及作业层职能子项之间也存在控制职能和被控职能；当然，不一定所有的管理程序都需要有完整的控制过程。在职能管理程序的控制方案上，必要时可进行风险评估和实效性分析，从而有针对性地设立、完善控制程序，或制定管控预案。

（3）基层管理人员负责作业级管控功能。

作业管理（Operations Management）是根据战术管理目标和方案，按照职能管理程序制定具体作业计划，落实和执行每一项计划内和计划外的具体作业活动，对提高作业管理效能做出选择，包括建立和完善作业控制功能。

作业控制（Operations Control）是组织在作业管理过程中，依照职能管理程序中的具体控制方法，不断监测职能作业的执行结果，判断已经发生和将要发生的执行偏差，分析产生偏差的原因，采取措施纠正或预防偏差，以实现作业计划目标。

组织微观作业管理是基层管理人员依照岗位责任范围和中观管理所制定的相关职能管理程序实施作业管控。其中，作业计划是按照职能管理过程输出的要求，对战术计划分解。作业控制不仅仅是实现作业计划的保障，也是实现战术控制的保障，最终也是实现战略控制的保障。作业控制层无法纠正的偏差，需将相关信息反馈到战术控制层，从更高的管理层面采取措施加以控制，从而保证各层次管理目标的实现。

（四）组织四维管理体系控制系统模型

依照表 14-6 组织职能控制功能层次结构形式和表 14-7 组织单位控制功能层次结构形式，建立组织四维管理体系控制系统模型。为简化描述，以静态三维形式表达，见图 14-9 组织四维管理体系控制系统模型。

组织四维管理体系控制系统模型的本质是在组织四维管理体系模型基础上划分组织单位维和职能维相关的控制功能层次，明确职能维的控制功能和单位维的控制责任，体现组织系统模型与组织控制模型的一体化融合关系。

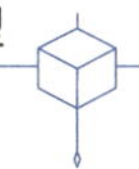

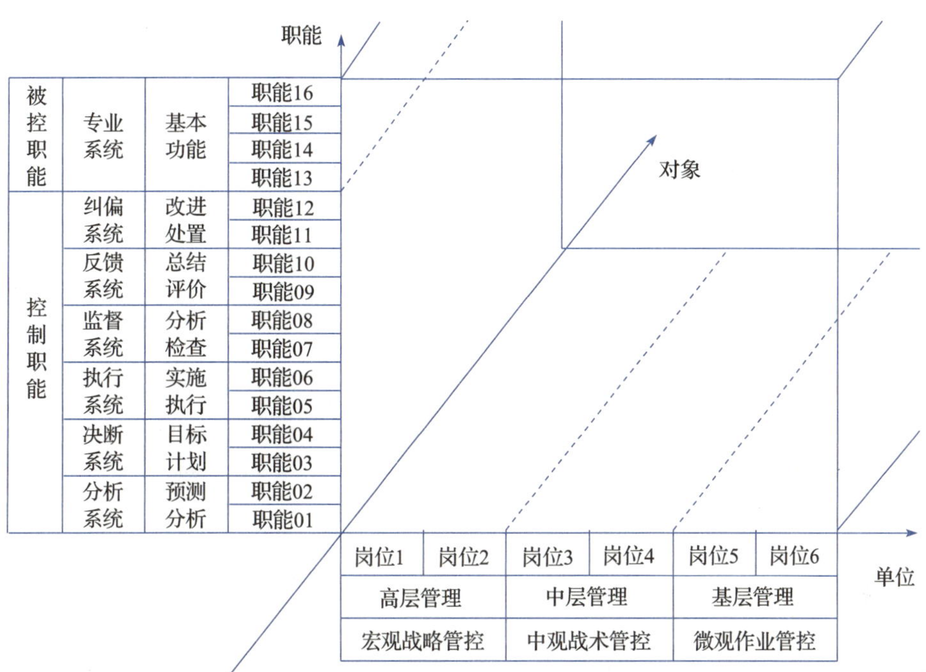

图 14-9　组织四维管理体系控制系统模型

五、组织四维管理体系控制系统模型的应用

根据图 14-9 组织四维管理体系控制系统模型，按照组织规模和控制要求，选择控制领域职能范围，统筹设置控制属性职能，进行组织管理体系各层次控制功能设计。

（一）组织高层宏观战略管控设计

1. 组织宏观控制领域职能设置

（1）由组织的高层管理者，根据表 14-6 组织职能控制功能层次结构形式，研究将每一个控制过程作为一个主题管理领域，并由具有若干控制属性的独立职能组成，将松散的独立职能控制变为相对紧密的整体控制。

（2）组织根据运行控制需要设立宏观控制和专项控制。宏观控制是按照预测分析、目标计划、实施执行、分析检查、总结评价、改进处置六个宏观控制过程设立和实施一系列控制属性独立职能。专项控制，一种是对某一个宏观控制过程设立和实施被控属性独立职能，以强化对其中的过程控制，如全面预算职能属于宏观目标计划过程对预算的专项控制；另一种是被控独立职能本身的实施过程包括了宏观各过程的全程控制，如战略规划职能管理程序，一般包括了宏观控制的全过程。

（3）如果开发计算机控制系统，可把六个宏观控制过程整合为一体，并强化专项控制的特殊需要。计算机管理系统的整合并不影响组织所有独立职能管理程序的存在，只是因纳入科技手段而可能改变职能管理程序。

【例 14-4】某公司按照表 14-6 组织职能控制功能层次结构形式，设立每个控制过程所需功能的独立职能，并分别设立宏观控制职能和专项控制职能，见表 14-8 某公司运行控制的独立职能设置。

表 14-8　某公司运行控制的独立职能设置

职能属性	事前		事中		事后	
控制过程领域	1 预测分析	2 目标计划	3 实施执行	4 分析检查	5 总结评价	6 改进处置
计算机系统	分析系统	决断系统	执行系统	监督系统	反馈系统	纠偏系统
宏观控制职能	预测分析	方针目标	计划实施	工作分析监督检查	工作总结 事后评价 单位绩效 人员绩效	工作改进 提案改善 纠正措施 预防措施
专项控制职能	沟通协商	全面预算	任务分派	经营分析 成本分析	人资诊断 职位评价 营销审计 管理评审	质量改进
	主题决策、战略规划					

2. 组织宏观控制领域职能落实

组织宏观控制领域单位控制职能落实由高层管理者研究决定，按照表 6-2 某公司单位主体结构，将各领域设置的控制属性独立职能指定落实到各相关责任单位管理。控制属性独立职能只是组织职能中的部分职能，是组织运营管理领域职能的集合。见表 14-9 某公司运营控制领域控制属性独立职能。

表 14-9　某公司运营控制领域控制属性独立职能

控制领域	部门层职能	处室层职能	独立层职能	功用
1 预测分析	17 Q 企业管理	TK 体系控制	GT 沟通协商	为目标计划提供支持
	22 Y 运营管理	YX 运行管理	YC 预测分析	为制定计划提供预测分析
2 目标计划	11 Z 总办管理	JC 决策管理	ZJ 主题决策	可引入参谋咨询系统（专家系统）

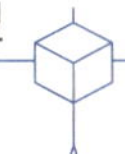

续表

控制领域	部门层职能	处室层职能	独立层职能	功用
2 目标计划	12 C 财务管理	CB 成本管理	QY 全面预算	成本专项控制
	22 Y 运营管理	YX 运行管理	FM 方针目标	建立各部门统一部署的年度计划，将年度计划层层分解落实到岗
	23 Z 战略发展	GH 战略规划	GH 战略规划	5 年以上长远计划
3 实施执行	18 R 人力资源	RK 人资管控	RF 任务分派	通过 OA 分派工作，与岗位绩效考核相协同
	22 Y 运营管理	YX 运行管理	SS 计划实施	制定计划执行的跟踪、记录管理办法
4 分析检查	12 C 财务管理	CB 成本管理	CB 成本分析	成本分析专项控制
	18 R 人力资源	RK 人资管控	GF 工作分析	为组织特定的发展战略、组织规划、人力资源管理及其他管理行为服务的一种管理活动
	22 Y 运营管理	YX 运行管理	YY 运营分析	掌握、分析并研究经营情况，加强对计划执行的动态监控，协调解决存在的主要问题，有效发挥运营监控职能
			JD 监督检查	对整个运行实施状况进行监督检查
5 总结评价	19 S 审计风险	SJ 审计管理	YS 营销审计	定期营销审计
	17 Q 企业管理	TK 体系控制	GP 管理评审	最高管理者为评价管理体系的适宜性、充分性和有效性所进行的专项控制
	18 R 人力资源	RK 人资管控	ZP 职位评价	对管理人员胜任情况进行评价
			RJ 人员绩效	对各方面人员进行评估，有效激励，完善决策体系
			RZ 人资诊断	对工作人员情况进行岗位评价
	22 Y 运营管理	YX 运行管理	JX 单位绩效	对各层级单位进行绩效考核
			ZJ 工作总结	对上期计划执行情况进行总结，事后回顾，为运营分析、决策支持提供信息
6 改进处置	15 K 科学技术	ZK 综合管理	ZG 质量改进	质量改进专项控制

续表

控制领域	部门层职能	处室层职能	独立层职能	功用
6 改进处置	17 Q 企业管理	TK 体系控制	GG 工作改进	防错提醒，实施工作改进；建立使工作不断完善的防错提醒机制
			JZ 纠正措施	分析与不合格有关的数据，以帮助理解其原因的需求
			TA 提案改善	根据改进方案进行落实
			YF 预防措施	分析与不合格和潜在不合格有关的数据，以帮助理解其原因的需求

（二）组织中层中观战术管控设计

组织中层中观战术管控设计是由中层管理者负责组织对战略管控设立的独立职能建立其管理程序的过程。职能管理程序的编制需遵循统一的标准，按照【一体化5】职能细分结构与职能管理程序结构一体化，建立标准作业程序。标准作业程序（Standard Operation Procedure，SOP）就是将某一事件的标准操作步骤和要求以统一的格式描述出来，用来指导和规范日常的工作。

依照表 14-9 某公司运营控制领域控制属性独立职能，对所设立的六个过程常规控制属性独立职能，建立其管理程序及相应的流程图等作业指导文件。

1. 组织“预测分析”管理领域（分析系统）

组织“预测分析”管理领域是宏观控制的事前阶段，需对该领域设立的“预测分析”“沟通协商”等具有“预测分析”属性的职能进行职能分解，建立其管理程序，对该领域的各职能进行统筹管理，实现前馈控制。该领域职能主要功能作用是为下一步组织“目标计划”管理领域提供决策支持。对组织“预测分析”管理领域所有职能可进行一体化管理整合，建立计算机辅助“分析系统”或“情报系统”。

“预测分析”职能是一种统计或数据挖掘解决方案，包含可在结构化和非结构化数据中使用以确定未来结果的算法和技术，可为预测、优化、预报和模拟等许多其他用途而部署，并对组织未来提供关键洞察。

“沟通协商”职能是对管理体系有关事物与内部单位和外部单位进行积极交流沟通，相关信息为下一步组织“目标计划”管理领域提供支持。

2. 组织“目标计划”管理领域（决断系统）

组织“目标计划”管理领域是宏观控制的事前阶段，需对该领域设立的“方针目标”“全面预算”等具有“目标计划”属性的职能进行职能分解，建立其管理程序，

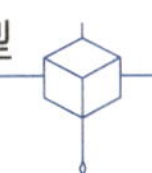

对该领域的各职能进行统筹管理，实现前馈控制。该领域职能的主要功能是依据组织“预测分析”管理领域职能输出的分析结果作为参考来决定和制定各种“目标计划”，并为下一步组织“实施执行”管理领域提供依据、基础、目标和标准，把不符合要求的职能活动拉回更适合战略实现的轨道上来。组织“目标计划”管理领域也是一个决策过程，包含系统前馈控制的“选择”功能。为强调职级责任与分量，在职能管理的描述中对“选择”属性控制行为的描述可做出规范：高层管理者称为“决策”，中层管理者称为“决定”，基层管理者称为“选择”。对组织“目标计划”管理领域所有职能可进行一体化管理整合，建立计算机辅助“决断系统”。

“方针目标”职能，也叫目标管理（Management by Objective，MBO），是组织为实现以质量为核心的中长期和年度经营方针目标，自上而下地层层分解，确定工作目标计划，自下而上地保证目标实现，从而保证实现共同成就的一种科学管理方法，可以用于对战略规划目标的分解，见表 13-9 组织总目标计划主体结构、表 13-5 组织目标计划二维分解。

“全面预算”职能属于专项控制职能，是指企业以发展战略为导向，在战略规划和对未来经营环境预测的基础上，确定预算期内经营管理目标，逐层分解，下达到企业内部各单位，并以价值形式反映企业生产经营和财务活动的计划安排。企业各职能活动都须纳入预算管理，包括业务预算、投资预算、筹资预算、财务预算等，形成一系列由预算组成的相互衔接和钩稽的综合预算体系。

“主题决策”职能是针对主题的决策过程，通常是集中多个专家或高层的意见，以形成更为合理、更加科学的群体决策（Group Decision），来抽取诸多定义的共性。主体决策管理程序是对方针目标、战略规划和全面预算等重大、重要事项进行全过程管控的通用管理程序。

【例 14-5】“主题决策”职能。

“主题决策”是具有事前、事中、事后全程控制属性的职能，是组织重大事项管控的重要过程，是对重大风险管理的重要手段，见表 14-10“主题决策”管理程序。

表 14-10　“主题决策”管理程序

程序层	作业层	标准与要求	输出	责任单位
1 问题分析	确认主题	通过执行预测支持管理程序，进行内部和外部环境分析，搜集和分析反映决策条件的信息，在全面调查研究的基础上发现差距，识别问题；由此提出问题，并抓住问题的关键，确立决策主题		

续表

程序层	作业层	标准与要求	输出	责任单位
2 拟订计划	确定目标	根据所要解决决策主题的性质和根据系统分析结果来确定决策目标，做到三点：一是目标具体化、数量化；二是各目标之间保持一致性；三是分清主次，抓主要目标；四是明确决策目标的约束条件		
	拟订方案	收集信息，科学预测，在信息反馈的基础上设计、制定和分析可能采取的行动方案，提出几个可行目标方案供比较和选择，对不同方案采取不同对策，或执行专家系统		专家
	选择方案	对拟订的多个备选方案进行分析评价，合理的决策具备三个条件：第一，决策结果符合预定目标的要求；第二，决策方案实施所带来的效果大于所需付出的代价；第三，妥善处理决策方案的正面效果与负面效果、收益性与风险性的关系；总体权衡，选择方案；根据决策选择一个适宜的方案制定相应计划	《决策实施计划》	高层管理者
3 执行方案	制定措施	根据主题项目计划，制定相应的具体措施，保证方案的正确执行		
3 执行方案	方案贯彻	制定试点，确保有关决策方案的各项内容都为所有人充分接受和彻底了解，实施决策		
	目标分解	运用目标管理方法把主题决策目标层层分解，落实到每一个执行单位和个人		
	报告制度	建立重要工作的报告制度，以便随时了解方案进展情况，及时调整行动，可建立《工作报告管理制度》		主题项目责任部门
	主题实施	执行“实施行动”过程的相关职能管理程序		
4 检查处理	监督检查	执行“检查分析”过程的相关职能管理程序，通过定期检查评价，及时掌握决策执行的进度		
	状况分析	对已做出的抉择进行分析和事中评估，检验决策		
5 改进反馈	实施跟踪	执行组织“总结评价”管理领域的相关职能管理程序，决策者依据反馈来的信息，及时跟踪决策实施情况，进行事后分析		
	信息反馈	对客观条件发生重大变化的，将有关信息反馈到决策机构，反馈控制		
	重设目标	原决策目标确实无法实现的，重新寻找问题，确定新的目标，重新制定可行的决策方案并进行评估和选择，执行《决策支持管理程序》		

续表

程序层	作业层	标准与要求	输出	责任单位
6 改进落实	改进方案	执行组织"改进处置"管理领域的相关职能管理程序，对局部与既定目标相偏离的情况制定改进方案，执行《提案改善管理程序》		
	改进落实	执行《纠正措施管理程序》，以保证既定目标实现		

"战略规划"职能是对重大的、全局性的、基本的、未来的目标、方针、任务的谋划。它所规划的范围涉及大方向、总目标及其主要步骤、重大措施等方面。战略规划不一定只是在期初的活动，有时由于资源市场、产品市场等骤然变化，也会启动战略调整。例如，原材料价格断崖式下跌，带来库存浮亏；市场的急剧萎缩，亏损迅速扩大等，可随时变更战略目标，并重新启动"主题决策"职能管理程序。

【例 14-6】"战略规划"管理程序。

"战略规划"职能本身就是一个以"战略规划"为主题的"主题决策"管理过程，因而，它是确定具体主题的专业化、具体化的"主题决策"职能管理程序，见表 14-11 战略规划管理程序。

表 14-11 "战略规划"管理程序

程序层	作业层	标准与要求	输出	责任单位
1 战略分析	组织使命	为实现组织目标、使命制定战略规划		
	系统分析	组织的内部环境即是组织管理体系的软环境和现实状况		
	环境分析	从外部环境的变化中寻找和发现有利于发展的机会，避开威胁因素；对市场机会、市场规模、市场增速进行分析、判断和选择		
	比较分析 SWOT	组织内部系统环境与外部环境的相互比较分析，识别出相对的优势和劣势，发现外部的机会和威胁		
2 战略选择	目标体系	以"组织—部门—职能指标"为战略目标计划框架；或按照主题管理领域作为框架，明确战略意图，按组织体系总体架构进行分解		
	拟订方案	在技术、模式、流程和机制等方面进行创新和突破；拟订若干备选方案，对传统的战略模式进行改进和完善，创新方法，创新模式		

续表

程序层	作业层	标准与要求	输出	责任单位
2 战略选择	选择方案	战略选择及评价： 一是按组织的战略经营领域，确定以什么样的产品或服务来满足哪一类顾客的需求； 二是组织在经营领域的竞争优势，明确提供的产品或服务，研究超过竞争对手的优势		
3 战略实施	方案落实	推进战略实施： 一是制定部门职能策略，如生产策略、市场营销策略、财务策略等，按职能分解体现策略的措施、项目及时间安排等； 二是按组织单位构建能够适应的战略，提供必要的资源，创造有利的内部环境； 三是安排高层管理者来指挥实施战略方案		
	方案贯彻	完善运营系统，确定战略进度计划里程碑，及时反馈，定期评价	《战略进度计划里程碑》	
	战略执行	按照进度实施，保证战略的最终实现		
	报告制度	实施跟踪，定期提交报告，建立《工作报告管理制度》	《战略实施情况报告》	
4 战略监测	检查评价	经过信息反馈的实际成效与预定的战略目标进行比较，不断地监测战略的执行情况和环境变化动态		
5 战略反馈	信息反馈	发现严重问题，返回战略分析，或重设目标		
6 战略改进	改进方案	由于原来分析不周、判断有误，或是环境发生了较大变化而引起偏差时，将重新审视环境，根据新的问题及其分析对方案进行改进		
	组织调整	根据改进方案进行组织管理调整		
	改进落实	按照改进后的计划方案持续推进运行；制定新的战略方案，进行新一轮的战略管理过程；循环至战略实施过程		

3. 组织“实施执行”管理领域（执行系统）

组织“实施执行”管理领域是宏观控制的事中阶段，需对该领域设立的“计划实施”“任务分派”等具有“实施执行”属性职能进行职能分解，建立其管理程序，对该领域的各职能进行统筹管理，实现同期控制。该领域职能的主要功能是按照组织“目标计划”管理领域做出的方针目标来有效实施，包括完成随机任务，并力求使组织提高效能，改善绩效，实现预定目标，同时为绩效考核管理提供所依据的原始信

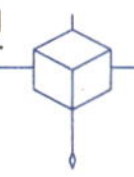

息。对组织“实施执行”管理领域所有职能可进行一体化管理整合，建立计算机辅助“执行系统”。

“计划实施”职能包括项目实施，是按照工作计划开展业务的行为，为有效实施工作计划，可以按照具体的计划进度和监控的时间表来实施。

“任务分派”职能是单位领导人通过对管理人员工作任务分配的管理过程，建立公开、公正、公平、透明的任务管理，形成对每项工作任务的分派与评价机制，为管理人员的绩效考核提供原始资料。该职能实施过程，需要领导人对员工工作任务的质与量指标进行评价，其准确性偏差来自评价者对评价标准的把握尺度和主观因素，但积极意义更大：一是领导人如果主观上就不遵守公平原则，首先对他自己领导这个集体没一点好处。二是每次评价把握尺度的正确性偏差忽略不计，因此对员工之间评价结果具有相对的公平性。三是即便出现对某一工作任务评价正确性的明显偏差，员工也可以说明情况，提供依据“改判”，同时对某一个任务项目评价正确性的偶尔偏差一般只会影响对这一个工作任务办理结果的评价，但对个人全年业绩评价的影响微乎其微。“任务分派”是组织“坦诚沟通文化”的一个方面，建立直率、简单、坦诚的人际关系，从而形成平等、快乐、省心的文化氛围，提升员工对组织的归属感和团队的凝聚力。工作分配与评价机制的合理与否很大程度上会决定员工的办事效率及结果，不仅仅是对员工业绩的记录和评价，更是培养和引导员工对工作的专注及对工作质量和效率的重视，并且每项工作马上都有评价，具有直接的激励和正面引导作用，公平是最好的激励，IBM 前 CEO 郭士纳曾说，下属只做你检查的工作，不做你希望的工作。

【例 14-7】任务分派管理程序。

某公司综合管理部门管理人员任务分派、工作记录台账的管理，通过台账记录管理人员工作任务执行情况，也是对其业绩的记录过程，为员工绩效考核提供基础信息，见表 14-12 任务分派管理程序。

【一体化 28】 管理人员工作任务工号与过渡文件细分编码一体化。

表 14-12　任务分派管理程序

程序层	作业层	标准与要求	输出	责任单位
任务识别	文件传入	通过 OA 系统接收由管理程序传来的输入文件		部门负责人
	解读文件	阅读红头文件、上级邮件		
	明确任务	了解工作任务要求		

续表

程序层	作业层	标准与要求	输出	责任单位
任务台账	确定类别	确认文件所属职能		
	任务工号	根据公司过渡文件分类编码标准，编排任务工号	《工作分派台账》	（表 14-13）
	登记台账	登记台账（1）~（7）栏的内容		
任务分配	确定岗位责任	根据部门岗位责任职能分工，确定任务承担人员		部门负责人
	任务分派	通过 OA 系统将文件发送给承担任务的员工；明确任务下达时间和计划完成时间，以作为任务执行情况的考核依据		
任务分配	台账更新	台账内容更新，全员可以看到本年内所有人工作任务接受与完成情况		部门负责人
任务接受	解读任务	员工下载文件后详阅，掌握任务目标		员工
	难点沟通	如果有理解不清或有难度的情况，则与负责人当面交流、沟通，获得明确指示		
	任务作业	按工作任务质量、效率要求办理		
任务呈报	工作呈报	员工将完成的任务文件通过 OA 系统呈报给部门负责人		员工
任务评价	任务审核	对员工所完成任务进行质量审核，如有问题，任务返回，提出完善意见		部门负责人
	任务评价	根据员工最终呈报的任务文件做评价，如质量分、效率分、工作量和难度系数；在台账上公开、透明		
	人员绩效	员工工作任务成果累计		
任务审核	审核呈报	将完成的工作任务文件上传给指定领导审核		
任务审批	任务审批	主管领导审核，同意		主管领导
任务闭环	文件报送	将任务文件报送给指定部门		
绩效考核	考核评价		《管理人员绩效考核指标》	

任务分派管理程序输出文件 1，见表 14-13 员工工作任务分派与绩效评价动态台账。

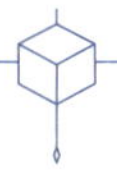

表 14-13　员工工作任务分派与绩效评价动态台账

岗位人员	独立职能	任务工号	任务依据	任务事项	下达时间	计划时间	完成时间	任务效率	任务质量	工作数量	难度系数	标准工量	备注
（1）	（2）	（3）	（4）	（5）	（6）	（7）	（8）	（9）	（10）	（11）	（12）	（13）	

台账说明：

（1）岗位人员——部门纳入考核的具体岗位人员；

（2）独立职能——部门负责人分配任务时选择标准化的职能维成员；

（3）任务工号——系统根据独立职能类别，自动提供职能编号，部门负责人按照职能过渡文件编码规范，给出该职能任务工号；

（4）任务依据——下发文件名称，系统自动填入；

（5）任务事项——部门负责人根据下发文件具体要求及上级领导批示，明确任务输出的具体职能过渡文件名或具体事项；

（6）下达时间——任务下达时间；

（7）计划时间——部门负责人根据下达文件要求及领导批示，明确任务完成的时间；

（8）完成时间——经办人员上传任务文件时间，系统自动录入；

（9）任务效率——系统自动将完成时间与计划时间进行对比，给出评价值；

（10）任务质量——由部门负责人按评价标准给出任务质量评价指标值；

（11）工作数量——由部门负责人按定量标准给出任务数量评价指标值；

（12）难度系数——由部门负责人按难度标准给出系数值；

（13）标准工量——将工作数量按难度系数折算成标准工量，由系统自动填写。

绩效考核输出文件 2，见表 14-14 管理人员绩效考核指标。

表 14-14　管理人员绩效考核指标

考核范围	指标名称	单位	计划	备注
效能评价	总标准工作量	页		任务完成情况评价
	工作综合质量	%	100%	
	工作综合效率	%	100%	
	工作综合得分	分	100	
职能评价	经济合同管理	分	100	岗位职能管理评价
	网站建设管理	分	100	
	保密工作管理	分	100	
行为评价	遵守规章得分	分	100	遵守管理制度评价
	实际出勤天数	天	250	

组织对部门的考核同时也是对部门管理者的考核，所以部门内部对员工的考核不包括部门管理者自己。

4. 组织“分析检查”管理领域（监督系统）

组织“分析检查”管理领域是宏观控制的事中阶段，需对该领域设立的“工作分析”“监督检查”等具有“分析检查”属性职能活动进行职能分解，建立其管理程序，对该领域的各职能进行统筹管理，实现同期控制。该领域职能的主要功能与组织“实施执行”管理领域活动同步，时时检查和发现其中的各种问题，记录检查信息，寻找改进方向。

在为实现目标计划开展职能活动过程中，通过检查目标的落实情况，分析问题、查明原因，检查情况，为后面的过程提供信息。对组织“分析检查”领域所有职能可进行一体化管理整合，建立计算机辅助“监督系统”。

“工作分析”职能是事中采用科学的手段与技术，直接收集、比较、综合有关工作的信息，为组织特定的发展战略、组织规划、人力资源管理，以及其他管理行为服务的一种管理活动。同时，针对工作质量进行检查验证、评估效果。

“监督检查”。监督检查包括所有维方面，主要方面如下。

（1）组织四维管理体系模型总体架构（见表 15-1）内容的监视和测量。

（2）组织基础文件的监视和测量，特别是对各专业管理体系和所有职能管理程序的监视和测量（见表 10-1 组织管理体系基础文件总体架构），检查程序过程是否科学、合理及其管理有效。

（3）组织资源的监视和测量，特别是对产品特性的监视和测量，验证各种产品是否符合要求，包括顾客及相关方面的明示或隐含的要求，以及法律法规和上级的强制性要求。

（4）组织环境的监视和测量，特别是对外部一般环境的监视和测量，是对环境因素和危险源的识别、评价、控制和效果等的监视和测量，并对监测结果进行评价。

（5）组织对象方面的监视和测量，特别是对顾客和其他相关方满意度进行监视和测量。

“经营分析”职能属于专项控制职能，是利用会计核算、统计核算、业务及其他方面提供的数据信息，采用一定分析方法，来分析经济活动的过程及其结果，加强对企业运行情况的把握，合理安排生产经营活动，提高经济效益的一门经营管理科学和活动。

【例 14-8】运营会议管理程序。

“经营分析”职能是组织宏观战略管控过程的一个控制职能之一，其活动可以通过整体控制来促进和落实。例如，某总公司运营分析会议制度，见表 14-15 运营会议管理程序。

表 14-15　运营会议管理程序

程序层	作业层	标准及要求	输出	时间	单位
上报材料	上报材料	按规定内容提纲报送月度运营分析材料至主管事业部或相关事业部，抄送运营部	《子公司月度运营分析材料》		各子公司
汇总材料	汇总材料	按业务板块和成员企业汇总			各事业部
	审核材料	审核材料，了解、掌握、分析和研究生产经营状况			各事业部
编制材料	编制材料	按规定内容提纲编制本事业部运营分析材料，提前报参会领导	《事业部运营分析材料》		各事业部
会议召集	会议通知	公司月度运营分析会通知，地点：总部		每月下旬	运营部
		公司季度经营调度会（视频）通知，召开季度经营调度会时与当月度运营分析会合并召开；按照规定范围发参会通知		每季度末月上旬前后	运营部

续表

<table>
<tr><th>程序层</th><th>作业层</th><th>标准及要求</th><th>输出</th><th>时间</th><th>单位</th></tr>
<tr><td>会议准备</td><td>视频准备</td><td>视频会按照视频会议管理程序执行，通知信息中心</td><td></td><td></td><td>信息中心</td></tr>
<tr><td rowspan="2">会议主持</td><td>月度会议</td><td>副总主持公司月度运营分析会</td><td></td><td></td><td>副总经理</td></tr>
<tr><td>季度会议</td><td>运营部主持公司季度经营调度会（视频）</td><td></td><td></td><td>运营部长</td></tr>
<tr><td>领导讲话</td><td>月度会议</td><td>会议内容：重点通报各事业部、各业务部门上月工作情况、本月重点工作；通报上月经营情况，安排本月经营工作的重点事项及工作要求</td><td></td><td></td><td>总经理</td></tr>
<tr><td rowspan="2">领导讲话</td><td rowspan="2">季度会议</td><td rowspan="2">会议内容：重点通报主要经营指标完成情况、各业务板块工作情况、重点工作进展情况；通报上季度经营调度指标完成情况，安排本季度及下一步重点工作和相关工作要求</td><td></td><td></td><td>副总经理</td></tr>
<tr><td></td><td></td><td>财务总监</td></tr>
<tr><td rowspan="2">会议纪要</td><td>纪要编写</td><td></td><td rowspan="2">《会议纪要》</td><td></td><td>运营部</td></tr>
<tr><td>纪要下发</td><td></td><td></td><td>运营部</td></tr>
</table>

“成本分析”职能属于专项控制职能，是利用核算及其他有关资料，对照组织“目标计划”管理领域的“全面预算”，对成本水平与构成的变动情况进行系统研究影响成本升降的各因素及其变动的原因，寻找降低成本的途径，指明成本管理工作的努力方向。

若在组织“分析检查”管理领域中发现原定目标计划本身相对目标有缺陷时，相当于计划出现偏差，则反馈控制按计划无法控制偏差，也可能是根据组织内部及外部环境的变化和组织的发展需要，在组织“分析检查”管理领域内需确定是否应对原目标计划或标准进行修订或制订全新的目标计划，通过反馈系统返回到组织“预测分析”管理领域。一般而言，管理者可以改变计划，但不能改变制定计划的标准，除非事先通过决策程序修订了标准。

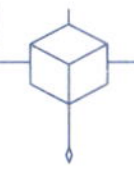

5. 组织"总结评价"管理领域（反馈系统）

组织"总结评价"管理领域是宏观控制的事后阶段，需对该领域设立的"工作总结""职位评价""单位绩效""人员绩效"等具有"总结评价"属性职能活动进行职能分解，建立其管理程序，对该领域的各职能进行统筹管理，实现反馈控制。该领域职能的主要功能是根据上一步组织"分析检查"管理领域职能输出的结果，一方面，做期末总结和评价，对出现的问题或产生不佳效果时，找出方法进行纠正，传递到下一步进行改进处置，防止偏差继续发生、发展，维持系统活动的平衡，确保组织目标及为此而拟订的各维分解目标计划能够得以完成，确保衡量和评价工作本身的质量，完成全面的绩效考核管理；另一方面，作为下一步输入信息的一部分，特别是对于重大、复杂项目的反馈信息，更需直接反馈到组织"预测分析"管理领域，或直接纳入组织"目标计划"管理领域，以持续改进。对组织"总结评价"管理领域所有职能可进行一体化管理整合，建立计算机辅助"反馈系统"。

"工作总结"（Job Summary、Work Summary）职能是把一个时间段的工作进行一次全面系统的检查、评价、分析、研究，并分析成绩的不足，总结经验。总结与计划是相辅相成的，要以工作计划为依据。

工作总结包括任务后检视方法（After Action Review，AAR），或称事后回顾，该职能通过对一个项目或一项行动的专业性讨论，如合规性评价，可以发现和了解发生了什么、为何发生、什么进行得很好、什么还需要改进、如何维持优点并改掉缺点。

对于管理问题的事后评价与诊断分析，也可以运用焦点讨论法，即 ORID 法，见表 14-16 焦点讨论法。

表 14-16　焦点讨论法

方法步骤	内容	举例
客观性问题（Objective）	关注已发生的事实、信息和数据，通过感官感受到的客观性的事实性问题进行描述	业务数据是什么 市场份额怎么样 竞争对手新的产品是哪些 客户满意度如何 客户的反映是什么 与客户交往得到的反馈是什么

续表

方法步骤	内容	举例
反映性问题（Reflective）	关注在讨论过程中单位和成员所产生的情绪、感受，提供畅所欲言的氛围	各位感受怎么样 哪些是积极或欣喜的 哪些是消极或沮丧的 哪些问题充满未来的前景
诠释性问题（Interpretive）	所提出问题是关于这个事情的意义、目的、观点，以及与过去的关联、思考，或者具有间接性、暗示性的表达	这个过程哪些做得好 这个过程哪些有待改进 客户的反馈有何启发 应该向竞争者学习什么
决定性问题（Decisional）	是否做出新的决定、行为和下一步计划的决策	战略或工作需要做哪些修正 下一步该怎么办 能做什么 关键性行动是什么 由谁来执行

“单位绩效”职能是指运用一定的评价方法、量化指标及评价标准，对组织单位为实现其职能所确定的绩效目标的实现程度，以及为实现这一目标所安排预算的执行结果所进行的综合性评价，并对单位进行绩效考核。

“人员绩效”职能的绩效评价过程是将员工的实际工作绩效同要求其达到的工作绩效标准进行比对的过程，并对人员进行绩效考核。

“职位评价”（Post Evaluation）职能，也称工作评价（Job Evaluation），属于专项控制职能，该职能是根据各职位对组织方针目标的贡献，通过专门的技术和程序对组织中的各个职位的价值进行综合比较，从而确立一个合理、系统、稳定的工作结构；是对所有员工工作质量、工作效率等能力方面和素质方面的评价。

“人资诊断”职能即人力资源诊断（Human Resources Diagnosis），属于专项控制职能，该职能是通过对公司人力资源管理诸环节运行的实际情况、制度建设和管理效果进行调查评估，分析人力资源管理工作存在的问题，提出合理化的改革方案，实现公司战略目标的一种顾问服务性活动。

“营销审计”（Marketing Audit）职能，又叫营销稽核、营销审核，属于专项控制职能，该职能是对公司环境、目标、战略和行动的综合的、系统的、独立的和周期性

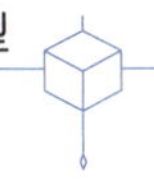

的考察，以确定问题和机遇。提出下一周期正确的短期和长期的行动方案，保证营销计划的实施或不合理的营销计划得到修正。

“管理评审”职能属于专项控制职能，是最高管理者为评价管理体系的适宜性、充分性、有效性的活动，以及方针和目标的贯彻落实及实现情况组织进行的综合评价活动，通过这种评价活动找出与预期目标的差距，对组织在市场中所处地位及竞争对手的业绩予以评价，从而找出自身的改进方向。

【例 14-9】管理评审管理程序，见表 14-17。

表 14-17　管理评审管理程序

程序层	作业层	标准与要求	输出	责任单位
1 评审计划	1 计划安排	明确管理评审的内容、时间、地点及各部门输入的信息资料		主管部门
	2 计划内容	（1）方针、目标和指标、管理方案的实施情况及适宜性 （2）管理体系外部审核结果 （3）针对环境和职业健康安全表现、产品和服务质量情况与顾客及相关方的沟通信息及结果 （4）法律法规、标准和其他要求的符合性 （5）事故、事件调查处理情况，应急预案的有效性 （6）关键过程或装置及各类风险控制情况 （7）过程业绩和产品的符合性报告 （8）不符合、纠正和预防措施的实施状况 （9）可能影响管理体系变化的组织内、外部要求 （10）员工代表负责报告《关于职业健康安全方面的意见和建议》 （11）管理体系所需资源的充分性 （12）对改进本身的建议	《管理评审计划》	主管部门
	3 计划审核	经营管理者代表审核		管理者代表
	4 批准印发	最高管理者批准后印发		最高管理者

续表

程序层	作业层	标准与要求	输出	责任单位
2 单位评审	1 评审报告	注重收集体系充分性、符合性和有效性数据，寻找问题，参考上次《管理评审改进措施》；评审材料应在汇总、分析正常管理资料的基础上进行编写	《管理评审改进措施》	职能部门
	2 改进建议	提出改进建议，制定纠正措施，指出哪些单位或职能活动过程对不合格品的控制仍存在问题	《管理评审报告》	
	3 评审初稿	管理评审主管部门根据各职能部门上交的评审材料编制组织级管理评审报告初稿		主管部门
	4 审议意见	提交最高管理者、管理者代表和各直属单位进行审议或征求意见		主管部门
3 会议评审	1 主持评审	主持召开评审会议，高管、部门负责人参加		最高管理者
	2 综合报告	报告评审情况和改进建议		管理者代表
	3 专业报告	各专业管理部门分别报告其主管过程的评审情况和改进建议		主管部门
	4 专家评议	专业性极强的问题需要请专家进行评审		技术专家
	5 现场评审	特别情况和问题需要相关部门和人员到现场进行评审		相关部门
	6 会议讨论	与会人员就评审输入的各项报告讨论、研究、核实、分析报告的有关内容；围绕满足顾客和其他相关方的期望和要求来评价组织的方针、目标的适宜性，组织机构设置的合理性，资源的充分性，顾客满意度、风险控制的效果等，并着力寻找存在问题和改进方向		与会人员
	7 评审决议	对评审内容状况涉及组织的适宜性、充分性与有效性做出结论和提出改进决议	《会议纪要》	最高管理者
4 评审输出	1 总体评价	评价管理体系的适宜性、充分性和有效性，包括适应环境变化、应对性调整；职能管理程序过程的充分展开，满足顾客要求；预定方针目标的实现等		

续表

程序层	作业层	标准与要求	输出	责任单位
4 评审输出	2 满足顾客	与顾客和其他相关方要求的产品、环境、职业健康安全、过程有效性等方面的改进措施		
	3 资源要求	针对内、外部环境的变化，考虑自身资源的适宜性、充分性和有效性，并考虑未来的需求		
	4 报告审核	管理评审报告应经与会人员审核	《管理评审报告》	与会人员
	5 报告批准	由最高管理者批准后正式发放		最高管理者
5 改进落实	1 改进执行	相关部门应获知并执行管理评审提出的改进措施；对长期存在的系统性问题，分期采取纠正措施	《管理评审改进措施》	相关部门
	2 改进监督	主管部门对改进措施的落实进行监督、检查和验证		主管部门
	3 改进后续	改进措施的验证情况应作为下次管理评审的部分输入内容，使最高管理者及时掌握纠正措施实施效果的信息		

6. 组织“改进处置”管理领域（纠偏系统）

组织“改进处置”管理领域是宏观控制的事后阶段，需对该领域设立的“工作改进”“提案改善”“纠正措施”“预防措施”等具有“改进处置”属性职能活动进行职能分解，建立其管理程序，对该领域的各职能进行统筹管理，实现反馈控制。该领域职能的主要功能是根据上一步组织“总结评价”管理领域输出的信息，对发现或提出的改进项目进行处置，改进落实，并将确定的改进落实项目计划纳入下一控制周期的组织“实施执行”管理领域之中，作为其中的部分工作内容。总之，组织“改进处置”管理领域为组织不断提升提供了有效机制。对组织“改进处置”管理领域所有职能可进行一体化管理整合，建立计算机辅助“纠偏系统”。

“提案改善”职能涉及所有方面的改进，并注重快速行动和快速纠错。事后控制不要求与计划周期的对应性，不受计划的时间性限制。改善提案既可以按照临时的、随机的、专项的推进方式来管理，也可以按照常态的、一贯的、持续的方式来管理，这种周期性改进循环控制方式，不断寻求改变和提高，不拘泥于成规，可以使组织具有灵活的决策、创新的激情、迅速的反馈。

【例 14-10】《提案改善管理程序》。

××× 有限公司

文件名称	B13.QTKTA.B1 **提案改善管理程序**		
职能文件	发布单位	职能对象	发布时间
提案改善	企业管理部		
程序版本	A/0	发布文号	

1.0 文件目的

对组织目标系统进行改善，全方位改善企业管理工作，以保证未来相关工作的效率和质量。

2.0 适用范围（四维范围）

适用于组织全员、全部项目、全部职能、全过程的所有方面的改善管理。

3.0 相关术语

（略）

4.0 单位责任

单位	职责范围	控制方式
每个员工	负责定期提出工作改善建议	《工作改善提案单》
提案部门负责人	负责对提案内容进行提案的等级判定	《工作改善提案单》
应改善单位（人）	负责对提案进行可行性分析	《工作改善提案单》
《提案可行性报告》		
协同单位（人）	负责对提案的可行性进行分析，并签认	《工作改善提案单》
应改善单位负责人	负责对提案内容进行提案的等级判定，并签认	《工作改善提案单》
运营部负责人	负责根据提案内容提出落实建议，并对提案进行价值判定，明确改善单位	《工作改善提案单》
《提案收发记录簿》		
公司总经理	对《工作改善提案单》进行最终审批	《工作改善提案单》

第 1 页共 4 页

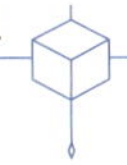

文件编码：B13.QTKTA.B1　　　　提案改善管理程序

5.0 管理程序

程序	作业	职责描述	时间	责任单位
定期提报	提案填报	每个员工根据改善的问题随时填报《工作改善提案单》，填报的改善事项须按“职能”进行分类并对应一致；必要时对改善事项进行现状分析，对此提出改善建议，并做出预期结果；提案单一式两份，交提案人所在部门领导	随时	提案人
	提案评价	提案人的部门领导须对提案人进行支持和帮助，对提案进行“创新”或“重要”或“一般”的价值判定，并签字确认	当日	部门负责人
	提案上报	提案人将本部门领导签字过的提案转报运营管理部签收，每个提案转报 2 份；提案人和运营部经办人同时在《提案收发记录簿》上签字，填写交接时间到“时分”	次日以前	提案人
分工落实	提案归类	运营管理部根据提案人提报的《工作改善提案单》内容，首先确认所提报事项归属职能分类的正确性；如果不正确给予纠正，提供专业帮助和指导	收提案当日	运营管理部标准化负责人
	改善分工	运营管理部根据提案内容对提案进行“创新”或“重要”或“一般”的价值判定，并签字确认；明确应改善事项的各单位（人员）及其协同单位，并于接收提案当日内将《工作改善提案单》转发改善单位；改善单位在《提案收发记录簿》上签字	收提案当日分转	运营管理部
可行分析	改善分析	如果属于“一般”提案，改善单位应立即安排改善工作；如果属于“创新”或“重要”提案或改善单位持相反意见，则须对提案内容进行改善分析，必要时提供《提案可行性报告》，明确可行或不可行的原因及条件	收提案当日	改善单位
	协同意见	明确可行或不可行的原因及条件	收提案当日	协同单位
	改善评价	改善部门领导须对提案进行认真分析研究和价值判定，并签字确认，及时转报运营管理部	次日转报	改善部门负责人

第 2 页共 4 页

××× 有限公司　　文件编码：B13.QTKTA.B1

续表

程序	作业	职责描述	时间	责任单位
提案审定	专管评价	运营管理部门领导须对提案进行价值判定，并签字确认；报总经理审定，提出决策支持建议	收提案当日	运营管理部
	高管审定	总经理按照相关部门及个人对改善提案的建议，进行审批，明确完成时间	收提案当日	总经理
	考核备案	运营管理部将总经理审批的《工作改善单》1 份转考核领导小组备案，另 1 份返改善单位落实完成	收提案当日	运营管理部

6.0 输入文件

（略）

7.0 输出文件

B13.QTKTA.D101-《工作改善提案单》

B13.QTKTA.D102-《提案可行性报告》

8.0 作业指导文件

（略）

编制人		审核人	
批准签发		批准日期	
修订情况			

第 3 页共 4 页

文件编码：B13.QTKTA.B1　　　　　　　　　　　　　　提案改善管理程序

附件：

<table>
<tr><td>文件名称</td><td colspan="3">B13.QTKTA.D101
工作改善提案单</td></tr>
<tr><td>提案人</td><td></td><td>提案部门</td><td></td></tr>
<tr><td>提案主题</td><td colspan="3"></td></tr>
<tr><td>职能</td><td>现状分析</td><td>改善建议</td><td>预期结果</td></tr>
<tr><td></td><td></td><td></td><td></td></tr>
<tr><td colspan="4">提案单位预期价值判定：□重大创新提案□重要改善提案□一般改善提案</td></tr>
<tr><td colspan="4">提案部门的领导签字：</td></tr>
<tr><td>运营部（企管部）</td><td colspan="3">落实改善单位及事项：

应改善人：</td></tr>
<tr><td>须协同单位</td><td colspan="3">应改善人：</td></tr>
<tr><td colspan="4">改善单位预期价值判定：□重大创新提案□重要改善提案□一般改善提案</td></tr>
<tr><td colspan="4">改善单位的领导签字：</td></tr>
<tr><td colspan="4">考核小组预期价值判定：□重大创新提案□重要改善提案□一般改善提案</td></tr>
<tr><td colspan="4">报运营部（企管部）验收：</td></tr>
<tr><td>说明</td><td colspan="3">（1）工作改善提案是对有关建立规范的事物提出改善建议，以保证未来相关工作的效率和质量，最终落实到管理制度或规范上
（2）提案包括：提高生产效率、提高工作质量、提高经营绩效、节约能源改善、人员合理配置、工作方法改善、生活生产安全、环境污染防治、职能结构改善、结构改善、管理制度改善、作业流程改善、降低经营成本等</td></tr>
</table>

运营部（管理部）：　　　　　　　　　　　　**总经理：**

第 4 页共 4 页

“质量改进”职能，即质量改进管理系统（Improvement in Quality Management System，IQMS），属于专项控制职能，该职能系统是针对企业不同级别的质量问题，通过规范、高效地改进流程进行闭环处理，实现多部门协同的质量问题报告、反馈、分析和持续改进机制。“质量改进”职能是“提案改善”职能管理所包含的特殊专项控制职能。

（三）基层微观作业管控安排

基层微观作业管控设计，是在实施职能管理程序的过程中，认识、分析和解决现场问题，发现控制缺陷，以及发现和应用具体、实用、科学的管理方法，完善职能作业指导。在制度设计上，要求基层管理者将新问题、新方法反馈到中层领导者，或通过组织“改进处置”管理领域的职能反馈改进方案，以实现微观管控。

六、组织管理体系控制系统关联结构

组织管理体系控制系统关联结构是按照图 8-6 组织职能关联结构，将表 14-6 组织职能控制功能层次结构形式中控制功能的职能关联起来，突出控制属性独立职能的关联结构，因此两者结构一致。

【一体化 29】 组织控制系统关联结构与组织职能关联结构一致。

组织控制系统关联结构是以“结构方法”为核心的管理系统论与以“功能方法”为核心的管理控制论统一形成的“结构—功能”模型，见图 14-10 组织控制系统关联结构。

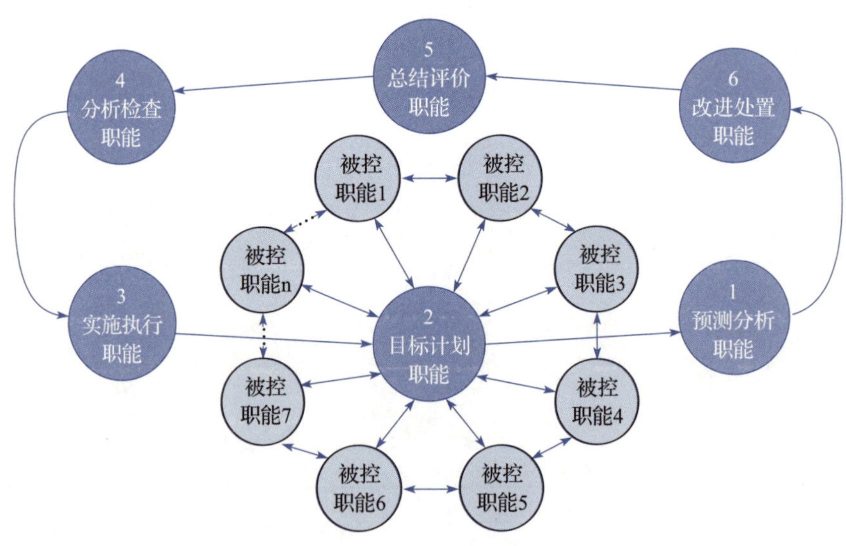

图 14-10　组织控制系统关联结构

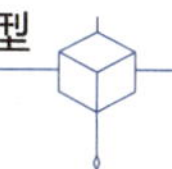

建立组织宏观控制体系并非单纯地将控制属性职能进行集合堆积，而要对所有控制属性独立职能进行功能整合，按照如前所述的“组织职能维控制功能层次结构”建立组织控制网络；按照“组织单位维控制功能层次结构”落实单位、岗位职能、职责。将预测分析、目标计划、实施执行、分析检查、总结评价、改进处置六个控制过程的功能进行有效的对接，打通组成一个通用管控通道，使之成为上下游过程关联顺畅的控制通道，如同环形流水线，所有被控职能都周而复始地通过这一完整控制过程。

七、组织运行控制过程

组织运行管理是组织发挥自身管理机制职能作用，实现战略目标的管理过程；是组织与外部之间物质、能量、信息的交换过程；是组织的输入、输出过程。其包括组织职能活动的推进、作业冲突的协调、运行机制的发挥、运行过程的调控等。组织运行从功能上是以组织控制职能统筹驱动，在组织运行的控制过程中，控制职能产生作用的过程是实施其管理程序的过程。控制职能周期性循环驱动整个组织的运行，随着控制过程产生整体性推进，所有职能达到同频共振的效果。虽然各种组织的职能活动不同，但所有组织运行管理的控制模式相同，基本控制过程的功能和原理相同。

管理机制（Management Mechanism）是指管理系统的结构及其运行机理。管理机制本质上是管理系统的内在联系、功能及运行原理，是决定管理功效的核心问题。组织运行管理机制是组织管理程序与控制过程方法的结合。

宏观管理机制，一方面，是从宏观战略控制管理所设立的每个独立职能本身的功能机制；另一方面，是按照控制过程独立职能关联的整体功能机制。组织运行管理是按照图 14-10 组织控制系统关联结构，以控制职能为驱动，实施每个控制管理领域所建立的各独立职能，执行相关职能管理程序。每个过程管理领域的信息除本管理领域内职能之间的关联信息外，还衔接两个相邻管理领域信息的关联。为简化描述组织运行控制过程并不失原理，将图 14-10 组织控制系统关联结构按图 8-6 组织职能关联结构表达，形成如图 14-11 组织运行过程原理。

组织运行过程是在时间维的动态控制过程。如图 14-11 所示，组织在期初 t_1 时实际初始状况为（A）；通过对实际状况分析评估过程，选择的目标计划为（B）；经职能活动控制过程，到期末 t_2 时职能单元实际状况为（C）。组织发展变化的情况与期初相比，增加若干职能单元，从 t_1 到 t_2 是组织“分析—选择—行动”基本循环控制过程，

(A)至(C)的变化包括组织管理体系系统元素的质和量两个方面的变化，同时可将期末 t_2 时运行管控结果的“实际完成”(C)与期初 t_1 选择的“目标计划”(B)进行实现率对比。

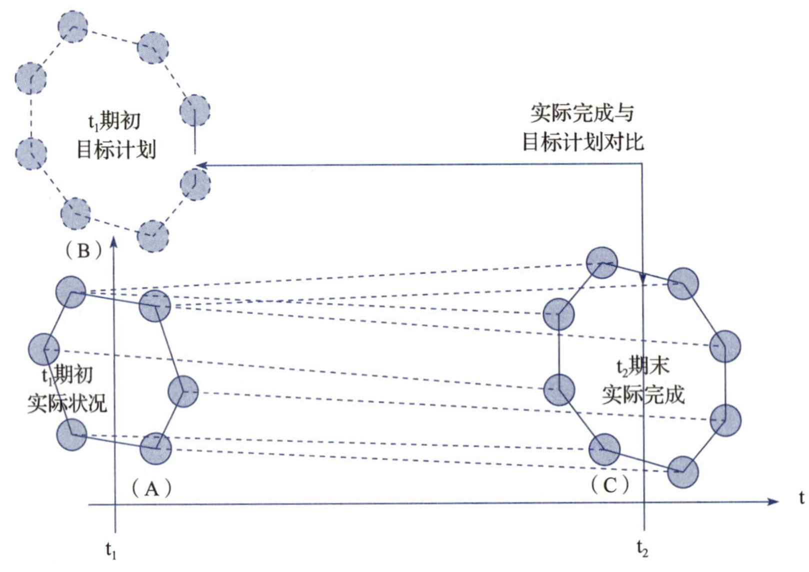

图 14-11　组织运行过程原理

组织管理体系信息系统模型描述了两个世界，一个是愿景世界，另一个是现实世界，前者是方针目标、战略规划，后者是实际完成、实际状况。这两者具有完全相同的四维信息分类结构，其平面化表达见表 13-5 组织目标计划二维分解和表 13-6 目标计划与完成情况的信息结构对称性。

组织动态过程的结果，一方面是实现组织总目标，创造出新的价值；另一方面，实行组织管理体系不断改进、完善、提升的控制机制，完善组织管理体系。通过动态控制使组织管理体系发生质和量的变化，并反映到组织分类结构和关联结构的变化，见图 14-12 组织四维管理体系结构运行过程变化。

图 14-12（A）是组织层次结构，（B）是与之对应的关联结构。经过反馈控制，组织管理体系结构发生变化，层次结构变为（C），比（A）增加了若干职能单元；对应的关联结构变为 (D)，增加了关联的丰富性和复杂性。

组织四维管理体系运行模式综述：以组织系统模型为基础，以组织信息模型为支持，以组织控制模型为驱动，实现组织运行。其核心问题是通过实施职能管理程序过程的最优控制实现持续改进，提高组织管理效能，保证组织方针目标的实现。

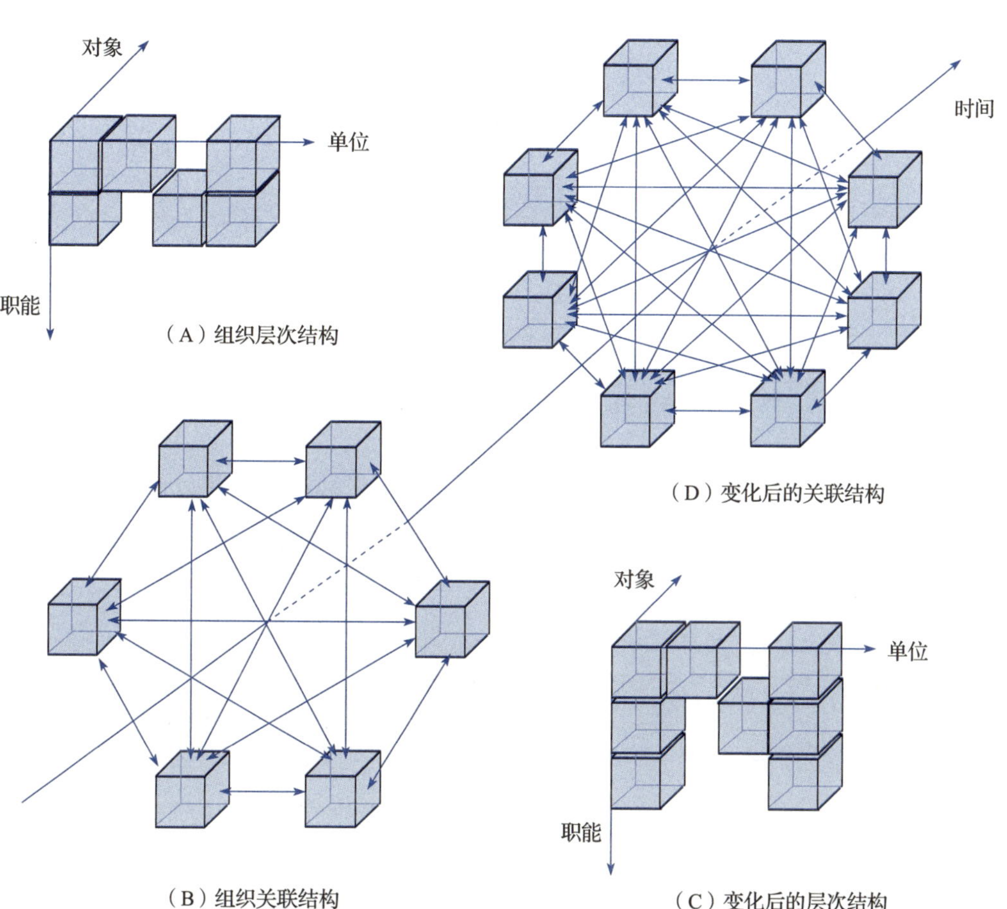

图 14-12　组织四维管理体系结构运行过程变化

第六篇

组织四维管理体系模型之功用论

组织四维管理体系全面一体化通用模型

一、组织四维管理体系全面一体化通用模型

（一）组织四维管理体系模型总体架构

通过将描述一切万物共同规律的系统论、信息论和控制论作为组织四维管理体系模型构建的方法论，依此建立组织系统模型、组织信息模型和组织控制模型，“三型合一”构成组织四维管理体系全面一体化通用模型总体架构。

系统架构是指对象的完整系统结构必须具备的功能属性结构。组织四维管理体系模型总体架构是组织硬性结构部分，其中各类组织共性结构标准构成组织四维管理体系总体模型，见表15-1组织四维管理体系模型总体架构。

表 15-1　组织四维管理体系模型总体架构

模型	维结构	系统结构	结构表	各类组织共性结构	具体组织个性结构
组织系统模型	系统维	系统维	表5-1万物共同的根本属性	根本属性维：单位、职能、对象、时间	资源维、对象维度可派生
	单位结构	单位主体分类结构	表6-1组织单位结构形式	设立独立职能的单位层次及以上结构	主体结构层次可自定义
		单位细分分类结构		主体层次下层—岗位层次	细分结构层次可自定义
	职能结构	职能主体分类结构	表6-6组织职能结构形式	独立层职能及以上层次	（不可改变）
		职能细分分类结构		程序层＋作业层	作业层内可细分
	对象结构	项目结构	—	—	项目分类结构
		顾客结构	—	—	顾客分类结构

续表

模型	维结构	系统结构	结构表	各类组织共性结构	具体组织个性结构
组织系统模型	对象结构	伙伴结构	—	—	伙伴分类结构
		对手结构	—	—	对手分类结构
	资源结构	人力结构	—	—	人力分类结构
		财力结构	—	—	财力分类结构
		物力结构	—	—	物力分类结构
		信息结构	—	—	信息分类结构
组织文件信息模型	职能结构	管理制度文件结构	表 10-4 组织管理制度文件分类结构形式	组织职能处室层主体结构 + 分组 + 序号	分组 + 序号，自定义
		职能程序文件结构	表 10-9 组织职能管理程序文件分类结构形式	独立职能结构 +B+ 序号	细分级具有根据需要的任意性；制定程序文件格式
		职能作业文件结构	表 10-10 组织职能作业指导文件分类结构形式	独立职能结构 +C+ 分组 + 序号	分组 + 序号，自定义
		职能记录文件结构	表 10-11 组织职能作业记录文件分类结构形式	独立职能结构 +D+ 分组 + 序号	分组 + 序号，自定义
		职能过渡文件结构	表 10-14 组织职能过渡文件分类结构形式	独立职能结构 + 年份 + 职能工号 + 分组 + 序号	细分可自定义
	单位结构	单位职能文件结构	表 10-16 组织单位职能文件分类结构形式	单位分类结构	岗位管理要素可自定义
		岗位职能文件结构	表 10-19 组织岗位职能文件分类结构形式	单位分类结构 + 细分	岗位管理要素可自定义
	对象结构	项目结构	—	—	组织项目基础文件
		顾客结构	—	—	组织顾客基础文件
		伙伴结构	—	—	组织伙伴基础文件
		对手结构	—	—	组织对手基础文件
	资源结构	人力结构	—	—	组织人力基础文件
		财力结构	—	—	组织财力基础文件
		物力结构	—	—	组织物力基础文件
		信息结构	—	—	组织信息基础文件
组织指标信息模型	职能结构	职能综合信息效能指标结构	表 12-8 组织职能指标分类结构形式	职能指标分类结构与职能分类结构一体化	评价层可个性化细分

续表

模型	维结构	系统结构	结构表	各类组织共性结构	具体组织个性结构
组织指标信息模型	职能结构	职能数据信息效能指标结构	表 12-9 组织数据指标分类结构形式	职能独立层结构 + 数据指标细分结构	细分结构根据需要细分
		职能综合信息评价指标结构	表 12-18 组织职能管理评价指标分类结构形式	结构层次统一	自定义
		职能数据信息评价指标结构			自定义
	单位结构	单位综合信息评价指标结构	表 12-20 组织单位管理评价指标分类结构形式	组织单位结构 + 要素 + 分组 + 序号	自定义
		单位数据信息评价指标结构			自定义
	对象结构	对象综合信息评价指标结构	表 12-22 组织对象管理评价指标分类结构形式	组织对象结构 + 分组 + 序号	自定义
		对象数据信息评价指标结构			自定义
	资源结构	资源综合信息评价指标结构	表 12-25 组织资源管理评价指标分类结构形式	组织资源结构 + 分组 + 序号	自定义
		综合数据信息评价指标结构			自定义
组织控制模型	职能结构	职能控制分类结构	表 14-6 组织职能控制功能层次结构形式	六个控制功能	作业层内可细分
	单位结构	单位控制分类结构	表 14-7 组织单位控制功能层次结构形式	高层管理——战略管控 中层管理——战术管控 基层管理——作业管控	单位层次与控制层次自定义对应

（二）组织四维管理体系总体模型

组织四维管理体系系统模型是组织所有管理系统的基础，组织四维管理体系信息模型是在组织系统模型基础上对信息属性、形态的细化和延伸，组织四维管理体系控制模型是对组织系统模型控制功能的系统化和强化。

组织“三型”的每个模型都是组织四维管理体系总体模型就不同功能作用而突出表现的不同结构形态，都是基于组织根本属性维成员层次结构而构建起来的，见图 15-1 组织四维管理体系总体模型。

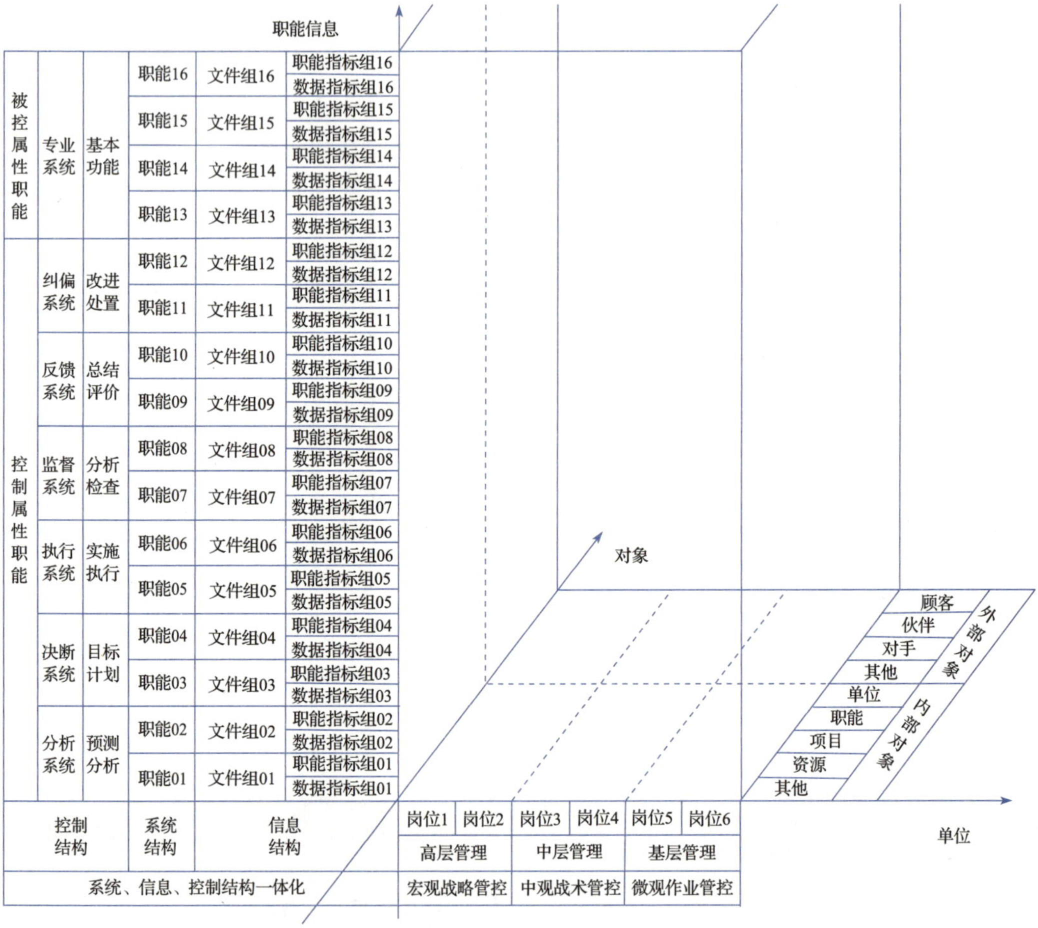

职能信息

属性职能	系统	功能	职能	文件组	指标组
被控属性职能	专业系统	基本功能	职能16	文件组16	职能指标组16 数据指标组16
			职能15	文件组15	职能指标组15 数据指标组15
			职能14	文件组14	职能指标组14 数据指标组14
			职能13	文件组13	职能指标组13 数据指标组13
控制属性职能	纠偏系统	改进处置	职能12	文件组12	职能指标组12 数据指标组12
			职能11	文件组11	职能指标组11 数据指标组11
	反馈系统	总结评价	职能10	文件组10	职能指标组10 数据指标组10
			职能09	文件组09	职能指标组09 数据指标组09
	监督系统	分析检查	职能08	文件组08	职能指标组08 数据指标组08
			职能07	文件组07	职能指标组07 数据指标组07
	执行系统	实施执行	职能06	文件组06	职能指标组06 数据指标组06
			职能05	文件组05	职能指标组05 数据指标组05
	决断系统	目标计划	职能04	文件组04	职能指标组04 数据指标组04
			职能03	文件组03	职能指标组03 数据指标组03
	分析系统	预测分析	职能02	文件组02	职能指标组02 数据指标组02
			职能01	文件组01	职能指标组01 数据指标组01
控制结构		系统结构	信息结构		
系统、信息、控制结构一体化					

岗位1	岗位2	岗位3	岗位4	岗位5	岗位6
高层管理		中层管理		基层管理	
宏观战略管控		中观战术管控		微观作业管控	

图 15-1　组织四维管理体系总体模型

二、组织四维管理体系分类结构性能综述

没有内部的联系就不会形成系统的结构，而没有外部的联系就谈不上系统的功

能。系统结构表达系统内部状态和内部作用，系统整体功能表达系统外部状态和外部作用。相同的系统结构可能有一些不同的功能，如人与人能力的不同；不同的结构也可能具有相同的一些功能，如人与电脑都有运算能力。组织四维管理体系模型有什么样的结构就具有相应性能及效果，其各基本维的层次结构具有独特的性能，见表15-2组织四维管理体系层次结构的性能及效果。

表 15-2　组织四维管理体系层次结构的性能及效果

组织四维管理体系	组织系统模型		组织信息模型		组织控制模型	
层次结构	系统元素层次结构	对象元素分类结构	文件元素分类结构	指标元素分类结构	职能控制功能结构	单位控制功能结构
结构例表	表6-1组织单位结构形式；表6-6组织职能结构形式	表6-31组织项目分类结构形式	表10-2组织管理体系基础文件统一分类结构形式	表12-4组织管理体系指标统一分类结构形式	表14-6组织职能控制功能层次结构形式	表14-7组织单位控制功能层次结构形式
结构性能	稳定性 秩序性	派生性 延伸性	整体性 一致性	根源性 数学性	主控性 层次性	战略性 常规性
体系效果	适宜性		充分性		有效性	

1. 组织四维管理体系系统结构的性能

组织四维管理体系系统模型的构建，一方面，从各类组织中高度抽象出共有的属性维作为组织系统模型根本维，使该模型具有适合各类组织的通用性。组织既要保证组织的常规运行，也要面对猝不及防的环境变化引发的内部变革，而组织根本维以不变应万变的本质使组织系统模型具有极强的适应性，无论组织发生怎样的改革，都能够保持其组织架构的稳定性。另外，通过组织根本属性维成员层次结构，形成模块化系统模型而具有高度秩序性。另一方面，针对组织系统模型相关的若干管理对象，可根据需要派生相应的维，使模型具有维的派生性和应用范围的延伸性。综上所述，组织管理体系系统结构的稳定性、秩序性、派生性和延伸性，无疑使其具有高度适宜性。适宜性是组织管理体系整体结构对内外因素变化过程中主要体现出的适变能力。

2. 组织四维管理体系信息结构的性能

组织四维管理体系信息系统模型的构建，一方面，主要在组织系统模型基础上建立组织各维基础管理文件，构成组织四维管理体系基础文件总架构，使每一个基础文件都有其在模型坐标系中固定的位置，从而使文件统一分类结构具有整体性。另外，职能活动输出的文件是对职能单元活动状况的表达，职能文件之间的关联反映职能单元之间的关联，因而两者在结构上具有一致性。另一方面，组织职能结构作为组织指标主体结构，经过进一步细分，形成组织指标系统分类结构，表明组织指标信息不仅是可流转、可扩展的信息流，也是可追溯根源的有根之树，解决了组织指标分类基础的根源性。另外，指标分类结构作为指标维结构，依其建立的指标维成员，作为组织管理指标度量的坐标值，从而使数据指标信息的处理具有坐标化的数学性。综上所述，正是由于组织管理体系文件分类结构所具有的整体性、一致性，以及组织指标分类结构所具有的根源性和数学性，因此，组织信息模型具有在组织系统模型高度适宜性基础上的高度充分性。

3. 组织四维管理体系控制结构的性能

组织四维管理体系控制系统模型的构建，一方面，主要运用系统控制原理区分控制属性职能和被控属性职能，形成组织职能控制功能层次结构，强化组织控制职能对宏观的主控性。同时，组织职能控制存在于职能的各个层次，而使控制具有与职能细分结构一致的层次性。另一方面，组织的战略控制、战术控制和作业控制与岗位职级相对应；组织单位控制功能层次结构既满足组织实现方针目标设立控制职能的战略性，又满足对日常作业活动控制的常规性。综上所述，组织职能控制的主控性、层次性和组织单位控制功能结构的战略性、常规性，使组织控制模型具有在组织系统模型高度适宜性和组织信息模型高度充分性基础上的高度有效性，具有高端组织管理体系的特征。

三、组织四维管理体系关联结构性能综述

组织系统模型、组织信息模型和组织控制模型，各系统元素分别构成如图 8-10 组织系统关联结构、图 11-6 组织职能记录文件关联结构、图 13-4 组织数据指标关联结构和图 14-10 组织控制系统关联结构，按照图 4-6 系统链状关联结构方式融合为图 15-2 组织四维管理体系关联结构总体模型。

组织系统关联结构、组织信息关联结构和组织控制关联结构具有特殊的性能和效果，见表 15-3 组织四维管理体系关联结构的性能及效果。

1. 组织系统关联结构的性能

组织系统关联结构，一方面，体现组织活动单元之间的关联关系，并与组织价值创造的活动单元相一致，具有职能管理的程序性；另一方面，职能活动关联伴随有作业活动主体单位之间和不同职级管理之间的协同性。由此，组织系统关联结构具有的

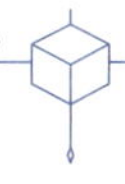

程序性和协同性是组织创造价值的活动，构成组织的价值链。

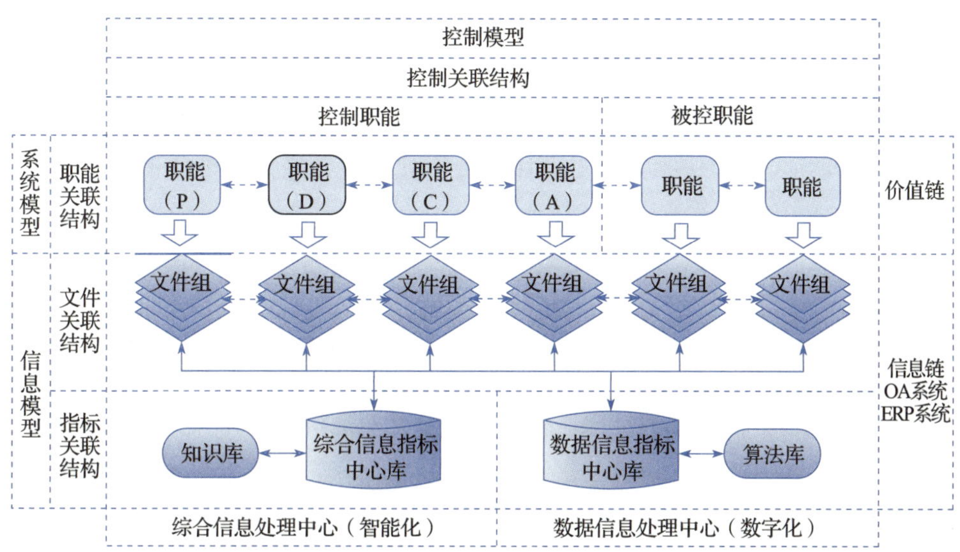

图 15-2　组织四维管理体系关联结构总体模型

表 15-3　组织四维管理体系关联结构的性能及效果

组织四维管理体系	组织系统模型	组织信息模型	组织控制模型
关联结构	组织系统关联结构	组织信息关联结构	组织控制关联结构
结构例图	图 8-10 组织系统关联结构	图 11-6 组织职能记录文件关联结构 图 13-4 组织数据指标关联结构	图 14-10 组织控制系统关联结构
结构性能	程序性、协同性	过程性、集中性	驱动性、递进性
结构效果	价值链	信息链	控制链

2. 组织信息关联结构的性能

从方法论——组织管理信息论的角度，把职能管理过程抽象为信息过程而构成信息关联结构，一方面，所有职能活动具有信息文件输入、输出的过程，具有全面的过程性；另一方面，由于组织指标统一结构及编码，可依此分别建立知识库和算法库，使得相互关联的指标信息处理可具有集中性。由此，信息关联结构所具有的过程性和集中性，构建组织完整的信息链。

3. 组织控制关联结构的性能

组织控制关联结构是在组织职能关联的基础上突出控制功能，一方面，具有对整个组织的驱动性；另一方面，按照系统控制的共性控制过程及功能，使组织在周而复始地运行控制中不断完善，逐步提高和深入，而具有更新组织管理体系的递进性。由此，控制关联结构所具有的驱动性和递进性构成组织完整的控制链。

四、组织四维管理体系“系统—信息—控制”融合

图 15-1 组织四维管理体系模型总体架构，其中的职能信息维成员分类结构已经在一定程度上表达了组织四维管理体系模型系统、信息、控制层次结构的相互关系，体现了“三型合一”融合，具有目标一致性和作用协同性，同时不影响三者功能的独立性。组织作为复杂系统，其活动结果具有不确定性而需要进行“选择”，而信息是“选择”的依据和基础。信息的传递就是可能性空间变化的传递，信息的传递又离不开控制，控制也离不开信息的传递，整个职能单元就是信息从输入到输出，经过反馈再一次输入的过程，由此，形成了系统与信息的融合，而实施系统控制需要获得足够的信息，信息的本质功能就是消除不确定性，从而需要通过信息准确、客观地认识系统。信息和反馈是控制论思想的核心，控制的机制在于信息反馈的作用。组织四维管理体系系统模型是组织四维管理体系信息模型的主体结构，因而在组织运行过程，组织四维管理体系信息模型随着组织四维管理体系系统模型的变化而变化，一方面，根据组织经营管理需要改变现有职能对应的信息单元；另一方面，根据组织四维管理体系系统模型中职能单元质和量增减变化，而随之改变对应的信息单元。

组织四维管理体系的系统结构、信息结构和控制结构的融合，见表 15-4 组织四维管理体系“系统—信息—控制”活动融合关系，是对“三论”相互关系及其一体化简明具体的诠释。

表 15-4　组织四维管理体系“系统—信息—控制”活动融合关系

控制活动	系统活动	信息活动
计划过程 （P）	**调查选择阶段** 了解对象、环境的运动状态和运动方式；确定管理目标，明确管理对象应当达到的运动状态和方式	**信息采集** 获取管理对象的信息，收集环境信息
执行过程 （D）	**协调控制阶段** 实施具体的管理职能，使管理对象和环境的运动状态和方式按照指令的规定来改变	**信息利用** 指令信息产生后，把指令信息作用于管理对象和环境，记录实际状况信息
检查过程 （C）	**检查对比阶段** 观察管理效果，根据管理对象的运动状态和方式与管理目标进行对比	**信息检查** 在指令信息的作用下管理对象和环境的运动状态和方式，收集管理的效果信息

续表

控制活动	系统活动	信息活动
处理过程 （A）	**改进评价阶段** 根据检查结果进行调整、修正和改进	**信息反馈** 将实际信息与目标信息进行对比和评价，修正原有指令信息

【**例 15-1**】库存管理的“控制—系统—信息”。

一个完整的库存管理过程，包括订货、进货、保管和销售出库过程。库存控制过程，见表 15-5 库存管理的“控制—职能—信息”。

表 15-5　库存管理的“控制—职能—信息”

控制	职能与信息
计划过程 （P）	**调查选择阶段** 根据销售预测和生产成本控制，确定库存计划量
执行过程 （D）	**协调控制阶段** 订货、进货过程使库存量增多，销售过程使库存量减少
检查过程 （C）	**检查对比阶段** 通过销售过程来控制库存量，意味着要对用户的需求进行限制性供应，这样自然会影响客户的满意度
处理过程 （A）	**改进评价阶段** 在保证用户需求量的前提下，通过控制订货、进货的批量和频次来达到控制库存量的目的

第十六章 组织四维管理体系模型管理平台

管理平台（Management Platform）是指为特定管理目标的实现，提供宏观稳定的环境条件、共性规则、整体工具和支撑构件等应用场景。管理平台不是实物平台，而是可以展现和发挥管理的自由、成长、创新、多样、多元的思想、理念和方法形成的抽象逻辑结构模型。

组织四维管理体系模型作为管理平台，具备《平台生态系统架构》所描述的最理想的四个属性，具体如下。

（1）简单性。高层次平台架构简单易懂，平台和应用程序之间的交互可良好地界定和明确。

（2）有弹性。平台与应用程序的相互依赖性降到最低，使得一个有缺陷的应用程序不会导致整个组织管理体系出现故障，不会让任何专业管理体系及其应用软件与之发生对抗，而是相互受益。

（3）可维护。应用程序的改变不需要平台做出类似的调整，可维护性设计也会增加一个平台的可组合性。

（4）可演进。具有稳定而通用的接口，可延展，以确保平台和应用程序之间的自主性。

组织四维管理体系模型的构建是理论性、专业性、综合性较强的系统工程，一方面，依照“管理三论”的思想方法，构建如表 15-1 组织四维管理体系模型总体架构，形成组织管理体系硬性结构部分和表 10-1 组织管理体系基础文件总体架构，形成组织软性结构部分，两者共同构成组织四维管理体系模型。其中，两者的共性标准部分共同构成了组织四维管理体系模型管理平台，是具有标准化、制度化、一体化、通用化、信息化、知识化和智能化的多功能综合管理平台。另一方面，在该管理平台的基础上，可进一步完善具体组织个性化专用模型，深化应用各种管理思想、管理理念、

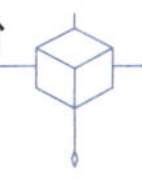

管理方法、管理工具，并可用以解决“各类组织普遍存在的整体性管理问题”（详见第一章），构成共性加个性化的组织四维管理体系。

一、组织四维管理体系模型标准化管理平台

标准化（Standardizing）是为在一定的范围内获得最佳秩序，对实际的或潜在的问题制定共同的和重复使用的规则的活动。标准化是制定、发布及实施标准的系统过程；是组织管理的基础和支柱；是组织稳固高端管理层次状态，积累、沉淀经验的有效方式；是组织提高管理效能及经济效益的有力保障。

组织四维管理体系模型作为标准化管理平台，正法直度规矩准绳，可用以解决“体系建设眼高手低，总体架构缺乏标准”的整体性管理问题。

组织标准体系是指组织的标准按其内在联系形成的科学的有机整体。组织标准体系按结构属性分为硬性结构标准和软性规定标准；按对象范围可分为总体对象标准和具体对象标准；按异同属性分为共性标准和个性标准，共性标准是个性标准的基础，见表 16-1 组织标准体系构成。

表 16-1 组织标准体系构成

组织整体管理平台			
（一）共性结构标准		（二）个性结构标准	
（1）硬性结构	（2）软性规范	（3）硬性结构	（4）软性规范
组织共性结构	国家相关标准 组织共性标准	具体组织 个性结构	具体组织 个性标准
表 15-1 组织四维管理体系模型总体架构（共性结构部分）	ISO 9001 质量管理体系标准等	表 15-1 组织四维管理体系模型总体架构（个性结构部分）	

无论组织建立怎样的标准体系，最终都会落实在文件上，表 10-1 组织管理体系基础文件总体架构，其中的所有文件的内容都将遵循相关标准，硬性结构标准遵循表 15-1 组织四维管理体系模型总体架构（见表 9-1 组织四维管理体系模型信息系统地位）。

组织要与世界接轨就需要引入相关的国际标准，满足相关要求，与世界优秀组织对比对标，按照全球化来定位。在建立组织软性结构标准时，可吸收相关国际标准、国家标准和行业标准等，有利于国际间的经济合作和市场准入。

二、组织四维管理体系模型制度化管理平台

制度化（Institutionalization）是指群体和组织的社会生活从特殊的、不固定的方式向被普遍认可的固定化模式的转化过程。制度化是群体与组织发展和成熟的过程，也是组织规范化、有序化的变迁过程。

组织四维管理体系模型作为制度化管理平台，积基树本秩序井然，可用以解决“管理程序势合形离，关联不清无根无蒂”的整体性管理问题。

依靠组织四维管理体系管理平台，按照表 10-1 组织管理体系基础文件总体架构，以表 15-1 组织四维管理体系模型总体架构为结构标准，建立表 10-24 组织管理体系基础文件，包括组织管理体系手册、管理制度、管理程序、作业指导、单位职能、岗位职能等全部管理制度。

三、组织四维管理体系模型一体化管理平台

一体化（Integration）是对重复性事物和概念做出统一的规定，在特定范围内获得最佳秩序，以便为相关事务的各种活动提供规则、指南及标准。

组织四维管理体系模型作为一体化管理平台，删繁就简合而为一，可用以解决“专业体系各行其是，交叉重叠总体错乱”的整体性管理问题。组织四维管理体系一体化的内容也是组织共性标准的组成部分。该管理平台可提供组织宏观方面全面集约的广度一体化和微观方面概念统一的深度一体化。

（一）全面集约的广度一体化

组织四维管理体系模型一体化管理平台包含组织系统模型、组织信息模型和组织控制模型，因而，首先是“三型合一”的一体化管理平台，管理模型本身也是业务流程、控制点和任务分派与授权的一体化实现。其次，可有序地将组织的所有专业管理体系整合为全面集约型一体化的整体（见表 6-14 组织各专业管理体系一体化结构形式），对组织整体管理共性要求做出规范，强调统一性，既可实现对各专业体系相关职能的整合，避免职能间相互交叉重叠，又可同时满足每个专业体系自成体系及其认证要求。最后，可将任何一个主题管理领域的独立职能进行一体化管理整合，既支撑组织整体战略实施，又不影响各主题管理领域的特殊性要求。实现全面一体化，就可以用一个模型描述和解释组织管理体系及所有活动的规律性。

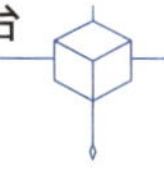

（二）概念统一的深度一体化

组织四维管理体系模型一体化管理平台包含了组织管理体系一些重叠概念一体化的深度整合。前面章节已讨论了如下一些概念的一体化或一致性，组织在创建本组织管理体系时则不限于此。

1. 组织系统模型建设方面的一体化或一致性

【一体化 1】 组织物质的概念与资源的概念一体化（P44）；

【一体化 2】 组织活动的概念与职能活动的概念一体化（P44）；

【一体化 3】 组织活动主体的概念与组织单位的概念一体化（P44）；

【一体化 4】 组织职能主体结构与组织单位主体结构一致（P61）；

【一体化 5】 职能细分结构与职能管理程序结构一体化（P90）；

【一体化 6】 独立职能和职能管理程序两者的职能活动识别、分析和描述一致（P108）；

【一体化 7】 职能活动要求的描述方法与 ISO 9001 相关要求的描述方法一致（P109）；

【一体化 8】 组织“细分职能—单位”矩阵与职能管理程序“职能—单位”矩阵一致（P162）；

【一体化 9】 职能细分层次关联结构与职能管理程序结构一体化（P176）；

【一体化 10】 组织单位主体关联结构与对应层次的职能关联结构一致（P186）；

【一体化 11】 组织价值链结构与组织职能关联结构一体化（187）；

【一体化 12】 系统价值链与价值共创一致（P189）。

2. 组织信息模型建设方面的一体化或一致性

【一体化 13】 组织维信息分类主体结构与组织维层次结构一体化（P197）；

【一体化 14】 组织职能文件分类结构与质量管理体系文件分类结构一致（P214）；

【一体化 15】 职能过渡文件分类结构与档案文件分类结构一致（P224）；

【一体化 16】 组织单位职能文件分类结构与组织单位结构一致（P226）；

【一体化 17】 组织职能记录文件组关联结构与组织职能关联结构一致（P249）；

【一体化 18】 职能单元与职能指标一体化（P262）；

【一体化 19】 组织职能指标分类结构与组织职能结构一体化（P262）；

【一体化 20】 组织职能活动计划总结提纲结构与职能指标分类结构一致（P296）；

【一体化 21】 组织战略规划大纲结构与组织四维管理体系模型结构一致（P301）；

【一体化 22】 组织职能指标关联结构与组织职能关联结构一体化（P306）；

【一体化 23】 组织数据指标与数据指标函数一体化（P308）。

3. 组织控制模型建设方面的一体化或一致性

【一体化 24】 控制要素与管理要素一致（P321）；

【一体化 25】 内控制度与管理程序一体化（P321）；

【一体化 26】 组织职能控制功能层次结构与组织职能细分层次结构一致（P324）；

【一体化 27】 组织单位控制功能层次结构与岗位职级结构一致（P324）；

【一体化 28】 管理人员工作任务工号与过渡文件细分编码一体化（P335）；

【一体化 29】 组织控制系统关联结构与组织职能关联结构一致（P350）。

四、组织四维管理体系模型通用化管理平台

通用化是指在互换性的基础上，扩大同一对象使用范围的一种标准化形式。通用化的目的是最大限度地减少在职能活动过程中的重复作业，实现成本的降低、管理的简化、周期的缩短和专业化水平的提高。

通用管理方法又称为根本方法，是指以不同领域的管理活动都存在某些共同的属性为依据而总结出的管理方法，是对不同领域、不同组织、不同条件管理实践的理论概括和总结，揭示出共同属性而总结出的管理方法。

组织四维管理体系模型作为通用化管理平台，根本不变应对万变，可用以解决“组织发展升级再造，体系不适自乱阵脚”的整体性管理问题。

组织四维管理体系通用结构具有各种组织结构的共同属性，这种通用化结构与组织的行业无关、与规模无关、与性质无关，适合一切组织，“是你的结构，也是我的结构”。组织四维管理体系通用结构可保持其具有极高适宜性，即在横向，可平移、无差别复制到任何组织；在纵向，适用于组织将来变成任何类型的组织，组织根本结构不会发生变化。一般构建组织管理体系通常的适宜性原则是“你变我也变”，而组织四维管理体系通用性模型则是“以不变应万变”。

（一）初创组织管理体系构建

初创组织进行组织管理体系架构设计，可依照组织四维管理体系模型通用化管理平台来构建，依照表 15-1 组织四维管理体系总体架构，一是建立组织管理体系共性标准部分的基础结构；二是构建本组织个性标准部分结构，并派生出具体的项目、外部单位及资源等对象属性维，满足适合本组织个性化管理需要的延展应用，开展组织

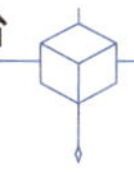

系统模型、组织信息模型和组织控制模型的“三型合一”建设。组织在设立初期，有必要重视组织管理体系基因和遗传的重要性，建立稳定不变的高适宜性的组织管理体系总体架构，创建舒适的应用场景，奠定规范化发展的基础。初创组织最好具有一次到位、初建既达巅峰的追求和远见。

（二）成长期组织管理体系转型升级

组织四维管理体系模型通用化管理平台在组织管理体系建设方面具有标杆作用，通过与组织现行的制度体系进行比较，可制定组织管理体系结构优化方案，升级改造；相当于将组织单位维和职能维等基本维按标准重新格式化，将组织管理体系维成员重新进行定义，将职能管理程序和管理制度等规章进行统一结构标准的更新。

无论是组织再造还是组织变革，基于组织四维管理体系模型通用化管理平台，可以以稳定的结构来保证组织运行，有足够的定力经受“疯狂”的开放性，并能够始终保持秩序井然，以不变应万变。总之，组织无论遭遇怎样改革的风雨飘摇，所构建的组织四维管理体系模型万变不离其宗。

（三）各种性质的组织管理体系构建

组织四维管理体系模型通用性管理平台的应用，除适用于各种组织，也适用于大型活动、应急或临时重大事件的管理。比如应对新冠疫情突然来袭的抗疫活动，承办奥运会国际体育赛事，举办大型国际活动等。组织四维管理体系通用化管理平台是管理领域的通用“操作系统”，依此通用化模型可从容快速建立特定项目临时机构有序高效的管理体系，越是规模大、环节复杂的项目管理，越能够显示出组织四维管理体系模型通用性管理平台的有效性、适用性和优异性。

五、组织四维管理体系模型信息化管理平台

信息化是指培养、发展以计算机为主的智能化工具为代表的新的生产力并使之造福于社会的历史过程，使信息技术被高度应用，信息资源被高度共享。

信息化平台（Information Platform）是指某个领域、某个区域或某个组织为信息化的建设、应用和发展而营造的环境。

组织四维管理体系模型作为信息化管理平台，连根共树同源共流，可用以解决“信息管理盘根错节，缺乏统一总体规范”的整体性管理问题。

（一）信息分类结构的根基

组织四维管理体系模型信息化平台，提供统一的组织系统模型作为组织信息分类结构基础；按照信息分类结构与职能结构的一致性从根本上解决组织信息分类结构的根基问题；使得管理软件开发，无论是从部门局部的角度，还是从主题管理领域的角度，都不会产生信息分类编码混乱问题。

（二）管理信息数字化

数字化管理是指利用计算机、通信、网络等技术，通过统计技术量化管理对象与管理行为来实现组织各种职能作用的管理活动和方法。

1. 全面指标化

组织四维管理体系模型信息化管理平台，重要的作用之一是依据指标的概念将全部职能单元指标化，将组织职能指标分类结构与组织职能结构一体化。

2. 全面数字化

指标化的职能指标属于综合信息指标，可进行指标值数字化，为计算机深化应用打好数字化基础。数字化管理不再是时髦，而是具有良好效果与价值的信息化基础设计。

3. 全面坐标化

组织四维管理体系模型信息化管理平台具有数学坐标系，为数量管理学派提供了坚实的基础，将极大提高管理信息处理效率和应用的广泛性和灵活性，有利于信息化平台与计算机应用系统的融合，满足现代科学管理具有的系统观点、数学方法和电脑应用三个特征，推动组织管理体系信息系统的自动化和智能化。马克思曾指出：每门科学只有在能够运用数学的时候才算完善。

（三）软件一体化整合管理平台

组织四维管理体系模型信息化管理平台提供了各类软件一体化集成的基础。组织管理体系计算机应用系统的发展方向和趋势应该是将职能管理程序作为组织统一营运方式，将所有综合信息管理软件（如 OA 系统）和所有数据信息管理软件（如 ERP 系统）集成到一起，最终将与工业智能化、云计算和物联网软件超级融合，实现组织四维管理体系全面一体化计算机管理系统，见图 16-1 组织四维管理体系全面一体化计算机管理系统。

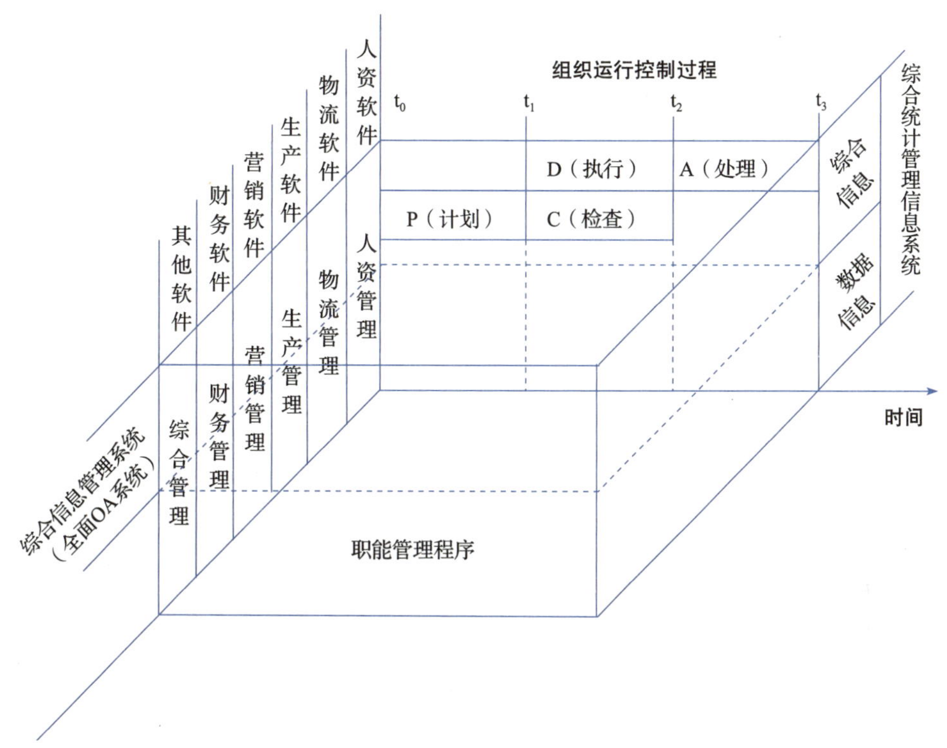

图 16-1　组织四维管理体系全面一体化计算机管理系统

基于组织四维管理体系模型信息化管理平台，组织可以以全面 OA 系统为主，以职能管理程序为控制流程主线，将组织各专业管理软件融为一体，统一开发。由此，全面 OA 系统不仅仅是办公系统，还是组织四维管理体系全面一体化软环境下的组织运营系统。同理，全面 ERP 系统不仅仅是资源管理系统，还是组织四维管理体系全面一体化数据信息管理系统，包括综合统计管理系统。例如，进一步升级，可将组织综合信息与数字信息的两个管理系统融为一体，实现真正的组织全面一体化计算机管理系统。

六、组织四维管理体系模型知识化管理平台

知识是指能够指导我们做出更好的决策，带来更好结果的那些信息。知识可以是一种方法，或者一种思想。信息是事物存在的方式和运动状态的表现形式，知识通过对信息的提取、识别、分析和归纳转换而产生；其中，隐性知识存在于个体和组织中，难以编码和规范化，难以言明和模仿，不易交流和共享，不易复制和窃取。隐性知识经常是附着在个人的经验和技能之中。组织最宝贵的资产和资源是知识，知识已成为推动经济增长的动力，已成为组织核心能力的关键要素，已经成为组织竞争力的

源泉，因此，要把知识资源管理纳入组织特别的管理。

知识化是指知识作为一种生产要素和资源，被吸收、创新，转化和利用，从而提高个人素质，改变生产生活方式，促进生产力发展的历史过程。知识化也为组织管理体系智能化创造条件。

组织四维管理体系模型作为知识化管理平台，有条有理触类旁通，可用以解决“知识运用粲然可观，碎片难以浑然一体”的整体性管理问题。

（一）组织知识体系结构

搭建好组织的知识管理系统，管理好组织的知识资产，比管理好组织的其他资产更加重要。建立组织知识体系，将散乱碎片化知识归位其中，才能提升知识的整体性价值和作用。组织四维管理体系模型作为知识化管理平台，提供组织知识体系结构，提供现成的知识分类标准，组织知识体系结构相当于组织知识管理的大纲，如同图书目录。表 15-1 组织四维管理体系模型总体架构，如同知识应用统一分类的四维书架，其中组织职能分类结构是知识体系主要的构型，见图 16-2 组织职能知识体系书架。

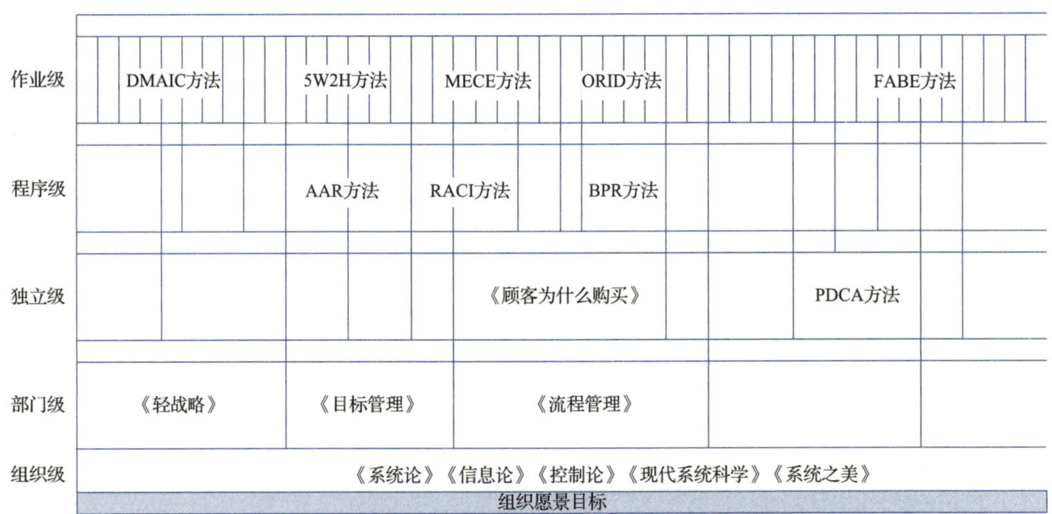

图 16-2　组织职能知识体系书架

（二）知识共享库

建立组织知识体系的知识库已成为组织进一步发展所必需的基础设施，以及组织决策所必需的计算机辅助专家支持系统。组织四维管理体系模型作为知识分类主体结构，以维成员分类关键词作为“知识书架”的分类标签，使应用于任何层次的管理思

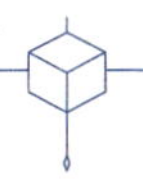

想、观念、理念、学说、方法、技巧等，都有其专属的层位，明确各类纷繁复杂的知识在组织管理体系架构中的应有位置和相互关系，使各种大量与组织管理体系构件直接相关的知识可对号入座进行归类，繁而不乱，建立起次序化、规范化、系统化的知识世界，并不断将相关的新知识补充到知识库之中。知识库的一切应以服务于组织的成长为原则，可包含所有与组织有关的信息和知识，使知识库真正成为信息源和智能化知识库。

【例 16-1】某公司知识库的内容包括：公司的人力资源状况，公司内每个职位需要的技能和评价方法，公司内各部门和各地分公司的内部资料，公司历史上发生的重大事件等历史资料，公司客户的所有信息，公司的主要竞争对手及合作伙伴的详细资料，公司内部研究人员的研究文献和研究报告。

（三）知识的积累、保存、运用和价值

组织对知识的积累，一方面，在维护、完善和运行组织系统的过程中，通过优秀人才工作实践的不断总结，积累先进的知识和宝贵经验；另一方面，组织通过从外部来获得管理思想、诀窍和方法等知识。对知识的保存和运用，一方面，通过计算机知识库储备知识能量，反复输出运用；另一方面，进行知识共享和知识交流，使相关人员在工作中能够有效地获取组织积累的丰富知识。

（四）知识管理制度化

知识体系与组织管理体系一体化可通过制度化将知识管理落地，在组织职能管理程序和组织管理制度等方面深化知识的全面运用；知识体系的有效激励机制和绩效体系。将必要的知识全方位落实到组织管理体系中，将知识管理制度化，有利地提升了知识管理的水平，加强知识管理的有效性和规范性，从而通过知识提升相关职能管理，提升解决方案的水平。

七、组织四维管理体系模型智能化管理平台

智能化（Intelligent）是指事物在计算机网络、大数据、物联网和人工智能等技术的支持下，所具有的能满足人的各种需求的属性，逐步具备类似于人类的感知能力、记忆能力、思维能力、学习能力、自适应能力和行为决策能力，在各种场景中，以人类的需求为中心，能动地感知外界事物，按照与人类思维模式相近的方式和给定的知识与规则，通过数据的处理和反馈，对随机性的外部环境做出决策并付诸行动。

组织四维管理体系模型作为智能化管理平台，宏图华构、磨砺以须，可用以解决“智能发展未来已来，管理领域疏于应对”的整体性管理问题。该智能化平台，为管理领域人工智能提供标准化、制度化、一体化、通用化、信息化和知识化的基础条件和应用场景。

（一）人工智能的应用场景

从人工智能开发的角度来看，研发人工智能需要首先明确其应用场景。人工智能应用场景是由环境、人员、技术三要素组成的场域，使人工智能与应用场景之间相适应的条件是“原理与场景的符合性”，即相关智能技术的基本假设或原理与实际应用场景的根本特性相符合。这种符合性存在双向的要求，一方面，人工智能应用者要求人工智能符合其特有场景及目标要求；另一方面，人工智能开发者要求智能化应用组织提供最可能的应用场景及目标要求，以便进行符合性开发。人工智能 ChatGTP 软件开启了人工智能时代，它的文案性技能可谓一骑绝尘，完全可以替代很多相关技能岗位的人员进行工作，但由于 ChatGTP 软件不是专门针对各类组织内部场景和目标要求而开发的智能软件，因此不能在管理领域大放异彩。如果不能准确完整地归纳和描述人工智能应用场景，人工智能软件的开发就难以做到“原理与场景的符合性”。人工智能能否在特定场景的应用带来“奇点时刻”，一方面取决于数据、算法、算力的技术水平跃升，另一方面也取决于应用场景模型的优异性。

（二）组织四维管理体系模型智能化管理平台的基础

组织管理人工智能应用场景主要是组织内部管理环境，也即反映组织根本特性的组织管理体系，它是组织管理人工智能开发与应用的基础条件。各行各业的组织千差万别，不同应用场景千姿百态，需要抽象、归纳出各类组织管理体系总体架构的共性结构，构成各类组织共性场景，使组织管理人工智能软件达到较高的通用性，否则组织管理智能化可能会长期停留在专项应用的局部范围和较低层次。在此基础上，人工智能需支持更多定制化需求，可针对个性的应用场景进行功能扩展，提供相应的服务与解决方案，并将人工智能软件开发成开源软件。

组织四维管理体系模型管理平台，同时是标准化、制度化、信息化、通用化、知识化和一体化“六化”管理平台，只有达到“六化”才能作为智能化管理平台，为组织管理人工智能的开发和应用做好不可或缺的高水准的管理场景基础准备。组织四维管理体系整体架构文件构成的《组织管理体系管理手册》是对组织管理环境的书面描述。

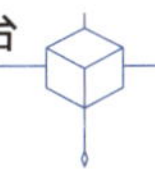

组织四维管理体系全面一体化通用模型将管理的逻辑思维模型化，并将组织系统模型、组织信息模型和组织控制模型一体化，具备与所有外部组织与技术系统融合衔接的高适宜性和充分性，并具备智能化生态系统平台的属性，使人工智能技术与管理思想深度符合。

（三）组织四维管理体系模型智能化管理平台的应用

1. 组织四维管理体系中人工智能的角色

组织管理人工智能应用是人工智能与组织管理体系的融合，需要根据人工智能的功能特长确定它在组织管理中所承担的角色，或者是按人工智能所承担的角色要求而开发的功能。按照组织四维管理体系模型职能维，人工智能有两种不同层次的角色：一是独立职能作业活动实施者的角色，可跨部门并兼多个岗位；二是组织管理系统运维者的角色，作为整个组织系统运行和管理体系维护的宏观管理人员。

2. 人工智能作为职能活动实施者

组织四维管理体系的职能活动有明确的信息输入、处理和输出的条件及要求，人工智能作为职能活动实施者，需要做的并非都像 ChatGTP 功能一样的文案性工作，还有很多需要符合特定场景、专业技术和目标要求的特定任务。不同的组织具有完全不同的目标，不同的职能活动具有不同专业技术要求，因此很多职能活动由人工智能来完成有相当的技术难度，期待算法、算力的突破以满足需要。

3. 人工智能作为组织系统运维者

组织四维管理体系人工智能运维系统，包括智能分析系统、智能决断系统、智能执行系统、智能监督系统、智能反馈系统和智能纠偏系统六个过程智能控制系统。由于组织四维管理体系智能化管理平台是适合各类组织的通用管理平台，因此对组织系统运行和管理体系维护可以开发通用的人工智能控制系统软件，并能实时更新和完善组织维成员库、中心数据库和大数据知识库、职能管理程序及以《组织管理体系管理手册》为基础的标准文件。

4. 人工智能的可靠性问题

组织管理人工智能的应用十分复杂，其应用过程可能会出现涉及其可靠性问题，如在智能技术达标方面，可能对解决一些问题的算法、算力还不能满足要求；在分析决策适当方面，可能人工智能分析决策的恰当性还需要一个完善过程；在内部数据样本方面，可能内部数据样本还不具备足够多的量支撑决策；在外部数据可信方面，可能采集外部信息存在信息输入和输出的可靠性问题；在输出信息风险方面，可能涉及社会道德和法律等风险；在信息输入安全方面，可能在交互时发出的组织内部信息，出现泄露商业秘密等保密信息，或内部信息被乱用等情况。人工智能的可靠性程度决定对其应用的放手程度。

5. 组织四维管理体系人机智能混合机制

从管理的角度，对人工智能所承担角色的管控与对岗位人员的管控类似，为避免人工智能应用出现诸如上述等方面的可靠性问题，无论人工还是人工智能，不管其能力水平高低，所有职能活动的输出信息都最终由人工按照职能管理程序进行审核。当出现新情况、新问题时则启动完善机制，一方面，人工智能本身在一定范围内具有自我完善机制，在一定程度上自我完善；另一方面，涉及可靠性等重大问题则由人工介入，对人工智能算法提出更高一筹的解决方案，完善人工智能管理体系。在人工智能某方面不能完全被信任之前，人机混合智能决策仍是必然的管理机制，即以人工智能的分析、判断、决策为参考，匹配人工的控制过程，由人工做最后的判断和定夺。人工智能是双刃剑，如同水可以载舟，也可以覆舟，如果不能有效地控制，有可能会带来灾难性后果。

管理智能化的应用过程，就是不断细化各种可能情况、不断优化分析判断思路和模型，不断提高管理工作精度和效率的过程，借助人工智能的强大信息处理能力，通过组织控制系统自完善过程，帮助人工智能不断提升，使其可靠性得到进一步提升。随着人工智能可靠性加大，其自主决策的职能活动范围会逐步放宽。人工智能只有在准确的应用场景中接受训练，才能成为有效的组织管理智能化软件。

组织四维管理体系模型管理工具

管理工具是管理方面为达到、完成或促进某一事物的手段。

管理是门艺术，组织四维管理体系模型对组织来说，是创建各种管理艺术的平台，而对管理者来说是具有专业性、共通性和统一性的多功能综合管理工具，可用以解决“相关人员大多面对的整体性管理问题”（详见第一章）。

一、组织四维管理体系模型专业性管理工具

专业性（Professionalism）一般是指具有非常鲜明的专业，需要学习很多有一定深度的专业知识，不是所有人都能轻易入手的特性。

组织四维管理体系模型作为专业性管理工具，别具匠心当行出色，可用以解决“管理人员缺少利器，适逢其会心余力绌”的整体性管理问题。

彼得·德鲁克曾说：我们不能一味拔高能力的标准来期望管理者的绩效，更不能期望万能的天才来达成绩效。我们只有通过改进工作的手段来充分发挥人的能力，而不应该寄期望于人的能力突然提高。

任何组织和个人的能力都有局限性，专业化就是将专业的事让专业的人去做，非专业人员使用专业性工具成为专业化的人。掌握组织四维管理体系模型工具，专业技能在手，有能力将复杂的事情简单化而成为专家。

（一）体系设计管理者

组织管理体系架构设计是一种专门的技术方法，对设计者来说，不是每个学管理专业的都能进行组织管理体系设计；也不是所有组织管理体系设计人员都能做好组织管理体系架构设计。专业之中有专业，很多专业技术仅通过经验积累是学不到的，不是管理者普遍掌握的，如同会计师与注册会计师的区别。

一座高楼大厦如果从设计上就有缺陷，那么无论后期的施工及装修如何精工细作都已不可能成为优质的建筑。组织管理体系设计者，一方面，应有能力判断现行组织管理体系已存在的问题，具有对现行组织管理体系水平的专业性判断力、判断依据和标准；另一方面，掌握从宏观到具体的各个方面专业性设计技术方法和规范。由于组织管理体系设计具有极强的专业性和系统性，并决定了组织管理体系建设的基础质量和等级，关乎组织管理体系架构所适应的组织发展空间和格局，因此，从组织的角度有必要将组织管理体系设计和建设人员专业能力资质化。

以组织四维管理体系模型专业性管理工具作为组织管理体系设计人员最基本的技能，作为相关人员资格化认证的内容和资质化管理工具。该专业性管理工具提供组织管理体系设计完整解决方案，建立直达高水准的管理模式。

重视组织管理体系升级的领导者，会对组织管理体系设计者有所选择和衡量，希望他们像律师、注册会计师、医生等职业一样拥有资格证书。组织的高管和组织的HR当然希望有更多的职业或技能有可衡量的专业标准或行业标准。

（二）普通管理者

组织四维管理体系模型专业性管理工具具有指导性和引领性，管理人员在使用它的过程中相当于接受组织管理体系构建的专业化训练，明晰专业性标准并形成习惯。普通管理者依靠该专业性管理工具，可创建自己工作岗位局部的管理模型，创建自己岗位的专业性工作场景，做专业的事，变成专业的人，关键时刻能表现出到位的能力和称职的作为，变成自己的高光时刻。

组织四维管理体系模型工具有效应用的作用在于：不是管理大师也能够做出同样优秀的方案；不是管理科班出身也可以让庞大繁杂的组织变得秩序井然。无论是组织管理体系架构的专业设计者、普通管理者，还是非管理专业者，掌握组织四维管理体系模型也即掌握了组织管理体系建设专业性管理工具。

二、组织四维管理体系模型共通性管理工具

共通性（Intercommunity）是指通行于或适用于各方面的性质。

组织四维管理体系模型作为共通性管理工具，重规叠矩触类而通，可用以解决“管理业者纵横四海，功力难以一骑绝尘”的整体性管理问题。

（一）跨界管理者

实际上，全世界所有组织都具有相同结构的存在形式，都不过是不同阶的魔方，不过是相同维的不同取值。跨界管理者掌握组织四维管理体系模型共通性管理工具，无论进入哪个行业，都可以从容应对跨界的组织管理体系建设。

（二）管理咨询师

作为职业管理咨询师，掌握组织四维管理体系模型共通性管理工具，则一技傍身，通吃各行各业，可站在专业的角度审视现行的组织管理体系总体架构，无论组织多复杂、多庞大，都如同洞若观火，透视其内在结构。对任何组织管理体系的构建给予指导和帮助，提供组织管理体系设计的彻底解决方案。

（三）新管理者

管理模式是最重要的管理知识，如果新管理者经过组织四维管理体系管理模式的培训和运营方式培训，相当于熟悉掌握组织管理体系总体架构和组织运行机制，可达到一通百通的效果，可很快对组织各部门的职能管理程序的实施方式变得轻车熟路。掌握该管理工具，不至于在刚进入新组织时一片懵，可透视组织内在的宏观结构，先照猫画虎，从形似开始套用模型，便能高效完成基础管理工作。最重要的是，将相同的东西规范地做，将标准模式习惯地做，将很快成为行家里手，必将提升成长力的软实力。

三、组织四维管理体系模型统一性管理工具

统一性（Unity）是指矛盾对立双方有互相转化的趋势，可以合为一体，或者说可以和谐化；是指几种不同事物，它们在统一的过程中可能会出现这样或那样的存在方式，路径也不尽相同，但是他们的最终趋势、最终走向、最终归宿、最终结果是相同的。

组织管理体系及其信息化建设属于系统工程，是组织的领导者、管理人员、信息化人员和管理软件开发人员共同参与研究讨论的重要主题，需要有效地针对个性化、专业化需求开展交互协同，努力达成相关各方的统一性，特别是管理软件开发人员和管理业务人员相互了解、相互配合的过程。

组织四维管理体系模型作为统一性管理工具，百虑一致一本万殊，可用以解决

“不同专业不同角色，缺少统一交互工具”的整体性管理问题。该统一性管理工具可作为组织管理体系构建中相关人员相互交互的可视化语言。利用该模型工具，组织的不同岗位、不同专业、不同角色人员之间易于沟通理解，便于实现管理与信息技术的高度融合，如同不同专业或工种的各施工方，有了大楼结构蓝图，依此无障碍沟通，讨论各家施工计划方案的协调与实施。

（一）最高层决策者

组织的最高层决策者了解组织四维管理体系模型管理工具，可以从专业的视角审视组织管理体系构建方案，保证构建方案具有高层次专业水准；可以用可视化语言与相关人员进行有效的沟通，在一个统一的总体架构下，能够准确理解各专业的规划和意图。最高层决策者居一隅而通观全局，位一处而决胜千里。

（二）中（基）层管理者

无论从组织管理体系结构初期设计，还是中期的改革升级，中（基）层管理者作为组织管理体系设计的组织者或参与者，“工欲善其事，必先利其器”，一方面，需要首先掌握组织四维管理体系模型统一性可视化语言管理工具，以便与组织信息化人员交互过程中更有效的沟通协商，各抒己见，百虑一致；另一方面，无论组织管理体系由内部人员开发，还是外包专业管理咨询机构，对组织管理体系升级目标的等级有自己专业性的选择、判断和评价的依据。

（三）信息化管理者

信息化管理者基于工作职责所在，特别有必要掌握组织四维管理体系模型管理工具，一是组织内相关的不同专业人员拥有可共享的一体化通用性标准结构；二是在管理软件开发过程中引导相关各参与方之间的沟通，在同一个一体化结构上有效地对话，能准确并迅速地落实各方的专业性协同；三是指导相关单位在组织统一体系结构基础上制定管理信息系统的规划和实施计划；四是了解管理方案提供方、管理咨询服务方、管理软件设计方在内的各合作方对四维管理的掌握程度，以便依此为资格标准选择最适合的合作伙伴。

（四）管理软件开发者

管理软件开发者依靠组织四维管理体系统一性管理工具，其一，不必像以往浪费

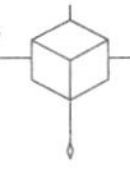

大量的时间去理解一个组织纷繁复杂的独特体系架构；其二，无须完全从组织管理体系结构设计最基本的步骤开始，可以按照现成的组织四维管理体系通用模型以专业管理的水准构建通用功能部分，再进一步添加个性化功能，优化业务流程；其三，可高效创建针对组织管理体系一体化通用模型的计算机应用系统。

参考文献

[1]《集约型一体化管理体系创建与实践》编委会 . 集约型一体化管理体系创建与实践 [M] . 北京：中国石化出版社，2010.

[2] 阿姆瑞特 · 蒂瓦纳 . 平台生态系统：架构策划、治理与策略 [M] . 侯赟慧，赵驰，译 . 北京：北京大学出版社，2018.

[3] 彼得 · 德鲁克 . 卓有成效的管理者 [M] . 许是祥，译 . 北京：机械工业出版社，2018.

[4] 陈春花 . 管理的常识：让管理发挥绩效的 8 个基本概念（修订版）[M] . 北京：机械工业出版社，2016.

[5] 陈春花 . 中国管理问题 10 大解析 [M] . 北京：机械工业出版社，2016.

[6] 陈忠，盛毅华 . 现代系统科学学 [M] . 上海：上海科学技术文献出版社，2005.

[7] 董长德，崔志慧 . 管理体系的建立、实施与审核及一体化管理模式 [M] . 北京：中国标准出版社，2006.

[8] 杜栋 . 管理控制学 [M] . 北京：清华大学出版社，2006.

[9] 金观涛，华国凡 . 控制论与科学方法论 [M] . 北京：新星出版社，2005.

[10] 龙辉，方敬丰，陶仕飞 .2015 版 ISO 9001 质量管理体系文件编写指南 [M] . 北京：中国标准出版社，2020.

[11] 王玉荣，葛新红 . 流程管理 [M] . 5 版 . 北京：北京大学出版社，2016.

[12] 许正 . 轻战略——新时代的战略方法论 [M] . 北京：机械工业出版社，2016.

[13] 杨若林，胡笑旋 . 管理信息学 [M] .2 版 . 北京：高等教育出版社，2010.

[14] 张智光，蔡志坚，谢煜，等 . 管理学原理：领域、层次与过程 [M] .2 版 . 北京：清华大学出版社，2018.